高等学校财经类专业核心课程教材
GAODENG XUEXIAO CAIJINGLEI ZHUANYE HEXIN KECHENG JIAOCAI

（第五版）
5

经济数学基础

第二分册：线性代数

主　编　龚德恩
副主编　范培华　胡显佑
编写者　胡显佑　靳云汇

四川人民出版社

图书在版编目（CIP）数据

经济数学基础. 第 2 分册，线性代数 / 龚德恩主编. —5 版.
成都：四川人民出版社，2016.1（2021.4 重印）
高等学校财经类专业核心课程教材
ISBN 978-7-220-09639-6

Ⅰ. 经… Ⅱ. 龚… Ⅲ. ①经济数学－高等学校－
教材②线性代数－高等学校－教材 Ⅳ. ①F224.0②O151.2

中国版本图书馆 CIP 数据核字（2015）第 214188 号

· 高等学校财经类专业核心课程教材 ·

JINGJI SHUXUE JICHU
经济数学基础（第二分册：线性代数）（第五版）
主　编　龚德恩
副主编　范培华　胡显佑
编写者　胡显佑　靳云汇

责任编辑	薛玉茹
封面设计	张迪茗
技术设计	戴雨虹
责任校对	蓝　海
责任印制	王　俊
出版发行	四川人民出版社（成都槐树街 2 号）
网　　址	http://www.scpph.com
E-mail	scrmcbs@sina.com
新浪微博	@四川人民出版社
发行部业务电话	（028）86259624　86259453
防盗版举报电话	（028）86259624
照　　排	四川胜翔数码印务设计有限公司
印　　刷	四川福润印务有限责任公司
成品尺寸	185mm×260mm
印　　张	16
插　　页	2
字　　数	280 千
版　　次	1992 年 8 月第 1 版 1995 年 6 月第 2 版 2000 年 1 月第 3 版 2005 年 7 月第 4 版 2016 年 1 月第 5 版
印　　次	2021 年 4 月第 26 次
印　　数	172001-175000 册
书　　号	ISBN 978-7-220-09639-6
定　　价	26.00 元

第五版说明

我社编辑出版的高等学校财经类专业核心课程教材之《经济数学基础》一套三册，即《微积分》《线性代数》和《概率统计》，面市20多年，一路走来风雨兼程．其间已做过三次修订再版和无数次加印，各分册累计印数都达几十万册．为了更加符合教与学的需要，我们第四次约请原书作者对教材进行了全面修订，拟出版修订“第五版”．具体与第四版的区别如下：

1．此次修订主要是依照《2009年全国硕士研究生入学统一考试数学考试大纲》中“数学三”的规定内容来进行，因此，对此大纲中未作要求的内容大都予以删除（因重要性或经济应用的需要，有关部分内容仍保留，但加注“*”号），故难度有所减轻．

2．对原书部分内容作了重写，增加了一些“注释”性质的东西，调整了部分例题．

3．对在教学中发现的原书里的一些写作错误或排版错误均作了更正．

4．排版上更加规范，以便于浏览，从而可以提高阅读效率．

如此，修订第五版更加适应市场的要求，质量较以前的版本也有较大的提升．

出版者

2015年11月

第四版说明

这套统编教材是按照国家教委高等教育司 1989 年 10 月审定的“高等学校财经类专业核心课程《经济数学基础》教学大纲”的要求编写的．作者均系北京大学、中国人民大学等著名高校的专家、学者．该套教材分三册：《微积分》《线性代数》《概率统计》．面市十多年来历经市场考验，表现出顽强的生命力，数次再版，多次增印，每个分册的累计印数均达到数十万册，有着广泛的社会需求和较大的市场份额，业已成为四川人民出版社的品牌读物．

目前市场上有关此类书籍品种繁多，良莠不齐．为了更好地适应市场的变化，也为了更好地打造品牌，我们在编辑方面做了以下工作：第一，版面由 32 开增大到 16 开，让繁多的数学公式和符号表示或排列更加合理；第二，文字、符号加大一些，行距也增大一点，读者阅读和学习起来更赏心悦目；第三，纠正了若干编排错误，使全书质量更上一层楼；第四，封面改变以往的老面孔，从而更符合时代潮流；第五，封面的前勒口上增加了每册习题解答的书名，便于使用者更加全面地了解该套教材及教辅的情况．

尽管我们为出版这第四版教材已作出了最大的努力，但也难免百密一疏，恳请广大新老读者不吝赐教，以使该套教材更加趋于完美．

四川人民出版社

2005 年 5 月

第三版说明

此书初版于1992年，再版于1995年，经过多年来全国高等院校的广泛使用，反映良好．为使该教材更趋完善、规范和权威，我们特约请作者再次修订，并将该书(第一、二、三分册)的习题全部解答，汇编成册，单独出版，以配合广大师生教学使用．

出版者

1999年12月

再版说明

本书系高等学校财经类专业核心课程教材之一，初版于1992年．该书出版后，各方反映较好．由于初版成书时时间紧迫，匆忙之中难免有错误疏漏之处．今特约请作者详细修订后重新照排，从而更具正确性和合理性，便于广大师生阅读使用．

出版者

1995年3月

出版说明

1990年，财经类专业10门核心课程的教学大纲通过了审定并正式出版，当年暑期，国家教委根据教学大纲组织了全国性的师资培训工作，在此基础上，为了进一步加强财经类专业的核心课程建设，国家教委决定委托教学大纲的主编根据教学大纲的要求编写教材，并争取在今、明两年内使这10本教材出版，供普通高等学校财经类本科专业使用.

在着手组织编写教材时，我们确定的指导思想是：教材编写应以马克思主义为指导，坚持四项基本原则，贯彻理论联系实际的原则，反映和体现中国特色；注重本学科基本理论、基本知识的介绍以及基本技能的训练，注意吸收本学科新的、比较成熟的研究成果；教材内容应观点正确、鲜明，取材准确，起点、分量适中，在介绍外国经济理论时，应根据我国与外国在国情和意识形态上的差异，本着思想性与科学性统一的原则，作必要的评论和批判.

这套教材是基本按照教学大纲编写的，除包括本课程基本内容外，选学内容比较广泛，在使用时，各专业在保证基本内容讲授的前提下，可以根据各自的要求对教学内容作必要的调整和增删. 教学大纲出版后，许多同志对教学大纲的修订提供了重要而中肯的意见，主编对这些意见进行了认真的研究，并在教材编写中予以相应采纳. 因此，教材的体系和内容在教学大纲的基础上有了一些改进和调整.

编写教学大纲和教材是财经类专业核心课程建设的一项重要基础工作，有利于逐步深化教学改革，提高我国高等财经教育的教学质量. 我们希望全国高等财经类专业的广大教师继续关心和支持这项工作，及时将使用这套教材中遇到的问题和改进意见向我司和作者反映，以供修订教学大纲和教材时参考.

这套《经济数学基础》教材由中国人民大学龚德恩教授主编，北京大学范培华教授和中国人民大学胡显佑教授副主编．编写组成员有张学贞、靳云汇、袁荫棠．参加本教材审稿讨论的有：南开大学周概容教授，上海财经大学朱幼文教授，江西财经学院刘序球副教授，（以下按姓氏笔划为序）内蒙古自治区财经学院马华副教授，山东经济学院王好民副教授，中国金融学院王新民教授，陕西财经学院叶玉琴副教授，东北财经大学刘文龙教授，天津财经学院张源教授，北京经济学院张广梵副教授，广东商学院郑万伏副教授，中央财政金融学院单立波副教授，湖南财经学院周江雄副教授，浙江财经学院周继高副教授，北京商学院顾瑾副教授，西南财经大学倪训芳副教授，中南财经大学彭勇行教授，西北师范大学熊烈副教授．

国家教委社会科学
研究与艺术教育司
1992 年 1 月

编著者说明

受国家教委委托，中国人民大学和北京大学共同承担了编写核心课程《经济数学基础》教材的任务．这套教材是按照国家教委高等教育司1989年10月审定的“高等学校财经类专业核心课程《经济数学基础》教学大纲”的要求编写的．全套教材分为《微积分》《线性代数》和《概率统计》三个分册．《微积分》分册由张学贞(一、二、三、四、七章)和龚德恩(五、六、八、九、十章)编写，龚德恩统纂；《线性代数》分册由胡显佑(一、二、三章)和靳云汇(四、五、六章)编写，胡显佑统纂；《概率统计》分册由袁荫棠(一、二、三章)和范培华(四、五、六、七章)编写，范培华统纂．

在编写教材时，既要考虑到教学大纲对内容和学分的要求(学分减少而内容有所增加)，又要考虑到数学学科的特点和目前国内财经类专业的实际教学情况．因此，要编写一套适合实际教学需要的高质量教材，其难度是很大的．为此，我们在编写教材时着重考虑了以下几个问题：

1. 在符合教学大纲规定的内容和学分要求的前提下，希望能尽可能多地介绍一些财经类专业所必需的数学知识，为此，教材对内容取舍、结构安排、程度要求和某些具体内容的处理等问题进行了认真的分析和研究，与现有教材相比较有所变化．另外，教材中有些内容注有“*”号，是否讲授这些内容，各校可根据专业特点和实际教学情况决定．

2. 《经济数学基础》作为财经类专业的一门基础课，编写教材时既要考虑到财经类专业对数学知识的直接或间接需要，又要考虑到学习数学对培养学生逻辑思维能力的重要性．因此，为了使读者更好地理解和掌握教材中介绍的基本原理和方法，除一些超出大纲要求或过于繁琐的定理(法则)的证明外，教材对大多数定理(法则)都给出了严格的证明，而且尽量采用文科学生易于接受的证明方法．希望这样处理既能保持数学学科本身的系统性、逻辑严密性和科学性，又有利于培养学生的逻辑思维能力．

3. 目前国内已出版了不少《经济数学基础》教材，这些教材都是各兄弟院校数学教师在总结实际教学经验的基础上编写而成的，我们编写这套教材时，希望能将各兄弟院校编写《经济数学基础》教材的先进经验反映出来．为此，在编写教材过程中，我们听取了部分兄弟院校数学教师对编写教材的意见，也参考了不少兄弟院校编写的有关教材．

4. 为了使读者更好地理解和掌握教材中介绍的基本原理和方法，教材中选编了相当数量的典型例题．为了提高读者运用数学知识分析和处理实际经济问题的能力，教材中介绍了一定数量的经济应用例题．为了使读者有较多的练习机会，教材中选配了大量的习题，书后附有习题参考答案．授课教师可根据实际数学情况，布置习题中的一部分给学生练习，其余部分留给学有余力的学生自行练习．

1991 年 7 月 28 日至 8 月 2 日，国家教委聘请有关专家对这套教材的初稿进行了评审，评审组的各位专家以高度负责的精神，对教材初稿进行了严肃认真的审核，认为教材初稿基本体现了数学大纲的要求，并提出了很多具体的宝贵修改意见，这些修改意见对保证和提高教材的质量，无疑是非常有益的，在此向参加评审会的各位专家表示衷心的感谢．

1991 年 7 月中下旬，在国家教委委托中国人民大学举办的《经济数学基础》暑期师资研讨班上，各兄弟院校的老师也对教材初稿提出过很多宝贵的修改意见．在此向提出过修改意见的各校老师表示衷心的感谢．

西北师范大学熊烈副教授对《微积分》的编写曾提出过书面意见，中国人民大学莫颂清副教授曾仔细审阅过《微积分》初稿，南开大学周概容教授曾仔细审阅和修改过《概率统计》修改稿．在此向他们表示衷心的感谢．

虽然我们尽了很大的努力，希望能写出一套质量较高、适合实际教学需要的教材，但由于水平有限和时间仓促，教材中一定还会存在这样或那样的缺点和问题，敬请读者不吝指正，我们将万分感谢．

龚德恩　范培华　胡显佑

1992 年 1 月 10 日于北京

目　录

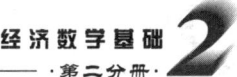

第一章　行列式

行列式的概念来源于解线性方程组的问题．在中学代数中，我们已讨论了用二阶、三阶行列式解二元、三元线性方程组．在一定的条件下，这一方法可以推广到解 n 元线性方程组．同时，行列式也是研究线性代数的一个重要工具，本书的各章都要用到行列式的概念和性质．在这一章，我们将介绍 n 阶行列式的概念、性质、计算方法以及解 n 元线性方程组的克莱姆法则．

§1.1　n 阶行列式

一、　二阶、三阶行列式

考虑含有两个未知量 x_1, x_2 的线性方程组

$$\begin{cases} a_{11}x_1 + a_{12}x_2 = b_1, \\ a_{21}x_1 + a_{22}x_2 = b_2. \end{cases} \tag{1.1}$$

为了求得方程组(1.1)的解，可以利用加减消元法得到

$$\begin{cases} (a_{11}a_{22} - a_{12}a_{21})x_1 = b_1a_{22} - b_2a_{12}, \\ (a_{11}a_{22} - a_{12}a_{21})x_2 = b_2a_{11} - b_1a_{21}. \end{cases}$$

当 $a_{11}a_{22} - a_{12}a_{21} \neq 0$ 时，方程组(1.1)有唯一解

$$x_1 = \frac{b_1a_{22} - b_2a_{12}}{a_{11}a_{22} - a_{12}a_{21}}, \quad x_2 = \frac{b_2a_{11} - b_1a_{21}}{a_{11}a_{22} - a_{12}a_{21}}. \tag{1.2}$$

为了便于记忆上述解的公式，引进记号

$$\begin{vmatrix} a_{11} & a_{12} \\ a_{21} & a_{22} \end{vmatrix} = a_{11}a_{22} - a_{12}a_{21},$$

并称它为二阶行列式．二阶行列式的计算也可根据图 1－1 来记忆．

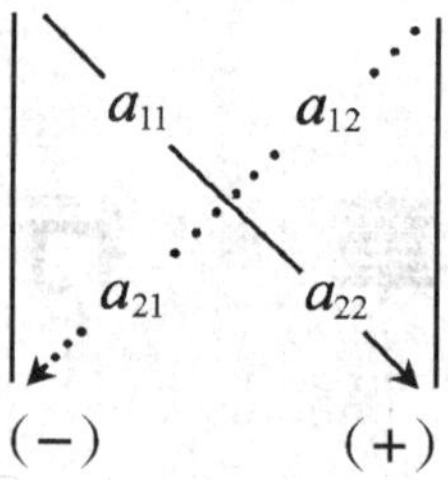

图 1－1

利用二阶行列式的概念,(1.2) 中的分子可以分别记为

$$D_1=\begin{vmatrix} b_1 & a_{12} \\ b_2 & a_{22} \end{vmatrix};\quad D_2=\begin{vmatrix} a_{11} & b_1 \\ a_{21} & b_2 \end{vmatrix}.$$

因此,对于方程组(1.1),在行列式

$$D=\begin{vmatrix} a_{11} & a_{12} \\ a_{21} & a_{22} \end{vmatrix}\neq 0$$

时,方程组的解可以表示为

$$x_1=\frac{D_1}{D},\quad x_2=\frac{D_2}{D}. \tag{1.3}$$

例 1． 解二元线性方程组

$$\begin{cases} x_1-3x_2=-5, \\ 4x_1+3x_2=-5. \end{cases}$$

解 方程组中未知量的系数所构成的二阶行列式

$$D=\begin{vmatrix} 1 & -3 \\ 4 & 3 \end{vmatrix}=3-(-3)\times 4=15\neq 0.$$

所以方程组有唯一解．由(1.3),还需计算

$$D_1=\begin{vmatrix} -5 & -3 \\ -5 & 3 \end{vmatrix}=-30,\quad D_2=\begin{vmatrix} 1 & -5 \\ 4 & -5 \end{vmatrix}=15.$$

于是方程组的解为

$$x_1=\frac{D_1}{D}=\frac{-30}{15}=-2,\quad x_2=\frac{D_2}{D}=\frac{15}{15}=1.$$

对于含有三个未知量 x_1,x_2,x_3 的线性方程组

$$\begin{cases} a_{11}x_1+a_{12}x_2+a_{13}x_3=b_1, \\ a_{21}x_1+a_{22}x_2+a_{23}x_3=b_2, \\ a_{31}x_1+a_{32}x_2+a_{33}x_3=b_3. \end{cases} \tag{1.4}$$

可以进行类似的讨论．为此，引进记号

$$\begin{vmatrix} a_{11} & a_{12} & a_{13} \\ a_{21} & a_{22} & a_{23} \\ a_{31} & a_{32} & a_{33} \end{vmatrix}$$

$$= a_{11}a_{22}a_{33} + a_{12}a_{23}a_{31} + a_{13}a_{21}a_{32} - a_{13}a_{22}a_{31} - a_{11}a_{23}a_{32} - a_{12}a_{21}a_{33}, \tag{1.5}$$

并称它为三阶行列式．行列式中的横排、纵排分别称为它的行和列．数 $a_{ij}(i, j = 1,2,3)$ 称为它的元素．三阶行列式所表示的代数和可以利用图1－2来记忆．图中，沿各实线相连的三个数的积取正号；沿各虚线相连的三个数的积取负号．它们的代数和就是(1.5) 所表示的三阶行列式．

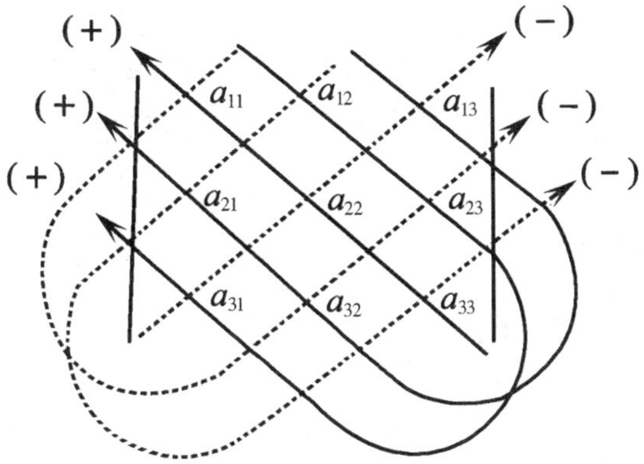

图1－2

例2． 计算行列式

$$D = \begin{vmatrix} 2 & -3 & 1 \\ 4 & 1 & -2 \\ 5 & 1 & 3 \end{vmatrix}$$

解 $D = 2\times1\times3 + (-3)\times(-2)\times5 + 1\times4\times1 - 1\times1\times5 - (-3)\times4\times3 - 2\times(-2)\times1 = 75.$

利用加减消元法，不难求出方程组(1.4) 的解，其结果可以用三阶行列式表示：当

$$D = \begin{vmatrix} a_{11} & a_{12} & a_{13} \\ a_{21} & a_{22} & a_{23} \\ a_{31} & a_{32} & a_{33} \end{vmatrix} \neq 0$$

时，方程组(1.4)有唯一解．如果记

$$D_1=\begin{vmatrix} b_1 & a_{12} & a_{13}\\ b_2 & a_{22} & a_{23}\\ b_3 & a_{32} & a_{33}\end{vmatrix},\quad D_2=\begin{vmatrix} a_{11} & b_1 & a_{13}\\ a_{21} & b_2 & a_{23}\\ a_{31} & b_3 & a_{33}\end{vmatrix},\quad D_3=\begin{vmatrix} a_{11} & a_{12} & b_1\\ a_{21} & a_{22} & b_2\\ a_{31} & a_{32} & b_3\end{vmatrix}.$$

则方程组(1.4)的解为

$$x_1=\frac{D_1}{D},\quad x_2=\frac{D_2}{D},\quad x_3=\frac{D_3}{D}. \tag{1.6}$$

不难看出，(1.6)中各式的分母D就是方程组(1.4)中各未知量的系数按原来顺序排列所构成的三阶行列式．一般称D为方程组(1.4)的系数行列式．而D_1则是把D的第一列换成常数项b_1,b_2,b_3，同时其余各列不变时所构成的三阶行列式．D_2,D_3也有类似的特点．

对照求解二元线性方程组的公式(1.3)，可以发现公式(1.3)与(1.6)有类似的特点．以后我们将证明，在一定的条件下，具有更多未知量的线性方程组也有类似的求解公式．

例3. 解线性方程组

$$\begin{cases} 3x_1-x_2+x_3=26,\\ 2x_1-4x_2-x_3=9,\\ x_1+2x_2+x_3=16.\end{cases}$$

解 系数行列式

$$D=\begin{vmatrix} 3 & -1 & 1\\ 2 & -4 & -1\\ 1 & 2 & 1\end{vmatrix}=5\neq 0.$$

所以方程组有唯一解．再计算

$$D_1=\begin{vmatrix} 26 & -1 & 1\\ 9 & -4 & -1\\ 16 & 2 & 1\end{vmatrix}=55,\qquad D_2=\begin{vmatrix} 3 & 26 & 1\\ 2 & 9 & -1\\ 1 & 16 & 1\end{vmatrix}=20,$$

$$D_3=\begin{vmatrix} 3 & -1 & 26\\ 2 & -4 & 9\\ 1 & 2 & 16\end{vmatrix}=-15.$$

所以方程组的解为

$$x_1=\frac{55}{5}=11,\quad x_2=\frac{20}{5}=4,\quad x_3=\frac{-15}{5}=-3.$$

二、排列及其逆序数

为了把二阶、三阶行列式的概念推广到 n 阶行列式,首先引入排列的概念.

定义 1.1 由自然数1,2,…,n 组成的一个有序数组 $i_1 i_2 \cdots i_n$ 称为一个 n **级排列**.

例 4. 由自然数1,2,3 可组成的三级排列共有3! = 6 个. 它们是

1 2 3; 1 3 2; 2 1 3; 2 3 1; 3 1 2; 3 2 1.

一般地,n 级排列的总数为 $n!$ 个.

定义 1.2 在一个 n 级排列 $i_1 i_2 \cdots i_n$ 中,如果较大的数 i_s 排在较小的数 i_t 的前面,即 $i_s > i_t(t > s)$ 时,称这一对数 $i_s i_t$ 构成一个**逆序**. 一个排列中逆序的总数,称为它的**逆序数**. 记为 $\tau(i_1 i_2 \cdots i_n)$.

例 5. 在五级排列4 5 2 1 3 中,构成逆序的数对有 4 2, 4 1, 4 3, 5 2, 5 1, 5 3, 2 1. 因此

$$\tau(4\ 5\ 2\ 1\ 3) = 7.$$

例 6. 在 n 级排列 $12\cdots n$ 中,各个数是按照由小到大的自然顺序排列的. 这一排列称为 n 元**自然序排列**. 由于其中任何一个数对都不构成逆序. 因此

$$\tau(1\ 2\ \cdots\ n) = 0.$$

定义 1.3 如果排列 $i_1 i_2 \cdots i_n$ 的逆序数为偶数,则称它为**偶排列**. 如果该排列的逆序数为奇数,则称它为**奇排列**.

逆序数为零的排列(如例 6),我们规定它是偶排列.

如,例 5 中的排列 4 5 2 1 3 是一个奇排列. 不难验证,例 4 中 1 2 3,2 3 1,3 1 2 是偶排列;1 3 2,2 1 3,3 2 1 是奇排列.

定义 1.4 在一个排列 $i_1 \cdots i_s \cdots i_t \cdots i_n$ 中,如果其中某两个数 i_s 和 i_t 互换位置,其余各数位置不变,就得到另一个排列 $i_1 \cdots i_t \cdots i_s \cdots i_n$. 这样的变换称为一个**对换**,记为 (i_s, i_t).

例如,4 5 2 1 3 $\xrightarrow{(5,1)}$ 4 1 2 5 3.

定理 1.1 任意一个排列经过一次对换后,改变其奇偶性.

***证明** 首先考虑对换两个相邻的数的情形. 设某一 n 级排列为

$$\cdots i\, j \cdots,$$

经过对换 $(i\, j)$ 得到另一个排列

$$\cdots j\, i \cdots.$$

在这两个排列中,除 i, j 以外的其他任意两个数的顺序均未改变;i, j 以外的任意一个数与 i(或 j) 的顺序也未改变. 因此,新排列比原排列或增加了一个逆序(当 $i < j$ 时),或减少了一个逆序(当 $i > j$ 时). 无论是哪一种情形,原排列与新排列的奇偶性都相反. 即对换相邻的两个数,一定会改变排列的奇偶性.

一般,设对换的两个数 i, j 之间还有 s 个数 $k_1, k_2, \cdots, k_s$. 即原排列为

$$\cdots i\, k_1\, k_2 \cdots k_s\, j \cdots,$$

经对换 (i, j) 得新排列

$$\cdots j\, k_1\, k_2 \cdots k_s\, i \cdots.$$

我们也可以在原排列中先把 i 依次与 $k_1, k_2, \cdots, k_s, j$ 作 $s+1$ 次相邻数的对换,先化为

$$\cdots k_1\, k_2 \cdots k_s\, j\, i \cdots,$$

再把数 j 依次与 $k_s, \cdots, k_2, k_1$ 作 s 次相邻数的对换,就得到新排列. 也就是说原排列共经 $(2s+1)$ 次相邻数的对换就得到了新排列. 因此对换 $(i\, j)$ 一定改变了排列的奇偶性.

利用定理 1.1 可以进一步证明:在所有的 n 级排列中,奇排列和偶排列的个数相同(**证明略**).

三、n 阶行列式

我们首先分析三阶行列式的特点. 三阶行列式

$$D = \begin{vmatrix} a_{11} & a_{12} & a_{13} \\ a_{21} & a_{22} & a_{23} \\ a_{31} & a_{32} & a_{33} \end{vmatrix}$$

$$= a_{11}a_{22}a_{33} + a_{12}a_{23}a_{31} + a_{13}a_{21}a_{32} - a_{13}a_{22}a_{31} - a_{12}a_{21}a_{33} - a_{11}a_{23}a_{32}.$$

可以看出,三阶行列式是所有位于不同行、不同列的三个元素乘积的代数和,其中每一项都可以写成下述形式:

$$a_{1j_1}a_{2j_2}a_{3j_3}. \tag{1.7}$$

当这一项的行标成自然序排列时,其列标就构成三级排列$(j_1j_2j_3)$. 当$(j_1j_2j_3)$为偶排列时,项(1.7)取正号;当$(j_1j_2j_3)$为奇排列时,项(1.7)就取负号. 因此,项(1.7)前的符号是

$$(-1)^{\tau(j_1j_2j_3)}$$

这样的项的个数,恰好是所有三级排列的个数3! = 6个. 所以三阶行列式也可以写成

$$\begin{vmatrix} a_{11} & a_{12} & a_{13} \\ a_{21} & a_{22} & a_{23} \\ a_{31} & a_{32} & a_{33} \end{vmatrix} = \sum_{(j_1j_2j_3)}(-1)^{\tau(j_1j_2j_3)}a_{1j_1}a_{2j_2}a_{3j_3},$$

其中“$\sum\limits_{(j_1j_2j_3)}$”表示$(j_1j_2j_3)$取遍所有的三级排列时,对形如$(-1)^{\tau(j_1j_2j_3)}a_{1j_1}a_{2j_2}a_{3j_3}$的项求和.

对于二阶行列式可以进行类似的分析,并且可以发现同样的规律. 因此,我们很自然地把二阶、三阶行列式的概念推广到n阶行列式.

定义1.5 n阶行列式

$$\begin{vmatrix} a_{11} & a_{12} & \cdots & a_{1n} \\ a_{21} & a_{22} & \cdots & a_{2n} \\ \vdots & \vdots & \vdots & \vdots \\ a_{n1} & a_{n2} & \cdots & a_{nn} \end{vmatrix}$$

是所有取自不同行、不同列的n个数的乘积

$$a_{1j_1}a_{2j_2}\cdots a_{nj_n} \tag{1.8}$$

的代数和. 其中$j_1j_2\cdots j_n$构成一个n级排列. 当$j_1j_2\cdots j_n$为偶排列时,项(1.8)取正号. 当$j_1j_2\cdots j_n$为奇排列时,项(1.8)取负号. 即n阶行列式

$$\begin{vmatrix} a_{11} & a_{12} & \cdots & a_{1n} \\ a_{21} & a_{22} & \cdots & a_{2n} \\ \vdots & \vdots & \vdots & \vdots \\ a_{n1} & a_{n2} & \cdots & a_{nn} \end{vmatrix} = \sum_{(j_1j_2\cdots j_n)}(-1)^{\tau(j_1j_2\cdots j_n)}a_{1j_1}a_{2j_2}\cdots a_{nj_n}. \tag{1.9}$$

其中“$\sum\limits_{(j_1j_2\cdots j_n)}$”表示对所有的 n 级排列求和.

由于 n 级排列共有 $n!$ 个,所以(1.9)所表示的和共有 $n!$ 项. 特别是 $n=2$ 时,就得到二阶行列式;$n=3$ 时,就得到三阶行列式. 而一阶行列式就是 $|a_{11}|=a_{11}$.

为了方便起见,n 阶行列式中位于第 i 行、第 j 列的数 $a_{ij}(i,j=1,2,\cdots,n)$ 称为 n 阶行列式的元素. 有时 n 阶行列式(1.9)就简记为 $|a_{ij}|$.

例 7. 五阶行列式

$$D=\begin{vmatrix} a_{11} & a_{12} & a_{13} & a_{14} & a_{15} \\ a_{21} & a_{22} & a_{23} & a_{24} & a_{25} \\ a_{31} & a_{32} & a_{33} & a_{34} & a_{35} \\ a_{41} & a_{42} & a_{43} & a_{44} & a_{45} \\ a_{51} & a_{52} & a_{53} & a_{54} & a_{55} \end{vmatrix}$$

所表示的代数和共有 $5!=120$ 项.

乘积 $a_{11}a_{24}a_{35}a_{42}a_{53}$ 中,各元素的行标已按自然序排列,列标构成排列 1 4 5 2 3. 所以它是 D 的一项. 由于 $\tau(1\ 4\ 5\ 2\ 3)=4$,这一项应取正号.

$a_{31}a_{24}a_{15}a_{42}a_{53}$ 是 D 中取自不同行、不同列的 5 个元素的积,所以它也是 D 中的一项. 为决定这一项的符号,可把它改写为 $a_{15}a_{24}a_{31}a_{42}a_{53}$. 这时列标构成的排列为 5 4 1 2 3,而 $\tau(5\ 4\ 1\ 2\ 3)=7$. 所以这一项应取负号.

$a_{12}a_{24}a_{33}a_{41}a_{52}$ 不是 D 中的一项. 因为其中有两个元素(a_{12} 和 a_{52})都取自第二列.

例 8. 计算 n 阶行列式

$$D=\begin{vmatrix} a_{11} & a_{12} & \cdots & a_{1n} \\ 0 & a_{22} & \cdots & a_{2n} \\ \vdots & \vdots & \vdots & \vdots \\ 0 & 0 & \cdots & a_{nn} \end{vmatrix},\quad (a_{ii}\neq 0, i=1,2,n). \tag{1.10}$$

解 根据定义 1.5

$$D=\sum_{(j_1j_2\cdots j_n)}(-1)^{\tau(j_1j_2\cdots j_n)}a_{1j_1}a_{2j_2}\cdots a_{nj_n}.$$

上面的和数中,只有当 $j_n=n, j_{n-1}=n-1,\cdots,j_2=2,j_1=1$ 时,乘积 $a_{1j_1}a_{2j_2}\cdots a_{nj_n}$ 才不等于零. 因此

$$D=(-1)^{\tau(1\ 2\cdots n)}a_{11}a_{22}\cdots a_{nn}$$

$= a_{11}a_{22}\cdots a_{nn}$.

具有(1.10)形状的行列式称为**上三角形行列式**. 行列式中从左上角到右下角的对角线称为**主对角线**. 主对角线上的各元素 $a_{ii}(i=1,2,\cdots,n)$ 称为**主对角元素**.

主对角线以外的元素均为零的行列式,称为**对角形行列式**. 根据例 8,对角形行列式

$$\begin{vmatrix} a_{11} & 0 & 0 & \cdots & 0 \\ 0 & a_{22} & 0 & \cdots & 0 \\ 0 & 0 & a_{33} & \cdots & 0 \\ \vdots & \vdots & \vdots & & \vdots \\ 0 & 0 & 0 & \cdots & a_{nn} \end{vmatrix} = a_{11}a_{22}\cdots a_{nn},$$

即上三角形行列式及对角形行列式都等于主对角线上元素的积.

由于数的乘法满足交换律,所以行列式各项中 n 个元素的顺序也可以任意交换. 一般,我们可以证明

定理 1.2 n 阶行列式 $D=|a_{ij}|$ 的项可以写成

$$(-1)^{\tau(i_1i_2\cdots i_n)+\tau(j_1j_2\cdots j_n)}a_{i_1j_1}a_{i_2j_2}\cdots a_{i_nj_n}. \tag{1.11}$$

其中 $i_1i_2\cdots i_n$ 和 $j_1j_2\cdots j_n$ 都是 n 级排列(**证明略**).

特别是,当项(1.11)的列标按自然序排列时,这一项就是

$$(-1)^{\tau(i_1i_2\cdots i_n)+\tau(1\,2\cdots n)}a_{i_11}a_{i_22}\cdots a_{i_nn}.$$

由此立刻得到

推论 对于 n 阶行列式 $D=|a_{ij}|$,有

$$D=\sum_{(i_1i_2\cdots i_n)}(-1)^{\tau(i_1i_2\cdots i_n)}a_{i_11}a_{i_22}\cdots a_{i_nn}.$$

例如,在例 7 中五阶行列式的项 $a_{31}a_{24}a_{15}a_{42}a_{53}$ 的符号应为 $(-1)^{\tau(3\,2\,1\,4\,5)+\tau(1\,4\,5\,3\,2)}=(-1)^{3+4}=-1$.

§1.2 行列式的性质

利用行列式的定义来计算较高阶的行列式,计算量是相当大的,因此有必要研究行列式的性质,以简化行列式的计算. 这些性质在理论上也具有重要意义.

性质 1 将行列式的行、列互换,行列式的值不变. 即设

$$D=\begin{vmatrix} a_{11} & a_{12} & \cdots & a_{1n} \\ a_{21} & a_{22} & \cdots & a_{2n} \\ \vdots & \vdots & & \vdots \\ a_{n1} & a_{n2} & \cdots & a_{nn} \end{vmatrix},\qquad D^{\mathrm{T}}=\begin{vmatrix} a_{11} & a_{21} & \cdots & a_{n1} \\ a_{12} & a_{22} & \cdots & a_{n2} \\ \vdots & \vdots & & \vdots \\ a_{1n} & a_{2n} & \cdots & a_{nn} \end{vmatrix},$$

则 $D=D^{\mathrm{T}}$. 行列式 D^{T} 称为行列式 D 的**转置行列式**.

证明　设行列式 D^{T} 中位于第 i 行、第 j 列的元素为 b_{ij}，显然有 $b_{ij}=a_{ji}$ $(i,j=1,2,\cdots,n)$. 根据 n 阶行列式的定义，有

$$\begin{aligned} D^{\mathrm{T}} &= \sum_{(j_1j_2\cdots j_n)}(-1)^{\tau(j_1j_2\cdots j_n)}b_{1j_1}b_{2j_2}\cdots b_{nj_n} \\ &= \sum_{(j_1j_2\cdots j_n)}(-1)^{\tau(j_1j_2\cdots j_n)}a_{j_11}a_{j_22}\cdots a_{j_nn}. \end{aligned}$$

由上节定理 1.2 的推论，得 $D=D^{\mathrm{T}}$.

性质 1 说明行列式的行和列的地位是相同的. 也就是说，对于"行"成立的性质，对于"列"一定成立.

例 1.　计算行列式

$$D=\begin{vmatrix} a_{11} & 0 & \cdots & 0 \\ a_{21} & a_{22} & \cdots & 0 \\ \vdots & \vdots & & \vdots \\ a_{n1} & a_{n2} & \cdots & a_{nn} \end{vmatrix},\qquad (a_{ii}\neq 0,\ i=1,2,\cdots,n.)$$

这种主对角线上方的元素全为零的行列式称为**下三角形行列式**.

解　根据性质 1，有 $D=D^{\mathrm{T}}$. 即

$$D=D^{\mathrm{T}}=\begin{vmatrix} a_{11} & a_{21} & \cdots & a_{n1} \\ 0 & a_{22} & \cdots & a_{n2} \\ \vdots & \vdots & & \vdots \\ 0 & 0 & \cdots & a_{nn} \end{vmatrix}=a_{11}a_{22}\cdots a_{nn}.$$

性质 2　互换行列式的两行(列)，行列式的值反号.

例如，在 §1.1 例 2 中，已有三阶行列式

$$D=\begin{vmatrix} 2 & -3 & 1 \\ 4 & 1 & -2 \\ 5 & 1 & 3 \end{vmatrix}=75$$

则交换行列式 D 的第一、三行，可得

$$\begin{vmatrix} 5 & 1 & 3 \\ 4 & 1 & -2 \\ 2 & -3 & 1 \end{vmatrix} = -75$$

*证明　设交换行列式

$$D = \begin{vmatrix} a_{11} & a_{12} & \cdots & a_{1n} \\ \vdots & \vdots & & \vdots \\ a_{i1} & a_{i2} & \cdots & a_{in} \\ \vdots & \vdots & & \vdots \\ a_{s1} & a_{s2} & \cdots & a_{sn} \\ \vdots & \vdots & & \vdots \\ a_{n1} & a_{n2} & \cdots & a_{nn} \end{vmatrix} \begin{matrix} \\ \\ \text{第 } i \text{ 行} \\ \\ \text{第 } s \text{ 行} \\ \\ \\ \end{matrix}$$

的第 i 行和第 s 行($1 \leqslant i < s \leqslant n$),得行列式

$$D_1 = \begin{vmatrix} a_{11} & a_{12} & \cdots & a_{1n} \\ \vdots & \vdots & & \vdots \\ a_{s1} & a_{s2} & \cdots & a_{sn} \\ \vdots & \vdots & & \vdots \\ a_{i1} & a_{i2} & \cdots & a_{in} \\ \vdots & \vdots & & \vdots \\ a_{n1} & a_{n2} & \cdots & a_{nn} \end{vmatrix} \begin{matrix} \\ \\ \text{第 } i \text{ 行} \\ \\ \text{第 } s \text{ 行} \\ \\ \\ \end{matrix}.$$

显然,乘积 $a_{1j_1}\cdots a_{ij_i}\cdots a_{sj_s}\cdots a_{nj_n}$ 在行列 D 和 D_1 中都是取自不同行、不同列的 n 个数的乘积. 在 D 和 D_1 中,这一项的符号分别由

$$(-1)^{\tau(1\cdots i\cdots s\cdots n)+\tau(j_1\cdots j_i\cdots j_s\cdots j_n)}$$

和

$$(-1)^{\tau(1\cdots s\cdots i\cdots n)+\tau(j_1\cdots j_i\cdots j_s\cdots j_n)}$$

决定. 而排列 $1\cdots i\cdots s\cdots n$ 和排列 $1\cdots s\cdots i\cdots n$ 的奇偶性相反. 因此,D_1 中每一项都是 D 中对应项的相反数. 所以 $D_1 = -D$.

推论　如果行列式有两行(列)完全相同,则此行列式的值为零.

证明　交换行列式的这两行,有 $D = -D$,由此得 $D = 0$.

性质3　行列式某一行(列)的所有元素都乘以数 k,等于数 k 乘此行列式. 即

$$D_1=\begin{vmatrix} a_{11} & a_{12} & \cdots & a_{1n} \\ \vdots & \vdots & & \vdots \\ ka_{i1} & ka_{i2} & \cdots & ka_{in} \\ \vdots & \vdots & & \vdots \\ a_{n1} & a_{n2} & \cdots & a_{nn} \end{vmatrix}=k\begin{vmatrix} a_{11} & a_{12} & \cdots & a_{1n} \\ \vdots & \vdots & & \vdots \\ a_{i1} & a_{i2} & \cdots & a_{in} \\ \vdots & \vdots & & \vdots \\ a_{n1} & a_{n2} & \cdots & a_{nn} \end{vmatrix}=kD.$$

***证明** 根据行列式的定义,有

$$\begin{aligned} D_1 &= \sum_{(j_1j_2\cdots j_n)}(-1)^{\tau(j_1j_2\cdots j_n)}a_{1j_1}\cdots(ka_{ij_i})\cdots a_{nj_n} \\ &= k\sum_{(j_1j_2\cdots j_n)}(-1)^{\tau(j_1j_2\cdots j_n)}a_{1j_1}\cdots a_{ij_i}\cdots a_{nj_n} \\ &= kD. \end{aligned}$$

推论 1 行列式一行(列) 所有元素的公因子可以提取到行列式的外面.

推论 2 如果行列式中有一行(列) 的元素全为零,则此行列式的值为零.

推论 3 如果行列式有两行(列) 的对应元素成比例,则此行列式的值为零.

性质 4 如果行列式中某一行(列) 的所有元素都是两个数的和. 则此行列式等于两个行列式的和. 这两个行列式的这一行(列) 的元素分别为对应的两个加数之一,其余各行(列) 的元素与原行列式相同. 即如果

$$D=\begin{vmatrix} a_{11} & a_{12} & \cdots & a_{1n} \\ \vdots & \vdots & & \vdots \\ b_{i1}+c_{i1} & b_{i2}+c_{i2} & \cdots & b_{in}+c_{in} \\ \vdots & \vdots & & \vdots \\ a_{n1} & a_{n2} & \cdots & a_{nn} \end{vmatrix},$$

$$D_1=\begin{vmatrix} a_{11} & a_{12} & \cdots & a_{1n} \\ \vdots & \vdots & & \vdots \\ b_{i1} & b_{i2} & \cdots & b_{in} \\ \vdots & \vdots & & \vdots \\ a_{n1} & a_{n2} & \cdots & a_{nn} \end{vmatrix},\quad D_2=\begin{vmatrix} a_{11} & a_{12} & \cdots & a_{1n} \\ \vdots & \vdots & & \vdots \\ c_{i1} & c_{i2} & \cdots & c_{in} \\ \vdots & \vdots & & \vdots \\ a_{n1} & a_{n2} & \cdots & a_{nn} \end{vmatrix}.$$

则 $D=D_1+D_2$.

***证明** 根据行列式的定义

$$D=\sum_{(j_1j_2\cdots j_n)}(-1)^{\tau(j_1j_2\cdots j_n)}a_{1j_1}\cdots(b_{ij_i}+c_{ij_i})\cdots a_{nj_n}$$

$$= \sum_{(j_1j_2\cdots j_n)} (-1)^{\tau(j_1j_2\cdots j_n)} a_{1j_1}\cdots b_{ij_i}\cdots a_{nj_n}$$

$$+ \sum_{(j_1j_2\cdots j_n)} (-1)^{\tau(j_1j_2\cdots j_n)} a_{1j_1}\cdots c_{ij_i}\cdots a_{nj_n}$$

$$= D_1 + D_2.$$

性质5　把行列式的某一行(列)的所有元素乘以数 k 加到另一行(列)的相应元素上,行列式的值不变. 即

$$D = \begin{vmatrix} a_{11} & a_{12} & \cdots & a_{1n} \\ \vdots & \vdots & & \vdots \\ a_{i1} & a_{i2} & \cdots & a_{in} \\ \vdots & \vdots & & \vdots \\ a_{s1} & a_{s2} & \cdots & a_{sn} \\ \vdots & \vdots & & \vdots \\ a_{n1} & a_{n2} & \cdots & a_{nn} \end{vmatrix} \begin{matrix} \\ \\ i\text{行}\times k \\ \\ s\text{行} \\ \\ \\ \end{matrix}$$

$$= \begin{vmatrix} a_{11} & a_{12} & \cdots & a_{1n} \\ \vdots & \vdots & & \vdots \\ a_{i1} & a_{i2} & \cdots & a_{in} \\ \vdots & \vdots & & \vdots \\ a_{s1}+ka_{i1} & a_{s2}+ka_{i2} & \cdots & a_{sn}+ka_{in} \\ \vdots & \vdots & & \vdots \\ a_{n1} & a_{n2} & \cdots & a_{nn} \end{vmatrix}.$$

证明　由性质4及性质3的推论3可直接得证.

例2. 计算行列式

$$D = \begin{vmatrix} 1 & 3 & 302 \\ -4 & 3 & 297 \\ 2 & 2 & 203 \end{vmatrix}.$$

解　利用性质4和性质3的推论,有

$$D = \begin{vmatrix} 1 & 3 & 300+2 \\ -4 & 3 & 300-3 \\ 2 & 2 & 200+3 \end{vmatrix} = \begin{vmatrix} 1 & 3 & 300 \\ -4 & 3 & 300 \\ 2 & 2 & 200 \end{vmatrix} + \begin{vmatrix} 1 & 3 & 2 \\ -4 & 3 & -3 \\ 2 & 2 & 3 \end{vmatrix} = 0 + 5 = 5.$$

例 3. 计算四阶行列式

$$D=\begin{vmatrix} -2 & 3 & 2 & 4\\ 1 & -2 & 3 & 2\\ 3 & 2 & 3 & 4\\ 0 & 4 & -2 & 5 \end{vmatrix}.$$

解 利用性质 5 把原行列式化为上三角形行列式：

$$D=-\begin{vmatrix} 1 & -2 & 3 & 2\\ -2 & 3 & 2 & 4\\ 3 & 2 & 3 & 4\\ 0 & 4 & -2 & 5 \end{vmatrix}\begin{matrix}\times(2)\ \times(-3)\\ \leftarrow r_2\\ \leftarrow r_3\\ \ \end{matrix}$$

$$=-\begin{vmatrix} 1 & -2 & 3 & 2\\ 0 & -1 & 8 & 8\\ 0 & 8 & -6 & -2\\ 0 & 4 & -2 & 5 \end{vmatrix}\begin{matrix}\ \\ \times(8)\ \times(4)\\ \leftarrow r_3\\ \leftarrow r_4 \end{matrix}$$

$$=-\begin{vmatrix} 1 & -2 & 3 & 2\\ 0 & -1 & 8 & 8\\ 0 & 0 & 58 & 62\\ 0 & 0 & 30 & 37 \end{vmatrix}\begin{matrix}\ \\ \ \\ \times(-30/58)\\ \leftarrow r_4 \end{matrix}=\begin{vmatrix} 1 & -2 & 3 & 2\\ 0 & -1 & 8 & 8\\ 0 & 0 & 58 & 62\\ 0 & 0 & 0 & \frac{143}{29} \end{vmatrix}$$

$$=-\left[1\times(-1)\times 58\times\frac{143}{29}\right]=286.$$

利用行列式的性质，把原行列式化为上(下)三角形行列式或对角形行列式，再求出行列式的值，这是计算行列式的基本方法之一.

例 4. 计算 n 阶行列式

$$D_n=\begin{vmatrix} 1+a_1 & 1 & 1 & \cdots & 1 & 1\\ 1 & 1+a_2 & 1 & \cdots & 1 & 1\\ 1 & 1 & 1+a_3 & \cdots & 1 & 1\\ \vdots & \vdots & \vdots & & \vdots & \vdots\\ 1 & 1 & 1 & \cdots & 1 & 1+a_n \end{vmatrix}.$$

$$(a_i\neq 0,i=1,2,\cdots,n)$$

解　把行列式的第一行乘以(-1)加到其他各行上去,得

$$D_n = \begin{vmatrix} 1+a_1 & 1 & 1 & \cdots & 1 & 1 \\ -a_1 & a_2 & 0 & \cdots & 0 & 0 \\ -a_1 & 0 & a_3 & \cdots & 0 & 0 \\ \vdots & \vdots & \vdots & & \vdots & \vdots \\ -a_1 & 0 & 0 & \cdots & 0 & a_n \end{vmatrix}$$

$$= \begin{vmatrix} 1 & 1 & 1 & \cdots & 1 & 1 \\ 0 & a_2 & 0 & \cdots & 0 & 0 \\ 0 & 0 & a_3 & \cdots & 0 & 0 \\ \vdots & \vdots & \vdots & & \vdots & \vdots \\ 0 & 0 & 0 & \cdots & 0 & a_n \end{vmatrix}$$

$$+ a_1 \begin{vmatrix} 1 & 1 & 1 & \cdots & 1 & 1 \\ -1 & a_2 & 0 & \cdots & 0 & 0 \\ -1 & 0 & a_3 & \cdots & 0 & 0 \\ \vdots & \vdots & \vdots & & \vdots & \vdots \\ -1 & 0 & 0 & \cdots & 0 & a_n \end{vmatrix}$$

$$\times\frac{1}{a_2} \quad \times\frac{1}{a_3} \quad \cdots \quad \times\frac{1}{a_n}$$

$$= a_2a_3\cdots a_n + a_1 \begin{vmatrix} 1+\sum_{i=2}^{n}\frac{1}{a_i} & 1 & 1 & \cdots & 1 & 1 \\ 0 & a_2 & 0 & \cdots & 0 & 0 \\ 0 & 0 & a_3 & \cdots & 0 & 0 \\ \vdots & \vdots & \vdots & & \vdots & \vdots \\ 0 & 0 & 0 & \cdots & 0 & a_n \end{vmatrix}$$

$$= a_2a_3\cdots a_n + a_1a_2\cdots a_n\left(1 + \sum_{i=2}^{n}\frac{1}{a_i}\right)$$

$$= a_1a_2\cdots a_n\left(1 + \sum_{i=1}^{n}\frac{1}{a_i}\right).$$

例 5. 计算行列式

$$D_n = \begin{vmatrix} x-a & a & a & \cdots & a \\ a & x-a & a & \cdots & a \\ a & a & x-a & \cdots & a \\ \vdots & \vdots & \vdots & & \vdots \\ a & a & a & \cdots & x-a \end{vmatrix}.$$

解　注意到行列式各行元素之和等于 $x+(n-2)a$，所以把行列式的第二列，…，第 n 列都加到第一列上，得

$$D_n = \begin{vmatrix} x+(n-2)a & a & a & \cdots & a \\ x+(n-2)a & x-a & a & \cdots & a \\ x+(n-2)a & a & x-a & \cdots & a \\ \vdots & \vdots & \vdots & & \vdots \\ x+(n-2)a & a & a & \cdots & x-a \end{vmatrix}$$

$$= [x+(n-2)a]$$

$$\times \begin{vmatrix} 1 & a & a & \cdots & a \\ 1 & x-a & a & \cdots & a \\ 1 & a & x-a & \cdots & a \\ \vdots & \vdots & \vdots & & \vdots \\ 1 & a & a & \cdots & x-a \end{vmatrix} \begin{matrix} \times(-1) \quad \times(-1) \cdots \times(-1) \\ \leftarrow \\ \leftarrow \\ \\ \leftarrow \end{matrix}$$

$$= [x+(n-2)a]\begin{vmatrix} 1 & a & a & \cdots & a \\ 0 & x-2a & 0 & \cdots & 0 \\ 0 & 0 & x-2a & \cdots & 0 \\ \vdots & \vdots & \vdots & & \vdots \\ 0 & 0 & 0 & \cdots & x-2a \end{vmatrix}$$

$$= [x+(n-2)a](x-2a)^{n-1}.$$

§1.3 行列式按行(列)展开

一、行列式按某一行(列)展开

定义 1.6 在 n 阶行列式

$$D=\begin{vmatrix} a_{11} & a_{12} & \cdots & a_{1n} \\ a_{21} & a_{22} & \cdots & a_{2n} \\ \vdots & \vdots & & \vdots \\ a_{n} & a_{n2} & \cdots & a_{nn} \end{vmatrix}$$

中,划去元素a_{ij}所在的第i行和第j列,余下的元素按原来顺序构成的一个 $n-1$ 阶行列式,称为元素 a_{ij} 的余子式. 记作 M_{ij}.

记 $A_{ij}=(-1)^{i+j}M_{ij}$. A_{ij} 称为元素 a_{ij} 的**代数余子式**.

例 1. 在四阶行列式

$$D=\begin{vmatrix} 3 & 2 & -2 & -7 \\ 0 & -1 & -3 & 0 \\ 1 & 5 & 6 & 3 \\ -4 & 1 & 0 & 2 \end{vmatrix}$$

中,写出元素 a_{23} 的余子式和代数余子式.

解 根据定义 1.6,有

$$M_{23}=\begin{vmatrix} 3 & 2 & -7 \\ 1 & 5 & 3 \\ -4 & 1 & 2 \end{vmatrix};$$

$$A_{23}=(-1)^{2+3}M_{23}=-\begin{vmatrix} 3 & 2 & -7 \\ 1 & 5 & 3 \\ -4 & 1 & 2 \end{vmatrix}.$$

定理 1.3 n 阶行列式

$$D = \begin{vmatrix} a_{11} & a_{12} & \cdots & a_{1n} \\ a_{21} & a_{22} & \cdots & a_{2n} \\ \vdots & \vdots & \vdots & \vdots \\ a_{n1} & a_{n2} & \cdots & a_{nn} \end{vmatrix}$$

等于它的任意一行(列)的各元素与其对应的代数余子式的乘积之和. 即

$$D = a_{i1}A_{i1} + a_{i2}A_{i2} + \cdots + a_{in}A_{in}(i = 1,2,\cdots,n). \tag{1.12}$$

或 $$D = a_{1j}A_{1j} + a_{2j}A_{2j} + \cdots + a_{nj}A_{nj}(j = 1,2,\cdots,n). \tag{1.13}$$

***证明** 我们只需证明(1.12)成立. 这只要证明(1.12)右端 $a_{ij}A_{ij}(j = 1, 2,\cdots,n)$ 中的每一项都是 D 中的一项,并且带有相同的符号. 事实上,$A_{ij}(j = 1, 2,\cdots,n)$ 是一个 $n-1$ 阶行列式,共有 $(n-1)!$ 项,$a_{ij}A_{ij}$ 也有 $(n-1)!$ 项. 所以(1.12)右端共有 $(n-1)!n = n!$ 项. 即(1.12)两端所含项数相同.

由于 $a_{ij}A_{ij} = (-1)^{i+j}a_{ij}M_{ij}$,其中

$$M_{ij} = \begin{vmatrix} a_{11} & \cdots & a_{1j-1} & a_{1j+1} & \cdots & a_{1n} \\ \vdots & & \vdots & \vdots & & \vdots \\ a_{i-11} & \cdots & a_{i-1j-1} & a_{i-1j+1} & \cdots & a_{i-1n} \\ a_{i+11} & \cdots & a_{i+1j-1} & a_{i+1j+1} & \cdots & a_{j+1n} \\ \vdots & & \vdots & \vdots & & \vdots \\ a_{n1} & \cdots & a_{nj-1} & a_{nj+1} & \cdots & a_{nn} \end{vmatrix}.$$

所以 $a_{ij}M_{ij}$ 中的每一项都可以写成

$$a_{ij}a_{1j_1}\cdots a_{i-1j_{i-1}}a_{i+1j_{i+1}}\cdots a_{nj_n}. \tag{1.14}$$

其中 $j_1\cdots j_{i-1}j_{i+1}\cdots j_n$ 是 $1,\cdots,j-1,j+1,\cdots n$ 的一个排列.

显然(1.14)是 D 中取自不同行、不同列的 n 个数的乘积,因而也是 D 中的一项.

在 $a_{ij}A_{ij}$ 中,项(1.14)的符号应为

$$(-1)^{i+j}\cdot(-1)^{\tau(j_1\cdots j_{i-1}j_{i+1}\cdots j_n)}.$$

在 D 中,项(1.14)的符号应为

$$\begin{aligned} &(-1)^{\tau(i1\cdots i-1i+1\cdots n)+\tau(jj_1\cdots j_{i-1}j_{i+1}\cdots j_n)} \\ &= (-1)^{i-1}\cdot(-1)^{j-1+\tau(j_1\cdots j_{i-1}j_{i+1}\cdots j_n)} \\ &= (-1)^{i+j}\cdot(-1)^{\tau(j_1\cdots j_{i-1}j_{i+1}\cdots j_n)}. \end{aligned}$$

因此,(1.12)右端的 $a_{ij}A_{ij}$ 中的每一项都是 D 中的一项,并且带有相同的符号. 因

此(1.12) 成立.

利用相同的方法可证(1.13) 成立.

推论　n 阶行列式 D 的任意一行(列) 的元素与另一行(列) 对应元素的代数余子式乘积的和等于零. 即

$$a_{i1}A_{s1}+a_{i2}A_{s2}+\cdots+a_{in}A_{sn}=0\quad(i\neq s),$$

$$a_{1j}A_{1t}+a_{2j}A_{2t}+\cdots+a_{nj}A_{nt}=0\quad(j\neq t).$$

证明　把行列式 D 的第 s 行元素换为第 i 行($i\neq s$) 的对应元素,得到新的行列式 D_1. D_1 中有两行元素完全相同,因此 $D_1=0$. 把 D_1 按第 s 行展开,得

$$D_1=a_{i1}A_{s1}+a_{i2}A_{s2}+\cdots+a_{in}A_{sn}=0\quad(i\neq s).$$

用类似的方法可证:

$$a_{1j}A_{1t}+a_{2j}A_{2t}+\cdots+a_{nj}A_{nt}=0\quad(j\neq t).$$

利用定理 1.3 计算较高阶的行列式时,可以按(1.12) 或(1.13) 展开,就化为计算若干个较低阶的行列式的问题. 特别是,利用上节行列式的性质,可以先把行列式的某行(列) 化为仅含一个非零元素,再按此行(列) 展开,以简化计算.

例 2.　计算例 1 中的四阶行列式

解 Ⅰ　把行列式直接按含零较多的第二行展开,得

$$\begin{aligned}D&=a_{21}A_{21}+a_{22}A_{22}+a_{23}A_{23}+a_{24}A_{24}\\&=0+(-1)\times(-1)^{2+2}\times\begin{vmatrix}3&-2&-7\\1&6&3\\-4&0&2\end{vmatrix}\\&\quad+(-3)\times(-1)^{2+3}\times\begin{vmatrix}3&2&-7\\1&5&3\\-4&1&2\end{vmatrix}+0\\&=0+104-462+0=-358.\end{aligned}$$

解 Ⅱ　把行列式的第二列乘以(-3) 加到第三列上,再按第二行展开,得

$$D=\begin{vmatrix}3&2&-8&-7\\0&-1&0&0\\1&5&-9&3\\-4&1&-3&2\end{vmatrix}$$

$$=(-1)\times(-1)^{2+2}\begin{vmatrix}3&-8&-7\\1&-9&3\\-4&-3&2\end{vmatrix}\begin{matrix}\leftarrow\\ \times(-3)\ \ \times(4)\\ \leftarrow\end{matrix}$$

$$= -\begin{vmatrix} 0 & 19 & -16 \\ 1 & -9 & 3 \\ 0 & -39 & 14 \end{vmatrix}（按第一列展开）$$

$$= -(-1)^{2+1}\begin{vmatrix} 19 & -16 \\ -39 & 14 \end{vmatrix}$$

$$= -358.$$

例 3. 计算 $n+1$ 阶行列式

$$D_{n+1} = \begin{vmatrix} a & -1 & 0 & \cdots & 0 \\ ax & a & -1 & \cdots & 0 \\ ax^2 & ax & a & \cdots & 0 \\ \vdots & \vdots & \vdots & & \vdots \\ ax^{n-1} & ax^{n-2} & ax^{n-3} & \cdots & -1 \\ ax^n & ax^{n-1} & ax^{n-2} & \cdots & a \end{vmatrix} \qquad (n \geqslant 1)$$

解　将 D_{n+1} 按第一行展开，有

$$D_{n+1} = aD_n + (-1)\cdot(-1)^{1+2}\cdot\begin{vmatrix} ax & -1 & \cdots & 0 \\ ax^2 & a & \cdots & 0 \\ \vdots & \vdots & & \vdots \\ ax^{n-1} & ax^{n-3} & \cdots & -1 \\ ax^n & ax^{n-2} & \cdots & a \end{vmatrix}$$

$$= aD_n + xD_n = (a+x)D_n$$

利用所得递推关系式 $D_{n+1} = (a+x)D_n$，可得

$$D_n = (a+x)D_{n-1},\ D_{n-1} = (a+x)D_{n-2},\cdots,\ D_3 = (a+x)D_2.$$

而

$$D_2 = \begin{vmatrix} a & -1 \\ ax & a \end{vmatrix} = a^2 + ax = a(a+x).$$

所以

$$D_{n+1} = (a+x)D_n = (a+x)(a+x)D_{n-1} = \cdots$$
$$= (a+x)^{n-1}D_2$$
$$= a(a+x)^n.$$

在例 3 中，我们利用原行列式与其同结构的较低阶行列式的递推关系来计算行列式，这一方法称为递推法.

*例 4. 证明范得蒙(*Vandermonde*)行列式

$$D_n=\begin{vmatrix}1&1&1&\cdots&1\\x_1&x_2&x_3&\cdots&x_n\\x_1^2&x_2^2&x_3^2&\cdots&x_n^2\\\vdots&\vdots&\vdots&&\vdots\\x_1^{n-1}&x_2^{n-1}&x_3^{n-1}&\cdots&x_n^{n-1}\end{vmatrix}$$

$$=\prod_{1\leqslant j<i\leqslant n}(x_i-x_j)\qquad(n\geqslant 2).$$

其中 $\prod\limits_{1\leqslant j<i\leqslant n}(x_i-x_j)$ 表示所有可能的 (x_i-x_j)，$(j<i)$ 的乘积. 即

$$\prod_{1\leqslant j<i\leqslant n}(x_i-x_j)=(x_2-x_1)\cdot(x_3-x_1)\cdots(x_n-x_1)$$
$$\cdot(x_3-x_2)\cdots(x_n-x_2)$$
$$\cdots\cdots\cdots\cdots\cdots\cdots$$
$$\cdot(x_n-x_{n-1}).$$

证明　用数学归纳法. 当 $n=2$ 时,有

$$D_2=\begin{vmatrix}1&1\\x_1&x_2\end{vmatrix}=x_2-x_1$$

结论显然成立. 假设对 $n-1$ 阶范得蒙行列式结论成立,我们要证明对于 n 阶范得蒙行列式,结论也成立.

对于 D_n,从第 n 行开始依次减去上一行的 x_1 倍,得到

$$D_n=\begin{vmatrix}1&1&1&\cdots&1\\0&x_2-x_1&x_3-x_1&\cdots&x_n-x_1\\0&x_2(x_2-x_1)&x_3(x_3-x_1)&\cdots&x_n(x_n-x_1)\\\vdots&\vdots&\vdots&&\vdots\\0&x_2^{n-2}(x_2-x_1)&x_3^{n-2}(x_3-x_1)&\cdots&x_n^{n-2}(x_n-x_1)\end{vmatrix},$$

按第一列展开,得

$$D_n = \begin{vmatrix} x_2 - x_1 & x_3 - x_1 & \cdots & x_n - x_1 \\ x_2(x_2 - x_1) & x_3(x_3 - x_1) & \cdots & x_n(x_n - x_1) \\ \vdots & \vdots & & \vdots \\ x_2^{n-2}(x_2 - x_1) & x_3^{n-2}(x_3 - x_1) & \cdots & x_n^{n-2}(x_n - x_1) \end{vmatrix}$$

$$= \prod_{i=2}^{n}(x_i - x_1)\begin{vmatrix} 1 & 1 & \cdots & 1 \\ x_2 & x_3 & \cdots & x_n \\ x_2^2 & x_3^2 & \cdots & x_n^2 \\ \vdots & \vdots & & \vdots \\ x_2^{n-2} & x_3^{n-2} & \cdots & x_n^{n-2} \end{vmatrix}.$$

最后的行列式是一个$(n-1)$阶范得蒙行列式．根据归纳假设，它等于 $\prod\limits_{2 \leqslant j < i \leqslant n}(x_i - x_j)$．因此

$$D_n = \prod_{1 \leqslant j < i \leqslant n}(x_i - x_j).$$

*二、拉普拉斯(*Laplace*)定理

行列式按某一行(列)展开的定理还可以进一步推广．为此，先引入

定义 1.7 在n阶行列式$D = |a_{ij}|$中，任意选定k行、k列$(1 \leqslant k \leqslant n)$，位于这些行和列交叉处的$k^2$个元素按原来顺序组成的一个$k$阶行列式$M$，称为行列式$D$的一个$k$阶**子式**．

在D中划去这k行、k列后，余下的元素按原来顺序组成的一个$n-k$阶行列式N，称为k阶子式M的**余子式**．

如果k阶子式M在D中所在的行和列的标号分别为$i_1, i_2, \cdots, i_k$和$j_1, j_2, \cdots, j_k$，则在M的余子式N前添加符号

$$(-1)^{(i_1+i_2+\cdots+i_k)+(j_1+j_2+\cdots+j_k)}$$

后，所得到的$n-k$阶行列式，称为k阶子式M的**代数余子式**．子式M的代数余子式记为A．

即 $A = (-1)^{(i_1+i_2+\cdots+i_k)+(j_1+j_2+\cdots+j_k)}N.$

例 4. 在四阶行列式

$$D=\begin{vmatrix}3&-1&-1&1\\2&1&1&-1\\0&0&5&-2\\0&0&2&-1\end{vmatrix}$$

中,如果选定第二行、第四行;第二列、第三列,就可以确定 D 的一个二阶子式

$$M=\begin{vmatrix}1&1\\0&2\end{vmatrix}.$$

M 的余子式为

$$N=\begin{vmatrix}3&1\\0&-2\end{vmatrix}$$

M 的代数余子式为

$$A=(-1)^{(2+4)+(2+3)}N=-\begin{vmatrix}3&1\\0&-2\end{vmatrix}.$$

定理1.4(拉普拉斯定理)　在行列式 D 中任意取定 k 行($1\leqslant k\leqslant n$),由这 k 行元素组成的所有 k 阶子式与它们的代数余子式的乘积之和等于行列式 D. 即

$$D=M_1A_1+M_2A_2+\cdots+M_tA_t\quad\left(t=\mathrm{C}_n^k=\frac{n!}{k!(n-k)!}\right)$$

其中 A_i 是子式 $M_i(i=1,2,\cdots,t)$ 对应的代数余子式.

(证明略)

显然,定理 1.3 是拉普拉斯定理取一阶子式时的特殊情形.

例 5. 计算四阶行列式

$$D=\begin{vmatrix}2&1&3&0\\3&2&-3&0\\3&-1&-2&5\\1&1&1&-1\end{vmatrix}.$$

解　取定第一行、第二行,可以组成 $\mathrm{C}_4^2=6$ 个二阶子式. 它们是

$$M_1=\begin{vmatrix}2&1\\3&2\end{vmatrix}=1;\qquad M_2=\begin{vmatrix}2&3\\3&-3\end{vmatrix}=-15;$$

$$M_3=\begin{vmatrix}2&0\\3&0\end{vmatrix}=0;\qquad M_4=\begin{vmatrix}1&3\\2&-3\end{vmatrix}=-9;$$

$$M_5=\begin{vmatrix}1&0\\2&0\end{vmatrix}=0;\qquad M_6=\begin{vmatrix}3&0\\-3&0\end{vmatrix}=0.$$

由于 $M_3 = M_5 = M_6 = 0$,根据拉普拉斯定理

$$\begin{aligned} D &= M_1A_1 + M_2A_2 + M_3A_3 + M_4A_4 + M_5A_5 + M_6A_6 \\ &= M_1A_1 + M_2A_2 + M_4A_4 . \end{aligned}$$

所以只需再计算代数余子式

$$A_1 = (-1)^{(1+2)+(1+2)}\begin{vmatrix} -2 & 5 \\ 1 & -1 \end{vmatrix} = -3,$$

$$A_2 = (-1)^{(1+2)+(1+3)}\begin{vmatrix} -1 & 5 \\ 1 & -1 \end{vmatrix} = 4,$$

$$A_4 = (-1)^{(1+2)+(2+3)}\begin{vmatrix} 3 & 5 \\ 1 & -1 \end{vmatrix} = -8.$$

于是,$D = 1 \times (-3) + (-15) \times 4 + (-9) \times (-8) = 9$.

例 6. 证明 $2n$ 阶行列式

$$\begin{vmatrix} a_{11} & a_{12} & \cdots & a_{1n} & 0 & 0 & \cdots & 0 \\ a_{21} & a_{22} & \cdots & a_{2n} & 0 & 0 & \cdots & 0 \\ \vdots & \vdots & & \vdots & \vdots & \vdots & & \vdots \\ a_{n1} & a_{n2} & \cdots & a_{nn} & 0 & 0 & \cdots & 0 \\ c_{11} & c_{12} & \cdots & c_{1n} & b_{11} & b_{12} & \cdots & b_{1n} \\ c_{21} & c_{22} & \cdots & c_{2n} & b_{21} & b_{22} & \cdots & b_{2n} \\ \vdots & \vdots & & \vdots & \vdots & \vdots & & \vdots \\ c_{n1} & c_{n2} & \cdots & c_{nn} & b_{n1} & b_{n2} & \cdots & b_{nn} \end{vmatrix}$$

$$= \begin{vmatrix} a_{11} & a_{12} & \cdots & a_{1n} \\ a_{21} & a_{22} & \cdots & a_{2n} \\ \vdots & \vdots & & \vdots \\ a_{n1} & a_{n2} & \cdots & a_{nn} \end{vmatrix} \cdot \begin{vmatrix} b_{11} & b_{12} & \cdots & b_{1n} \\ b_{21} & b_{22} & \cdots & b_{2n} \\ \vdots & \vdots & & \vdots \\ b_{n1} & b_{n2} & \cdots & b_{nn} \end{vmatrix} .$$

证明 在等式左端的 $2n$ 阶行列式中,取定前 n 行. 由这 n 行元素组成的所有 n 阶子式中,只有取前 n 列时的子式不等于零. 根据拉普拉斯定理,得

$$左端 = \begin{vmatrix} a_{11} & a_{12} & \cdots & a_{1n} \\ a_{21} & a_{22} & \cdots & a_{2n} \\ \vdots & \vdots & & \vdots \\ a_{n1} & a_{n2} & \cdots & a_{nn} \end{vmatrix}$$

$$\times(-1)^{(1+2+\cdots+n)+(1+2+\cdots+n)}\begin{vmatrix} b_{11} & b_{12} & \cdots & b_{1n} \\ b_{21} & b_{22} & \cdots & b_{2n} \\ \vdots & \vdots & & \vdots \\ b_{n1} & b_{n2} & \cdots & b_{nn} \end{vmatrix}$$

$$=\begin{vmatrix} a_{11} & a_{12} & \cdots & a_{1n} \\ a_{21} & a_{22} & \cdots & a_{2n} \\ \vdots & \vdots & & \vdots \\ a_{n1} & a_{n2} & \cdots & a_{nn} \end{vmatrix}\cdot\begin{vmatrix} b_{11} & b_{12} & \cdots & b_{1n} \\ b_{21} & b_{22} & \cdots & b_{2n} \\ \vdots & \vdots & & \vdots \\ b_{n1} & b_{n2} & \cdots & b_{nn} \end{vmatrix}.$$

利用例 6 的结果,就很容易计算例 4 中的行列式. 实际上

$$D = D^{\mathrm{T}} = \begin{vmatrix} 3 & 2 & 0 & 0 \\ -1 & 1 & 0 & 0 \\ -1 & 1 & 5 & 2 \\ 1 & -1 & -2 & -1 \end{vmatrix} = \begin{vmatrix} 3 & 2 \\ -1 & 1 \end{vmatrix}\cdot\begin{vmatrix} 5 & 2 \\ -2 & -1 \end{vmatrix} = -5.$$

§1.4　克莱姆法则

本节讨论含有 n 个未知量 $x_1,x_2,\cdots,x_n$ 和 n 个方程的线性方程组

$$\begin{cases} a_{11}x_1 + a_{12}x_2 + \cdots + a_{1n}x_n = b_1, \\ a_{21}x_1 + a_{22}x_2 + \cdots + a_{2n}x_n = b_2, \\ \cdots\cdots\cdots\cdots\cdots\cdots\cdots\cdots\cdots\cdots \\ a_{n1}x_1 + a_{n2}x_2 + \cdots + a_{nn}x_n = b_n. \end{cases} \tag{1.15}$$

定理 1.5(克莱姆法则)　如果方程组(1.15)的系数行列式

$$D = \begin{vmatrix} a_{11} & a_{12} & \cdots & a_{1n} \\ a_{21} & a_{22} & \cdots & a_{2n} \\ \vdots & \vdots & & \vdots \\ a_{n1} & a_{n2} & \cdots & a_{nn} \end{vmatrix} \neq 0,$$

则方程组(1.15)有唯一解

$$x_i = \frac{D_j}{D} \quad (j = 1,2,\cdots,n), \tag{1.16}$$

其中

$$D_j = \begin{vmatrix} a_{11} & \cdots & a_{1j-1} & b_1 & a_{1j+1} & \cdots & a_{1n} \\ a_{21} & \cdots & a_{2j-1} & b_2 & a_{2j+1} & \cdots & a_{2n} \\ \vdots & & \vdots & \vdots & \vdots & & \vdots \\ a_{n1} & \cdots & a_{nj-1} & b_n & a_{nj+1} & \cdots & a_{nn} \end{vmatrix}.$$

即 D_j 是把系数行列式 D 的第 j 列元素 $a_{1j},a_{2j},\cdots,a_{nj}$ 换为方程组右端常数项 b_1，$b_2,\cdots,b_n$，其余元素不变所得到的行列式.

证明　把(1.16)代入方程组(1.15)，可以验证(1.16)确实是方程组(1.15)的解(过程略).

下面证明方程组(1.15)的解是唯一的. 设

$x_1 = c_1, x_2 = c_2, \cdots, x_n = c_n$

为方程组(1.15)的任意一组解. 于是

$$\begin{cases} a_{11}c_1 + a_{12}c_2 + \cdots + a_{1n}c_n = b_1, \\ a_{21}c_1 + a_{22}c_2 + \cdots + a_{2n}c_n = b_2, \\ \cdots\cdots\cdots\cdots\cdots\cdots\cdots\cdots \\ a_{n1}c_1 + a_{n2}c_2 + \cdots + a_{nn}c_n = b_n. \end{cases} \tag{1.17}$$

用 $A_{1j},A_{2j},\cdots,A_{nj}$ 分别乘以(1.17)的第1、第2…第 n 个等式，再把 n 个等式两边相加得

$$\begin{aligned} &(a_{11}A_{1j} + a_{21}A_{2j} + \cdots + a_{n1}A_{nj})c_1 + \cdots \\ &\quad + (a_{1j}A_{1j} + a_{2j}A_{2j} + \cdots + a_{nj}A_{nj})c_j + \cdots \\ &\quad + (a_{1n}A_{1j} + a_{2n}A_{2j} + \cdots + a_{nn}A_{nj})c_n \\ &= b_1A_{1j} + b_2A_{2j} + \cdots + b_nA_{nj}. \end{aligned}$$

根据定理1.3及其推论，上式即为

$$Dc_j = D_j \quad (j = 1,2,\cdots,n).$$

因为 $D \neq 0$，所以 $c_j = D_j/D\ (j = 1,2,\cdots,n)$. 这说明方程组(1.15)的解必有(1.16)的形式. 即当 $D \neq 0$ 时，方程组(1.15)的解是唯一的.

在方程组(1.15)中，如果所有的常数项 $b_i = 0(i = 1,2,\cdots,n)$，则方程组称为 n 元**齐次线性方程组**. n 元齐次线性方程组

$$\begin{cases} a_{11}x_1 + a_{12}x_2 + \cdots + a_{1n}x_n = 0 \\ a_{21}x_1 + a_{22}x_2 + \cdots + a_{2n}x_n = 0 \\ \cdots\cdots\cdots\cdots\cdots\cdots\cdots\cdots \\ a_{n1}x_1 + a_{n2}x_2 + \cdots + a_{nn}x_n = 0 \end{cases} \tag{1.18}$$

显然必有零解(即 $x_j=0, j=1,2,\cdots,n$). 但它也可能有非零解. 一般,有

定理 1.6 如果齐次线性方程组(1.18)的系数行列式 $D\neq 0$,则它仅有零解.

证明 如果方程组(1.18)的系数行列式 $D\neq 0$,则由克莱姆法则可知,方程组有唯一解

$$x_j=\frac{D_j}{D}\quad (j=1,2,\cdots,n).$$

但 $D_j=0\quad (j=1,2,\cdots,n)$,所以方程组仅有零解.

推论 如果齐次线性方程组有非零解,则它的系数行列式 $D=0$.

在下一章,我们还将证明:如果齐次线性方程组(1.18)的系数行列式 $D=0$,则它一定有非零解. 也就是说,齐次线性方程组(1.18)有非零解的充分必要条件是其系数行列式 $D=0$.

应注意,克莱姆法则只能应用于 n 个未知量、n 个方程,并且系数行列式不等于零的线性方程组. 对于线性方程组中未知量个数与方程个数不同;或未知量个数与方程个数虽然相同,但系数行列式等于零的情形,我们将在下一章作进一步的讨论.

例 1. 解线性方程组

$$\begin{cases}2x_1-3x_2\qquad\quad +2x_4=8,\\ x_1+5x_2+2x_3+\ x_4=2,\\ 3x_1-\ x_2+\ x_3-\ x_4=7,\\ 4x_1+\ x_2+2x_3+2x_4=12.\end{cases}$$

解 方程组的系数行列式

$$D=\begin{vmatrix}2&-3&0&2\\1&5&2&1\\3&-1&1&-1\\4&1&2&2\end{vmatrix}=-6\neq 0,$$

所以方程组有唯一解. 而

$$D_1=\begin{vmatrix}8&-3&0&2\\2&5&2&1\\7&-1&1&-1\\12&1&2&2\end{vmatrix}=-18,\qquad D_2=\begin{vmatrix}2&8&0&2\\1&2&2&1\\3&7&1&-1\\4&12&2&2\end{vmatrix}=0,$$

$$D_3 = \begin{vmatrix} 2 & -3 & 8 & 2 \\ 1 & 5 & 2 & 1 \\ 3 & -1 & 7 & -1 \\ 4 & 1 & 12 & 2 \end{vmatrix} = 6, \qquad D_4 = \begin{vmatrix} 2 & -3 & 0 & 8 \\ 1 & 5 & 2 & 2 \\ 3 & -1 & 1 & 7 \\ 4 & 1 & 2 & 12 \end{vmatrix} = -6.$$

所以

$$x_1 = \frac{D_1}{D} = 3, \quad x_2 = \frac{D_2}{D} = 0,$$

$$x_3 = \frac{D_3}{D} = -1, \quad x_4 = \frac{D_4}{D} = 1.$$

例 2. 如果齐次线性方程组

$$\begin{cases} x_1 + (k^2 ++)x_2 + 2x_3 = 0, \\ x_1 + (2k+1)x_2 + 2x_3 = 0, \\ kx_1 + kx_2 + (2k+1)x_3 = 0 \end{cases}$$

有非零解,求 k 值.

解　方程组的系数行列式

$$D = \begin{vmatrix} 1 & k^2+1 & 2 \\ 1 & 2k+1 & 2 \\ k & k & 2k+1 \end{vmatrix} = \begin{vmatrix} 1 & k^2+1 & 2 \\ 0 & k(2-k) & 0 \\ 0 & -k^3 & 1 \end{vmatrix}$$

$$= \begin{vmatrix} k(2-k) & 0 \\ -k^3 & 1 \end{vmatrix}$$

$$= k(2-k).$$

若齐次线性方程组有非零解,则 $D = 0$. 于是 $k = 0$ 或 $k = 2$.

在中学代数中,我们已经知道方程(或方程组)是否有解与在哪个数集上进行讨论有关. 线性代数的许多问题在不同的数集上讨论,也可能有不同的结论. 为了明确一些结论成立的条件,需要引入数域的概念.

定义 1.8　设 F 是由一些数组成的集合,其中 $0 \in F, 1 \in F$. 如果 F 中任意两个数(这两个数也可以相同)的和、差、积、商(除数不得为零)仍然是 F 中的数,则 F 就称为一个**数域**.

根据上面的定义,全体整数组成的集合不是数域. 因为任意两个整数的商(除数不为零)不一定是整数.

容易验证:全体有理数组成的集合、全体实数组成的集合 R 和全体复数组成

的集合 C 都是数域．它们分别称为**有理数域**、**实数域**和**复数域**．以后，当我们在数域 F 上讨论问题时，数域 F 就是指实数域 R 或复数域 C．其他一些数域在本书中不再进行深入讨论．

在这一章我们已得到的所有结果在数域 F 上均成立．

习　题　一

1．计算以下行列式：

(1) $\begin{vmatrix} -2 & 3 \\ -1 & 5 \end{vmatrix}$；　(2) $\begin{vmatrix} \cos\alpha & -\sin\alpha \\ \sin\alpha & \cos\alpha \end{vmatrix}$；

(3) $\begin{vmatrix} \log_a b & 1 \\ 1 & \log_b a \end{vmatrix}$；　(4) $\begin{vmatrix} a+1 & 1 \\ a^3 & a^2-a+1 \end{vmatrix}$；

(5) $\begin{vmatrix} 1 & -1 & 3 \\ 2 & -1 & 1 \\ 1 & 2 & 0 \end{vmatrix}$；　(6) $\begin{vmatrix} 2 & 7 & -3 \\ -5 & -4 & 1 \\ 10 & 3 & 7 \end{vmatrix}$；

(7) $\begin{vmatrix} 0 & -a & b \\ a & 0 & -c \\ -b & c & 0 \end{vmatrix}$；　(8) $\begin{vmatrix} 1 & -c & -b \\ c & 1 & -a \\ b & a & 1 \end{vmatrix}$．

2．解方程：

(1) $\begin{vmatrix} 1 & 1 & 1 \\ 1 & 2 & x \\ 1 & x & 6 \end{vmatrix} = 1$；　(2) $\begin{vmatrix} x & x & 2 \\ 0 & -1 & 1 \\ 1 & 2 & x \end{vmatrix} = 0$．

3．解下面的线性方程组：

(1) $\begin{cases} 2x_1 + 3x_2 = 0, \\ 3x_1 + 3x_2 = \dfrac{1}{2}; \end{cases}$　(2) $\begin{cases} x_1 + ax_2 = a^2, \\ x_1 + bx_2 = b^2; \end{cases} (a \neq b)$

(3) $\begin{cases} 2x_1 - x_2 + 3x_3 = 5, \\ 3x_1 + x_2 - 5x_3 = 5, \\ 4x_1 - x_2 + x_3 = 9; \end{cases}$　(4) $\begin{cases} 2x_1 - x_2 + x_3 = 0, \\ 3x_1 + 2x_2 - 5x_3 = 1, \\ x_1 + 3x_2 - 2x_3 = 4. \end{cases}$

4．求下面各排列的逆序数，并说明它们的奇偶性．

(1) 4 2 1 3;　　(2) 5 4 2 1 6 3;

(3) 1 3 4 7 8 2 6 9 5;　　(4) $n(n-1)(n-2)\cdots 21$.

5. 确定 i 和 j 的值,使得 9 级排列

(1) 1 2 7 4 i 5 6 j 9 成偶排列;

(2) 3 9 7 2 i 1 5 j 4 成奇排列.

6. 下列各项,哪些是五阶行列式 $|a_{ij}|$ 中的一项. 若是,试决定该项的符号.

(1) $a_{13}a_{25}a_{32}a_{41}a_{54}$;　　(2) $a_{31}a_{12}a_{43}a_{52}a_{24}$;

(3) $a_{43}a_{21}a_{35}a_{12}a_{54}$.

7. 根据行列式的定义计算下面的行列式.

(1) $\begin{vmatrix} 0 & 1 & 0 & 0 & \cdots & 0 & 0 \\ 0 & 0 & 2 & 0 & \cdots & 0 & 0 \\ \vdots & \vdots & \vdots & \vdots & & \vdots & \vdots \\ 0 & 0 & 0 & 0 & \cdots & 0 & n-1 \\ n & 0 & 0 & 0 & \cdots & 0 & 0 \end{vmatrix}$;

(2) $\begin{vmatrix} 0 & 0 & \cdots & 0 & a_{1n} \\ 0 & 0 & \cdots & a_{2n-1} & a_{2n} \\ \vdots & \vdots & & \vdots & \vdots \\ 0 & a_{n-12} & \cdots & a_{n-1n-1} & a_{n-1n} \\ a_{n1} & a_{n2} & \cdots & a_{nn-1} & a_{nn} \end{vmatrix}$;

(3) $\begin{vmatrix} 0 & 0 & \cdots & 0 & 0 & 1 & 0 \\ 0 & 0 & \cdots & 0 & 2 & 0 & 0 \\ \vdots & \vdots & & \vdots & \vdots & \vdots & \vdots \\ n-1 & 0 & \cdots & 0 & 0 & 0 & 0 \\ 0 & 0 & \cdots & 0 & 0 & 0 & n \end{vmatrix}$;

(4) $\begin{vmatrix} a_1 & b_1 & c_1 & d_1 & e_1 \\ a_2 & b_2 & c_2 & d_2 & e_2 \\ a_3 & b_3 & 0 & 0 & 0 \\ a_4 & b_4 & 0 & 0 & 0 \\ a_5 & b_5 & 0 & 0 & 0 \end{vmatrix}$.

8. 用行列式性质计算下列行列式.

(1) $\begin{vmatrix} 32153 & 32053 \\ 72284 & 72184 \end{vmatrix}$；　　(2) $\begin{vmatrix} x & y & x+y \\ y & x+y & x \\ x+y & x & y \end{vmatrix}$；

(3) $\begin{vmatrix} a+b+2c & a & b \\ c & b+c+2a & b \\ c & a & c+a+2b \end{vmatrix}$；

(4) $\begin{vmatrix} 1+x & 1 & 1 & 1 \\ 1 & 1-x & 1 & 1 \\ 1 & 1 & 1+y & 1 \\ 1 & 1 & 1 & 1-y \end{vmatrix}$.

9. 证明：

(1) $\begin{vmatrix} a+b & b+c & c+a \\ a_1+b_1 & b_1+c_1 & c_1+a_1 \\ a_2+b_2 & b_2+c_2 & c_2+a_2 \end{vmatrix} = 2\begin{vmatrix} a & b & c \\ a_1 & b_1 & c_1 \\ a_2 & b_2 & c_2 \end{vmatrix}$；

(2) $\begin{vmatrix} y+z & z+x & x+y \\ x+y & y+z & z+x \\ z+x & x+y & y+z \end{vmatrix} = 2\begin{vmatrix} x & y & z \\ z & x & y \\ y & z & x \end{vmatrix}$；

*(3) $\begin{vmatrix} by+az & bz+ax & bx+ay \\ bx+ay & by+az & bz+ax \\ bz+ax & bx+ay & by+az \end{vmatrix} = (a^3+b^3)\begin{vmatrix} x & y & z \\ z & x & y \\ y & z & x \end{vmatrix}$.

10. 计算下列行列式的值：

(1) $\begin{vmatrix} 1 & 2 & 3 & 4 \\ 2 & 3 & 4 & 1 \\ 3 & 4 & 1 & 2 \\ 4 & 1 & 2 & 3 \end{vmatrix}$；　　(2) $\begin{vmatrix} 2 & 4 & -1 & -2 \\ -3 & 7 & -1 & 4 \\ 5 & -9 & 2 & 7 \\ 2 & -5 & 1 & 2 \end{vmatrix}$；

(3) $\begin{vmatrix} 1 & 1 & 1 & 1 \\ 1 & 2 & 3 & 4 \\ 1 & 4 & 9 & 16 \\ 1 & 8 & 27 & 64 \end{vmatrix}$; (4) $\begin{vmatrix} 1 & 2 & -5 & 1 \\ -3 & 1 & 0 & -6 \\ 2 & 0 & -1 & 2 \\ 4 & 1 & -7 & 6 \end{vmatrix}$.

11. 计算下列 n 阶行列式:

(1) $\begin{vmatrix} x & a & a & \cdots & a \\ a & x & a & \cdots & a \\ a & a & x & \cdots & a \\ \vdots & \vdots & \vdots & & \vdots \\ a & a & a & \cdots & x \end{vmatrix}$; (2) $\begin{vmatrix} 1 & 2 & 3 & \cdots & n \\ -1 & 0 & 3 & \cdots & n \\ -1 & -2 & 0 & \cdots & n \\ \vdots & \vdots & \vdots & & \vdots \\ -1 & -2 & -3 & \cdots & 0 \end{vmatrix}$;

(3) $\begin{vmatrix} a_1+1 & a_1+2 & \cdots & a_1+n \\ a_2+1 & a_2+2 & \cdots & a_2+n \\ \vdots & \vdots & & \vdots \\ a_n+1 & a_n+2 & \cdots & a_n+n \end{vmatrix} (n \geqslant 2)$;

(4) $\begin{vmatrix} a_1-b & a_2 & \cdots & a_n \\ a_1 & a_2-b & \cdots & a_n \\ \vdots & \vdots & & \vdots \\ a_1 & a_2 & \cdots & a_n-b \end{vmatrix}$.

12. 计算下列行列式:

(1) $\begin{vmatrix} 1 & a_1 & 0 & \cdots & 0 & 0 \\ -1 & 1-a_1 & a_2 & \cdots & 0 & 0 \\ 0 & -1 & 1-a_2 & \cdots & 0 & 0 \\ \vdots & \vdots & \vdots & & \vdots & \vdots \\ 0 & 0 & 0 & \cdots & 1-a_{n-1} & a_n \\ 0 & 0 & 0 & \cdots & -1 & 1-a_n \end{vmatrix}$;

(2) $\begin{vmatrix} a_0 & 1 & 1 & \cdots & 1 & 1 \\ 1 & a_1 & 0 & \cdots & 0 & 0 \\ 1 & 0 & a_2 & \cdots & 0 & 0 \\ \vdots & \vdots & \vdots & & \vdots & \vdots \\ 1 & 0 & 0 & \cdots & a_{n-1} & 0 \\ 1 & 0 & 0 & \cdots & 0 & a_n \end{vmatrix}$；

（其中 $a_i \neq 0, i = 1,2,\cdots,n$）

(3) $\begin{vmatrix} -a_1 & 0 & 0 & \cdots & 0 & 1 \\ a_1 & -a_2 & 0 & \cdots & 0 & 1 \\ 0 & a_2 & -a_3 & \cdots & 0 & 1 \\ \vdots & \vdots & \vdots & & \vdots & \vdots \\ 0 & 0 & 0 & \cdots & -a_n & 1 \\ 0 & 0 & 0 & \cdots & a_n & 1 \end{vmatrix}$.

13. 解方程：

(1) $\begin{vmatrix} 1 & 2 & 3 & \cdots & n \\ 1 & x+1 & 3 & \cdots & n \\ 1 & 2 & x+1 & \cdots & n \\ \vdots & \vdots & \vdots & & \vdots \\ 1 & 2 & 3 & \cdots & x+1 \end{vmatrix} = 0$；

(2) $\begin{vmatrix} x & a_1 & a_2 & \cdots & a_{n-1} & 1 \\ a_1 & x & a_2 & \cdots & a_{n-1} & 1 \\ a_1 & a_2 & x & \cdots & a_{n-1} & 1 \\ \vdots & \vdots & \vdots & & \vdots & \vdots \\ a_1 & a_2 & a_3 & \cdots & x & 1 \\ a_1 & a_2 & a_3 & \cdots & a_n & 1 \end{vmatrix} = 0$.

14. 设行列式

$$D = \begin{vmatrix} 1 & 2 & 2 & 4 \\ 1 & 0 & 0 & 2 \\ 3 & -1 & -4 & 0 \\ 1 & 2 & -1 & 5 \end{vmatrix},$$

分别按 D 的第二行和第四列展开,计算其值.

15. 计算行列式:

(1) $\begin{vmatrix} 2 & 1 & -5 & 8 \\ 1 & -3 & 0 & 9 \\ 0 & 2 & -1 & -5 \\ 1 & 4 & -7 & 0 \end{vmatrix}$;　(2) $\begin{vmatrix} 1 & 2 & -1 & 1 \\ 3 & 0 & 1 & 2 \\ 1 & -1 & 2 & 1 \\ 1 & 0 & 3 & -2 \end{vmatrix}$.

16. 解方程:

(1) $\begin{vmatrix} 2 & 2 & -1 & 3 \\ 4 & x^2-5 & -2 & 6 \\ -3 & 2 & -1 & x^2+1 \\ 3 & -2 & 1 & -2 \end{vmatrix} = 0$;

(2) $\begin{vmatrix} 1 & x & y & z \\ x & 1 & 0 & 0 \\ y & 0 & 1 & 0 \\ z & 0 & 0 & 1 \end{vmatrix} = 1$ (其中 x、y、z 均为实数).

17. 计算下列 n 阶行列式:

(1) $\begin{vmatrix} x & y & 0 & \cdots & 0 & 0 \\ 0 & x & y & \cdots & 0 & 0 \\ \vdots & \vdots & \vdots & & \vdots & \vdots \\ 0 & 0 & 0 & \cdots & x & y \\ y & 0 & 0 & \cdots & 0 & x \end{vmatrix}$;　(2) $\begin{vmatrix} a & 0 & 0 & \cdots & 0 & 1 \\ 0 & a & 0 & \cdots & 0 & 0 \\ \vdots & \vdots & \vdots & & \vdots & \vdots \\ 0 & 0 & 0 & \cdots & a & 0 \\ 1 & 0 & 0 & \cdots & 0 & a \end{vmatrix}$;

(3) $\begin{vmatrix} a_0 & -1 & 0 & \cdots & 0 & 0 \\ a_1 & x & -1 & \cdots & 0 & 0 \\ \vdots & \vdots & \vdots & & \vdots & \vdots \\ a_{n-2} & 0 & 0 & \cdots & x & -1 \\ a_{n-1} & 0 & 0 & \cdots & 0 & x \end{vmatrix}$;

$$
*(4)\begin{vmatrix}
1 & 2 & 3 & \cdots & n \\
2 & 3 & 4 & \cdots & 1 \\
3 & 4 & 5 & \cdots & 2 \\
\vdots & \vdots & \vdots & & \vdots \\
n & 1 & 2 & \cdots & n-1
\end{vmatrix}.
$$

18. 证明 n 阶行列式(其中 $a \neq b$)

$$
\begin{vmatrix}
a+b & ab & 0 & \cdots & 0 & 0 \\
1 & a+b & ab & \cdots & 0 & 0 \\
0 & 1 & a+b & \cdots & 0 & 0 \\
\vdots & \vdots & \vdots & & \vdots & \vdots \\
0 & 0 & 0 & \cdots & 1 & a+b
\end{vmatrix} = \frac{a^{n+1}-b^{n+1}}{a-b}.
$$

19. 证明 n 阶行列式

$$
\begin{vmatrix}
2\cos\theta & 1 & 0 & \cdots & 0 & 0 \\
1 & 2\cos\theta & 1 & \cdots & 0 & 0 \\
0 & 1 & 2\cos\theta & \cdots & 0 & 0 \\
\vdots & \vdots & \vdots & & \vdots & \vdots \\
0 & 0 & 0 & \cdots & 2\cos\theta & 1 \\
0 & 0 & 0 & \cdots & 1 & 2\cos\theta
\end{vmatrix} = \frac{\sin(n+1)\theta}{\sin\theta}.
$$

20. 计算 n 阶行列式

$$
D_n = \begin{vmatrix}
2a & 1 & & & & \\
a^2 & 2a & 1 & & & \\
 & a^2 & 2a & 1 & & \\
 & & \ddots & \ddots & \ddots & \\
 & & & a^2 & 2a & 1 \\
 & & & & a^2 & 2a
\end{vmatrix}.
$$

21. 用克莱姆法则解下列线性方程组:

$$
(1)\begin{cases}
x_1 + x_2 + x_3 + x_4 = 5 \\
x_1 + 2x_2 - x_3 + 4x_4 = -2 \\
2x_1 - 3x_2 - x_3 - 5x_4 = -2 \\
3x_1 + x_2 + 2x_3 + 11x_4 = 0
\end{cases}
\qquad
(2)\begin{cases}
x_2 - 3x_3 + 4x_4 = -5 \\
x_1 - 2x_3 + 3x_4 = -4 \\
3x_1 + 2x_2 - 5x_4 = 12 \\
4x_1 + 3x_2 - 5x_3 = 5
\end{cases}
$$

(3) $\begin{cases} x_1 - 2x_2 + 3x_3 - 4x_4 = 4 \\ x_2 - x_3 + x_4 = -3 \\ x_1 + 3x_2 + x_4 = 1 \\ -7x_2 + 3x_3 + x_4 = -3 \end{cases}$

22. 用克莱姆法则解下列线性方程组：

(1) $\begin{cases} bx - ay + 2ab = 0 \\ -2cy + 3bz - bc = 0 \\ cx + az = 0 \end{cases}$ （其中 $abc \neq 0$）

(2) $\begin{cases} ax_1 + ax_2 + bx_3 = 1 \\ ax_1 + bx_2 + ax_3 = 1 \\ bx_1 + ax_2 + ax_3 = 1 \end{cases}$ $\left(\text{其中 } a \neq b, -\dfrac{b}{2}\right)$

23. k 取何值时，下面的方程组仅有零解？

(1) $\begin{cases} 3x + 2y - z = 0 \\ kx + 7y - 2z = 0 \\ 2x - y + 3z = 0 \end{cases}$　(2) $\begin{cases} kx + y + z = 0 \\ x + ky - z = 0 \\ 2x - y + z = 0 \end{cases}$

24. 若齐次线性方程组

$$\begin{cases} x_1 + x_2 + x_3 + ax_4 = 0 \\ x_1 + 2x_2 + x_3 + x_4 = 0 \\ x_1 + x_2 - 3x_3 + x_4 = 0 \\ x_1 + x_2 + ax_3 + bx_4 = 0 \end{cases}$$

有非零解，则 a、b 应满足什么条件？

第二章 线性方程组

科学技术和经济管理中的许多问题往往可以归结为解一个线性方程组．一般，这样的方程组中未知量与方程的个数是不同的．方程组可能无解；也可能有唯一解或有无穷多组解．对于这些问题的研究在理论上和应用上都具有重要意义．

在这一章，我们将讨论线性方程组有解的充要条件，解的性质和求解方法．为了在理论上深入地讨论上述问题，我们还需要引入向量的概念，研究向量间的线性关系和有关性质．

§2.1 消元法

一、用消元法解线性方程组——例

在中学代数中，我们已经学习过用消元法解二元或三元线性方程组．这一方法也适用于求解含更多未知量或方程的线性方程组．

例 1. 解线性方程组

$$\begin{cases} x_1+3x_2-2x_3=4, \\ 3x_1+2x_2-5x_3=11, \\ 2x_1+x_2+x_3=3. \end{cases} \tag{2.1}$$

解 分别把方程组(2.1)中第一个方程的(－3)倍和(－2)倍加到第二个方程和第三个方程上，消去这两个方程中的未知量 x_1，得

$$\begin{cases} x_1+3x_2-2x_3=4, \\ -7x_2+x_3=-1, \\ -5x_2+5x_3=-5. \end{cases}$$

上面的第三个方程两边除以(-5),得

$$\begin{cases}x_1+3x_2-2x_3=4,\\ -7x_2+x_3=-1,\\ x_2-x_3=1.\end{cases}$$

交换第二、三个方程,得

$$\begin{cases}x_1+3x_2-2x_3=4,\\ x_2-x_3=1,\\ -7x_2+x_3=-1.\end{cases}$$

在上面的方程组中,把第二个方程的7倍加到第三个方程上,消去该方程中的未知量x_2,得到

$$\begin{cases}x_1+3x_2-2x_3=4,\\ x_2-x_3=1,\\ -6x_3=6.\end{cases}\tag{2.2}$$

方程组(2.2)与原方程组(2.1)同解. 由方程组(2.2)的最后一个方程可得$x_3=-1$. 把$x_3=-1$代入(2.2)的第二个方程,求得$x_2=0$. 最后,把$x_2=0$, $x_3=-1$代入(2.2)的第一个方程,解得$x_1=2$. 所以原方程组(2.1)的解为

$$x_1=2,\ x_2=0,\ x_3=-1.$$

方程组(2.2)的特点是:自上而下的各个方程所含未知数的个数依次减少. 这种形式的线性方程组,一般称为**阶梯形方程组**. 由原方程组化为阶梯形方程组的过程,称为**消元过程**. 由阶梯形方程组逐次求得各未知量的过程,称为**回代过程**,可以看出,在求解过程中,我们对方程组反复施行了如下三种变换:

1. 交换两个方程的位置;
2. 某个方程的两边同乘以一个非零的数;
3. 把一个方程的若干倍加到另一个方程上.

这三种变换的每一种都称为线性方程组的**初等变换**.

在例1的求解过程中,我们仅对各方程的系数和常数项进行运算. 因此求解过程可以写得更为简单. 首先,线性方程组(2.1)可以用以下矩形数表来表示:

$$\left(\begin{array}{ccc:c}1&3&-2&4\\ 3&2&-5&11\\ 2&1&1&3\end{array}\right)\tag{2.3}$$

数表(2.3)中的横排称为行,纵排称为列.这样的三行四列数表就称为一个三行四列矩阵,简称为3×4矩阵.这个矩阵也称为方程组(1.2)的增广矩阵.矩阵中的各个数称为该矩阵的元素.

对于方程组(2.1)施以初等变换,就相当于对矩阵(2.3)的各行施以相应的变换,它们都称为矩阵的初等行变换.利用矩阵记号,例1的消元过程可以非常简单地写成下述形式:

$$\left(\begin{array}{ccc|c}1&3&-2&4\\3&2&-5&11\\2&1&1&3\end{array}\right)\to\left(\begin{array}{ccc|c}1&3&-2&4\\0&-7&1&-1\\0&1&-1&1\end{array}\right)\to\left(\begin{array}{ccc|c}1&3&-2&4\\0&1&-1&1\\0&-7&1&-1\end{array}\right)$$

$$\to\left(\begin{array}{ccc|c}1&3&-2&4\\0&1&-1&1\\0&0&-6&6\end{array}\right)$$

最后一个矩阵对应的线性方程组就是(2.2),这一矩阵也称为**阶梯形矩阵**,其特点是:

(1) 自上而下的各行中,第一个非零元素左边零的个数随行数增加而增加.

(2) 元素全部为零的行(如果有的话)位于矩阵的最下面.

利用矩阵的初等行变换,还可以把回代过程直接表示如下(接上面最后一个矩阵):

$$\to\left(\begin{array}{ccc|c}1&3&-2&4\\0&1&-1&1\\0&0&1&-1\end{array}\right)\to\left(\begin{array}{ccc|c}1&3&0&2\\0&1&0&0\\0&0&1&-1\end{array}\right)$$

$$\to\left(\begin{array}{ccc|c}1&0&0&2\\0&1&0&0\\0&0&1&-1\end{array}\right),$$

由此可直接得到方程组(2.1)的解为

$$x_1=2,\ x_2=0,\ x_3=-1.$$

在求解未知量个数与方程个数不同的线性方程组时,也可以采用上面的矩阵的初等行变换求解.

例2. 解线性方程组

$$\begin{cases} x_1+3x_2-x_3-x_4=6,\\ 3x_1-x_2+5x_3-3x_4=6,\\ 2x_1+x_2+2x_3-2x_4=8. \end{cases}$$

解　方程组的增广矩阵是一个 3×5 矩阵. 对这一矩阵施以初等行变换,化为阶梯形矩阵:

$$\left(\begin{array}{cccc:c} 1 & 3 & -1 & -1 & 6\\ 3 & -1 & 5 & -3 & 6\\ 2 & 1 & 2 & -2 & 8 \end{array}\right)\rightarrow\left(\begin{array}{cccc:c} 1 & 3 & -1 & -1 & 6\\ 0 & -10 & 8 & 0 & -12\\ 0 & -5 & 4 & 0 & -4 \end{array}\right)$$

$$\rightarrow\left(\begin{array}{cccc:c} 1 & 3 & -1 & -1 & 6\\ 0 & -10 & 8 & 0 & -12\\ 0 & 0 & 0 & 0 & 2 \end{array}\right)$$

由最后的阶梯形矩阵,可得对应的阶梯形方程组

$$\begin{cases} x_1+3x_2-x_3-x_4=6,\\ -10x_2+8x_3=-12,\\ 0=2. \end{cases}$$

这是一个矛盾方程组,无解. 所以原方程组也无解.

例 3. 解线性方程组

$$\begin{cases} 2x_1-x_2+3x_3-4x_4+2x_5=8,\\ x_1+2x_2-3x_3+4x_4-x_5=-1,\\ 3x_1+x_2-x_3+2x_4-x_5=3,\\ 2x_1-x_2+4x_3-6x_4+4x_5=12. \end{cases}$$

解　方程组的增广矩阵是一个 4×6 矩阵. 对此矩阵施以初等行变换,化为阶梯形矩阵:

$$\left(\begin{array}{ccccc:c} 2 & -1 & 3 & -4 & 2 & 8\\ 1 & 2 & -3 & 4 & -1 & -1\\ 3 & 1 & -1 & 2 & -1 & 3\\ 2 & -1 & 4 & -6 & 4 & 12 \end{array}\right)$$

$$\rightarrow\left(\begin{array}{ccccc:c} 1 & 2 & -3 & 4 & -1 & -1\\ 2 & -1 & 3 & -4 & 2 & 8\\ 3 & 1 & -1 & 2 & -1 & 3\\ 2 & -1 & 4 & -6 & 4 & 12 \end{array}\right)$$

$$\rightarrow\left(\begin{array}{ccccc:c}1&2&-3&4&-1&-1\\0&-5&9&-12&4&10\\0&-5&8&-10&2&6\\0&-5&10&-14&6&14\end{array}\right)$$

$$\rightarrow\left(\begin{array}{ccccc:c}1&2&-3&4&-1&-1\\0&-5&9&-12&4&10\\0&0&-1&2&-2&-4\\0&0&1&-2&2&4\end{array}\right)$$

$$\rightarrow\left(\begin{array}{ccccc:c}1&2&-3&4&-1&-1\\0&-5&9&-12&4&10\\0&0&-1&2&-2&-4\\0&0&0&0&0&0\end{array}\right)$$

最后的阶梯形矩阵所对应的阶梯形方程组为

$$\begin{cases}x_1+2x_2-3x_3+4x_4-x_5=-1,\\ -5x_2+9x_3-12x_4+4x_5=10,\\ -x_3+2x_4-2x_5=-4.\end{cases}$$

其中,最后一个方程已化为“0 = 0”. 说明该方程是“多余”方程,不再写出. 这一阶梯形方程组还可以写成

$$\begin{cases}x_1+2x_2-3x_3=-1-4x_4+x_5,\\ -5x_2+9x_3=10+12x_4-4x_5,\\ -x_3=-4-2x_4+2x_5.\end{cases}$$

可以看出,只要任意取定 x_4,x_5 的值,都可以唯一地确定出对应的 x_1,x_2,x_3 的值,从而得到原方程的一组解. 因此原方程组有无穷多组解. 这时,变量 x_4,x_5 称为**自由未知量**.

为了使未知量 x_1,x_2,x_3 都仅用自由未知量表示,可以由上面的阶梯形矩阵继续回代:

$$\rightarrow\left(\begin{array}{ccccc:c}1&2&0&-2&5&11\\0&-5&0&6&-14&-26\\0&0&1&-2&2&4\\0&0&0&0&0&0\end{array}\right)\rightarrow\left(\begin{array}{ccccc:c}1&2&0&-2&5&11\\0&1&0&-\frac{6}{5}&\frac{14}{5}&\frac{26}{5}\\0&0&1&-2&2&4\\0&0&0&0&0&0\end{array}\right)$$

$$\rightarrow\left(\begin{array}{ccccc|c}1&0&0&\frac{2}{5}&-\frac{3}{5}&\frac{3}{5}\\0&1&0&-\frac{6}{5}&\frac{14}{5}&\frac{26}{5}\\0&0&1&-2&2&4\\0&0&0&0&0&0\end{array}\right).$$

由最后一个矩阵可得

$$\begin{cases}x_1=\frac{3}{5}-\frac{2}{5}x_4+\frac{3}{5}x_5,\\x_2=\frac{26}{5}+\frac{6}{5}x_4-\frac{14}{5}x_5,\\x_3=4+2x_4-2x_5.\end{cases}$$

取 $x_4=c_1,x_5=c_2$,其中 c_1,c_2 为任意常数. 就得到原方程组的解

$$\begin{cases}x_1=\frac{3}{5}-\frac{2}{5}c_1+\frac{3}{5}c_2,\\x_2=\frac{26}{5}+\frac{6}{5}c_1-\frac{14}{5}c_2,\\x_3=4+2c_1-2c_2,\\x_4=c_1,\\x_5=c_2\qquad(c_1,c_2\text{ 为任意常数}).\end{cases}$$

这种解的表达式称为线性方程组的**一般解**.

由上面的例1 ~ 例3 可以看出:线性方程组可能无解;也可能有解. 在有解的情形下,可能有唯一解;也可能有无穷多组解. 在用消元法解线性方程组时,我们只需对其增广矩阵施以初等行变换,并把消元过程和回代过程合并在一起写出即可.

二、线性方程组解的情况

为了便于讨论一般的 n 元线性方程组解的情况,首先正式地引入矩阵的概念.

定义 2.1 由数域 F 中的 $m\times n$ 个数 $a_{ij}(j=1,2\cdots,m;j=1,2,\cdots,n)$ 排列

成的矩形数表

$$\begin{pmatrix} a_{11} & a_{12} & \cdots & a_{1n} \\ a_{21} & a_{22} & \cdots & a_{2n} \\ \vdots & \vdots & & \vdots \\ a_{m1} & a_{m2} & \cdots & a_{mn} \end{pmatrix}, \tag{2.4}$$

称为数域 F 上的一个 $m\times n$ 矩阵,或简称为 $m\times n$ **矩阵**. 其中横排称为矩阵的行,纵排称为矩阵的列. 矩阵中的每个数都称为矩阵的**元素**. 元素 a_{ij} 表示它位于矩阵的第 i 行和第 j 列,亦称为矩阵的 (i, j) 元.

矩阵通常用大写字母 $\boldsymbol{A}, \boldsymbol{B}, \cdots$ 等表示. 如矩阵(2.4) 就可以记为 $\boldsymbol{A}$. 有时,为了说明矩阵 A 的行数和列数,也常把(2.4) 记作 $\boldsymbol{A}_{m\times n}$ 或 $\boldsymbol{A} = (a_{ij})_{m\times n}$.

定义 2.2 对一个矩阵施以下述三种变换

(1) 交换矩阵的两行(列) 的位置;

(2) 某一行(列) 乘以非零的数;

(3) 某一行(列) 的若干倍加到另一行(列) 上.

这三种变换的每一种都称为矩阵的**初等行(列) 变换**. 矩阵的初等行变换、列变换统称为矩阵的**初等变换**.

下面考虑一般的线性方程组

$$\begin{cases} a_{11}x_1 + a_{12}x_2 + \cdots + a_{1n}x_n = b_1, \\ a_{21}x_1 + a_{22}x_2 + \cdots + a_{2n}x_n = b_2, \\ \cdots\cdots\cdots\cdots\cdots\cdots \\ a_{m1}x_1 + a_{m2}x_2 + \cdots + a_{mn}x_n = b_m. \end{cases} \tag{2.5}$$

方程组中各未知量的系数组成数域 F 上的一个 $m\times n$ 矩阵

$$\boldsymbol{A} = \begin{pmatrix} a_{11} & a_{12} & \cdots & a_{1n} \\ a_{21} & a_{22} & \cdots & a_{2n} \\ \vdots & \vdots & & \vdots \\ a_{m1} & a_{m2} & \cdots & a_{mn} \end{pmatrix}.$$

$\boldsymbol{A}$ 称为方程组(2.5) 的系数矩阵. 把方程组(2.5) 的常数项添加在系数矩阵 $\boldsymbol{A}$ 的右边,可以得到一个 $m\times(n+1)$ 矩阵

$$\overline{A}=\begin{pmatrix}a_{11}&a_{12}&\cdots&a_{1n}&b_1\\a_{21}&a_{22}&\cdots&a_{2n}&b_2\\\vdots&\vdots&&\vdots&\vdots\\a_{m1}&a_{m2}&\cdots&a_{mn}&b_m\end{pmatrix}.$$

$\overline{A}$ 称为方程组(2.5)的增广矩阵.

为了讨论方程组(2.5)的解的情况,只需对其增广矩阵 $\overline{A}$ 施行初等行变换.一般,不妨设 $\overline{A}$ 的前 n 列中任意一列的元素不全为零.否则,若 $\overline{A}$ 的第 j 列元素 $a_{ij}=0(i=1,2,\cdots,m;1\leqslant j\leqslant n)$,则原方程组(2.5)中未知量 x_j 可以取任意值.我们只需求解余下的 $n-1$ 个未知量的方程组了.

为了方便起见,设 $\overline{A}$ 的第一列中 $a_{11}\neq 0$.把 $\overline{A}$ 的第一行的 $(-a_{i1}/a_{11})$ 倍加到它的第 i 行上去$(i=2,\cdots,m)$,可以把 $\overline{A}$ 化为

$$\begin{pmatrix}a_{11}&a_{12}&\cdots&a_{1n}&b_1\\0&a'_{22}&\cdots&a'_{2n}&b'_2\\\vdots&\vdots&&\vdots&\vdots\\0&a'_{m2}&\cdots&a'_{mn}&b'_m\end{pmatrix},$$

由后 $m-1$ 行,右边的 n 列可以组成一个$(m-1)\times n$ 矩阵,对此矩阵重复施行上述变换(必要时,可以重新排列未知量的顺序),直到 $\overline{A}$ 化为如下形式的阶梯形矩阵为止:

$$\overline{A}\to\cdots\to\begin{pmatrix}\bar{a}_{11}&\bar{a}_{12}&\cdots&\bar{a}_{1r}&\bar{a}_{1r+1}&\cdots&\bar{a}_{1n}&d_1\\0&\bar{a}_{22}&\cdots&\bar{a}_{2r}&\bar{a}_{2r+1}&\cdots&\bar{a}_{2n}&d_2\\\vdots&\vdots&&\vdots&\vdots&&\vdots&\vdots\\0&0&\cdots&\bar{a}_{rr}&\bar{a}_{rr+1}&\cdots&\bar{a}_{rn}&d_r\\0&0&\cdots&0&0&\cdots&0&d_{r+1}\\0&0&\cdots&0&0&\cdots&0&0\\\vdots&\vdots&&\vdots&\vdots&&\vdots&\vdots\\0&0&\cdots&0&0&\cdots&0&0\end{pmatrix},\tag{2.6}$$

其中 $a_{ii} \neq 0(i=1,2,\cdots,r)$，它对应的阶梯形方程组为

$$\begin{cases} \bar{a}_{11}x_1 + \bar{a}_{12}x_2 + \cdots + \bar{a}_{1r}x_r + \bar{a}_{1r+1}x_{r+1} + \cdots + \bar{a}_{1n}x_n = d_1, \\ \qquad \bar{a}_{22}x_2 + \cdots + \bar{a}_{2r}x_r + \bar{a}_{2r+1}x_{r+1} + \cdots + \bar{a}_{2n}x_n = d_2, \\ \qquad\qquad \cdots\cdots \\ \qquad\qquad \bar{a}_{rr}x_r + \bar{a}_{rr+1}x_{r+1} + \cdots + \bar{a}_{rn}x_n = d_r, \\ \qquad\qquad\qquad 0 = d_{r+1}, \\ \qquad\qquad\qquad 0 = 0, \\ \qquad\qquad\qquad \cdots\cdots \\ \qquad\qquad\qquad 0 = 0. \end{cases} \tag{2.7}$$

不难看出，这相当于方程组(2.5)经过一系列方程组的初等变换化为(2.7)．所以，若方程组(2.5)有解，则这些解也是方程组(2.7)的解．反之，方程组(2.7)也可以化为(2.5)．因此，若方程组(2.7)有解，则它的解也是(2.5)的解．即方程组(2.7)与原方程组(2.5)同解．这样，我们只需讨论方程组(2.7)的解的情况．

由于方程组(2.7)中含有 n 个未知量，所以(2.7)中必有 $r \leqslant n$．这时可能出现下述情况：

1. $d_{r+1} \neq 0$，于是(2.7)中的第 $r+1$ 个方程"$0=d_{r+1}$"是一个矛盾方程．因此方程组(2.7)无解．原方程组(2.5)也无解．如本节的例2．

2. $d_{r+1}=0$，于是方程组(2.7)有解．其中后 $m-r$ 个等式"$0=0$"表明原方程组(2.5)中相应的方程是多余方程．这时可能出现两种情形：

(1) 如果 $r=n$，则方程组(2.7)相当于

$$\begin{cases} \bar{a}_{11}x_1 + \bar{a}_{12}x_2 + \cdots + \bar{a}_{1n}x_n = d_1, \\ \qquad \bar{a}_{22}x_2 + \cdots + \bar{a}_{2n}x_n = d_2, \\ \qquad\qquad \cdots\cdots \\ \qquad\qquad \bar{a}_{nn}x_n = d_n. \end{cases}$$

自下而上依次求出 $x_n, x_{n-1}, \cdots, x_1$ 的值，则方程组(2.7)有唯一解，因而原方程组(2.5)也有唯一解．这一回代过程可以由相应的阶梯形矩阵自下而上逐次施以初等行变换，化为

$$\begin{pmatrix} 1 & 0 & \cdots & 0 & c_1 \\ 0 & 1 & \cdots & 0 & c_2 \\ \vdots & \vdots & & \vdots & \vdots \\ 0 & 0 & \cdots & 1 & c_n \\ 0 & 0 & \cdots & 0 & 0 \\ \vdots & \vdots & & \vdots & \vdots \\ 0 & 0 & \cdots & 0 & 0 \end{pmatrix},$$

从而直接得到原方程组的解 $x_1 = c_1, x_2 = c_2, \cdots, x_n = c_n$. 如本节的例 1.

(2) 如果 $r < n$,则方程组(2.7) 化为

$$\begin{cases} \bar{a}_{11}x_1 + \bar{a}_{12}x_2 + \cdots + \bar{a}_{1r}x_r = d_1 - \bar{a}_{1r+1}x_{r+1} - \cdots - \bar{a}_{1n}x_n, \\ \qquad\quad \bar{a}_{22}x_2 + \cdots + \bar{a}_{2r}x_r = d_2 - \bar{a}_{2r+1}x_{r+1} - \cdots - \bar{a}_{2n}x_n, \\ \qquad\qquad \cdots\cdots\cdots\cdots\cdots\cdots \\ \qquad\qquad\qquad \bar{a}_{rr}x_r = d_r - \bar{a}_{rr+1}x_{r+1} - \cdots - \bar{a}_{rn}x_n, \end{cases}$$

其中 $x_{r+1}, \cdots, x_n$ 称为自由未知量,任意取定自由未知量的值,就可以唯一确定 $x_1, x_2, \cdots, x_r$ 的值. 因此方程组(2.5) 有无穷多组解. 实际计算时,可以对阶梯形矩阵(2.6) 自下而上逐次施以初等行变换,把它化为

$$\begin{pmatrix} 1 & 0 & \cdots & 0 & \hat{a}_{1r+1} & \cdots & \hat{a}_{1n} & \hat{d}_1 \\ 0 & 1 & \cdots & 0 & \hat{a}_{2r+1} & \cdots & \hat{a}_{2n} & \hat{d}_2 \\ \vdots & \vdots & & \vdots & \vdots & & \vdots & \vdots \\ 0 & 0 & \cdots & 1 & \hat{a}_{rr+1} & \cdots & \hat{a}_{rn} & \hat{d}_r \\ 0 & 0 & \cdots & 0 & 0 & \cdots & 0 & 0 \\ \vdots & \vdots & & \vdots & \vdots & & \vdots & \vdots \\ 0 & 0 & \cdots & 0 & 0 & \cdots & 0 & 0 \end{pmatrix}.$$

如果令 $x_{r+1} = c_1, \cdots, x_n = c_{n-r}$,由上面的矩阵直接可得原方程的解

$$\begin{cases} x_1 = \hat{d}_1 - \hat{a}_{1r+1}c_1 - \cdots - \hat{a}_{1n}c_{n-r}, \\ x_2 = \hat{d}_2 - \hat{a}_{2r+1}c_1 - \cdots - \hat{a}_{2n}c_{n-r}, \\ \cdots\cdots\cdots\cdots\cdots\cdots \\ x_r = \hat{d}_r - \hat{a}_{rr+1}c_1 - \cdots - \hat{a}_{rn}c_{n-r}, \\ x_{r+1} = c_1, \\ \cdots\cdots \\ x_n = c_{n-r} \quad (c_1, c_2, \cdots, c_{n-r} \text{ 为任意常数}). \end{cases}$$

这样的解称为方程组(2.5)的一般解，如本节的例3.

总结一下,我们有下述结论:

线性方程组(2.5)的增广矩阵 $\overline{A}$ 通过初等行变换可以化为阶梯形矩阵,对应的阶梯形方程组(2.7)与原方程组(2.5)同解. 并且

1. 当 $d_{r+1} \neq 0$ 时,原方程组(2.5)无解.

2. 当 $d_{r+1} = 0$,且 $r = n$ 时,原方程组(2.5)有唯一解.

3. 当 $d_{r+1} = 0$,且 $r < n$ 时,原方程组(2.5)有无穷多组解.

把上述结论应用于齐次线性方程组

$$\begin{cases} a_{11}x_1 + a_{12}x_2 + \cdots + a_{1n}x_n = 0, \\ a_{21}x_1 + a_{22}x_2 + \cdots + a_{22}x_n = 0, \\ \cdots\cdots\cdots\cdots\cdots\cdots\cdots\cdots \\ a_{m1}x_1 + a_{m2}x_2 + \cdots + a_{mn}x_n = 0. \end{cases} \tag{2.8}$$

则因其增广矩阵 $\overline{A}$ 最后一列元素均为零,所以对 $\overline{A}$ 施以初等行变换(必要时,可以重新排列未知量的顺序),一定可把 $\overline{A}$ 化为如下形式的阶梯形矩阵:

$$\begin{pmatrix} \bar{a}_{11} & \bar{a}_{12} & \cdots & \bar{a}_{1r} & \bar{a}_{1r+1} & \cdots & \bar{a}_{1n} & 0 \\ 0 & \bar{a}_{22} & \cdots & \bar{a}_{2r} & \bar{a}_{2r+1} & \cdots & \bar{a}_{2n} & 0 \\ \vdots & \vdots & & \vdots & \vdots & & \vdots & \vdots \\ 0 & 0 & \cdots & \bar{a}_{rr} & \bar{a}_{rr+1} & \cdots & \bar{a}_{rn} & 0 \\ 0 & 0 & \cdots & 0 & 0 & \cdots & 0 & 0 \\ \vdots & \vdots & & \vdots & \vdots & & \vdots & \vdots \\ 0 & 0 & \cdots & 0 & 0 & \cdots & 0 & 0 \end{pmatrix}, \tag{2.9}$$

其中 $\bar{a}_{ii} \neq 0\ (i = 1,2,\cdots,r)$. 由此可得下述结论:

1. 当 $r = n$ 时,齐次线性方程组(2.8)仅有零解;

2. 当 $r < n$ 时,齐次线性方程组(2.8)除零解外,还有非零解. 实际上,它有无穷多解.

特别地,如果齐次线性方程组(2.8)中,方程个数小于未知量个数,即 $m < n$ 时,则阶梯形矩阵(2.9)中必有 $r < n$. 因此还可得

定理2.1　如果齐次线性方程组(2.8)中,方程个数小于未知量个数,即 $m < n$ 时,则方程组(2.8)有非零解.

最后,我们考察齐次线性方程组

$$\begin{cases} a_{11}x_1 + a_{12}x_2 + \cdots + a_{1n}x_n = 0, \\ a_{21}x_1 + a_{22}x_2 + \cdots + a_{2n}x_n = 0, \\ \cdots\cdots\cdots\cdots\cdots\cdots \\ a_{n1}x_1 + a_{n2}x_2 + \cdots + a_{nn}x_n = 0. \end{cases} \tag{2.10}$$

定理 2.2 齐次线性方程组(2.10)有非零解的充分必要条件是它的系数行列式

$$D = \begin{vmatrix} a_{11} & a_{12} & \cdots & a_{1n} \\ a_{21} & a_{22} & \cdots & a_{2n} \\ \vdots & \vdots & & \vdots \\ a_{n1} & a_{n2} & \cdots & a_{nn} \end{vmatrix} = 0.$$

证明 在§1.4中,我们已经证明了定理的必要性(定理1.6的推论). 下面证明充分性. 这只需证明与方程组(2.10)同解的阶梯形方程组有非零解. 我们用反证法证明这一结论.

假设用初等变换把方程组(2.10)化为阶梯形方程组,这一阶梯形方程组仍含有 n 个方程:

$$\begin{cases} a'_{11}x_1 + a'_{12}x_2 + \cdots + a'_{1n}x_n = 0, \\ \qquad\quad a'_{22}x_2 + \cdots + a'_{2n}x_n = 0, \\ \qquad\qquad\qquad \cdots\cdots\cdots\cdots \\ \qquad\qquad\qquad\qquad a'_{nn}x_n = 0, \end{cases}$$

其中 $a'_{ii} \neq 0 \ (i = 1,2,\cdots,n)$. 则它的系数行列式

$$D' = \begin{vmatrix} a'_{11} & a'_{12} & \cdots & a'_{1n} \\ 0 & a'_{22} & \cdots & a'_{2n} \\ \vdots & \vdots & & \vdots \\ 0 & 0 & \cdots & a'_{nn} \end{vmatrix} = a'_{11}a'_{22}\cdots a'_{nn} \neq 0.$$

但是,D' 是由 D 利用行列式性质得到,故 D' 必是 D 的非零常数倍. 由条件 $D = 0$, 而 $D' \neq 0$,从而产生矛盾. 所以在阶梯形方程组中去掉多余方程“$0 = 0$”以后,方程个数必小于未知量个数. 根据定理2.1,此阶梯形方程组必有非零解,

从而原方程组(2.10)也有非零解.

例4. 当 a 为何值时,下面的线性方程组有解,并求出方程组的解.

$$\begin{cases} x_1-2x_2-x_3-x_4=2, \\ 2x_1-4x_2+5x_3+3x_4=0, \\ 4x_1-8x_2+17x_3+11x_4=a, \\ 3x_1-6x_2+4x_3+3x_4=3. \end{cases}$$

解 对方程组的增广矩阵施以初等行变换,将其化为阶梯形矩阵.

$$\overline{A}=\left(\begin{array}{cccc:c} 1 & -2 & -1 & -1 & 2 \\ 2 & -4 & 5 & 3 & 0 \\ 4 & -8 & 17 & 11 & a \\ 3 & -6 & 4 & 3 & 3 \end{array}\right) \to \left(\begin{array}{cccc:c} 1 & -2 & -1 & -1 & 2 \\ 0 & 0 & 7 & 5 & -4 \\ 0 & 0 & 21 & 15 & a-8 \\ 0 & 0 & 7 & 6 & -3 \end{array}\right)$$

$$\to \left(\begin{array}{cccc:c} 1 & -2 & -1 & -1 & 2 \\ 0 & 0 & 7 & 5 & -4 \\ 0 & 0 & 0 & 0 & a+4 \\ 0 & 0 & 0 & 1 & 1 \end{array}\right)$$

$$\to \left(\begin{array}{cccc:c} 1 & -2 & -1 & -1 & 2 \\ 0 & 0 & 1 & \frac{5}{7} & -\frac{4}{7} \\ 0 & 0 & 0 & 1 & 1 \\ 0 & 0 & 0 & 0 & a+4 \end{array}\right).$$

显然,当 $a \neq -4$ 时,原方程组无解;当 $a=-4$ 时,原方程组有解. 把 $a=-4$ 代入最后的阶梯形矩阵,并继续进行初等行变换:

$$\xrightarrow{\text{接上面}} \left(\begin{array}{cccc:c} 1 & -2 & -1 & 0 & 3 \\ 0 & 0 & 1 & 0 & -\frac{9}{7} \\ 0 & 0 & 0 & 1 & 1 \\ 0 & 0 & 0 & 0 & 0 \end{array}\right) \to \left(\begin{array}{cccc:c} 1 & -2 & 0 & 0 & \frac{12}{7} \\ 0 & 0 & 1 & 0 & -\frac{9}{7} \\ 0 & 0 & 0 & 1 & 1 \\ 0 & 0 & 0 & 0 & 0 \end{array}\right).$$

由此可得

$$\begin{cases} x_1 = \dfrac{12}{7} + 2x_2, \\ x_3 = -\dfrac{9}{7}, \\ x_4 = 1. \end{cases}$$

令自由未知量 $x_2 = c_1$,则原方程组的一般解为

$$\begin{cases} x_1 = \dfrac{12}{7} + 2c_1, \\ x_2 = c_1, \\ x_3 = -\dfrac{9}{7}, \\ x_4 = 1 \quad (c_1 \text{为任意常数}). \end{cases}$$

例 5. 试确定 λ 的值,使齐次线性方程组

$$\begin{cases} x_1 - x_2 + x_3 = 0, \\ \lambda x_1 + 2x_2 + x_3 = 0, \\ 2x_1 + \lambda x_2 \qquad = 0. \end{cases}$$

有非零解,并求出方程组的一般解.

解 对方程组的增广矩阵施以初等行变换,把它化为阶梯形矩阵:

$$\overline{\boldsymbol{A}} = \left(\begin{array}{ccc:c} 1 & -1 & 1 & 0 \\ \lambda & 2 & 1 & 0 \\ 2 & \lambda & 0 & 0 \end{array}\right) \to \left(\begin{array}{ccc:c} 1 & -1 & 1 & 0 \\ 0 & \lambda+2 & -\lambda+1 & 0 \\ 0 & \lambda+2 & -2 & 0 \end{array}\right)$$

$$\to \left(\begin{array}{ccc:c} 1 & -1 & 1 & 0 \\ 0 & \lambda+2 & -\lambda+1 & 0 \\ 0 & 0 & \lambda-3 & 0 \end{array}\right). \tag{2.11}$$

由上面的阶梯形矩阵可以看出:当 $\lambda = -2$ 或 $\lambda = 3$ 时,方程组有非零解.

当 $\lambda = -2$ 时,继续对阶梯形矩阵(2.11) 施以初等行变换[接(2.11)]:

$$\to \left(\begin{array}{ccc:c} 1 & -1 & 1 & 0 \\ 0 & 0 & 3 & 0 \\ 0 & 0 & -5 & 0 \end{array}\right) \to \left(\begin{array}{ccc:c} 1 & -1 & 0 & 0 \\ 0 & 0 & 1 & 0 \\ 0 & 0 & 0 & 0 \end{array}\right),$$

由此可得

$$\begin{cases} x_1 = x_2, \\ x_3 = 0. \end{cases}$$

令自由未知量 $x_2 = c_1$，得方程组的一般解为

$$\begin{cases} x_1 = c_1, \\ x_2 = c_1, \\ x_3 = 0 \end{cases} \quad (c_1\text{ 为任意常数}).$$

当 $\lambda = 3$ 时，继续对阶梯形矩阵(2.11)施以初等行变换[接(2.11)]：

$$\rightarrow \left(\begin{array}{ccc|c} 1 & -1 & 1 & 0 \\ 0 & 5 & -2 & 0 \\ 0 & 0 & 0 & 0 \end{array}\right) \rightarrow \left(\begin{array}{ccc|c} 1 & 0 & 3/5 & 0 \\ 0 & 1 & -2/5 & 0 \\ 0 & 0 & 0 & 0 \end{array}\right).$$

由此可得

$$\begin{cases} x_1 = -\dfrac{3}{5}x_3, \\ x_2 = \dfrac{2}{5}x_3. \end{cases}$$

令自由未知量 $x_3 = c_2$，得方程组的一般解为

$$\begin{cases} x_1 = -\dfrac{3}{5}c_2, \\ x_2 = \dfrac{2}{5}c_2, \\ x_3 = c_2 \end{cases} \quad (c_2\text{ 为任意常数}).$$

当然，我们也可以利用定理 2.2，先计算方程组的系数行列式

$$D = \begin{vmatrix} 1 & -1 & 1 \\ \lambda & 2 & 1 \\ 2 & \lambda & 0 \end{vmatrix} = (\lambda + 2)(\lambda - 3).$$

于是当 $D = 0$，即 $\lambda = -2$ 或 $\lambda = 3$ 时，方程组有非零解．然后分别就 $\lambda = -2$ 和 $\lambda = 3$ 的情形，求出方程组的一般解．这一方法适用于方程个数与未知量个数相同的线性方程组．

§2.2 n 维向量

当线性方程组有无穷多解时，这些解之间有什么关系，是需要深入讨论的问题．从这一节开始，我们将引入 n 维向量的概念，并研究向量间的线性关系，以解决这一问题．

一、n 维向量及其线性运算

定义 2.3 数域 F 上的 n 个数 $a_1,a_2,\cdots,a_n$ 组成的一个有序数组

$$(a_1,a_2,\cdots,a_n)$$

称为一个 n **维向量**. 其中第 i 个数 a_i 称为该向量的第 i 个分量.

向量一般用小写希腊字母 $\boldsymbol{\alpha},\boldsymbol{\beta},\boldsymbol{\gamma},\cdots$ 等表示. 其分量用小写拉丁字母 $a,b,c,\cdots$ 等添加下标表示. 例如,我们可以记

$$\boldsymbol{\alpha}=(a_1,a_2,\cdots,a_n),\quad \boldsymbol{\beta}=(b_1,b_2,\cdots,b_n)$$

等等. 根据问题的需要,有时也把向量记为

$$\boldsymbol{\alpha}=\begin{pmatrix}a_1\\a_2\\\vdots\\a_n\end{pmatrix},\qquad \boldsymbol{\beta}=\begin{pmatrix}b_1\\b_2\\\vdots\\b_n\end{pmatrix},$$

前者称为 n 维行向量;后者称为 n 维列向量. n 维行向量(列向量)也可以看做 $1\times n$ 矩阵($n\times 1$ 矩阵). 反之亦然.

向量是数学的一个极为重要的概念. 在数学的各分支及其他学科中,向量的概念及有关性质都有着广泛的应用.

例 1. 在线性方程组(2.5)中,系数矩阵 $\boldsymbol{A}$ 的每一行都是数域 F 上的 n 维行向量; $\boldsymbol{A}$ 的每一列都是数域 F 上的 m 维列向量. 方程组的解 $x_1=c_1,x_2=c_2,\cdots,x_n=c_n$ 一般记为 n 维列向量

$$\boldsymbol{\gamma}=\begin{pmatrix}c_1\\c_2\\\vdots\\c_n\end{pmatrix},$$

它也称为方程组(2.5)的一个**解向量**,或简称为方程组(2.5)的一个解.

例 2. 某企业在某期间的生产情况可以用实数域上的 n 维向量$(a_1,a_2,\cdots,a_n)$表示. 其中 a_i 表示第 i 种产品的数量. 当 $a_i<0$ 时,表示该种产品的净投入量;当 $a_i\geqslant 0$ 时,表示该种产品的净产出量.

在本节和以下各节中，我们总是在数域 F 上讨论 n 维向量及其有关性质，一般不再逐一说明了．

定义 2.4 所有分量都是零的向量称为**零向量**．零向量记作

$$\boldsymbol{o}=(0,0,\cdots,0).$$

n 维向量 $\boldsymbol{\alpha}=(a_1,a_2,\cdots,a_n)$ 各分量的相反数组成的向量，称为 $\boldsymbol{\alpha}$ 的**负向量**．记作

$$-\boldsymbol{\alpha}=(-a_1,-a_2,\cdots,-a_n).$$

定义 2.5 如果 n 维向量 $\boldsymbol{\alpha}=(a_1,a_2,\cdots,a_n)$ 与 $\boldsymbol{\beta}=(b_1,b_2,\cdots,b_n)$ 的对应分量相等，即 $a_i=b_i(i=1,2,\cdots,n)$，则称这两个**向量相等**．记作 $\boldsymbol{\alpha}=\boldsymbol{\beta}$．

定义 2.6（向量的加法） 设 $\boldsymbol{\alpha}=(a_1,a_2,\cdots,a_n)$，$\boldsymbol{\beta}=(b_1,b_2,\cdots,b_n)$．$\boldsymbol{\alpha}$ 与 $\boldsymbol{\beta}$ 的对应分量的和所构成的 n 维向量，称为向量 $\boldsymbol{\alpha}$ 与 $\boldsymbol{\beta}$ 的和．记作 $\boldsymbol{\alpha}+\boldsymbol{\beta}$．即

$$\boldsymbol{\alpha}+\boldsymbol{\beta}=(a_1+b_1,a_2+b_2,\cdots,a_n+b_n).$$

由向量的加法和负向量的定义，还可以定义向量的减法，即

$$\boldsymbol{\alpha}-\boldsymbol{\beta}=\boldsymbol{\alpha}+(-\boldsymbol{\beta})=(a_1-b_1,a_2-b_2,\cdots,a_n-b_n).$$

定义 2.7（数与向量的乘法） 设 k 为数域 F 中的数．数 k 与向量 $\boldsymbol{\alpha}=(a_1,a_2,\cdots,a_n)$ 的各分量的乘积所构成的 n 维向量，称为数 k 与向量 $\boldsymbol{\alpha}$ 的乘积（简称数乘）．记作 $k\boldsymbol{\alpha}$．即

$$k\boldsymbol{\alpha}=(ka_1,ka_2,\cdots,ka_n).$$

向量的加法和数乘运算，统称为向量的**线性运算**．利用上述定义，不难直接验证向量的线性运算满足下述八条运算律：

(1) $\boldsymbol{\alpha}+\boldsymbol{\beta}=\boldsymbol{\beta}+\boldsymbol{\alpha}$（加法交换律）；

(2) $\boldsymbol{\alpha}+(\boldsymbol{\beta}+\boldsymbol{\gamma})=(\boldsymbol{\alpha}+\boldsymbol{\beta})+\boldsymbol{\gamma}$（加法结合律）；

(3) $\boldsymbol{\alpha}+\boldsymbol{o}=\boldsymbol{\alpha}$;

(4) $\boldsymbol{\alpha}+(-\boldsymbol{\alpha})=\boldsymbol{o}$;

(5) $k(\boldsymbol{\alpha}+\boldsymbol{\beta})=k\boldsymbol{\alpha}+k\boldsymbol{\beta}$（数乘分配律）；

(6) $(k+l)\boldsymbol{\alpha}=k\boldsymbol{\alpha}+l\boldsymbol{\alpha}$（数乘分配律）；

(7) $(kl)\boldsymbol{\alpha}=k(l\boldsymbol{\alpha})$（数乘结合律）；

(8) $1\cdot\boldsymbol{\alpha}=\boldsymbol{\alpha}$.

其中 $\boldsymbol{\alpha},\boldsymbol{\beta},\boldsymbol{\gamma}$ 是 n 维向量，$\boldsymbol{o}$ 是 n 维零向量，k 和 l 为数域 F 中的任意数．

例 3. 设 $\boldsymbol{\alpha}_1=(-1,4,0,-2)$，$\boldsymbol{\alpha}_2=(-3,-1,2,5)$，如果 4 维向量 $\boldsymbol{\beta}$ 满足 $3\boldsymbol{\alpha}_1-2(\boldsymbol{\beta}+\boldsymbol{\alpha}_2)=\boldsymbol{o}$，求 $\boldsymbol{\beta}$．

解 由已知条件可得

$$3\boldsymbol{\alpha}_1-2\boldsymbol{\beta}-2\boldsymbol{\alpha}_2=\boldsymbol{o}$$

所以
$$-2\boldsymbol{\beta}=2\boldsymbol{\alpha}_2-3\boldsymbol{\alpha}_1.$$

于是
$$\boldsymbol{\beta}=-\frac{1}{2}(2\boldsymbol{\alpha}_2-3\boldsymbol{\alpha}_1)=-\boldsymbol{\alpha}_2+\frac{3}{2}\boldsymbol{\alpha}_1$$
$$=-(-3,-1,2,5)+\frac{3}{2}(-1,4,0,-2)$$
$$=\left(\frac{3}{2},7,-2,-8\right).$$

二、向量间的线性关系

除非特别指明，以下的讨论中所涉及的向量均为 n 维向量.

定义2.7 对于向量组 $\boldsymbol{\alpha}_1,\boldsymbol{\alpha}_2,\cdots,\boldsymbol{\alpha}_s$ 和向量 $\boldsymbol{\beta}$，如果存在 s 个数 $k_1,k_2,\cdots,k_s$，使得

$$\boldsymbol{\beta}=k_1\boldsymbol{\alpha}_1+k_2\boldsymbol{\alpha}_2+\cdots+k_s\boldsymbol{\alpha}_s,$$

则称向量 $\boldsymbol{\beta}$ 是向量组 $\boldsymbol{\alpha}_1,\boldsymbol{\alpha}_2,\cdots,\boldsymbol{\alpha}_s$ 的**线性组合**，或称向量 $\boldsymbol{\beta}$ 可以由向量组 $\boldsymbol{\alpha}_1,\boldsymbol{\alpha}_2,\cdots,\boldsymbol{\alpha}_n$ **线性表示**.

例4. n 维零向量 $\boldsymbol{o}=(0,0,\cdots,0)$ 是任一 n 维向量组 $\boldsymbol{\alpha}_1,\boldsymbol{\alpha}_2,\cdots,\boldsymbol{\alpha}_s$ 的线性组合. 事实上，取 $k_1=k_2=\cdots=k_s=0$，则

$$\boldsymbol{o}=0\boldsymbol{\alpha}_1+0\boldsymbol{\alpha}_2+\cdots+0\boldsymbol{\alpha}_s.$$

例5. n 维向量组 $\boldsymbol{\varepsilon}_1=(1,0,\cdots,0),\boldsymbol{\varepsilon}_2=(0,1,\cdots,0),\boldsymbol{\varepsilon}_n=(0,0,\cdots,1)$ 称为 n 维(基本)**单位向量组**. 任一 n 维向量 $\boldsymbol{\alpha}=(a_1,a_2,\cdots,a_n)$ 都可以由 $\boldsymbol{\varepsilon}_1,\boldsymbol{\varepsilon}_2,\cdots,\boldsymbol{\varepsilon}_n$ 线性表示：

$$\boldsymbol{\alpha}=a_1\boldsymbol{\varepsilon}_1+a_2\boldsymbol{\varepsilon}_2+\cdots+a_n\boldsymbol{\varepsilon}_n.$$

例6. 向量组 $\boldsymbol{\alpha}_1,\boldsymbol{\alpha}_2,\cdots,\boldsymbol{\alpha}_s$ 中的任一向量 $\boldsymbol{\alpha}_i(1\leqslant i\leqslant s)$ 都可以由这个向量组线性表示：

$$\boldsymbol{\alpha}_i=0\boldsymbol{\alpha}_1+\cdots+0\boldsymbol{\alpha}_{i-1}+1\cdot\boldsymbol{\alpha}_i+0\cdot\boldsymbol{\alpha}_{i+1}+\cdots+0\boldsymbol{\alpha}_s.$$

例7. 线性方程组

$$\begin{cases} a_{11}x_1 + a_{12}x_2 + \cdots + a_{1n}x_n = b_1, \\ a_{21}x_1 + a_{22}x_2 + \cdots + a_{2n}x_n = b_2, \\ \cdots\cdots\cdots\cdots\cdots\cdots \\ a_{m1}x_1 + a_{m2}x_2 + \cdots + a_{mn}x_n = b_m \end{cases} \tag{2.12}$$

的系数矩阵为 $\boldsymbol{A} = (a_{ij})_{m\times n}$，$\boldsymbol{A}$ 的第 j 列及方程组的常数项可以用 m 维列向量表示为：

$$\boldsymbol{\alpha}_j = \begin{pmatrix} a_{1j} \\ a_{2j} \\ \vdots \\ a_{mj} \end{pmatrix}, \quad j = 1,2,\cdots,n; \quad \boldsymbol{\beta} = \begin{pmatrix} b_1 \\ b_2 \\ \vdots \\ b_m \end{pmatrix}.$$

$\boldsymbol{\alpha}_1,\boldsymbol{\alpha}_2,\cdots,\boldsymbol{\alpha}_n$ 称为矩阵 $\boldsymbol{A}$ 的列向量组．于是方程组(2.12) 可以写成下述形式

$$x_1\boldsymbol{\alpha}_1 + x_2\boldsymbol{\alpha}_2 + \cdots + x_n\boldsymbol{\alpha}_n = \boldsymbol{\beta}.$$

它称为方程组(2.12) 的向量形式．如果方程组(2.12) 有解

$x_j = k_i(i = 1,2,\cdots,n)$，则有

$$k_1\boldsymbol{\alpha}_1 + k_2\boldsymbol{\alpha}_2 + \cdots + k_n\boldsymbol{\alpha}_n = \boldsymbol{\beta}$$

即向量 $\boldsymbol{\beta}$ 可以由向量组 $\boldsymbol{\alpha}_1,\boldsymbol{\alpha}_2,\cdots,\boldsymbol{\alpha}_n$ 线性表示．反之，如果存在数 $k_1,k_2,\cdots,k_n$ 使得上式成立，则 $x_i = k_i(i = 1,2,\cdots,n)$ 就是方程组(2.12) 的一组解．由此可得：

向量 $\boldsymbol{\beta}$ 可以由向量组 $\boldsymbol{\alpha}_1,\boldsymbol{\alpha}_2,\cdots,\boldsymbol{\alpha}_n$ 线性表示的充分必要条件是线性方程组(2.12) 有解．

例 8. 设 $\boldsymbol{\beta} = (2,3,-1)$，$\boldsymbol{\alpha}_1 = (1,-1,2)$，$\boldsymbol{\alpha}_2 = (-1,2,-3)$，$\boldsymbol{\alpha}_3 = (2,-3,5)$．判断向量 $\boldsymbol{\beta}$ 可否由向量组 $\boldsymbol{\alpha}_1,\boldsymbol{\alpha}_2,\boldsymbol{\alpha}_3$ 线性表示．如果可以，试写出它的一种表达式．

解　设 $\boldsymbol{\beta} = k_1\boldsymbol{\alpha}_1 + k_2\boldsymbol{\alpha}_2 + k_3\boldsymbol{\alpha}_3$，即

$$(2,3,-1) = k_1(1,-1,2) + k_2(-1,2,-3) + k_3(2,-3,5).$$

由此可得以 k_1,k_2,k_3 为未知量的线性方程组：

$$\begin{cases} k_1 - k_2 + 2k_3 = 2, \\ -k_1 + 2k_2 - 3k_3 = 3, \\ 2k_1 - 3k_2 + 5k_3 = -1. \end{cases}$$

解此线性方程组，得其一般解为

$$\begin{cases} k_1 = 7 - c_1, \\ k_2 = 5 + c_1, \\ k_3 = c_1 \quad (c_1 \text{ 为任意常数}). \end{cases}$$

由此可知，向量$\boldsymbol{\beta}$可由向量组$\boldsymbol{\alpha}_1,\boldsymbol{\alpha}_2,\boldsymbol{\alpha}_3$线性表示，且表示法有无穷多种．为了求出它的一种表达式，令$c_1=0$，则

$$k_1=7,k_2=5,k_3=0.$$

于是　$\boldsymbol{\beta}=7\boldsymbol{\alpha}_1+5\boldsymbol{\alpha}_2+0\boldsymbol{\alpha}_3$.

定义 2.8　对于向量组$\boldsymbol{\alpha}_1,\boldsymbol{\alpha}_2,\cdots,\boldsymbol{\alpha}_s$，如果存在不全为零的数$k_1,k_2,\cdots,k_s$，使得

$$k_1\boldsymbol{\alpha}_1+k_2\boldsymbol{\alpha}_2+\cdots+k_s\boldsymbol{\alpha}_s=\boldsymbol{o}, \tag{2.13}$$

则称向量组$\boldsymbol{\alpha}_1,\boldsymbol{\alpha}_2,\cdots,\boldsymbol{\alpha}_s$**线性相关**．否则，称向量组$\boldsymbol{\alpha}_1,\boldsymbol{\alpha}_2,\cdots,\boldsymbol{\alpha}_s$**线性无关**．也就是说，如果仅当$k_1,k_2,\cdots,k_s$都等于零时，才能使(2.13)成立，则$\boldsymbol{\alpha}_1,\boldsymbol{\alpha}_2,\cdots,\boldsymbol{\alpha}_s$线性无关．

例 9.　含有零向量的任一向量组线性相关．事实上，若设此向量组为$\boldsymbol{o},\boldsymbol{\alpha}_1,\boldsymbol{\alpha}_2,\cdots,\boldsymbol{\alpha}_s$，则对任意的数$k\neq0$，有

$$k\cdot\boldsymbol{o}+0\boldsymbol{\alpha}_1+\cdots+0\boldsymbol{\alpha}_s=\boldsymbol{o}.$$

因此，该向量组线性相关．

例 10.　单个非零的n维向量线性无关．

事实上，若设$\boldsymbol{\alpha}=(a_1,a_2,\cdots,a_n)\neq\boldsymbol{o}$. 如果

$$k\boldsymbol{\alpha}=(ka_1,ka_2,\cdots,ka_n)=\boldsymbol{o},$$

则必有$k=0$. 所以单个的非零向量线性无关．

例 11.　试证：n维基本单位向量组$\boldsymbol{\varepsilon}_1=(1,0,\cdots,0),\boldsymbol{\varepsilon}_2=(0,1,\cdots,0),\cdots,\boldsymbol{\varepsilon}_n=(0,0,\cdots,1)$线性无关．

证明　设有数$k_1,k_2,\cdots,k_n$使

$$k_1\boldsymbol{\varepsilon}_1+k_2\boldsymbol{\varepsilon}_2+\cdots+k_n\boldsymbol{\varepsilon}_n=\boldsymbol{o},$$

于是得$(k_1,k_2,\cdots,k_n)=\boldsymbol{o}$.

由此可知，只有当$k_1=k_2=\cdots=k_n=0$时，才有$k_1\boldsymbol{\varepsilon}_1+k_2\boldsymbol{\varepsilon}_2+\cdots+k_n\boldsymbol{\varepsilon}_n=\boldsymbol{o}$. 所以向量组$\boldsymbol{\varepsilon}_1,\boldsymbol{\varepsilon}_2,\cdots,\boldsymbol{\varepsilon}_n$线性无关．

例 12.　如果向量组$\boldsymbol{\alpha}_1,\boldsymbol{\alpha}_2,\boldsymbol{\alpha}_3$线性无关，则向量组$\boldsymbol{\alpha}_1+\boldsymbol{\alpha}_2,\boldsymbol{\alpha}_2+\boldsymbol{\alpha}_3,\boldsymbol{\alpha}_3+\boldsymbol{\alpha}_1$也线性无关．

证明　设有数k_1,k_2,k_3，使得

$$k_1(\boldsymbol{\alpha}_1+\boldsymbol{\alpha}_2)+k_2(\boldsymbol{\alpha}_2+\boldsymbol{\alpha}_3)+k_3(\boldsymbol{\alpha}_3+\boldsymbol{\alpha}_1)=\boldsymbol{o},$$

也就是

$$(k_1+k_3)\boldsymbol{\alpha}_1+(k_1+k_2)\boldsymbol{\alpha}_2+(k_2+k_3)\boldsymbol{\alpha}_3=\boldsymbol{o}.$$

因 $\boldsymbol{\alpha}_1,\boldsymbol{\alpha}_2,\boldsymbol{\alpha}_3$ 线性无关,所以必有

$$\begin{cases} k_1 \quad\quad + k_3 = 0, \\ k_1 + k_2 \quad\quad = 0, \\ \quad\quad k_2 + k_3 = 0. \end{cases}$$

这是以 k_1,k_2,k_3 为未知量的一个齐次线性方程组．由于其系数行列式

$$\begin{vmatrix} 1 & 0 & 1 \\ 1 & 1 & 0 \\ 0 & 1 & 1 \end{vmatrix}=2\neq 0,$$

因此该齐次线性方程组仅有零解 $k_1=k_2=k_3=0$．即向量组 $\boldsymbol{\alpha}_1+\boldsymbol{\alpha}_2$, $\boldsymbol{\alpha}_2+\boldsymbol{\alpha}_3,\boldsymbol{\alpha}_3+\boldsymbol{\alpha}_1$ 线性无关．

由本节例7和定义2.8还可以看出,向量组 $\boldsymbol{\alpha}_1,\boldsymbol{\alpha}_2,\cdots,\boldsymbol{\alpha}_s$ 线性相关(或无关)等价于齐次线性方程组($k_1,k_2,\cdots,k_s$ 为未知量)

$$k_1\boldsymbol{\alpha}_1+k_2\boldsymbol{\alpha}_2+\cdots+k_s\boldsymbol{\alpha}_s=\boldsymbol{o}$$

有非零解(或仅有零解).

例 13. 判断向量组 $\boldsymbol{\alpha}_1=(1,0,-1,2),\boldsymbol{\alpha}_2=(-1,-1,2,-4),\boldsymbol{\alpha}_3=(2,3,-5,10)$ 是否线性相关．

解　设有数 k_1,k_2,k_3 使得

$$k_1\boldsymbol{\alpha}_1+k_2\boldsymbol{\alpha}_2+k_3\boldsymbol{\alpha}_3=\boldsymbol{o}$$

由此得到以 k_1,k_2,k_3 为未知量的齐次线性方程组:

$$\begin{cases} k_1-k_2+2k_3=0, \\ \quad -k_2+3k_3=0, \\ -k_1+2k_2-5k_3=0, \\ 2k_1-4k_2+10k_3=0. \end{cases}$$

对方程组的增广矩阵施以初等行变换

$$\left(\begin{array}{ccc:c} 1 & -1 & 2 & 0 \\ 0 & -1 & 3 & 0 \\ -1 & 2 & -5 & 0 \\ 2 & -4 & 10 & 0 \end{array}\right)\to\left(\begin{array}{ccc:c} 1 & -1 & 2 & 0 \\ 0 & -1 & 3 & 0 \\ 0 & 1 & -3 & 0 \\ 0 & -2 & 6 & 0 \end{array}\right)$$

$$\rightarrow\left(\begin{array}{ccc:c}1 & -1 & 2 & 0\\ 0 & -1 & 3 & 0\\ 0 & 0 & 0 & 0\\ 0 & 0 & 0 & 0\end{array}\right),$$

由最后的阶梯形矩阵可知该齐次线性方程组有非零解．即向量组 $\boldsymbol{\alpha}_1,\boldsymbol{\alpha}_2,\boldsymbol{\alpha}_3$ 线性相关．实际上，当 $k_1=1,k_2=3,k_3=1$ 时，有

$$\boldsymbol{\alpha}_1+3\boldsymbol{\alpha}_2+\boldsymbol{\alpha}_3=\boldsymbol{o}.$$

定理 2.3 设 r 维向量组

$$\boldsymbol{\alpha}_i=(a_{i1},a_{i2},\cdots,a_{ir})\quad i=1,2,\cdots,s.$$

线性无关，则在每个向量上再添加 n − r 个分量所得到的 n 维向量组

$$\boldsymbol{\alpha}'_i=(a_{i1},a_{i2},\cdots,a_{ir},a_{ir+1},\cdots,a_{in}),$$

$$i=1,2,\cdots,s.$$

也线性无关．

证明 设有数 $k_1,k_2,\cdots,k_s$ 使得

$$k_1\boldsymbol{\alpha}'_1+k_2\boldsymbol{\alpha}'_2+\cdots+k_s\boldsymbol{\alpha}'_s=\boldsymbol{o}.$$

由此可得以 $k_1,k_2,\cdots,k_s$ 为未知量的齐次线性方程组

$$\begin{cases}a_{11}k_1+a_{12}k_2+\cdots+a_{s1}k_s=0,\\ a_{12}k_1+a_{22}k_2+\cdots+a_{s2}k_s=0,\\ \cdots\cdots\cdots\cdots\cdots\cdots\cdots\cdots\\ a_{1r}k_1+a_{2r}k_2+\cdots+a_{sr}k_s=0,\\ a_{1r+1}k_1+a_{2r+1}k_2+\cdots+a_{sr+1}k_s=0,\\ a_{1n}k_1+a_{2n}k_2+\cdots+a_{sn}k_s=0.\end{cases}$$

因为 $\boldsymbol{\alpha}_1,\boldsymbol{\alpha}_2,\cdots,\boldsymbol{\alpha}_s$ 线性无关，所以上面的方程组中前 r 个方程构成的方程组仅有零解 $k_1=k_2=\cdots=k_s=0$．于是上面的方程组也仅有零解．因此，向量组 $\boldsymbol{\alpha}'_1,\boldsymbol{\alpha}'_2,\cdots,\boldsymbol{\alpha}'_s$ 也线性无关．

用同样的方法，我们还可以证明

定理 2.4 n 个 n 维向量 $\boldsymbol{\alpha}_1=(a_{11},a_{12},\cdots,a_{1n}),\boldsymbol{\alpha}_2=(a_{21},a_{22},\cdots,a_{2n}),\cdots,\boldsymbol{\alpha}_n=(a_{n1},a_{n2},\cdots,a_{nn})$ 线性相关的充分必要条件是行列式

$$\begin{vmatrix} a_{11} & a_{12} & \cdots & a_{1n} \\ a_{21} & a_{22} & \cdots & a_{2n} \\ \vdots & \vdots & & \vdots \\ a_{n1} & a_{n2} & \cdots & a_{nn} \end{vmatrix} = 0.$$

定理 2.5 $n+1$ 个 n 维向量必线性相关.

作为习题,请读者自证这两个定理.

下面我们再给出几个向量组线性关系的重要性质.

定理 2.6 如果一个向量组中的部分向量线性相关,则整个向量组也线性相关.

证明 不妨设向量组 $\boldsymbol{\alpha}_1,\boldsymbol{\alpha}_2,\cdots,\boldsymbol{\alpha}_s$ 中的部分组 $\boldsymbol{\alpha}_1,\boldsymbol{\alpha}_2,\cdots,\boldsymbol{\alpha}_r(r<s)$ 线性相关,则存在不全为零的数 $k_1,k_2,\cdots,k_r$,有,

$$k_1\boldsymbol{\alpha}_1+k_2\boldsymbol{\alpha}_2+\cdots+k_r\boldsymbol{\alpha}_r=\boldsymbol{o}.$$

若取 $k_{r+1}=\cdots=k_s=0$,就有

$$k_1\boldsymbol{\alpha}_1+k_2\boldsymbol{\alpha}_2+\cdots+k_r\boldsymbol{\alpha}_r+k_{r+1}\boldsymbol{\alpha}_{r+1}+\cdots+k_s\boldsymbol{\alpha}_s=\boldsymbol{o}.$$

其中 $k_1,k_2,\cdots,k_s$ 不全为零. 所以整个向量组 $\boldsymbol{\alpha}_1,\boldsymbol{\alpha}_2,\cdots,\boldsymbol{\alpha}_s$ 线性相关.

推论 如果一个向量组线性无关,则它的任意一个部分组也线性无关.

定理 2.7 向量组 $\boldsymbol{\alpha}_1,\boldsymbol{\alpha}_2,\cdots,\boldsymbol{\alpha}_s(s\geqslant 2)$ 线性相关的充分必要条件是其中至少有一个向量是其余 $s-1$ 个向量的线性组合.

证明 必要性. 如果向量组 $\boldsymbol{\alpha}_1,\boldsymbol{\alpha}_2,\cdots,\boldsymbol{\alpha}_s$ 线性相关,则存在不全为零的数 $k_1,k_2,\cdots,k_s$,有

$$k_1\boldsymbol{\alpha}_1+k_2\boldsymbol{\alpha}_2+\cdots+k_s\boldsymbol{\alpha}_s=\boldsymbol{o}.$$

不妨设 $k_s\neq 0$,则由上式可得

$$\boldsymbol{\alpha}_s=-\frac{k_1}{k_s}\boldsymbol{\alpha}_1-\frac{k_2}{k_s}\boldsymbol{\alpha}_2-\cdots-\frac{k_{s-1}}{k_s}\boldsymbol{\alpha}_{s-1},$$

即向量 $\boldsymbol{\alpha}_s$ 可以由其余 $s-1$ 个向量线性表示.

充分性. 不妨设 $\boldsymbol{\alpha}_s$ 是其余 $s-1$ 个向量的线性组合,即存在 $l_1,l_2,\cdots,l_{s-1}$,有

$$\boldsymbol{\alpha}_s=l_1\boldsymbol{\alpha}_1+l_2\boldsymbol{\alpha}_2+\cdots+l_{s-1}\boldsymbol{\alpha}_{s-1},$$

移项得

$$l_1\boldsymbol{\alpha}_1+l_2\boldsymbol{\alpha}_2+\cdots+l_{s-1}\boldsymbol{\alpha}_{s-1}-\boldsymbol{\alpha}_s=\boldsymbol{o}.$$

其中向量 $\boldsymbol{\alpha}_s$ 的系数为 $-1\neq 0$. 根据定义,向量组 $\boldsymbol{\alpha}_1,\boldsymbol{\alpha}_2,\cdots,\boldsymbol{\alpha}_s$ 线性相关.

推论 向量组 $\boldsymbol{\alpha}_1,\boldsymbol{\alpha}_2,\cdots,\boldsymbol{\alpha}_s(s\geqslant 2)$ 线性无关的充分必要条件是向量组中的

每个向量都不能由其余向量线性表示.

定理2.8 如果向量组$\boldsymbol{\alpha}_1,\boldsymbol{\alpha}_2,\cdots,\boldsymbol{\alpha}_s$线性无关,但向量组$\boldsymbol{\alpha}_1,\boldsymbol{\alpha}_2,\cdots,\boldsymbol{\alpha}_s,\boldsymbol{\beta}$线性相关,则向量$\boldsymbol{\beta}$可由向量组$\boldsymbol{\alpha}_1,\boldsymbol{\alpha}_2,\cdots,\boldsymbol{\alpha}_s$线性表示,并且表达式是唯一的.

证明 由于向量组$\boldsymbol{\alpha}_1,\boldsymbol{\alpha}_2,\cdots,\boldsymbol{\alpha}_s,\boldsymbol{\beta}$线性相关,所以存在不全为零的数$k_1,k_2,\cdots,k_s$和$k$,有

$$k_1\boldsymbol{\alpha}_1+k_2\boldsymbol{\alpha}_2+\cdots+k_s\boldsymbol{\alpha}_s+k\boldsymbol{\beta}=\boldsymbol{o}, \tag{2.14}$$

由此可得k必不等于零. 实际上,如果$k=0$,则(2.14)成为

$$k_1\boldsymbol{\alpha}_1+k_2\boldsymbol{\alpha}_2+\cdots+k_s\boldsymbol{\alpha}_s=\boldsymbol{o},$$

并且$k_1,k_2,\cdots,k_s$不全为零,于是$\boldsymbol{\alpha}_1,\boldsymbol{\alpha}_2,\cdots,\boldsymbol{\alpha}_s$线性相关. 这与已知条件相矛盾,因此$k\neq 0$. 于是由(2.14)立刻得

$$\boldsymbol{\beta}=-\frac{k_1}{k}\boldsymbol{\alpha}_1-\frac{k_2}{k}\boldsymbol{\alpha}_2-\cdots-\frac{k_s}{k}\boldsymbol{\alpha}_s. \tag{2.15}$$

如果$\boldsymbol{\beta}$还可以由$\boldsymbol{\alpha}_1,\boldsymbol{\alpha}_2,\cdots,\boldsymbol{\alpha}_s$线性表示为

$$\boldsymbol{\beta}=l_1\boldsymbol{\alpha}_1+l_2\boldsymbol{\alpha}_2+\cdots+l_s\boldsymbol{\alpha}_s, \tag{2.16}$$

把(2.15)和(2.16)两边相减得

$$\left(l_1+\frac{k_1}{k}\right)\boldsymbol{\alpha}_1+\left(l_2+\frac{k_2}{k}\right)\boldsymbol{\alpha}_2+\cdots+\left(l_s+\frac{k_s}{k}\right)\boldsymbol{\alpha}_s=\boldsymbol{o}$$

由于$\boldsymbol{\alpha}_1,\boldsymbol{\alpha}_2,\cdots,\boldsymbol{\alpha}_s$线性无关,必有

$$l_i+\frac{k_i}{k}=0 \qquad (i=1,2,\cdots,s.).$$

即$l_1=-k_1/k,\ l_2=-k_2/k,\ \cdots,\ l_s=-k_s/k$. 也就是说,$\boldsymbol{\beta}$由$\boldsymbol{\alpha}_1,\ \boldsymbol{\alpha}_2,\ \cdots,\ \boldsymbol{\alpha}_s$线性表示的表达式是唯一的.

§2.3 向量组的秩

对任意给定的一个n维向量组,研究其线性无关部分组最多可以含多少个向量,在理论及应用上都是十分重要的.

定义2.9 如果一个向量组的一个部分组$\boldsymbol{\alpha}_{j_1},\boldsymbol{\alpha}_{j_2}\cdots,\boldsymbol{\alpha}_{j_r}$满足下述条件:

(1)$\boldsymbol{\alpha}_{j_1},\boldsymbol{\alpha}_{j_2},\cdots,\boldsymbol{\alpha}_{j_r}$线性无关;

(2)向量组中的任意一个向量都可以由$\boldsymbol{\alpha}_1,\boldsymbol{\alpha}_2,\cdots,\boldsymbol{\alpha}_r$线性表示.

则部分组$\boldsymbol{\alpha}_{j_1},\boldsymbol{\alpha}_{j_2},\cdots,\boldsymbol{\alpha}_{j_r}$称为此向量组的一个极大**线性无关组**. 简称为**极大无关**

组.

根据定理 2.8,定义 2.9 还可以叙述为:

定义 2.9′　如果一个向量组的一个部分组 $\boldsymbol{\alpha}_{j_1},\boldsymbol{\alpha}_{j_2},\cdots,\boldsymbol{\alpha}_{j_r}$ 满足下述条件:

(1) $\boldsymbol{\alpha}_{j_1},\boldsymbol{\alpha}_{j_2},\cdots,\boldsymbol{\alpha}_{j_r}$ 线性无关;

(2) 任取此向量组中的一个向量,添加到部分组 $\boldsymbol{\alpha}_{j_1},\boldsymbol{\alpha}_{j_2},\cdots,\boldsymbol{\alpha}_{j_r}$ 中,所得到的新的部分组都线性相关.

则部分组 $\boldsymbol{\alpha}_{j_1},\boldsymbol{\alpha}_{j_2},\cdots,\boldsymbol{\alpha}_{j_r}$ 称为此向量组的一个极大无关组.

由定义 2.9 可以看出,一个向量组的极大无关组是指它的线性无关部分组中含有向量个数最多的那一个. 例如,设向量组 $\boldsymbol{\alpha}_1,\boldsymbol{\alpha}_2,\cdots,\boldsymbol{\alpha}_s$ 的一个极大无关组为 $\boldsymbol{\alpha}_{j_1},\boldsymbol{\alpha}_{j_2},\cdots,\boldsymbol{\alpha}_{j_r}(r<s)$,则向量组 $\boldsymbol{\alpha}_1,\boldsymbol{\alpha}_2,\cdots,\boldsymbol{\alpha}_s$ 中任意 $r+1$ 个向量所构成的部分组必线性相关.

例 1. 考虑向量组 $\boldsymbol{\alpha}_1=(1,0,0),\boldsymbol{\alpha}_2=(0,1,0),\boldsymbol{\alpha}_3=(1,1,0)$. 显然,部分组 $\boldsymbol{\alpha}_1,\boldsymbol{\alpha}_2$ 是线性无关的. 而 $\boldsymbol{\alpha}_1,\boldsymbol{\alpha}_2,\boldsymbol{\alpha}_3$ 中的任一向量都可以由 $\boldsymbol{\alpha}_1,\boldsymbol{\alpha}_2$ 线性表示:

$$\boldsymbol{\alpha}_1=\boldsymbol{\alpha}_1+0\cdot\boldsymbol{\alpha}_2,\quad \boldsymbol{\alpha}_2=0\cdot\boldsymbol{\alpha}_1+\boldsymbol{\alpha}_2,\quad \boldsymbol{\alpha}_3=\boldsymbol{\alpha}_1+\boldsymbol{\alpha}_2.$$

所以 $\boldsymbol{\alpha}_1,\boldsymbol{\alpha}_2$ 是向量组 $\boldsymbol{\alpha}_1,\boldsymbol{\alpha}_2,\boldsymbol{\alpha}_3$ 的一个极大无关组. 不难验证,$\boldsymbol{\alpha}_1,\boldsymbol{\alpha}_3$ 和 $\boldsymbol{\alpha}_2,\boldsymbol{\alpha}_3$ 也是它的极大无关组. 这说明一个向量组的极大无关组可能不是唯一的.

一般,由于单个非零向量必线性无关,所以任何一个含有非零向量的向量组一定存在极大无关组;而仅含零向量的向量组不存在极大无关组. 如果一个向量组线性无关,其极大无关组就是它自身.

为了更深入地研究向量组的极大无关组的性质,我们需要讨论两个向量组之间的关系.

定义 2.10　设有向量组

$$\boldsymbol{\alpha}_1,\boldsymbol{\alpha}_2,\cdots,\boldsymbol{\alpha}_s \qquad (\mathrm{I}),$$

$$\boldsymbol{\beta}_1,\boldsymbol{\beta}_2,\cdots,\boldsymbol{\beta}_t \qquad (\mathrm{II}).$$

如果向量组(Ⅰ)的每个向量都可以由向量组(Ⅱ)线性表示,则称向量组(Ⅰ)可以由向量组(Ⅱ)线性表示.

如果向量组(Ⅰ)和(Ⅱ)可以互相线性表示,则称向量组(Ⅰ)和(Ⅱ)等价. 记作

$$\{\boldsymbol{\alpha}_1,\boldsymbol{\alpha}_2,\cdots,\boldsymbol{\alpha}_s\}\cong\{\boldsymbol{\beta}_1,\boldsymbol{\beta}_2,\cdots,\boldsymbol{\beta}_t\}.$$

根据定义,不难证明向量组等价的下述性质:

(1) **反身性**:任一向量组和它自身等价,即

$\{\boldsymbol{\alpha}_1,\boldsymbol{\alpha}_2,\cdots,\boldsymbol{\alpha}_s\}\cong\{\boldsymbol{\alpha}_1,\boldsymbol{\alpha}_2,\cdots,\boldsymbol{\alpha}_s\}$.

(2) **对称性**:如果$\{\boldsymbol{\alpha}_1,\boldsymbol{\alpha}_2,\cdots,\boldsymbol{\alpha}_s\}\cong\{\boldsymbol{\beta}_1,\boldsymbol{\beta}_2,\cdots,\boldsymbol{\beta}_t\}$,则

$\{\boldsymbol{\beta}_1,\boldsymbol{\beta}_2,\cdots,\boldsymbol{\beta}_t\}\cong\{\boldsymbol{\alpha}_1,\boldsymbol{\alpha}_2,\cdots,\boldsymbol{\alpha}_s\}$.

(3) **传递性**:如果$\{\boldsymbol{\alpha}_1,\boldsymbol{\alpha}_2,\cdots,\boldsymbol{\alpha}_s\}\cong\{\boldsymbol{\beta}_1,\boldsymbol{\beta}_2,\cdots,\boldsymbol{\beta}_t\}$,而

$\{\boldsymbol{\beta}_1,\boldsymbol{\beta}_2,\cdots,\boldsymbol{\beta}_t\}\cong\{\boldsymbol{\gamma}_1,\boldsymbol{\gamma}_2,\cdots,\boldsymbol{\gamma}_p\}$,则

$\{\boldsymbol{\alpha}_1,\boldsymbol{\alpha}_2,\cdots,\boldsymbol{\alpha}_s\}\cong\{\boldsymbol{\gamma}_1,\boldsymbol{\gamma}_2,\cdots,\boldsymbol{\gamma}_p\}$.

根据定义 2.9 和定义 2.10,可以直接得到

定理 2.9 任一向量组和它的极大无关组等价.

推论 向量组中任意两个极大无关组等价.

上面的定理说明,在讨论向量组之间的某些关系时,一个向量组可以用它的一个极大无关组来代替,而不必考虑向量组中“多余”的那些向量,从而使问题简化.

定理 2.10 如果向量组$\boldsymbol{\alpha}_1,\boldsymbol{\alpha}_2,\cdots,\boldsymbol{\alpha}_s$可以由向量组$\boldsymbol{\beta}_1,\boldsymbol{\beta}_2,\cdots,\boldsymbol{\beta}_t$线性表示,并且$s>t$,则向量组$\boldsymbol{\alpha}_1,\boldsymbol{\alpha}_2,\cdots,\boldsymbol{\alpha}_s$线性相关(**证明略**).

推论 1 如果向量组$\boldsymbol{\alpha}_1,\boldsymbol{\alpha}_2,\cdots,\boldsymbol{\alpha}_s$线性无关,并且可以由向量组$\boldsymbol{\beta}_1,\boldsymbol{\beta}_2,\cdots,\boldsymbol{\beta}_t$线性表示,则$s\leqslant t$.

事实上,推论 1 与定理 2.10 互为逆否定理.

推论 2 两个等价的线性无关的向量组所含向量的个数相同.

证明 设$\boldsymbol{\alpha}_1,\boldsymbol{\alpha}_2,\cdots,\boldsymbol{\alpha}_s$和$\boldsymbol{\beta}_1,\boldsymbol{\beta}_2,\cdots,\boldsymbol{\beta}_t$都是线性无关的向量组,且$\{\boldsymbol{\alpha}_1,\boldsymbol{\alpha}_2,\cdots,\boldsymbol{\alpha}_s\}\cong\{\boldsymbol{\beta}_1,\boldsymbol{\beta}_2,\cdots,\boldsymbol{\beta}_t\}$. 由推论 1 可得$s\leqslant t$和$t\leqslant s$. 于是$s=t$. 即两个向量组所含向量的个数相同.

推论 3 向量组$\boldsymbol{\alpha}_1,\boldsymbol{\alpha}_2,\cdots,\boldsymbol{\alpha}_s$的任意两个极大无关组所含向量的个数相同.

证明 设向量组$\boldsymbol{\alpha}_1,\boldsymbol{\alpha}_2,\cdots,\boldsymbol{\alpha}_s$的两个极大无关组为

$$\boldsymbol{\alpha}_{i_1},\boldsymbol{\alpha}_{i_2},\cdots,\boldsymbol{\alpha}_{i_r}$$

和

$$\boldsymbol{\alpha}_{j_1},\boldsymbol{\alpha}_{j_2},\cdots,\boldsymbol{\alpha}_{j_p}.$$

根据定理 2.9 的推论,有

$$\{\boldsymbol{\alpha}_{i_1},\boldsymbol{\alpha}_{i_2},\cdots,\boldsymbol{\alpha}_{i_r}\}\cong\{\boldsymbol{\alpha}_{j_1},\boldsymbol{\alpha}_{j_2},\cdots,\boldsymbol{\alpha}_{j_p}\},$$

由本定理的推论 2,立刻得到$r=p$.

推论 3 说明一个向量组的不同极大无关组所含向量的个数总是相同的. 因此有必要引入

定义2.11　向量组 $\boldsymbol{\alpha}_1,\boldsymbol{\alpha}_2,\cdots,\boldsymbol{\alpha}_s$ 的极大无关组中所含向量的个数称为此向量组的秩．记作 $\boldsymbol{r}(\boldsymbol{\alpha}_1,\boldsymbol{\alpha}_2,\cdots,\boldsymbol{\alpha}_s)$.

如果一个向量组仅含零向量,则规定它的秩为零.

如果一个向量组 $\boldsymbol{\alpha}_1,\boldsymbol{\alpha}_2,\cdots,\boldsymbol{\alpha}_s$ 线性无关,则

$$\boldsymbol{r}(\boldsymbol{\alpha}_1,\boldsymbol{\alpha}_2,\cdots,\boldsymbol{\alpha}_s)=s.$$

反之,若 $\boldsymbol{r}(\boldsymbol{\alpha}_1,\boldsymbol{\alpha}_2,\cdots,\boldsymbol{\alpha}_s)=s$,则说明向量组 $\boldsymbol{\alpha}_1,\boldsymbol{\alpha}_2,\cdots,\boldsymbol{\alpha}_s$ 必线性无关.

定理2.11　如果向量组 $\boldsymbol{\alpha}_1,\boldsymbol{\alpha}_2,\cdots,\boldsymbol{\alpha}_s$ 与向量组 $\boldsymbol{\beta}_1,\boldsymbol{\beta}_2,\cdots,\boldsymbol{\beta}_t$ 等价,则它们的秩相等.

证明　设向量组 $\boldsymbol{\alpha}_1,\boldsymbol{\alpha}_2,\cdots,\boldsymbol{\alpha}_s$ 和向量组 $\boldsymbol{\beta}_1,\boldsymbol{\beta}_2,\cdots,\boldsymbol{\beta}_t$ 的秩分别为 r 和 p;极大无关组分别为 $\boldsymbol{\alpha}_{i_1},\boldsymbol{\alpha}_{i_2},\cdots,\boldsymbol{\alpha}_{i_r}$ 和 $\boldsymbol{\beta}_{j_1},\boldsymbol{\beta}_{j_2},\cdots,\boldsymbol{\beta}_{i_p}$. 由定理2.9,有

$$\{\boldsymbol{\alpha}_1,\boldsymbol{\alpha}_2,\cdots,\boldsymbol{\alpha}_s\}\cong\{\boldsymbol{\alpha}_{i_1},\boldsymbol{\alpha}_{i_2},\cdots,\boldsymbol{\alpha}_{i_r}\}$$

$$\{\boldsymbol{\beta}_1,\boldsymbol{\beta}_2,\cdots,\boldsymbol{\beta}_t\}\cong\{\boldsymbol{\beta}_{j_1},\boldsymbol{\beta}_{j_2},\cdots,\boldsymbol{\beta}_{i_p}\}$$

因 $\{\boldsymbol{\alpha}_1,\boldsymbol{\alpha}_2,\cdots,\boldsymbol{\alpha}_s\}\cong\{\boldsymbol{\beta}_1,\boldsymbol{\beta}_2,\cdots,\boldsymbol{\beta}_t\}$,可得

$$\{\boldsymbol{\alpha}_{i_1},\boldsymbol{\alpha}_{i_2},\cdots,\boldsymbol{\alpha}_{i_r}\}\cong\{\boldsymbol{\beta}_{j_1},\boldsymbol{\beta}_{j_2},\cdots,\boldsymbol{\beta}_{j_p}\}$$

根据定理2.10的推论2,得 $r=p$. 即等价的两个向量组的秩相等.

§2.4　矩阵的秩

考虑数域 F 上的 $m\times n$ 矩阵

$$\boldsymbol{A}=\begin{pmatrix} a_{11} & a_{12} & \cdots & a_{1n} \\ a_{21} & a_{22} & \cdots & a_{2n} \\ \vdots & \vdots & & \vdots \\ a_{m1} & a_{m2} & \cdots & a_{mn} \end{pmatrix}$$

把 $\boldsymbol{A}$ 的每一行看作一个 n 维行向量,并记 $\boldsymbol{\alpha}_1=(a_{11},a_{12},\cdots a_{1n})$,$\boldsymbol{\alpha}_2=(a_{21},a_{22},\cdots,a_{2n})$,$\cdots$,$\boldsymbol{\alpha}_m=(a_{m1},a_{m2},\cdots,a_{mn})$,称 $\boldsymbol{\alpha}_1,\boldsymbol{\alpha}_2,\cdots,\boldsymbol{\alpha}_m$ 为矩阵 $\boldsymbol{A}$ 的行向量组.

把 $\boldsymbol{A}$ 的每一列看作一个 m 维列向量,并记

$$\boldsymbol{\beta}_1=\begin{pmatrix} a_{11} \\ a_{21} \\ \vdots \\ a_{m1} \end{pmatrix},\boldsymbol{\beta}_2=\begin{pmatrix} a_{12} \\ a_{22} \\ \vdots \\ a_{m2} \end{pmatrix},\cdots,\boldsymbol{\beta}_n=\begin{pmatrix} a_{1n} \\ a_{2n} \\ \vdots \\ a_{mn} \end{pmatrix},$$

称 $\boldsymbol{\beta}_1,\boldsymbol{\beta}_2,\cdots,\boldsymbol{\beta}_n$ 为矩阵 $\boldsymbol{A}$ 的列向量组．

定义 2.12 矩阵 $\boldsymbol{A}=(a_{ij})_{m\times n}$ 的行向量组的秩称为矩阵 $\boldsymbol{A}$ 的**行秩**；其列向量组的秩称为矩阵 $\boldsymbol{A}$ 的**列秩**．

例 1. 设矩阵

$$\boldsymbol{A}=\begin{pmatrix}1&0&0&0\\0&2&0&0\\0&0&0&3\\0&0&0&0\end{pmatrix},$$

显然，$\boldsymbol{\alpha}_1=(1,0,0,0),\boldsymbol{\alpha}_2=(0,2,0,0),\boldsymbol{\alpha}_3=(0,0,0,3)$ 是 $\boldsymbol{A}$ 的行向量组的极大无关组．故 $\boldsymbol{A}$ 的行秩为 3．另一方面，$\boldsymbol{A}$ 的列向量组的极大无关组为

$$\boldsymbol{\beta}_1=\begin{pmatrix}1\\0\\0\\0\end{pmatrix},\quad \boldsymbol{\beta}_2=\begin{pmatrix}0\\2\\0\\0\end{pmatrix},\quad \boldsymbol{\beta}_3=\begin{pmatrix}0\\0\\3\\0\end{pmatrix},$$

所以 $\boldsymbol{A}$ 的列秩也是 3．即 $\boldsymbol{A}$ 的行秩等于其列秩．为了深入地讨论这一问题，我们首先证明

定理 2.12 对矩阵 $\boldsymbol{A}=(a_{ij})_{m\times n}$ 施以初等行（列）变换，矩阵的行（列）秩不变．

证明 设 $\boldsymbol{A}$ 的行向量组为 $\boldsymbol{\alpha}_1,\boldsymbol{\alpha}_2,\cdots,\boldsymbol{\alpha}_m$．下面证明：对 $\boldsymbol{A}$ 施以初等行变换，$\boldsymbol{A}$ 的行秩不变，

(1) 如果交换 $\boldsymbol{A}$ 的第 s 行和第 t 行 $(s\neq t)$，这相当于在 $\boldsymbol{A}$ 的行向量组 $\boldsymbol{\alpha}_1,\boldsymbol{\alpha}_2,\cdots,\boldsymbol{\alpha}_m$ 中互换 $\boldsymbol{\alpha}_s$ 和 $\boldsymbol{\alpha}_t$ 的位置，所得的新向量组与 $\boldsymbol{\alpha}_1,\boldsymbol{\alpha}_2,\cdots,\boldsymbol{\alpha}_m$ 显然是等价的．

(2) 如果 $\boldsymbol{A}$ 的第 i 行 $(1\leqslant i\leqslant m)$ 乘以数 $k(k\neq 0)$，所得新矩阵的行向量组就是 $\boldsymbol{\alpha}_1,\cdots,k\boldsymbol{\alpha}_i,\cdots,\boldsymbol{\alpha}_m$．这个向量组与原来 $\boldsymbol{A}$ 的向量组 $\boldsymbol{\alpha}_1,\cdots,\boldsymbol{\alpha}_i,\cdots,\boldsymbol{\alpha}_m$ 也等价．

(3) 如果 $\boldsymbol{A}$ 的第 t 行的 k 倍加到它的第 s 行上去 $(s\neq t)$，所得新矩阵的行向量组就是

$$\boldsymbol{\alpha}_1,\cdots,\boldsymbol{\alpha}_{s-1},\boldsymbol{\alpha}_s+k\boldsymbol{\alpha}_t,\boldsymbol{\alpha}_{s+1},\cdots,\boldsymbol{\alpha}_m.$$

不难看出，这一向量组也与 $\boldsymbol{A}$ 的行向量组 $\boldsymbol{\alpha}_1,\boldsymbol{\alpha}_2,\cdots,\boldsymbol{\alpha}_m$ 等价．

由定理 2.11，等价的两个向量组的秩相同．因此，对 $\boldsymbol{A}$ 施以初等行变换，其行秩不变．

类似可证,对 $\boldsymbol{A}$ 施以初等列变换,其列秩也不变.

定理2.13 对矩阵 $\boldsymbol{A}=(a_{ij})_{m\times n}$ 施以初等行(列)变换,不改变 $\boldsymbol{A}$ 的列(行)秩.

此定理证明较长,略去. 但由其证明,我们还可以得到下面的结论:

如果对矩阵 $\boldsymbol{A}_{m\times n}$ **仅施以初等行变换**,化为 $m\times n$ 矩阵 $\boldsymbol{A}_1$,则 $\boldsymbol{A}_1$ **的列向量与 $\boldsymbol{A}$ 的列向量间有相同的线性关系**. 即

(1) 如果 $\boldsymbol{A}$ 的列向量组 $\boldsymbol{\beta}_1,\boldsymbol{\beta}_2,\cdots,\boldsymbol{\beta}_n$ 中,部分组 $\boldsymbol{\beta}_{j_1},\boldsymbol{\beta}_{j_2},\cdots,\boldsymbol{\beta}_{js}$ 线性无关,则 $\boldsymbol{A}_1$ 的列向量组 $\boldsymbol{\beta}'_1,\boldsymbol{\beta}'_2,\cdots,\boldsymbol{\beta}'_n$ 中,对应的 $\boldsymbol{\beta}'_{j_1},\boldsymbol{\beta}'_{j_2},\cdots,\boldsymbol{\beta}'_{js}$ 也线性无关. 反之亦然.

(2) 如果 $\boldsymbol{A}$ 的列向量组 $\boldsymbol{\beta}_1,\boldsymbol{\beta}_2,\cdots,\boldsymbol{\beta}_n$ 中,某个向量 $\boldsymbol{\beta}_j$ 可由其中的 $\boldsymbol{\beta}_{j_1},\boldsymbol{\beta}_{j_2},\cdots,\boldsymbol{\beta}_{js}$ 线性表示:

$$\boldsymbol{\beta}_j=k_1\boldsymbol{\beta}_{j_1}+k_2\boldsymbol{\beta}_{j_2}+\cdots+k_s\boldsymbol{\beta}_{js},$$

则 $\boldsymbol{A}_1$ 的列向量组 $\boldsymbol{\beta}'_1,\boldsymbol{\beta}'_2,\cdots,\boldsymbol{\beta}'_n$ 中,对应的向量 $\boldsymbol{\beta}'_j$ 可以由其中的 $\boldsymbol{\beta}'_{j_1},\boldsymbol{\beta}'_{j_2},\cdots,\boldsymbol{\beta}'_{js}$ 线性表示:

$$\boldsymbol{\beta}'_j=k_1\boldsymbol{\beta}'_{j_1}+k_2\boldsymbol{\beta}'_{j_2}+\cdots+k_s\boldsymbol{\beta}'_{js},$$

反之亦然.

类似地,如果对矩阵 $\boldsymbol{A}_{m\times n}$ **仅施以初等列变换**,化为矩阵 $\boldsymbol{A}_2$,则 $\boldsymbol{A}_2$ **的行向量与 $\boldsymbol{A}$ 的行向量间有相同的线性关系**.

简言之,矩阵的初等行(列)变换不改变其列(行)向量间的线性关系.

定理2.14 矩阵的行秩和列秩相同.

证明 设矩阵 $\boldsymbol{A}=(a_{ij})_{m\times n}$. 如果 $\boldsymbol{A}$ 的所有元素都是零,则 $\boldsymbol{A}$ 的行秩和列秩都等于零. 结论显然成立.

如果 $\boldsymbol{A}$ 的元素不全为零,则交换 $\boldsymbol{A}$ 的行或列的位置,总可以把非零元素调换到第一行、第一列的位置. 并且这些变换不改变 $\boldsymbol{A}$ 的行秩和列秩. 为了简便起见,不妨就设 $a_{11}\neq 0$. 对 $\boldsymbol{A}$ 施以若干次初等行变换,再施以若干次初等列变换,可使 $\boldsymbol{A}$ 化为

$$\boldsymbol{A}\xrightarrow{\text{初等行变换}}\begin{pmatrix}1 & a'_{12} & \cdots & a'_{1n}\\ 0 & a'_{22} & \cdots & a'_{2n}\\ \vdots & \vdots & & \vdots\\ 0 & a'_{m2} & \cdots & a'_{mn}\end{pmatrix}\xrightarrow[\text{列变换}]{\text{初等}}\begin{pmatrix}1 & 0 & \cdots & 0\\ 0 & \bar{a}_{22} & \cdots & \bar{a}_{2n}\\ \vdots & \vdots & & \vdots\\ 0 & \bar{a}_{m2} & \cdots & \bar{a}_{mn}\end{pmatrix},$$

对右下角的 $(m-1)\times(n-1)$ 矩阵重复施行上述变换,可把 $\boldsymbol{A}$ 化为下述形

状：

$$\tilde{A}=\left(\begin{array}{ccccccc}1&0&\cdots&0&0&\cdots&0\\0&1&\cdots&0&0&\cdots&0\\\vdots&\vdots&&\vdots&\vdots&&\vdots\\0&0&\cdots&1&0&\cdots&0\\0&0&\cdots&0&0&\cdots&0\\\vdots&\vdots&&\vdots&\vdots&&\vdots\\0&0&\cdots&0&0&\cdots&0\end{array}\right)\begin{array}{l}\left.\begin{array}{l}\\\\\\\\\end{array}\right\}r\text{行}\\\\\\\\\end{array},\quad(r\text{列}) \tag{2.17}$$

矩阵 $\boldsymbol{A}$ 和 $\tilde{\boldsymbol{A}}$ 有相同的行秩和列秩. 显然，$\tilde{\boldsymbol{A}}$ 的行秩和列秩都是 r. 因此 $\boldsymbol{A}$ 的行秩和列秩都等于 r.

形如(2.17)的矩阵也称为矩阵 $\boldsymbol{A}$ 的**等价标准形**.

由定理的证明过程，还可以得

推论　对矩阵 $\boldsymbol{A}_{m\times n}$ 施以初等变换，就可以把 $\boldsymbol{A}$ 化为其等价标准形.

注意到任一矩阵的行秩和列秩相等，自然有必要引入

定义 2.14　矩阵 $\boldsymbol{A}_{m\times n}$ 的行秩和列秩，统称为**矩阵 $\boldsymbol{A}$ 的秩**. 矩阵 $\boldsymbol{A}$ 的秩记为 $\boldsymbol{r}(\boldsymbol{A})$.

根据定义 2.14，$\boldsymbol{r}(\boldsymbol{A})$ 是 $\boldsymbol{A}$ 的行（或列）向量组的极大无关组中向量的个数. 因此有

$$0\leqslant \boldsymbol{r}(\boldsymbol{A})\leqslant \min\{m,n\}$$

特别是，当 $\boldsymbol{r}(\boldsymbol{A})=m$ 时，$\boldsymbol{A}$ 的行向量组一定线性无关. 这时，$\boldsymbol{A}$ 称为**行满秩矩阵**. 当 $\boldsymbol{r}(\boldsymbol{A})=n$ 时，$\boldsymbol{A}$ 的列向量组一定线性无关. 这时，$\boldsymbol{A}$ 称为**列满秩矩阵**. 行满秩矩阵、列满秩矩阵，统称为**满秩矩阵**.

例 2. 化矩阵 $\boldsymbol{A}$ 为等价标准形，并求 $\boldsymbol{r}(\boldsymbol{A})$. 其中

$$\boldsymbol{A}=\begin{pmatrix}1&-3&4&5\\2&-2&7&9\\3&3&9&12\end{pmatrix}.$$

解　对矩阵 $\boldsymbol{A}$ 施以初等变换

$$A \to \begin{pmatrix} 1 & -3 & 4 & 5 \\ 0 & 4 & -1 & -1 \\ 0 & 12 & -3 & -3 \end{pmatrix} \to \begin{pmatrix} 1 & 0 & 0 & 0 \\ 0 & 4 & -1 & -1 \\ 0 & 12 & -3 & -3 \end{pmatrix}$$

$$\to \begin{pmatrix} 1 & 0 & 0 & 0 \\ 0 & 4 & -1 & -1 \\ 0 & 0 & 0 & 0 \end{pmatrix} \to \begin{pmatrix} 1 & 0 & 0 & 0 \\ 0 & 1 & 0 & 0 \\ 0 & 0 & 0 & 0 \end{pmatrix},$$

由最后的矩阵可知 $\boldsymbol{r}(\boldsymbol{A}) = 2$.

为了建立矩阵的秩与行列式的关系,进一步引入

定义 2.15 在矩阵 $\boldsymbol{A} = (a_{ij})_{m\times n}$ 中,任取 k 行、k 列($k \leqslant \min\{m,n\}$),位于这些行和列交叉处的元素按原顺序所构成的 k 阶行列式,称为矩阵 $\boldsymbol{A}$ 的一个 **$\boldsymbol{k}$ 阶子行列式**. 简称为 **$\boldsymbol{A}$ 的 $\boldsymbol{k}$ 阶子式**.

例 3. 设矩阵

$$\boldsymbol{A} = \begin{pmatrix} 1 & 0 & -1 & 0 \\ 0 & -2 & 3 & 4 \\ 0 & 0 & 0 & 5 \end{pmatrix},$$

取定 $\boldsymbol{A}$ 的第一、三行和第三、四列,这些行和列交叉处的元素构成 $\boldsymbol{A}$ 的一个二阶子式:

$$\begin{vmatrix} -1 & 0 \\ 0 & 5 \end{vmatrix} = -5.$$

如果取定 $\boldsymbol{A}$ 的第一、二、三行和第一、二、四列,这些行和列交叉处的元素构成 $\boldsymbol{A}$ 的一个三阶子式:

$$\begin{vmatrix} 1 & 0 & 0 \\ 0 & -2 & 4 \\ 0 & 0 & 5 \end{vmatrix} = -10.$$

定理 2.15 如果矩阵 $\boldsymbol{A} = (a_{ij})_{m\times n}$ 中有一个 r 阶子式不等于零, 则 $\boldsymbol{r}(\boldsymbol{A}) \geqslant r$.

证明 不妨设 $\boldsymbol{A}$ 的前 r 行、前 r 列交叉处元素所构成的 r 阶子式不等于零. 即

$$\begin{vmatrix} a_{11} & a_{12} & \cdots & a_{1r} \\ a_{21} & a_{22} & \cdots & a_{2r} \\ \vdots & \vdots & & \vdots \\ a_{r1} & a_{r2} & \cdots & a_{rr} \end{vmatrix} \neq 0.$$

根据定理2.4，向量组$(a_{11},a_{12},\cdots,a_{1r}),(a_{21},a_{22},\cdots,a_{2r}),\cdots(a_{r1},a_{r2},\cdots,a_{rr})$必线性无关．在这$r$个向量上分别添加$n-r$个分量，可得$n$维向量组

$$\boldsymbol{\alpha}_1=(a_{11},a_{12},\cdots,a_{1r},a_{1r+1},\cdots,a_{1n}),$$
$$\boldsymbol{\alpha}_2=(a_{21},a_{22},\cdots,a_{2r},a_{2r+1},\cdots,a_{2n}),$$
$$\cdots\cdots\cdots\cdots\cdots\cdots\cdots\cdots\cdots\cdots$$
$$\boldsymbol{\alpha}_r=(a_{r1},a_{r2},\cdots,a_{rr},a_{rr+1},\cdots,a_{rn}).$$

仍是线性无关的（定理2.3）．即矩阵$\boldsymbol{A}$的一个行部分无关组含有r个向量．因此$\boldsymbol{r}(\boldsymbol{A})\geqslant r$.

定理2.16　矩阵$\boldsymbol{A}=(a_{ij})_{m\times n}$的秩等于$r$的充分必要条件是：矩阵$\boldsymbol{A}$中至少有一个$r$阶子式不等于零，而所有$r+1$阶子式都等于零($r<\min\{m,n\}$).

证明　必要性．设$\boldsymbol{r}(\boldsymbol{A})=r$，则$\boldsymbol{A}$的行向量组中有$r$个行向量是线性无关的．为了方便，就设$\boldsymbol{A}$的前$r$个行向量线性无关．由这$r$个行向量可构成$r\times n$矩阵

$$\boldsymbol{A}_1=\begin{pmatrix}a_{11}&a_{12}&\cdots&a_{1n}\\a_{21}&a_{22}&\cdots&a_{2n}\\\vdots&\vdots&&\vdots\\a_{r1}&a_{r2}&\cdots&a_{rn}\end{pmatrix},$$

于是$\boldsymbol{r}(\boldsymbol{A}_1)=r$．所以$\boldsymbol{A}_1$的列秩也是$r$，即$\boldsymbol{A}_1$的列向量组中必有$r$个向量是线性无关的．不妨设$\boldsymbol{A}_1$的前$r$个列向量线性无关．于是由定理2.4，有

$$\begin{vmatrix}a_{11}&a_{12}&\cdots&a_{1r}\\a_{21}&a_{22}&\cdots&a_{2r}\\\vdots&\vdots&&\vdots\\a_{r1}&a_{r2}&\cdots&a_{rr}\end{vmatrix}\neq0,$$

即$\boldsymbol{A}$中至少有一个r阶子式不等于零．下面再证$\boldsymbol{A}$的任一$r+1$阶子式都等于零．

假设$\boldsymbol{A}$中存在一个$r+1$阶子式不等于零．由定理2.15．有$\boldsymbol{r}(\boldsymbol{A})\geqslant r+1>r$．这与$\boldsymbol{r}(\boldsymbol{A})=r$矛盾．因此$\boldsymbol{A}$的任一$r+1$阶子式必等于零．

充分性．如果$\boldsymbol{A}$中有一个r阶子式不等于零，由定理2.15可得$\boldsymbol{r}(\boldsymbol{A})\geqslant r$.

又因$\boldsymbol{A}$的所有$r+1$阶子式都等于零．根据行列式的展开定理可知：$\boldsymbol{A}$的任意$r+2$阶子式也一定等于零．从而$\boldsymbol{A}$的所有阶数大于r的子式全等于零．

如果$\boldsymbol{r}(\boldsymbol{A})=r_1>r$．由必要性证明可知，$\boldsymbol{A}$中至少有一个$r_1$阶子式不等于

零($r_1 > r$). 这与 A 的所有阶数大于 r 的子式都等于零的结论相矛盾. 所以 $r(A) = r$.

定理 2.11 ~ 定理 2.16 也给出了求矩阵的秩的方法. 即通过初等变换把 A 化为其等价标准形(如本节例 2);或仅通过初等行变换把 A 化为阶梯形矩阵,直接求得不等于零的阶数最高的子式,从而求出矩阵的秩.

例 4. 求矩阵 A 的秩. 其中

$$A = \begin{pmatrix} -8 & 8 & 2 & -3 & 1 \\ 2 & -2 & 2 & 12 & 6 \\ -1 & 1 & 1 & 3 & 2 \end{pmatrix}.$$

解　对矩阵 A 仅施以初等行变换,化为阶梯形矩阵.

$$A \to \begin{pmatrix} -1 & 1 & 1 & 3 & 2 \\ 2 & -2 & 2 & 12 & 6 \\ -8 & 8 & 2 & -3 & 1 \end{pmatrix}$$

$$\to \begin{pmatrix} -1 & 1 & 1 & 3 & 2 \\ 0 & 0 & 4 & 18 & 10 \\ 0 & 0 & -6 & -27 & -15 \end{pmatrix}$$

$$\to \begin{pmatrix} -1 & 1 & 1 & 3 & 2 \\ 0 & 0 & 4 & 18 & 10 \\ 0 & 0 & 0 & 0 & 0 \end{pmatrix}.$$

在最后的阶梯形矩阵中,有二阶子式

$$\begin{vmatrix} -1 & 1 \\ 0 & 4 \end{vmatrix} = -4 \neq 0,$$

而所有的三阶子式都等于零. 所以 $r(A) = 2$.

由例 4 可看出,A 化为阶梯形矩阵后,A 的秩恰好等于阶梯形矩阵中非零行的行数.

利用本节的定理和有关结论,还可以求出向量组的秩及其极大无关组.

例 5. 已知向量组

$\boldsymbol{\alpha}_1 = (1,-1,2,1,0)$, $\boldsymbol{\alpha}_2 = (2,-2,4,-2,0)$,

$\boldsymbol{\alpha}_3 = (3,0,6,-1,1)$, $\boldsymbol{\alpha}_4 = (0,3,0,0,1)$.

试求向量组 $\boldsymbol{\alpha}_1,\boldsymbol{\alpha}_2,\boldsymbol{\alpha}_3,\boldsymbol{\alpha}_4$ 的一个极大无关组,并把其余向量用此极大无关组线性表示.

解一 把向量 $\boldsymbol{\alpha}_1,\boldsymbol{\alpha}_2,\boldsymbol{\alpha}_3,\boldsymbol{\alpha}_4$ 看作一个矩阵的行向量组，得矩阵

$$\boldsymbol{A}=\begin{pmatrix}1 & -1 & 2 & 1 & 0\\ 2 & -2 & 4 & -2 & 0\\ 3 & 0 & 6 & -1 & 1\\ 0 & 3 & 0 & 0 & 1\end{pmatrix}\begin{matrix}\boldsymbol{\alpha}_1\\ \boldsymbol{\alpha}_2\\ \boldsymbol{\alpha}_3\\ \boldsymbol{\alpha}_4\end{matrix}.$$

对 $\boldsymbol{A}$ 仅施以初等行变换，把 $\boldsymbol{A}$ 化为阶梯形矩阵：

$$\boldsymbol{A}\to\begin{pmatrix}1 & -1 & 2 & 1 & 0\\ 0 & 0 & 0 & -4 & 0\\ 0 & 3 & 0 & -4 & 1\\ 0 & 3 & 0 & 0 & 1\end{pmatrix}\begin{matrix}\boldsymbol{\alpha}_1\\ \boldsymbol{\alpha}_2-2\boldsymbol{\alpha}_1\\ \boldsymbol{\alpha}_3-3\boldsymbol{\alpha}_1\\ \boldsymbol{\alpha}_4\end{matrix}$$

$$\to\begin{pmatrix}1 & -1 & 2 & 1 & 0\\ 0 & 0 & 0 & -4 & 0\\ 0 & 3 & 0 & -4 & 1\\ 0 & 0 & 0 & 4 & 0\end{pmatrix}\begin{matrix}\boldsymbol{\alpha}_1\\ \boldsymbol{\alpha}_2-2\boldsymbol{\alpha}_1\\ \boldsymbol{\alpha}_3-3\boldsymbol{\alpha}_1\\ \boldsymbol{\alpha}_4-\boldsymbol{\alpha}_3+3\boldsymbol{\alpha}_1\end{matrix}$$

$$\to\begin{pmatrix}1 & -1 & 2 & 1 & 0\\ 0 & 3 & 0 & -4 & 1\\ 0 & 0 & 0 & -4 & 0\\ 0 & 0 & 0 & 0 & 0\end{pmatrix}\begin{matrix}\boldsymbol{\alpha}_1\\ \boldsymbol{\alpha}_3-3\boldsymbol{\alpha}_1\\ \boldsymbol{\alpha}_2-2\boldsymbol{\alpha}_1\\ \boldsymbol{\alpha}_4-\boldsymbol{\alpha}_3+\boldsymbol{\alpha}_2+\boldsymbol{\alpha}_1\end{matrix}.$$

由最后的阶梯形矩阵，得 $r(\boldsymbol{A})=3$．因此向量组 $\boldsymbol{\alpha}_1,\boldsymbol{\alpha}_2,\boldsymbol{\alpha}_3,\boldsymbol{\alpha}_4$ 的秩也是3．由阶梯形矩阵的最后一行，得

$$\boldsymbol{\alpha}_4-\boldsymbol{\alpha}_3+\boldsymbol{\alpha}_2+\boldsymbol{\alpha}_1=\boldsymbol{o},$$

由此可知 $\boldsymbol{\alpha}_4=-\boldsymbol{\alpha}_1-\boldsymbol{\alpha}_2+\boldsymbol{\alpha}_3$．于是向量组 $\boldsymbol{\alpha}_1,\boldsymbol{\alpha}_2,\boldsymbol{\alpha}_3,\boldsymbol{\alpha}_4$ 可以由向量组 $\boldsymbol{\alpha}_1,\boldsymbol{\alpha}_2,\boldsymbol{\alpha}_3$ 线性表示．因此

$$\{\boldsymbol{\alpha}_1,\boldsymbol{\alpha}_2,\boldsymbol{\alpha}_3,\boldsymbol{\alpha}_4\}\cong\{\boldsymbol{\alpha}_1,\boldsymbol{\alpha}_2,\boldsymbol{\alpha}_3\},$$

所以 $r(\boldsymbol{\alpha}_1,\boldsymbol{\alpha}_2,\boldsymbol{\alpha}_3)=3$．即 $\boldsymbol{\alpha}_1,\boldsymbol{\alpha}_2,\boldsymbol{\alpha}_3$ 就是原向量组的一个极大无关组．且 $\boldsymbol{\alpha}_4=-\boldsymbol{\alpha}_1-\boldsymbol{\alpha}_2+\boldsymbol{\alpha}_3$．

应注意，向量组的极大无关组不一定是唯一的．例如，由上面的阶梯形矩阵最后一行，也可得到 $\boldsymbol{\alpha}_1=-\boldsymbol{\alpha}_2+\boldsymbol{\alpha}_3-\boldsymbol{\alpha}_4$．于是原向量组 $\boldsymbol{\alpha}_1,\boldsymbol{\alpha}_2,\boldsymbol{\alpha}_3,\boldsymbol{\alpha}_4$ 与向量组 $\boldsymbol{\alpha}_2,\boldsymbol{\alpha}_3,\boldsymbol{\alpha}_4$ 等价．由 $r(\boldsymbol{\alpha}_2,\boldsymbol{\alpha}_3,\boldsymbol{\alpha}_4)=3$ 可得 $\boldsymbol{\alpha}_2,\boldsymbol{\alpha}_3,\boldsymbol{\alpha}_4$ 也是原向量组的一个极大无关组．

解二　把$\boldsymbol{\alpha}_1,\boldsymbol{\alpha}_2,\boldsymbol{\alpha}_3,\boldsymbol{\alpha}_4$作为一个矩阵的列向量,得矩阵$\boldsymbol{A}$. 对$\boldsymbol{A}$仅施以初等行变换:

$$\boldsymbol{A}=\begin{pmatrix}1&2&3&0\\-1&-2&0&3\\2&4&6&0\\1&-2&-1&0\\0&0&1&1\end{pmatrix}\to\begin{pmatrix}1&2&3&0\\0&0&3&3\\0&0&0&0\\0&-4&-4&0\\0&0&1&1\end{pmatrix}$$

$$\to\begin{pmatrix}1&2&3&0\\0&1&1&0\\0&0&1&1\\0&0&0&0\\0&0&0&0\end{pmatrix}\to\begin{pmatrix}1&2&0&-3\\0&1&0&-1\\0&0&1&1\\0&0&0&0\\0&0&0&0\end{pmatrix}$$

$$\to\begin{pmatrix}1&0&0&-1\\0&1&0&-1\\0&0&1&1\\0&0&0&0\\0&0&0&0\end{pmatrix}.$$

因为对$\boldsymbol{A}$仅施以初等行变换,不改变$\boldsymbol{A}$的列向量间的线性关系,所以由上面的最后一个矩阵可知:$\boldsymbol{\alpha}_1,\boldsymbol{\alpha}_2,\boldsymbol{\alpha}_3$是原向量组的一个极大无关组,且

$$\boldsymbol{\alpha}_4=-\boldsymbol{\alpha}_1-\boldsymbol{\alpha}_2+\boldsymbol{\alpha}_3.$$

§2.5　线性方程组解的一般理论

在具备向量和矩阵的理论基础后,我们将进一步研究线性方程组有解的判定定理;以及方程组有解时,特别是有无穷多解时,解与解之间的关系. 即线性方程组解的结构问题.

一、线性方程组有解的判定定理

考察线性方程组

$$\begin{cases} a_{11}x_1 + a_{12}x_2 + \cdots + a_{1n}x_n = b_1, \\ a_{21}x_1 + a_{22}x_2 + \cdots + a_{2n}x_n = b_2, \\ \cdots\cdots\cdots\cdots\cdots\cdots \\ a_{m1}x_1 + a_{m2}x_2 + \cdots + a_{mn}x_n = b_m. \end{cases} \tag{2.18}$$

其系数矩阵和增广矩阵分别记为 $\boldsymbol{A}$ 和 $\overline{\boldsymbol{A}}$. 即

$$\boldsymbol{A} = \begin{pmatrix} a_{11} & a_{12} & \cdots & a_{1n} \\ a_{21} & a_{22} & \cdots & a_{2n} \\ \vdots & \vdots & & \vdots \\ a_{m1} & a_{m2} & \cdots & a_{mn} \end{pmatrix},$$

$$\overline{\boldsymbol{A}} = \begin{pmatrix} a_{11} & a_{12} & \cdots & a_{1n} & b_1 \\ a_{21} & a_{22} & \cdots & a_{2n} & b_2 \\ \vdots & \vdots & & \vdots & \vdots \\ a_{m1} & a_{m2} & \cdots & a_{mn} & b_m \end{pmatrix}.$$

如果记

$$\boldsymbol{\alpha}_1 = \begin{pmatrix} a_{11} \\ a_{21} \\ \vdots \\ a_{m1} \end{pmatrix}, \quad \boldsymbol{\alpha}_2 = \begin{pmatrix} a_{12} \\ a_{22} \\ \vdots \\ a_{m2} \end{pmatrix}, \cdots,$$

$$\boldsymbol{\alpha}_n = \begin{pmatrix} a_{1n} \\ a_{2n} \\ \vdots \\ a_{mn} \end{pmatrix}, \quad \boldsymbol{\beta} = \begin{pmatrix} b_1 \\ b_2 \\ \vdots \\ b_m \end{pmatrix},$$

则线性方程组(2.18)的向量形式为

$$x_1\boldsymbol{\alpha}_1 + x_2\boldsymbol{\alpha}_2 + \cdots + x_n\boldsymbol{\alpha}_n = \boldsymbol{\beta}.$$

定理 2.17 线性方程组(2.18)有解的充分必要条件是:其系数矩阵与增广矩阵的秩相等,即 $\boldsymbol{r}(\boldsymbol{A}) = \boldsymbol{r}(\overline{\boldsymbol{A}})$.

证明 必要性. 如果线性方程组(2.18)有解,由此方程组的向量形式可知:向量 $\boldsymbol{\beta}$ 可由向量 $\boldsymbol{\alpha}_1, \boldsymbol{\alpha}_2, \cdots, \boldsymbol{\alpha}_n$ 线性表示. 由此可得

$$\{\boldsymbol{\alpha}_1, \boldsymbol{\alpha}_2, \cdots, \boldsymbol{\alpha}_n\} \cong \{\boldsymbol{\alpha}_1, \boldsymbol{\alpha}_2, \cdots, \boldsymbol{\alpha}_n, \boldsymbol{\beta}\}.$$

而等价的向量组有相同的秩. 所以 $\boldsymbol{r}(\boldsymbol{A}) = \boldsymbol{r}(\overline{\boldsymbol{A}})$

充分性．如果 $\boldsymbol{r}(\boldsymbol{A}) = \boldsymbol{r}(\overline{\boldsymbol{A}}) = r$，则 $\boldsymbol{A}$ 和 $\overline{\boldsymbol{A}}$ 的列向量组有相同的秩．不妨设矩阵 $\boldsymbol{A}$ 的列向量组的一个极大无关组就是 $\boldsymbol{\alpha}_1,\boldsymbol{\alpha}_2,\cdots,\boldsymbol{\alpha}_r$，则 $\boldsymbol{\alpha}_1,\boldsymbol{\alpha}_2,\cdots,\boldsymbol{\alpha}_r$ 也是 $\overline{\boldsymbol{A}}$ 的列向量组的一个极大无关组．因此向量 $\boldsymbol{\beta}$ 可以由 $\boldsymbol{\alpha}_1,\boldsymbol{\alpha}_2,\cdots,\boldsymbol{\alpha}_r$ 线性表示．注意到

$$\{\boldsymbol{\alpha}_1,\boldsymbol{\alpha}_2,\cdots,\boldsymbol{\alpha}_r\} \subseteq \{\boldsymbol{\alpha}_1,\boldsymbol{\alpha}_2,\cdots,\boldsymbol{\alpha}_r,\boldsymbol{\alpha}_{r+1},\cdots,\boldsymbol{\alpha}_n\},$$

于是 $\boldsymbol{\beta}$ 也可以由向量组 $\boldsymbol{\alpha}_1,\boldsymbol{\alpha}_2,\cdots,\boldsymbol{\alpha}_n$ 线性表示．即线性方程组(2.18) 有解．

在 §2.2 中，我们已经知道方程(2.18) 的增广矩阵经过一系列的初等行变换，可以化为阶梯形矩阵．适当地排列未知量的顺序，这一阶梯形矩阵可以写成下述形式：

$$\begin{pmatrix} \bar{a}_{11} & \bar{a}_{12} & \cdots & \bar{a}_{1r} & \bar{a}_{1r+1} & \cdots & \bar{a}_{1n} & d_1 \\ 0 & \bar{a}_{22} & \cdots & \bar{a}_{2r} & \bar{a}_{2r+1} & \cdots & \bar{a}_{2n} & d_2 \\ \vdots & \vdots & & \vdots & \vdots & & \vdots & \vdots \\ 0 & 0 & \cdots & \bar{a}_{rr} & \bar{a}_{rr+1} & \cdots & \bar{a}_{rn} & d_r \\ 0 & 0 & \cdots & 0 & 0 & \cdots & 0 & d_{r+1} \\ 0 & 0 & \cdots & 0 & 0 & \cdots & 0 & 0 \\ \vdots & \vdots & & \vdots & \vdots & & \vdots & \vdots \\ 0 & 0 & \cdots & 0 & 0 & \cdots & 0 & 0 \end{pmatrix},$$

其中 $\bar{a}_{ii} \neq 0(i=1,2,\cdots,r)$．显然，当 $d_{r+1} \neq 0$ 时，$\boldsymbol{r}(\boldsymbol{A}) \neq \boldsymbol{r}(\overline{\boldsymbol{A}})$，方程组(2.18) 无解．当 $d_{r+1} = 0$ 时，$\boldsymbol{r}(\boldsymbol{A}) = \boldsymbol{r}(\overline{\boldsymbol{A}}) = r$，方程(2.18) 有解．对照 §2.2 的有关结论，我们还可以得到

推论 1　线性方程组(2.18) 有唯一解的充分必要条件是

$$\boldsymbol{r}(\boldsymbol{A}) = \boldsymbol{r}(\overline{\boldsymbol{A}}) = n.$$

推论 2　线性方程组(2.18) 有无穷多组解的充分必要条件是

$$\boldsymbol{r}(\boldsymbol{A}) = \boldsymbol{r}(\overline{\boldsymbol{A}}) < n.$$

把上述结论应用到齐次线性方程组

$$\begin{cases} a_{11}x_1 + a_{12}x_2 + \cdots + a_{1n}x_n = 0, \\ a_{21}x_1 + a_{22}x_2 + \cdots + a_{2n}x_n = 0, \\ \cdots\cdots\cdots\cdots\cdots\cdots \\ a_{m1}x_1 + a_{m2}x_2 + \cdots + a_{mn}x_n = 0, \end{cases} \tag{2.19}$$

则总有 $\boldsymbol{r}(\boldsymbol{A}) = \boldsymbol{r}(\overline{\boldsymbol{A}})$．因此齐次线性方程组(2.19) 一定有解．并可立即得到

推论 3 齐次线性方程组(2.19)仅有零解的充分必要条件是 $r(A)=n$.

推论 4 齐次线性方程组(2.19)有非零解的充分必要条件是 $r(A)<n$.

特别地,当方程组(2.19)中,未知量个数大于方程个数(即 $m<n$)时,必有 $r(A)<n$. 这时方程组(2.19)一定有非零解.

例 1. 试证:如果线性方程组

$$\begin{cases} a_{11}x_1+a_{12}x_2+\cdots+a_{1n}x_n=b_1, \\ a_{21}x_1+a_{22}x_2+\cdots+a_{2n}x_n=b_2, \\ \cdots\cdots\cdots\cdots\cdots\cdots\cdots\cdots \\ a_{n+11}x_1+a_{n+12}x_2+\cdots+a_{n+1n}x_n=b_{n+1} \end{cases} \tag{2.20}$$

有解,则行列式

$$D_{n+1}=\begin{vmatrix} a_{11} & a_{12} & \cdots & a_{1n} & b_1 \\ a_{21} & a_{22} & \cdots & a_{2n} & b_2 \\ \vdots & \vdots & & \vdots & \vdots \\ a_{n+11} & a_{n+12} & \cdots & a_{n+1n} & b_{n+1} \end{vmatrix}=0.$$

证明 设方程组(2.20)的系数矩阵和增广矩阵分别为 A 和 $\overline{A}$. 根据所给条件,有

$$r(A)=r(\overline{A}).$$

但 $r(A)\leqslant\min\{n,n+1\}=n$,所以 $r(\overline{A})\leqslant n<n+1$.

矩阵 $\overline{A}$ 是 $(n+1)\times(n+1)$ 矩阵,因此有 $D_{n+1}=0$.

二、齐次线性方程组解的结构

齐次线性方程组(2.19)总是有解的(至少有零解). 下面我们将讨论方程组(2.19)有非零解时,解的结构有何特点. 为此,先讨论齐次线性方程组的几个基本性质.

性质 1 如果 $\boldsymbol{\eta}_1,\boldsymbol{\eta}_2$ 是齐次线性方程组(2.19)的解,则 $\boldsymbol{\eta}_1+\boldsymbol{\eta}_2$ 也是它的解.

证明 设

$$\boldsymbol{\eta}_1 = \begin{pmatrix} k_1 \\ k_2 \\ \vdots \\ k_n \end{pmatrix}, \quad \boldsymbol{\eta}_2 = \begin{pmatrix} l_1 \\ l_2 \\ \vdots \\ l_n \end{pmatrix}$$

是方程组(2.19)的解.因此

$$\sum_{j=1}^{n} a_{ij}k_j = 0 \quad (i = 1,2,\cdots,m),$$

$$\sum_{j=1}^{n} a_{ij}l_j = 0 \quad (i = 1,2,\cdots,m)$$

对应的等式两边相加,得

$$\sum_{j=1}^{n} a_{ij}(k_j + l_j) = 0 \quad (i = 1,2,\cdots,m),$$

即

$$\boldsymbol{\eta}_1 + \boldsymbol{\eta}_2 = \begin{pmatrix} k_1 + l_1 \\ k_2 + l_2 \\ \vdots \\ k_n \cdots l_n \end{pmatrix}$$

也是方程组(2.19)的解.

类似地,容易证明

性质2　如果 $\boldsymbol{\eta}$ 是齐次线性方程组(2.19)的解,则对任意的常数 c,$c\boldsymbol{\eta}$ 也是它的解.

利用性质1和性质2可以进一步得到:如果 $\boldsymbol{\eta}_1,\boldsymbol{\eta}_2,\cdots,\boldsymbol{\eta}_s$ 是方程组(2.19)的解,则它们的线性组合

$\boldsymbol{\eta} = c_1\boldsymbol{\eta}_1 + c_2\boldsymbol{\eta}_2 + \cdots + c_s\boldsymbol{\eta}_s$($c_1,c_2,\cdots,c_s$ 为任意常数)也是方程组(2.19)的解.

现在的问题,是当齐次线性方程组(2.19)有无穷多组解时,是否可以找到方程组的有限个解 $\boldsymbol{\eta}_1,\boldsymbol{\eta}_2,\cdots,\boldsymbol{\eta}_s$,使方程组的任意一个解都可以用 $\boldsymbol{\eta}_1,\boldsymbol{\eta}_2,\cdots,\boldsymbol{\eta}_s$ 线性表示.为了解决这一问题,首先引入

定义2.16　如果 $\boldsymbol{\eta}_1,\boldsymbol{\eta}_2,\cdots,\boldsymbol{\eta}_s$ 是齐次线性方程组(2.19)的解向量组的一个极大线性无关组,则称 $\boldsymbol{\eta}_1,\boldsymbol{\eta}_2,\cdots,\boldsymbol{\eta}_s$ 为方程组(2.19)的一个**基础解系**.

由这一定义可以看出,方程组(2.19)的基础解系 $\boldsymbol{\eta}_1,\boldsymbol{\eta}_2,\cdots,\boldsymbol{\eta}_s$ 必定线性无

关,并且方程组(2.19)的任意一个解都可以由 $\boldsymbol{\eta}_1,\boldsymbol{\eta}_2,\cdots,\boldsymbol{\eta}_s$ 线性表示.

当方程组(2.19)的系数矩阵的秩 $\boldsymbol{r}(\boldsymbol{A})=n$(未知量的个数)时,方程组(2.19)仅有零解.因此方程组不存在基础解系.而当 $\boldsymbol{r}(\boldsymbol{A})<n$ 时,有

定理 2.18 如果齐次线性方程组(2.19)的系数矩阵的秩 $\boldsymbol{r}(\boldsymbol{A})=r<n$,则方程组(2.19)有基础解系,并且它的任一基础解系中解向量的个数为 $n-r$.

证明 因 $\boldsymbol{r}(\boldsymbol{A})=r<n$,所以对方程组(2.19)的增广矩阵 $\overline{\boldsymbol{A}}$ 施以初等行变换(必要时,重新排列未知量的顺序)可得

$$\overline{\boldsymbol{A}}\to\cdots\to\begin{pmatrix}1&0&\cdots&0&a'_{1r+1}&\cdots&a'_{1n}&0\\0&1&\cdots&0&a'_{2r+1}&\cdots&a'_{2n}&0\\\vdots&\vdots&&\vdots&\vdots&&\vdots&\vdots\\0&0&\cdots&1&a'_{rr+1}&\cdots&a'_{rn}&0\\0&0&\cdots&0&0&\cdots&0&0\\\vdots&\vdots&&\vdots&\vdots&&\vdots&\vdots\\0&0&\cdots&0&0&\cdots&0&0\end{pmatrix},$$

对应的齐次线性方程组

$$\begin{cases}x_1\qquad\quad+a'_{1r+1}x_{r+1}+\cdots+a'_{1n}x_n=0,\\\quad x_2\qquad+a'_{2r+1}x_{r+1}+\cdots+a'_{2n}x_n=0,\\\qquad\cdots\cdots\cdots\cdots\cdots\cdots\cdots\cdots\\\qquad\quad x_r+a'_{rr+1}x_{r+1}+\cdots+a'_{rn}x_n=0,\end{cases}\tag{2.21}$$

与原方程组同解.其中 $x_{r+1},\cdots,x_n$ 为自由未知量.分别取

$$\begin{pmatrix}x_{r+1}\\x_{r+2}\\\vdots\\x_n\end{pmatrix}=\begin{pmatrix}1\\0\\\vdots\\0\end{pmatrix};\begin{pmatrix}0\\1\\\vdots\\0\end{pmatrix};\cdots;\begin{pmatrix}0\\0\\\vdots\\1\end{pmatrix}\quad(\text{共 } n-r \text{ 个}).$$

由(2.21)就得到方程组(2.19)的 $n-r$ 个解:

$$\boldsymbol{\eta}_1=\begin{pmatrix}-a'_{1r+1}\\-a'_{2r+1}\\\vdots\\-a'_{rr+1}\\1\\0\\\vdots\\0\end{pmatrix},\quad\boldsymbol{\eta}_2=\begin{pmatrix}-a'_{1r+2}\\-a'_{2r+2}\\\vdots\\-a'_{rr+2}\\0\\1\\\vdots\\0\end{pmatrix},\quad\cdots,\quad\boldsymbol{\eta}_{n-r}=\begin{pmatrix}-a'_{1n}\\-a'_{2n}\\\vdots\\-a'_{rn}\\0\\0\\\vdots\\1\end{pmatrix}.$$

下面我们证明 $\boldsymbol{\eta}_1,\boldsymbol{\eta}_2,\cdots,\boldsymbol{\eta}_{n-r}$ 就是方程组(2.19)的一个基础解系.

注意到这 $n-r$ 个解的后 $n-r$ 个分量组成的向量组是 $(n-r)$ 维单位向量组,它们是线性无关的. 根据定理 2.3,向量组 $\boldsymbol{\eta}_1,\boldsymbol{\eta}_2,\cdots,\boldsymbol{\eta}_{n-r}$ 也线性无关. 只需再证方程组(2.19)的任意一个解都可以由 $\boldsymbol{\eta}_1,\boldsymbol{\eta}_2,\cdots,\boldsymbol{\eta}_{n-r}$ 线性表示,则 $\boldsymbol{\eta}_1,\boldsymbol{\eta}_2,\cdots,\boldsymbol{\eta}_{n-r}$ 就是方程组(2.19)的一个基础解系. 设

$$\boldsymbol{\eta}=\begin{pmatrix}k_1\\k_2\\\vdots\\k_n\end{pmatrix}$$

是方程组(2.19)的任意一个解,则 $\boldsymbol{\eta}$ 也是方程组(2.21)的解. 因此,把 $x_1=k_1$, $x_2=k_2,\cdots,x_n=k_n$ 代入(2.21),一定有

$$\begin{cases}k_1=-a'_{1r+1}k_{r+1}-a'_{1r+2}k_{r+2}-\cdots-a'_{1n}k_n,\\k_2=-a'_{2r+1}k_{r+1}-a'_{2r+2}k_{r+2}-\cdots-a'_{2n}k_n,\\\quad\cdots\cdots\cdots\cdots\cdots\cdots\cdots\cdots\\k_r=-a'_{rr+1}k_{r+1}-a'_{rr+2}k_{r+2}-\cdots-a'_{rn}k_n,\\k_{r+1}=\quad k_{r+1}\\k_{r+2}=\qquad\qquad k_{r+2}\\\quad\cdots\cdots\cdots\cdots\cdots\cdots\cdots\cdots\\k_n=\qquad\qquad\qquad\qquad k_n.\end{cases}$$

用列向量表示上述结果,有

$$\begin{pmatrix} k_1 \\ k_2 \\ \vdots \\ k_r \\ k_{r+1} \\ k_{r+2} \\ \vdots \\ k_n \end{pmatrix} = k_{r+1}\begin{pmatrix} -a'_{1r+1} \\ -a'_{2r+1} \\ \vdots \\ -a'_{rr+1} \\ 1 \\ 0 \\ \vdots \\ 0 \end{pmatrix} + k_{r+2}\begin{pmatrix} -a'_{1r+2} \\ -a'_{2r+2} \\ \vdots \\ -a'_{rr+2} \\ 0 \\ 1 \\ \vdots \\ 0 \end{pmatrix} + \cdots + k_n\begin{pmatrix} -a'_{1n} \\ -a'_{2n} \\ \vdots \\ -a'_{rn} \\ 0 \\ 0 \\ \vdots \\ 1 \end{pmatrix}$$

即　$\boldsymbol{\eta} = k_{r+1}\boldsymbol{\eta}_1 + k_{r+2}\boldsymbol{\eta}_2 + \cdots + k_n\boldsymbol{\eta}_{n-r}$. 也就是说,方程组(2.19)的任意一个解都可以由 $\boldsymbol{\eta}_1,\boldsymbol{\eta}_2,\cdots,\boldsymbol{\eta}_{n-r}$ 线性表示. 定理得证.

定理2.18的证明过程,也给出了求齐次线性方程组的一个基础解系的方法. 在求出方程组的一个基础解系 $\boldsymbol{\eta}_1,\boldsymbol{\eta}_2,\cdots,\boldsymbol{\eta}_{n-r}$ 后,方程组(2.19)的全部解(或一般解)就可以表示为

$$\boldsymbol{\eta} = c_1\boldsymbol{\eta}_1 + c_2\boldsymbol{\eta}_2 + \cdots + c_{n-r}\boldsymbol{\eta}_{n-r}$$

其中 $c_1,c_2,\cdots,c_{n-r}$ 为任意常数.

例2. 求齐次线性方程组

$$\begin{cases} 3x_1 + x_2 - 6x_3 - 4x_4 + 2x_5 = 0, \\ 2x_1 + 2x_2 - 3x_3 - 5x_4 + 3x_5 = 0, \\ x_1 - 5x_2 - 6x_3 + 8x_4 - 6x_5 = 0 \end{cases}$$

的一个基础解系,并求方程组的一般解.

解　方程组中方程个数小于未知量的个数,所以方程组有无穷多解. 对方程组的增广矩阵施以初等行变换:

$$\overline{A} = \left(\begin{array}{ccccc|c} 3 & 1 & -6 & -4 & 2 & 0 \\ 2 & 2 & -3 & -5 & 3 & 0 \\ 1 & -5 & -6 & 8 & -6 & 0 \end{array}\right)$$

$$\to \left(\begin{array}{ccccc|c} 1 & -1 & -3 & 1 & -1 & 0 \\ 2 & 2 & -3 & -5 & 3 & 0 \\ 1 & -5 & -6 & 8 & -6 & 0 \end{array}\right)$$

$$\to \left(\begin{array}{ccccc|c} 1 & -1 & -3 & 1 & -1 & 0 \\ 0 & 4 & 3 & -7 & 5 & 0 \\ 0 & -4 & -3 & 7 & -5 & 0 \end{array}\right)$$

$$\rightarrow\left(\begin{array}{ccccc:c}1 & -1 & -3 & 1 & -1 & 0\\ 0 & 1 & \frac{3}{4} & -\frac{7}{4} & \frac{5}{4} & 0\\ 0 & 0 & 0 & 0 & 0 & 0\end{array}\right)$$

$$\rightarrow\left(\begin{array}{ccccc:c}1 & 0 & -\frac{9}{4} & -\frac{3}{4} & \frac{1}{4} & 0\\ 0 & 1 & \frac{3}{4} & -\frac{7}{4} & \frac{5}{4} & 0\\ 0 & 0 & 0 & 0 & 0 & 0\end{array}\right).$$

由最后的矩阵可知 $\boldsymbol{r}(\boldsymbol{A})=2$，所以方程组的基础解系应含有 $5-2=3$ 个向量．同时得

$$\begin{cases}x_1 = \frac{9}{4}x_3+\frac{3}{4}x_4-\frac{1}{4}x_5,\\ x_2=-\frac{3}{4}x_3+\frac{7}{4}x_4-\frac{5}{4}x_5.\end{cases}$$

令自由未知量

$$\begin{pmatrix}x_3\\x_4\\x_5\end{pmatrix}\text{分别取}\begin{pmatrix}1\\0\\0\end{pmatrix},\quad\begin{pmatrix}0\\1\\0\end{pmatrix}\text{和}\begin{pmatrix}0\\0\\1\end{pmatrix}.$$

可得原方程组的一个基础解系：

$$\boldsymbol{\eta}_1=\begin{pmatrix}\frac{9}{4}\\-\frac{3}{4}\\1\\0\\0\end{pmatrix},\quad\boldsymbol{\eta}_2=\begin{pmatrix}\frac{3}{4}\\\frac{7}{4}\\0\\1\\0\end{pmatrix},\quad\boldsymbol{\eta}_3=\begin{pmatrix}-\frac{1}{4}\\-\frac{5}{4}\\0\\0\\1\end{pmatrix}.$$

方程组的一般解（全部解）为

$$\boldsymbol{\eta}=c_1\boldsymbol{\eta}_1+c_2\boldsymbol{\eta}_2+c_3\boldsymbol{\eta}_3\quad(c_1,c_2,c_3\text{ 为任意常数}).$$

三、非齐次线性方程组解的结构

在非齐次线性方程组

$$
\begin{cases}
a_{11}x_1 + a_{12}x_2 + \cdots + a_{1n}x_n = b_1, \\
a_{21}x_1 + a_{22}x_2 + \cdots + a_{2n}x_n = b_2, \\
\cdots\cdots\cdots\cdots\cdots\cdots\cdots\cdots \\
a_{m1}x_1 + a_{m2}x_2 + \cdots + a_{mn}x_n = b_m
\end{cases}
\tag{2.22}
$$

中,把常数项全部换为零,就得到齐次线性方程组(2.19). 方程组(2.19)称为方程组(2.22)的**导出组**. 非齐次线性方程组(2.22)的解与其导出组(2.19)的解具有下述性质:

性质1 如果$\boldsymbol{\gamma}$是方程组(2.22)的一个解,而$\boldsymbol{\eta}$是它的导出组(2.19)的一个解,则$\boldsymbol{\gamma}+\boldsymbol{\eta}$是方程组(2.22)的解.

证明 设

$$
\boldsymbol{\gamma} = \begin{pmatrix} k_1 \\ k_2 \\ \vdots \\ k_n \end{pmatrix}, \quad \boldsymbol{\eta} = \begin{pmatrix} l_1 \\ l_2 \\ \vdots \\ l_n \end{pmatrix}
$$

分别是方程组(2.22)和其导出组(2.19)的解,于是有

$$
\sum_{j=1}^{n} a_{ij}k_j = b_i \quad (i = 1,2,\cdots,m),
$$

$$
\sum_{j=1}^{n} a_{ij}l_j = 0 \quad (i = 1,2,\cdots,m).
$$

对应的等式两边相加,得

$$
\sum_{j=1}^{n} a_{ij}(k_j + l_j) = b_i \quad (i = 1,2,\cdots,m).
$$

上式说明

$$
\boldsymbol{\gamma}+\boldsymbol{\eta} = \begin{pmatrix} k_1 + l_1 \\ k_2 + l_2 \\ \vdots \\ k_n + l_n \end{pmatrix}
$$

是方程组(2.22)的解.

类似地,可以证明(作为习题,请读者自证)

性质2 如果$\boldsymbol{\gamma}_1,\boldsymbol{\gamma}_2$是非齐次线性方程组(2.22)的两个解,则$\boldsymbol{\gamma}_1-\boldsymbol{\gamma}_2$是其导出组(2.19)的解.

利用上面的两个性质,容易得到

定理2.19　如果 $\boldsymbol{\gamma}_0$ 是非齐次线性方程组(2.22)的一个解. $\boldsymbol{\eta}$ 是其导出组(2.19)的全部解. 即

$$\boldsymbol{\eta}=c_1\boldsymbol{\eta}_1+c_2\boldsymbol{\eta}_2+\cdots+c_{n-r}\boldsymbol{\eta}_{n-r},$$

其中 $\boldsymbol{\eta}_1,\boldsymbol{\eta}_2,\cdots,\boldsymbol{\eta}_{n-r}$ 是导出组(2.19)的一个基础解系. 则方程组(2.22)的全部解(或一般解)可表示为

$$\boldsymbol{\gamma}=\boldsymbol{\gamma}_0+\boldsymbol{\eta}=\boldsymbol{\gamma}_0+c_1\boldsymbol{\eta}_1+c_2\boldsymbol{\eta}_2+\cdots+c_{n-r}\boldsymbol{\eta}_{n-r}. \tag{2.23}$$

其中 $c_1,c_2,\cdots,c_{n-r}$ 为任意常数.

$\boldsymbol{\gamma}_0$ 称为方程组(2.22)的一个**特解**.

证明　根据上面的性质1, $\boldsymbol{\gamma}=\boldsymbol{\gamma}_0+\boldsymbol{\eta}$ 一定是方程组(2.22)的解. 下面证明方程组(2.22)的任意一个解 $\boldsymbol{\gamma}_1$ 一定具有(2.23)的形式.

根据上面的性质2, $\boldsymbol{\gamma}_1-\boldsymbol{\gamma}_0$ 一定是导出组(2.19)的解,因而必定可由导出组(2.19)的基础解系 $\boldsymbol{\eta}_1,\boldsymbol{\eta}_2,\cdots,\boldsymbol{\eta}_{n-r}$ 线性表示. 即存在 $n-r$ 个常数 $k_1,k_2,\cdots,k_{n-r}$,使得

$$\boldsymbol{\gamma}_1-\boldsymbol{\gamma}_0=k_1\boldsymbol{\eta}_1+k_2\boldsymbol{\eta}_2+\cdots+k_{n-r}\boldsymbol{\eta}_{n-r},$$

即

$$\boldsymbol{\gamma}_1=\boldsymbol{\gamma}_0+k_1\boldsymbol{\eta}_1+k_2\boldsymbol{\eta}_2+\cdots+k_{n-r}\boldsymbol{\eta}_{n-r}.$$

因此方程组(2.22)的全部解可表示为(2.23).

由定理2.19可知,当方程组(2.22)有解时,它有唯一解的充分必要条件是其导出组(2.19)仅有零解;它有无穷多解的充分必要条件是其导出组也有无穷多解.

例3. 求非齐次线性方程组

$$\begin{cases} x_1+3x_2+3x_3-2x_4+x_5=3, \\ 2x_1+6x_2+x_3-3x_4=2, \\ x_1+3x_2-2x_3-x_4-x_5=-1, \\ 3x_1+9x_2+4x_3-5x_4+x_5=5 \end{cases}$$

的全部解(用其导出组的基础解系表示).

解　对方程组的增广矩阵施以初等行变换

$$\overline{\boldsymbol{A}}=\left(\begin{array}{ccccc:c} 1 & 3 & 3 & -2 & 1 & 3 \\ 2 & 6 & 1 & -3 & 0 & 2 \\ 1 & 3 & -2 & -1 & -1 & -1 \\ 3 & 9 & 4 & -5 & 1 & 5 \end{array}\right)$$

$$\rightarrow\left(\begin{array}{cccccc:c}1&3&3&-2&1&3\\0&0&-5&1&-2&-4\\0&0&-5&1&-2&-4\\0&0&-5&1&-2&-4\end{array}\right)$$

$$\rightarrow\left(\begin{array}{ccccc:c}1&3&3&-2&1&3\\0&0&1&-\frac{1}{5}&\frac{2}{5}&\frac{4}{5}\\0&0&0&0&0&0\\0&0&0&0&0&0\end{array}\right)$$

$$\rightarrow\left(\begin{array}{ccccc:c}1&3&0&-\frac{7}{5}&-\frac{1}{5}&\frac{3}{5}\\0&0&1&-\frac{1}{5}&\frac{2}{5}&\frac{4}{5}\\0&0&0&0&0&0\\0&0&0&0&0&0\end{array}\right)$$

由最后一个矩阵,有 $\boldsymbol{r}(\boldsymbol{A})=\boldsymbol{r}(\overline{\boldsymbol{A}})$,所以方程组有解．对应的线性方程组

$$\begin{cases}x_1+3x_2\quad-\frac{7}{5}x_4-\frac{1}{5}x_5=\frac{3}{5},\\ \qquad\qquad x_3-\frac{1}{5}x_4+\frac{2}{5}x_5=\frac{4}{5}\end{cases}$$

与原方程组同解．令自由未知量 $x_2=x_4=x_5=0$ 可得原方程组的一个特解:

$$\boldsymbol{\gamma}_0=\begin{pmatrix}\frac{3}{5}\\0\\\frac{4}{5}\\0\\0\end{pmatrix}.$$

原方程组的导出组与方程组

$$\begin{cases}x_1=-3x_2+\frac{7}{5}x_4+\frac{1}{5}x_5,\\ x_3=\qquad\quad\frac{1}{5}x_4-\frac{2}{5}x_5\end{cases}$$

同解．令自由未知量

$$\begin{pmatrix} x_2 \\ x_4 \\ x_5 \end{pmatrix} \text{分别取} \begin{pmatrix} 1 \\ 0 \\ 0 \end{pmatrix};\quad \begin{pmatrix} 0 \\ 1 \\ 0 \end{pmatrix};\quad \begin{pmatrix} 0 \\ 0 \\ 1 \end{pmatrix}.$$

得导出组的一个基础解系

$$\boldsymbol{\eta}_1 = \begin{pmatrix} -3 \\ 1 \\ 0 \\ 0 \\ 0 \end{pmatrix},\quad \boldsymbol{\eta}_2 = \begin{pmatrix} \frac{7}{5} \\ 0 \\ \frac{1}{5} \\ 1 \\ 0 \end{pmatrix},\quad \boldsymbol{\eta}_3 = \begin{pmatrix} \frac{1}{5} \\ 0 \\ -\frac{2}{5} \\ 0 \\ 1 \end{pmatrix}$$

所以原方程组的全部解为

$$\boldsymbol{\gamma} = \boldsymbol{\gamma}_0 + c_1\boldsymbol{\eta}_1 + c_2\boldsymbol{\eta}_2 + c_3\boldsymbol{\eta}_3 \quad (c_1, c_2, \cdots, c_3 \text{ 为任意常数}),$$

即全部解为

$$\begin{pmatrix} x_1 \\ x_2 \\ x_3 \\ x_4 \\ x_5 \end{pmatrix} = \begin{pmatrix} \frac{3}{5} \\ 0 \\ \frac{4}{5} \\ 0 \\ 0 \end{pmatrix} + c_1 \begin{pmatrix} -3 \\ 1 \\ 0 \\ 0 \\ 0 \end{pmatrix} + c_2 \begin{pmatrix} \frac{7}{5} \\ 0 \\ \frac{1}{5} \\ 1 \\ 0 \end{pmatrix} + c_3 \begin{pmatrix} \frac{1}{5} \\ 0 \\ -\frac{2}{5} \\ 0 \\ 1 \end{pmatrix}.$$

习　题　二

1. 用消元法解下列线性方程组

$$(1)\begin{cases} x_1 - x_2 + 2x_3 = 1, \\ x_1 - 2x_2 - x_3 = 2, \\ 3x_1 - x_2 + 5x_3 = 3, \\ -x_1 + 2x_3 = -2. \end{cases}$$

(2) $\begin{cases} x_1-2x_2+3x_3-x_4+2x_5=2, \\ 3x_1-x_2+5x_3-3x_4+x_5=6, \\ 2x_1+x_2+2x_3-2x_4-x_5=8. \end{cases}$

(3) $\begin{cases} x_1+2x_2+3x_3=4, \\ 3x_1+5x_2+7x_3=9, \\ 2x_1+3x_2+4x_3=5. \end{cases}$

(4) $\begin{cases} 2x_1-2x_2+x_3-x_4+x_5=2, \\ x_1-4x_2+2x_3-2x_4+3x_5=3, \\ 3x_1-6x_2+x_3-3x_4+4x_5=5, \\ x_1+2x_2-x_3+x_4-2x_5=-1. \end{cases}$

(5) $\begin{cases} x_1+x_2+2x_3+3x_4=1, \\ 2x_1+3x_2+5x_3+2x_4=-3, \\ 3x_1-x_2-x_3-2x_4=-4, \\ 3x_1+5x_2+2x_3-2x_4=-10. \end{cases}$

(6) $\begin{cases} 2x_1-4x_2+5x_3+3x_4=0, \\ 3x_1-6x_2+4x_3+2x_4=0, \\ 4x_1-8x_2+17x_3+11x_4=0. \end{cases}$

(7) $\begin{cases} x_1+3x_2-2x_3-x_4=3, \\ 2x_1+6x_2-3x_3=13, \\ 3x_1+9x_2-9x_3-5x_4=8. \end{cases}$

(8) $\begin{cases} x_1-x_2+2x_3-3x_4+x_5=2, \\ 2x_1-2x_2+7x_3-10x_4+5x_5=5, \\ 3x_1-3x_2+3x_3-5x_4=5. \end{cases}$

2. 当 k 取何值时,下面的齐次线性方程组有非零解,并求出此非零解.

$$\begin{cases} 2x_1-x_2+3x_3=0, \\ 3x_1-4x_2+7x_3=0, \\ -x_1+2x_2+kx_3=0. \end{cases}$$

3. 当 k 为何值时,下面的方程组无解?有解?在方程组有解时,求出方程组的解.

$$\begin{cases} x_1+2x_2+kx_3=1, \\ 2x_1+kx_2+8x_3=3. \end{cases}$$

4. 当 a 取何值时,线性方程组

$$\begin{cases} x_1+x_2-x_3=1 \\ 2x_1+3x_2+ax_3=3 \\ x_1+ax_2+3x_3=2 \end{cases}$$

无解?有唯一解?有无穷多解?在方程组有解时,求出它的解.

5. 已知向量 $\boldsymbol{\alpha}=(2,-1,0,1)$,$\boldsymbol{\beta}=(-1,4,2,3)$,计算:

(1)$2\boldsymbol{\alpha}-\boldsymbol{\beta}$;　(2) $\frac{1}{2}(\boldsymbol{\alpha}+3\boldsymbol{\beta})$.

6. 设 $\boldsymbol{\alpha}+2\boldsymbol{\beta}=(2,1,2,3)$,$2\boldsymbol{\alpha}+\boldsymbol{\beta}=(1,-4,-2,2)$,求向量 $\boldsymbol{\alpha}$,$\boldsymbol{\beta}$.

7. 已知向量 $\boldsymbol{\alpha}_1=(3,2,0,-1)$,$\boldsymbol{\alpha}_2=(0,4,3,3)$,$\boldsymbol{\alpha}_3=(-1,6,5,8)$,
而向量 $\boldsymbol{\beta}$ 满足

$$2(\boldsymbol{\beta}-\boldsymbol{\alpha}_1)+3(\boldsymbol{\beta}+\boldsymbol{\alpha}_2)=\boldsymbol{\alpha}_3-\boldsymbol{\beta},$$

求向量 $\boldsymbol{\beta}$.

8. 把向量 $\boldsymbol{\beta}$ 表示为其余向量的线性组合.

(1) $\boldsymbol{\beta}=(4,5,6)$;　$\boldsymbol{\alpha}_1=(3,-3,2)$,
$\boldsymbol{\alpha}_2=(-2,1,2)$,　$\boldsymbol{\alpha}_3=(1,2,-1)$.

(2) $\boldsymbol{\beta}=(-1,1,3,1)$;　$\boldsymbol{\alpha}_1=(1,2,1,1)$,
$\boldsymbol{\alpha}_2=(1,1,1,2)$,　$\boldsymbol{\alpha}_3=(-3,-2,1,-3)$.

(3) $\boldsymbol{\beta}=\left(1,0,-\frac{1}{2}\right)$;　$\boldsymbol{\alpha}_1=(1,1,1)$,
$\boldsymbol{\alpha}_2=(1,-1,-2)$,　$\boldsymbol{\alpha}_3=(-1,1,2)$.

9. 设向量 $\boldsymbol{\beta}$ 可由向量组 $\boldsymbol{\alpha}_1,\boldsymbol{\alpha}_2,\cdots,\boldsymbol{\alpha}_m$ 线性表示,但不能由向量组(Ⅰ):$\boldsymbol{\alpha}_1,\boldsymbol{\alpha}_2,\cdots,\boldsymbol{\alpha}_{m-1}$ 线性表示. 记向量组(Ⅱ):$\boldsymbol{\alpha}_1,\boldsymbol{\alpha}_2,\cdots,\boldsymbol{\alpha}_{m-1},\boldsymbol{\beta}$. 试证:$\boldsymbol{\alpha}_m$ 不能由(Ⅰ)线性表示,但可由(Ⅱ)线性表示.

10. 判定下列向量组是线性相关,还是线性无关?

(1) $\boldsymbol{\alpha}_1=(3,2,0)$,　$\boldsymbol{\alpha}_2=(-1,2,1)$.

(2) $\boldsymbol{\alpha}_1=(1,1,-1,1)$,　$\boldsymbol{\alpha}_2=(1,-1,2,-1)$,　$\boldsymbol{\alpha}_3=(3,1,0,1)$.

(3) $\boldsymbol{\alpha}_1=(2,1,3)$,　$\boldsymbol{\alpha}_2=(-3,1,1)$,　$\boldsymbol{\alpha}_3=(1,1,-2)$.

11. 已知向量组 $\boldsymbol{\alpha}_1=(a,2,1)$,$\boldsymbol{\alpha}_2=(2,a,0)$,$\boldsymbol{\alpha}_3=(1,-1,1)$. 试求 a 为何值

时，向量组 $\boldsymbol{\alpha}_1,\boldsymbol{\alpha}_2,\boldsymbol{\alpha}_3$ 线性相关？线性无关？

12. 证明定理2.4.

13. 证明定理2.5.

14. 如果向量组 $\boldsymbol{\alpha}_1,\boldsymbol{\alpha}_2,\cdots,\boldsymbol{\alpha}_s$ 线性无关，试证：向量组 $\boldsymbol{\alpha}_1,\boldsymbol{\alpha}_1+\boldsymbol{\alpha}_2,\cdots,\boldsymbol{\alpha}_1+\boldsymbol{\alpha}_2+\cdots+\boldsymbol{\alpha}_s$ 线性无关.

15. 已知向量组 $\boldsymbol{\alpha}_1,\boldsymbol{\alpha}_2,\boldsymbol{\alpha}_3$ 线性无关，设 $\boldsymbol{\beta}_1=(m-1)\boldsymbol{\alpha}_1+3\boldsymbol{\alpha}_2+\boldsymbol{\alpha}_3$，$\boldsymbol{\beta}_2=\boldsymbol{\alpha}_1+(m+1)\boldsymbol{\alpha}_2+\boldsymbol{\alpha}_3$，$\boldsymbol{\beta}_3=-\boldsymbol{\alpha}_1-(m+1)\boldsymbol{\alpha}_2+(m-1)\boldsymbol{\alpha}_3$. 试问：当 m 为何值时，向量组 $\boldsymbol{\beta}_1,\boldsymbol{\beta}_2,\boldsymbol{\beta}_3$ 线性无关？线性相关？

16. 已知向量组 $\boldsymbol{\beta}_1,\boldsymbol{\beta}_2,\boldsymbol{\beta}_3$ 可由向量组 $\boldsymbol{\alpha}_1,\boldsymbol{\alpha}_2,\boldsymbol{\alpha}_3$ 线性表示：

$$\begin{cases}\boldsymbol{\beta}_1=\boldsymbol{\alpha}_1-\boldsymbol{\alpha}_2+\boldsymbol{\alpha}_3,\\ \boldsymbol{\beta}_2=\boldsymbol{\alpha}_1+\boldsymbol{\alpha}_2-\boldsymbol{\alpha}_3,\\ \boldsymbol{\beta}_3=-\boldsymbol{\alpha}_1+\boldsymbol{\alpha}_2+\boldsymbol{\alpha}_3.\end{cases}$$

(1) 试把向量组 $\boldsymbol{\alpha}_1,\boldsymbol{\alpha}_2,\boldsymbol{\alpha}_3$ 由向量组 $\boldsymbol{\beta}_1,\boldsymbol{\beta}_2,\boldsymbol{\beta}_3$ 线性表示.

(2) 这两个向量组是否等价？

17. 设 n 维向量组 $\boldsymbol{\alpha}_1=(1,0,0,\cdots,0)$；$\boldsymbol{\alpha}_2=(1,1,0,\cdots,0)\cdots$；$\boldsymbol{\alpha}_n=(1,1,1,\cdots,1)$. 试证：向量组 $\boldsymbol{\alpha}_1,\boldsymbol{\alpha}_2,\cdots,\boldsymbol{\alpha}_n$ 与 n 维单位向量组 $\boldsymbol{\varepsilon}_1,\boldsymbol{\varepsilon}_2,\cdots,\boldsymbol{\varepsilon}_n$ 等价.

18. 证明：如果 n 维基本单位向量组 $\boldsymbol{\varepsilon}_1,\boldsymbol{\varepsilon}_2,\cdots,\boldsymbol{\varepsilon}_n$ 可以由 n 维向量组 $\boldsymbol{\alpha}_1,\boldsymbol{\alpha}_2,\cdots,\boldsymbol{\alpha}_n$ 线性表示，则向量组 $\boldsymbol{\alpha}_1,\boldsymbol{\alpha}_2,\cdots,\boldsymbol{\alpha}_n$ 线性无关.

19. 设向量组 $\boldsymbol{\alpha}_1,\boldsymbol{\alpha}_2,\cdots,\boldsymbol{\alpha}_s$ 的秩为 r，证明：$\boldsymbol{\alpha}_1,\boldsymbol{\alpha}_2,\cdots,\boldsymbol{\alpha}_s$ 中任意 r 个线性无关的向量都是它的一个极大线性无关组.

20. 已知向量组(Ⅰ)：$\boldsymbol{\alpha}_1,\boldsymbol{\alpha}_2,\boldsymbol{\alpha}_3$；(Ⅱ)：$\boldsymbol{\alpha}_1,\boldsymbol{\alpha}_2,\boldsymbol{\alpha}_3,\boldsymbol{\alpha}_4$ 和(Ⅲ)：$\boldsymbol{\alpha}_1,\boldsymbol{\alpha}_2,\boldsymbol{\alpha}_3,\boldsymbol{\alpha}_5$. 如果各向量组的秩分别为 $\boldsymbol{r}(\text{Ⅰ})=\boldsymbol{r}(\text{Ⅱ})=3$，$\boldsymbol{r}(\text{Ⅲ})=4$. 证明：向量组 $\boldsymbol{\alpha}_1,\boldsymbol{\alpha}_2,\boldsymbol{\alpha}_3,\boldsymbol{\alpha}_5-\boldsymbol{\alpha}_4$ 的秩为4.

21. 如果向量组 $\boldsymbol{\alpha}_1,\boldsymbol{\alpha}_2,\cdots,\boldsymbol{\alpha}_s$ 可以由向量组 $\boldsymbol{\beta}_1,\boldsymbol{\beta}_2,\cdots,\boldsymbol{\beta}_t$ 线性表示. 证明：

$$\boldsymbol{r}(\boldsymbol{\alpha}_1,\boldsymbol{\alpha}_2,\cdots,\boldsymbol{\alpha}_s)\leqslant \boldsymbol{r}(\boldsymbol{\beta}_1,\boldsymbol{\beta}_2,\cdots,\boldsymbol{\beta}_t)$$

*22. 证明：

(1) $\boldsymbol{r}(\boldsymbol{\alpha}_1,\boldsymbol{\alpha}_2,\cdots,\boldsymbol{\alpha}_s)\leqslant \boldsymbol{r}(\boldsymbol{\alpha}_1,\boldsymbol{\alpha}_2,\cdots,\boldsymbol{\alpha}_s,\boldsymbol{\beta}_1,\boldsymbol{\beta}_2,\cdots,\boldsymbol{\beta}_t)$

(2) $\boldsymbol{r}(\boldsymbol{\beta}_1,\boldsymbol{\beta}_2,\cdots,\boldsymbol{\beta}_t)\leqslant \boldsymbol{r}(\boldsymbol{\alpha}_1,\boldsymbol{\alpha}_2,\cdots,\boldsymbol{\alpha}_s,\boldsymbol{\beta}_1,\boldsymbol{\beta}_2,\cdots,\boldsymbol{\beta}_t)$

23. 判断下述命题是否正确. 如果该命题成立，请简述理由；否则，请举出反例.

(1) 若存在全为零的数 $k_1=k_2=\cdots=k_s=0$，使得 $k_1\boldsymbol{\alpha}_1+k_2\boldsymbol{\alpha}_2+\cdots+k_s\boldsymbol{\alpha}_s=0$，则向量组 $\boldsymbol{\alpha}_1,\boldsymbol{\alpha}_2,\cdots,\boldsymbol{\alpha}_s$ 线性无关.

(2) 如果向量组 $\boldsymbol{\alpha}_1,\boldsymbol{\alpha}_2,\cdots,\boldsymbol{\alpha}_s$ 线性相关,则其任一部分组也线性相关.

(3) 如果向量组 $\boldsymbol{\alpha}_1,\boldsymbol{\alpha}_2,\cdots,\boldsymbol{\alpha}_s$ 线性相关,则其中任一向量都可以由其余向量线性表示.

(4) 向量组 $\boldsymbol{\alpha}_1,\boldsymbol{\alpha}_2,\cdots,\boldsymbol{\alpha}_s$ 线性无关的充分必要条件是,其任一向量都不能由其余 $s-1$ 个向量线性表示.

(5) 如果两个向量组等价,则它们所含的向量个数相同.

(6) 如果 $\boldsymbol{r}(\boldsymbol{\alpha}_1,\boldsymbol{\alpha}_2,\cdots,\boldsymbol{\alpha}_s)=r$,则 $\boldsymbol{\alpha}_1,\boldsymbol{\alpha}_2,\cdots,\boldsymbol{\alpha}_s$ 中任意 r 个向量都线性无关.

(7) 如果 $\boldsymbol{r}(\boldsymbol{\alpha}_1,\boldsymbol{\alpha}_2,\cdots,\boldsymbol{\alpha}_s)=r$,则 $\boldsymbol{\alpha}_1,\boldsymbol{\alpha}_2,\cdots,\boldsymbol{\alpha}_s$ 中任意 $r+1$ 个向量都线性相关.

(8) 如果 $\boldsymbol{r}(\boldsymbol{\alpha}_1,\boldsymbol{\alpha}_2,\cdots,\boldsymbol{\alpha}_s)=s$,则 $\boldsymbol{\alpha}_1,\boldsymbol{\alpha}_2,\cdots,\boldsymbol{\alpha}_s$ 中任一部分组都线性无关.

24. 把下列矩阵化为其等价标准形,并求矩阵的秩.

(1) $\begin{pmatrix}2 & 1\\4 & 2\end{pmatrix}$.　　(2) $\begin{pmatrix}1 & 2 & 3\\3 & 1 & 2\\2 & 3 & 1\end{pmatrix}$.

(3) $\begin{pmatrix}2 & 3\\1 & -1\\-1 & 2\end{pmatrix}$.　　(4) $\begin{pmatrix}1 & 1 & 1 & 1 & 1\\2 & 0 & -3 & 2 & 1\\1 & 3 & 6 & 1 & 2\\4 & 2 & 6 & 4 & 3\end{pmatrix}$.

25. 已知矩阵

$$\boldsymbol{A}=\begin{pmatrix}3 & 3 & 0 & -2\\-1 & -4 & 3 & 0\\1 & -5 & 6 & -2\end{pmatrix}.$$

(1) 计算 $\boldsymbol{A}$ 的所有三阶子式;

(2) 利用(1)的结果求矩阵 $\boldsymbol{A}$ 的秩.

26. 把下列矩阵化为阶梯形矩阵,求矩阵的秩.

(1) $\begin{pmatrix}1 & -1 & 2 & 1 & 0\\2 & 0 & 6 & 0 & 1\\-1 & 5 & 2 & -5 & 2\end{pmatrix}$.

(2) $\begin{pmatrix}2 & -1 & 2 & 1 & 1\\1 & 1 & -1 & 0 & 2\\2 & 5 & -4 & -2 & 9\\3 & 3 & -1 & -1 & 8\end{pmatrix}$.

27. 求下面向量组的一个极大无关组，并把其余向量用此极大无关组线性表示．

(1) $\boldsymbol{\alpha}_1=(1,-2,5)$, $\boldsymbol{\alpha}_2=(3,2,-1)$, $\boldsymbol{\alpha}_3=(3,10,-17)$.

(2) $\boldsymbol{\alpha}_1=(1,-1,0,4)$, $\boldsymbol{\alpha}_2=(2,1,5,6)$,

$\boldsymbol{\alpha}_3=(1,-1,-2,0)$, $\boldsymbol{\alpha}_4=(3,0,7,14)$.

28. 求下列齐次线性方程组的一个基础解系，并用此基础解系表示方程组的一般解（全部解）．

(1) $\begin{cases} x_1+x_2-x_3+x_4=0, \\ x_1-x_2+2x_3-x_4=0, \\ 3x_1+x_2+x_4=0. \end{cases}$

(2) $\begin{cases} x_1-2x_2-x_3-x_4=0, \\ 2x_1-4x_2+5x_3+3x_4=0, \\ 4x_1-8x_2+17x_3+11x_4=0. \end{cases}$

(3) $\begin{cases} 2x_1+x_2-x_3-x_4+x_5=0, \\ x_1-x_2+x_3+x_4-2x_5=0, \\ 3x_1+3x_2-3x_3-3x_4+4x_5=0, \\ 4x_1+5x_2-5x_3-5x_4+7x_5=0. \end{cases}$

(4) $x_1+2x_2+3x_3+\cdots+nx_n=0$

$(n\geqslant 2)$

29. 判断下列线性方程组是否有解．若方程组有解，试求其解〔在有无穷多解时，用基础解系表示其一般解（全部解）〕．

(1) $\begin{cases} 2x_1-4x_2-x_3=4, \\ -x_1-2x_2-x_4=4, \\ 3x_2+x_3+2x_4=1, \\ 3x_1+x_2+3x_4=-3. \end{cases}$

(2) $\begin{cases} 2x_1-x_2+4x_3-3x_4=-4, \\ x_1+x_3-x_4=-3, \\ 3x_1+x_2+x_3=1, \\ 7x_1+7x_3-3x_4=3. \end{cases}$

(3) $\begin{cases} x_1+x_2+x_3+x_4+x_5=-1, \\ 3x_1+2x_2+x_3+x_4-3x_5=-5, \\ x_2+2x_3+2x_4+6x_5=2, \\ 5x_1+4x_2+3x_3+3x_4-x_5=-7. \end{cases}$

(4) $\begin{cases} 2x_1+3x_2-x_3-5x_4=-2, \\ x_1+2x_2-x_3+x_4=-2, \\ x_1+x_2+x_3+x_4=5, \\ 3x_1+x_2+2x_3+3x_4=4. \end{cases}$

30. 已知线性方程组

$$\begin{cases} x_1+x_2+2x_3+3x_4=1, \\ x_1+3x_2+6x_3+x_4=3, \\ 3x_1-x_2-k_1x_3+15x_4=3, \\ x_1-5x_2-10x_3+12x_4=k_2. \end{cases}$$

当 k_1、k_2 取何值时,方程组无解?有唯一解?有无穷多解?在方程组有无穷多解的情况下,试求其一般解(全部解).

31. 设有三维列向量

$$\boldsymbol{\alpha}_1=\begin{pmatrix}1+\lambda\\1\\1\end{pmatrix},\qquad \boldsymbol{\alpha}_2=\begin{pmatrix}1\\1+\lambda\\1\end{pmatrix},$$

$$\boldsymbol{\alpha}_3=\begin{pmatrix}1\\1\\1+\lambda\end{pmatrix},\qquad \boldsymbol{\beta}=\begin{pmatrix}0\\\lambda\\\lambda^2\end{pmatrix}.$$

问 λ 为何值时:

(1) $\boldsymbol{\beta}$ 可由 $\boldsymbol{\alpha}_1,\boldsymbol{\alpha}_2,\boldsymbol{\alpha}_3$ 线性表示,且表达式是唯一的.

(2) $\boldsymbol{\beta}$ 可由 $\boldsymbol{\alpha}_1,\boldsymbol{\alpha}_2,\boldsymbol{\alpha}_3$ 线性表示,但表达式不唯一.

(3) $\boldsymbol{\beta}$ 不能由 $\boldsymbol{\alpha}_1,\boldsymbol{\alpha}_2,\boldsymbol{\alpha}_3$ 线性表示.

32. 已知向量组(Ⅰ):$\boldsymbol{\alpha}_1=(1,3,1)^{\mathrm{T}}$, $\boldsymbol{\alpha}_2=(1,1,-1)^{\mathrm{T}}$ 和向量组(Ⅱ):$\boldsymbol{\beta}_1=(-1,1,t)^{\mathrm{T}}$, $\boldsymbol{\beta}_2=(4,5,3)^{\mathrm{T}}$.

问 t 为何值时,向量组(Ⅰ)与(Ⅱ)等价.

33. 证明:线性方程组

$$\begin{cases} x_1-x_2=a_1, \\ x_2-x_3=a_2, \\ x_3-x_4=a_3, \\ x_4-x_5=a_4, \\ x_5-x_1=a_5 \end{cases}$$

有解的充分必要条件是 $\sum_{i=1}^{5} a_i = 0$.

34. 证明:如果线性方程组

$$\begin{cases} a_{11}x_1 + a_{12}x_2 + \cdots + a_{1n}x_n = b_1, \\ a_{21}x_1 + a_{22}x_2 + \cdots + a_{2n}x_n = b_2, \\ \cdots\cdots\cdots\cdots\cdots\cdots\cdots\cdots \\ a_{n1}x_1 + a_{n2}x_2 + \cdots + a_{nn}x_n = b_n \end{cases}$$

的系数矩阵 $\boldsymbol{A} = (a_{ij})_{n\times n}$ 与矩阵

$$\boldsymbol{C} = \begin{pmatrix} a_{11} & a_{12} & \cdots & a_{1n} & b_1 \\ a_{21} & a_{22} & \cdots & a_{2n} & b_2 \\ \vdots & \vdots & & \vdots & \vdots \\ a_{n1} & a_{n2} & \cdots & a_{nn} & b_n \\ b_1 & b_2 & \cdots & b_n & 0 \end{pmatrix}$$

的秩相等,则此线性方程组有解.

35. 设齐次线性方程组

$$\begin{cases} a_{11}x_1 + a_{12}x_2 + \cdots + a_{1n}x_n = 0, \\ a_{21}x_1 + a_{22}x_2 + \cdots + a_{2n}x_n = 0, \\ \cdots\cdots\cdots\cdots\cdots\cdots\cdots\cdots \\ a_{n1}x_1 + a_{n2}x_2 + \cdots + a_{nn}x_n = 0 \end{cases}$$

的系数矩阵 $\boldsymbol{A} = (a_{ij})_{n\times n}$ 的秩为 $n-1$. 试证:此方程组的一般解(全部解)为

$$\boldsymbol{\eta} = c\begin{pmatrix} A_{i1} \\ A_{i2} \\ \vdots \\ A_{in} \end{pmatrix} \ (c \text{ 为任意常数}),$$

其中 $A_{ij}(1 \leqslant j \leqslant n)$ 是 a_{ij} 的代数余子式,且至少有一个 $A_{ij} \neq 0$.

36. 设线性方程组

$$\begin{cases} x_1 + a_1x_2 + a_1^2x_3 = a_1^3, \\ x_1 + a_2x_2 + a_2^2x_3 = a_2^3, \\ x_1 + a_3x_2 + a_3^2x_3 = a_3^3, \\ x_1 + a_4x_2 + a_4^2x_3 = a_4^3. \end{cases}$$

(1) 证明：若 a_1, a_2, a_3, a_4 两两不等，则此线性方程组无解.

(2) 设 $a_1 = a_3 = k, a_2 = a_4 = -k(k \neq 0)$，且已知 $\boldsymbol{\beta}_1, \boldsymbol{\beta}_2$ 是该方程组的两个解，其中 $\boldsymbol{\beta}_1 = (-1,1,1)^{\mathrm{T}}, \boldsymbol{\beta}_2 = (1,1,-1)^{\mathrm{T}}$，求此方程组的全部解.

37. 已知下列非齐次线性方程组

$$(\mathrm{I})\begin{cases} x_1 + x_2 - 2x_4 = -6, \\ 4x_1 - x_2 - x_3 - x_4 = 1, \\ 3x_1 - x_2 - x_3 = 3; \end{cases}$$

和 $$(\mathrm{II})\begin{cases} x_1 + mx_2 - x_3 - x_4 = -5, \\ nx_2 - x_3 - 2x_4 = -11, \\ x_3 - 2x_4 = -t + 1. \end{cases}$$

(1) 求解线性方程组(Ⅰ)，用其导出组的基础解系表示全部解；

(2) 当方程组(Ⅱ)中的参数 m, n, t 为何值时，方程组(Ⅰ)与(Ⅱ)同解.

38. 设有两个四元齐次线性方程组

$$(\mathrm{I})\begin{cases} x_1 + x_2 = 0 \\ x_2 - x_4 = 0 \end{cases}; \qquad (\mathrm{II})\begin{cases} x_1 - x_2 + x_3 = 0 \\ x_2 - x_3 + x_4 = 0 \end{cases}.$$

(1) 求线性方程组(Ⅰ)的基础解系；

(2) 求方程组(Ⅰ)和(Ⅱ)的非零公共解.

第三章　矩　阵

在上一章,我们已经看到矩阵及其秩、初等变换等概念和性质,在研究线性方程组的理论和解法时,起着重要作用. 实际上,矩阵理论是线性代数的一个重要内容,在自然科学各分支和经济管理等领域,矩阵是有力的数学工具之一.

在这一章,我们将进一步讨论矩阵的运算、矩阵的逆及初等矩阵等基本理论. 本章所涉及的矩阵及有关运算均在数域 F 上进行讨论,如无必要就不再一一指明了.

§3.1　矩阵的运算

在经济管理的各个领域中,经常遇到矩阵的有关问题.

例 1. 某农场管理人员要制定下一年农作物的种植计划,三种农作物在不同气候条件下的收益(单位:百元/亩)如表 3－1 所示. 管理人员需决定各种农作物的种植面积,使得总收益最大. 这是一个在不确定条件下(明年的气候)的决策问题.

表 3－1 中的数据按原顺序排列就构成一个 3×3 矩阵

表 3－1

气候 / 收益 / 农作物	少雨干旱	雨量适中	雨量过大
A_1	7.5	10	6
A_2	6	11	7
A_3	5	7	9

$$\begin{pmatrix} 7.5 & 10 & 6 \\ 6 & 11 & 7 \\ 5 & 7 & 9 \end{pmatrix}.$$

例 2. 某化工公司所属的两个工厂都生产三种产品 B_1,B_2,B_3．在某年第一季度，各厂的生产情况如表 3－2．表中的数据 $a_{ij}\geqslant 0(i=1,2;j=1,2,3)$ 按原顺序排列就得到一个 2×3 矩阵 $\boldsymbol{A}$．

表 3－2

产量(吨)　产品 / 工厂	B_1	B_2	B_3
A_1	a_{11}	a_{12}	a_{13}
A_2	a_{21}	a_{22}	a_{23}

$$\boldsymbol{A}=\begin{pmatrix}a_{11} & a_{12} & a_{13}\\ a_{21} & a_{22} & a_{23}\end{pmatrix}.$$

对于从数学和实际问题中抽象出的矩阵，在什么条件下可进行何种运算，这些运算具有什么性质，并且有合理的实际意义，这是本节要研究的中心问题．

一、矩阵的加法

定义 3.1　对于具有相同行数和列数的矩阵 $\boldsymbol{A}=(a_{ij})_{m\times n}$ 和 $\boldsymbol{B}=(b_{ij})_{m\times n}$，如果它们的对应元素相等，即

$$a_{ij}=b_{ij}\quad(i=1,2,\cdots,m;j=1,2,\cdots,n).$$

则称矩阵 $\boldsymbol{A}$ 与 $\boldsymbol{B}$ 相等，记作 $\boldsymbol{A}=\boldsymbol{B}$．

定义 3.2　设有两个 $m\times n$ 矩阵

$$\boldsymbol{A}=\begin{pmatrix}a_{11} & a_{12} & \cdots & a_{1n}\\ a_{21} & a_{22} & \cdots & a_{2n}\\ \vdots & \vdots & & \vdots\\ a_{m1} & a_{m2} & \cdots & a_{mn}\end{pmatrix},$$

$$\boldsymbol{B}=\begin{pmatrix}b_{11} & b_{12} & \cdots & b_{1n}\\ b_{21} & b_{22} & \cdots & b_{2n}\\ \vdots & \vdots & & \vdots\\ b_{m1} & b_{m2} & \cdots & b_{mn}\end{pmatrix}.$$

矩阵

$$C=\begin{pmatrix} a_{11}+b_{11} & a_{12}+b_{12} & \cdots & a_{1n}+b_{1n} \\ a_{21}+b_{21} & a_{22}+b_{22} & \cdots & a_{2n}+b_{2n} \\ \vdots & \vdots & & \vdots \\ a_{m1}+b_{m1} & a_{m2}+b_{m2} & \cdots & a_{mn}+b_{mn} \end{pmatrix}$$

称为**矩阵 $\boldsymbol{A}$ 与 $\boldsymbol{B}$ 的和**．记作 $\boldsymbol{C}=\boldsymbol{A}+\boldsymbol{B}=(a_{ij}+b_{ij})_{m\times n}$．

根据上述定义,只有行数相同、列数也相同的两个矩阵才能谈及相等或进行加法运算．

如果一个 $m\times n$ 矩阵所有的元素全为零,则此矩阵称为零矩阵．记为 $\boldsymbol{O}_{m\times n}$．即

$$\boldsymbol{O}_{m\times n}=\begin{pmatrix} 0 & 0 & \cdots & 0 \\ 0 & 0 & \cdots & 0 \\ \vdots & \vdots & & \vdots \\ 0 & 0 & \cdots & 0 \end{pmatrix}.$$

在不至产生混淆的情况下,零矩阵就记作 $\boldsymbol{O}$.

进一步规定 $\boldsymbol{A}=(a_{ij})_{m\times n}$ 的负矩阵为 $-\boldsymbol{A}=(-a_{ij})_{m\times n}$,即

$$-\boldsymbol{A}=\begin{pmatrix} -a_{11} & -a_{12} & \cdots & -a_{1n} \\ -a_{21} & -a_{22} & \cdots & -a_{2n} \\ \vdots & \vdots & & \vdots \\ -a_{m1} & -a_{m2} & \cdots & -a_{mn} \end{pmatrix},$$

则可以定义矩阵 $\boldsymbol{A}_{m\times n}$ 与 $\boldsymbol{B}_{m\times n}$ 的差为

$$\begin{aligned}\boldsymbol{A}-\boldsymbol{B}&=\boldsymbol{A}+(-\boldsymbol{B})\\&=\begin{pmatrix} a_{11}-b_{11} & a_{12}-b_{12} & \cdots & a_{1n}-b_{1n} \\ a_{21}-b_{21} & a_{22}-b_{22} & \cdots & a_{2n}-b_{2n} \\ \vdots & \vdots & & \vdots \\ a_{m1}-b_{m1} & a_{m2}-b_{m2} & \cdots & a_{mn}-b_{mn} \end{pmatrix}.\end{aligned}$$

例 3. 设矩阵

$$\boldsymbol{A}=\begin{pmatrix} 3 & 1 & 2 & 0 \\ 0 & -2 & 4 & 5 \\ -7 & 4 & 1 & -3 \end{pmatrix},$$

$$B=\begin{pmatrix}4 & -5 & 0 & 1\\ 2 & 1 & -3 & -1\\ 3 & -1 & 2 & 6\end{pmatrix}.$$

求 $A+B$ 和 $A-B$.

解

$$A+B=\begin{pmatrix}3+4 & 1+(-5) & 2+0 & 0+1\\ 0+2 & (-2)+1 & 4+(-3) & 5+(-1)\\ -7+3 & 4+(-1) & 1+2 & (-3)+6\end{pmatrix}$$

$$=\begin{pmatrix}7 & -4 & 2 & 1\\ 2 & -1 & 1 & 4\\ -4 & 3 & 3 & 3\end{pmatrix}.$$

$$A-B=\begin{pmatrix}3-4 & 1-(-5) & 2-0 & 0-1\\ 0-2 & (-2)-1 & 4-(-3) & 5-(-1)\\ -7-3 & 4-(-1) & 1-2 & -3-6\end{pmatrix}$$

$$=\begin{pmatrix}-1 & 6 & 2 & -1\\ -2 & -3 & 7 & 6\\ -10 & 5 & -1 & -9\end{pmatrix}.$$

由矩阵加法的定义,可以直接验证矩阵加法具有下述性质:

(1) 交换律:$A+B=B+A$;

(2) 结合律:$(A+B)+C=A+(B+C)$;

(3) $A+O=O+A=A$;

(4) $A-A=A+(-A)=O$.

其中 A,B,C 和零阵 O 是具有相同行数、列数的矩阵.

二、数与矩阵的乘法

定义 3.3　设矩阵 $A=(a_{ij})_{m\times n}$,k 是数域 F 中的数. 用数 k 乘矩阵 A 的每个元素所得到的矩阵

$$\begin{pmatrix} ka_{11} & ka_{12} & \cdots & ka_{1n} \\ ka_{21} & ka_{22} & \cdots & ka_{2n} \\ \vdots & \vdots & & \vdots \\ ka_{m1} & ka_{m2} & \cdots & ka_{mn} \end{pmatrix}$$

称为数 k 与矩阵 $\boldsymbol{A}$ 的乘积,记作 $k\boldsymbol{A} = (ka_{ij})_{m\times n}$.

根据定义,可以直接验证数与矩阵的乘法具有下述性质.

(1) $k(\boldsymbol{A}+\boldsymbol{B}) = k\boldsymbol{A}+k\boldsymbol{B}$;

(2) $(k+l)\boldsymbol{A} = k\boldsymbol{A}+l\boldsymbol{A}$;

(3) $k(l\boldsymbol{A}) = (kl)\boldsymbol{A}$;

(4) $1\cdot\boldsymbol{A} = \boldsymbol{A}$.

其中 $\boldsymbol{A}$、$\boldsymbol{B}$ 均为 $m\times n$ 矩阵; k,l 均为数域 F 中的数.

例 4. 在例 2 中,如果该公司计划在第二季度各厂所生产的产品的产量均提高 10%,则前两个季度两个工厂所生产的各种产品的数量可以表示为矩阵

$$\boldsymbol{A}+1.1\boldsymbol{A} = 2.1\boldsymbol{A} = \begin{pmatrix} 2.1a_{11} & 2.1a_{12} & 2.1a_{13} \\ 2.1a_{21} & 2.1a_{22} & 2.1a_{23} \end{pmatrix}.$$

三、矩阵的乘法

定义 3.4 设矩阵 $\boldsymbol{A} = (a_{ij})_{m\times s}$, $\boldsymbol{B} = (b_{ij})_{s\times n}$. 矩阵 $\boldsymbol{A}$ 与 $\boldsymbol{B}$ 的乘积定义为 $m\times n$ 矩阵 $\boldsymbol{C} = (c_{ij})_{m\times n}$. 其中

$$c_{ij} = a_{i1}b_{1j}+a_{i2}b_{2j}+\cdots+a_{is}b_{sj} = \sum_{k=1}^{s} a_{ik}b_{kj} \quad (3.1)$$

$$(i=1,2,\cdots,m;\ j=1,2,\cdots,n).$$

记作 $\boldsymbol{C} = \boldsymbol{AB}$.

由定义可以看出:只有在矩阵 $\boldsymbol{A}$ 的列数与矩阵 $\boldsymbol{B}$ 的行数相同时,$\boldsymbol{AB}$ 才有意义. $\boldsymbol{C} = \boldsymbol{AB}$ 仍是一个矩阵,其行数与 $\boldsymbol{A}$ 的行数相同,其列数与 $\boldsymbol{B}$ 的列数相同. 为了便于记忆,矩阵 $\boldsymbol{A}$ 与 $\boldsymbol{B}$ 的乘法可直观地表示如下:

$$\text{第} i \text{行}\begin{pmatrix} a_{11} & a_{12} & \cdots & a_{1s} \\ \vdots & \vdots & & \vdots \\ \boxed{a_{i1}} & a_{i2} & \cdots & a_{is} \\ \vdots & \vdots & & \vdots \\ a_{m1} & a_{m2} & \cdots & a_{ms} \end{pmatrix}\begin{pmatrix} b_{11} & \cdots & b_{1j} & \cdots & b_{1n} \\ b_{21} & \cdots & b_{2j} & \cdots & b_{2n} \\ \vdots & & \vdots & & \vdots \\ b_{s1} & \cdots & b_{sj} & \cdots & b_{sn} \end{pmatrix}$$

第 j 列

$$= \begin{pmatrix} c_{11} & \cdots & c_{1j} & \cdots & c_{1n} \\ \vdots & & \vdots & & \vdots \\ c_{i1} & \cdots & \boxed{c_{ij}} & \cdots & c_{in} \\ \vdots & & \vdots & & \vdots \\ c_{m1} & \cdots & c_{mj} & \cdots & c_{mn} \end{pmatrix}.$$

由上式或(3.1)可以看出：乘积 $\boldsymbol{C}$ 中位于第 i 行、第 j 列的元素 c_{ij} 等于 $\boldsymbol{A}$ 的第 i 行与 $\boldsymbol{B}$ 的第 j 列的对应元素乘积之和.

例 5. 设

$$\boldsymbol{A} = \begin{pmatrix} 2 & -3 & 0 & 5 \\ -1 & 4 & 1 & 2 \end{pmatrix}, \quad \boldsymbol{B} = \begin{pmatrix} 2 & 0 & 4 \\ -1 & 2 & -1 \\ 3 & 7 & 5 \\ 4 & -3 & -2 \end{pmatrix},$$

则
$$\boldsymbol{AB} = \begin{pmatrix} 2 & -3 & 0 & 5 \\ -1 & 4 & 1 & 2 \end{pmatrix}\begin{pmatrix} 2 & 0 & 4 \\ -1 & 2 & -1 \\ 3 & 7 & 5 \\ 4 & -3 & -2 \end{pmatrix} = \begin{pmatrix} 27 & -21 & 1 \\ 5 & 9 & -7 \end{pmatrix}.$$

利用矩阵乘法，可以使许多理论或应用中的问题表达得更为简明，这也是如此定义矩阵乘法的一个重要原因.

例 6. 在本节例 2 中，如果设产品 B_j 的价格为 $p_j(j = 1,2,3)$〔单位：元/吨〕，生产 B_j 的平均能耗为 $q_j(j = 1,2,3)$〔单位：千卡/吨〕. 记矩阵

$$\boldsymbol{B} = \begin{pmatrix} p_1 & q_1 \\ p_2 & q_2 \\ p_3 & q_3 \end{pmatrix}$$

则

$$C=\begin{pmatrix}c_{11}&c_{12}\\c_{21}&c_{22}\end{pmatrix}=AB$$

$$=\begin{pmatrix}\sum_{j=1}^{3}a_{1j}p_j&\sum_{j=1}^{3}a_{1j}q_j\\\sum_{j=1}^{3}a_{2j}p_j&\sum_{j=1}^{3}a_{2j}q_j\end{pmatrix}$$

表示工厂 A_1、A_2 在第一季度的总收入和总能耗矩阵,其中 $c_{i1}(i=1,2)$ 表示工厂 A_i 在第一季度的总收入. $c_{i2}(i=1,2)$ 表示工厂 A_i 在第一季度的总能耗.

例 7. 在线性方程组

$$\begin{cases}a_{11}x_1+a_{12}x_2+\cdots+a_{1n}x_n=b_1\\a_{21}x_1+a_{22}x_2+\cdots+a_{2n}x_n=b_2\\\cdots\cdots\cdots\cdots\cdots\cdots\\a_{m1}x_1+a_{m2}x_2+\cdots+a_{mn}x_n=b_m\end{cases}\tag{3.2}$$

中,如果记

$$A=\begin{pmatrix}a_{11}&a_{12}&\cdots&a_{1n}\\a_{21}&a_{22}&\cdots&a_{2n}\\\vdots&\vdots&&\vdots\\a_{m1}&a_{m2}&\cdots&a_{mn}\end{pmatrix},\quad B=\begin{pmatrix}b_1\\b_2\\\vdots\\b_m\end{pmatrix},$$

$$X=\begin{pmatrix}x_1\\x_2\\\vdots\\x_n\end{pmatrix},$$

则方程组(3.2)可以写成矩阵形式

$$AX=B\tag{3.3}$$

对应的导出组可以写成

$$AX=O$$

其中矩阵 B 可以看作 m 维列向量. 矩阵 O 是 $m\times1$ 零矩阵或看作 m 维零向量.

利用线性方程组的矩阵形式,可以更为简便地处理方程组理论中的许多问题. 例如,设 γ_0 是方程组(3.3)的一个解,则有

$$A\gamma_0=B.$$

这里 n 维列向量 $\boldsymbol{\gamma}_0$ 看作 $n\times1$ 矩阵.

矩阵乘法与数的乘法有许多不同之处,在计算时应特别注意下述问题:

(1) 矩阵乘法一般不满足交换律. 也就是说,$\boldsymbol{AB}$ 有意义时,$\boldsymbol{BA}$ 不一定有意义(如例5). 即使 $\boldsymbol{AB}$ 和 $\boldsymbol{BA}$ 都有意义,$\boldsymbol{AB}$ 与 $\boldsymbol{BA}$ 也不一定相等. 通常,在 $\boldsymbol{AB}$ 有意义时称矩阵 $\boldsymbol{A}$ 左乘矩阵 $\boldsymbol{B}$ 或矩阵 $\boldsymbol{B}$ 右乘矩阵 $\boldsymbol{A}$.

例 8. 设矩阵

$$\boldsymbol{A}=\begin{pmatrix}a_1\\a_2\\\vdots\\a_n\end{pmatrix},\quad \boldsymbol{B}=(b_1,b_2,\cdots,b_n),$$

则 $\boldsymbol{AB}$ 和 $\boldsymbol{BA}$ 都有意义,但是

$$\boldsymbol{AB}=\begin{pmatrix}a_1\\a_2\\\vdots\\a_n\end{pmatrix}(b_1,b_2,\cdots,b_n)=\begin{pmatrix}a_1b_1&a_1b_2&\cdots&a_1b_n\\a_2b_1&a_2b_2&\cdots&a_2b_n\\\vdots&\vdots&&\vdots\\a_nb_1&a_nb_2&\cdots&a_nb_n\end{pmatrix}.$$

$$\boldsymbol{BA}=(b_1,b_2,\cdots,b_n)\begin{pmatrix}a_1\\a_2\\\vdots\\a_n\end{pmatrix}=b_1a_1+b_2a_2+\cdots+b_na_n=\sum_{i=1}^{n}a_ib_i,$$

其中 $\boldsymbol{BA}$ 是 1×1 矩阵,也就是一个数,一般不再加矩阵记号.

(2) 两个非零矩阵之积可能是零矩阵.

例 9. 设矩阵

$$\boldsymbol{A}=\begin{pmatrix}1&-2\\-3&6\end{pmatrix},\quad \boldsymbol{B}=\begin{pmatrix}4&6\\2&3\end{pmatrix},$$

则

$$AB=\begin{pmatrix}1 & -2\\ -3 & 6\end{pmatrix}\begin{pmatrix}4 & 6\\ 2 & 3\end{pmatrix}=\begin{pmatrix}0 & 0\\ 0 & 0\end{pmatrix}.$$

因此,当已知 $\boldsymbol{AB}=\boldsymbol{O}$ 时,一般不能得出 $\boldsymbol{A}=\boldsymbol{O}$ 或 $\boldsymbol{B}=\boldsymbol{O}$ 的结论.

矩阵乘法与数的乘法也有若干类似的性质:

(1) 结合律 $(\boldsymbol{AB})\boldsymbol{C}=\boldsymbol{A}(\boldsymbol{BC})$;

(2) 左分配律 $\boldsymbol{A}(\boldsymbol{B}+\boldsymbol{C})=\boldsymbol{AB}+\boldsymbol{AC}$;

(3) 右分配律 $(\boldsymbol{B}+\boldsymbol{C})\boldsymbol{A}=\boldsymbol{BA}+\boldsymbol{CA}$;

(4) 对数域 F 中的任意数 k,

$$k(\boldsymbol{AB})=(k\boldsymbol{A})\boldsymbol{B}=\boldsymbol{A}(k\boldsymbol{B}).$$

利用矩阵乘法定义可直接验证上述性质,其中有关矩阵都假设可以进行有关的运算.

定义 3.5 主对角线上的元素都是 1,其余元素都是零的 $n\times n$ 矩阵

$$\begin{pmatrix}1 & 0 & 0 & \cdots & 0\\ 0 & 1 & 0 & \cdots & 0\\ 0 & 0 & 1 & \cdots & 0\\ \vdots & \vdots & \vdots & & \vdots\\ 0 & 0 & 0 & \cdots & 1\end{pmatrix},$$

称为 n 阶**单位矩阵**,记作 $\boldsymbol{E}_n$. 在不至产生混淆的情况下,就简记为 $\boldsymbol{E}$.

对于单位矩阵,不难验证性质

(5) 对任意的矩阵 $\boldsymbol{A}_{m\times n}$,有

$$\boldsymbol{E}_m\boldsymbol{A}_{m\times n}=\boldsymbol{A}_{m\times n};\quad \boldsymbol{A}_{m\times n}\boldsymbol{E}_n=\boldsymbol{A}_{m\times n}.$$

即单位矩阵起着与数字乘法中数 1 相同的作用.

例 10. 如果两个 $n\times n$ 矩阵 $\boldsymbol{A}$ 和 $\boldsymbol{B}$ 满足 $\boldsymbol{AB}=\boldsymbol{BA}$,则称 $\boldsymbol{A}$ 与 $\boldsymbol{B}$ 是可交换的.设

$$\boldsymbol{A}=\begin{pmatrix}1 & 0\\ 2 & 1\end{pmatrix},$$

求所有与 $\boldsymbol{A}$ 可交换的矩阵.

解 设与 $\boldsymbol{A}$ 可交换的矩阵为

$$\boldsymbol{X}=\begin{pmatrix}x_{11} & x_{12}\\ x_{21} & x_{22}\end{pmatrix},$$

则

$$AX=\begin{pmatrix}1&0\\2&1\end{pmatrix}\begin{pmatrix}x_{11}&x_{12}\\x_{21}&x_{22}\end{pmatrix}=\begin{pmatrix}x_{11}&x_{12}\\2x_{11}+x_{21}&2x_{12}+x_{22}\end{pmatrix};$$

$$XA=\begin{pmatrix}x_{11}&x_{12}\\x_{21}&x_{22}\end{pmatrix}\begin{pmatrix}1&0\\2&1\end{pmatrix}=\begin{pmatrix}x_{11}+2x_{12}&x_{12}\\x_{21}+2x_{22}&x_{22}\end{pmatrix}.$$

由 $AX=XA$，可得方程组

$$\begin{cases}x_{11}=x_{11}+2x_{12},\\x_{12}=x_{12},\\2x_{11}+x_{21}=x_{21}+2x_{22},\\2x_{12}+x_{22}=x_{22}.\end{cases}$$

解得 $x_{11}=x_{22}$，$x_{12}=0$. 取 $x_{11}=x_{22}=a$，$x_{21}=b$，则所有与 A 可交换的矩阵为

$$X=\begin{pmatrix}a&0\\b&a\end{pmatrix}\qquad a,b\text{ 为任意常数}.$$

行数和列数均为 n 的矩阵，常常简称为 n **阶矩阵**（**或** n **阶方阵**）. 设 A 是一个 n 阶矩阵，对于自然数 k

$$A^k=\underbrace{AA\cdots A}_{k\text{个}},$$

称为 A 的 k 次**幂**.

容易证明：对于任意的自然数 k,l，有

$$A^kA^l=A^{k+l},$$
$$(A^k)^l=A^{kl}.$$

但应注意：由于矩阵乘法不满足交换律，所以 $(AB)^k$ 一般不等于 A^kB^k. 此外，如果 $A^k=O$，也不一定有 $A=O$. 例如，设

$$A=\begin{pmatrix}0&0&0\\-1&1&1\\1&-1&-1\end{pmatrix}\neq O,$$

但是

$$A^2=\begin{pmatrix}0&0&0\\-1&1&1\\1&-1&-1\end{pmatrix}\begin{pmatrix}0&0&0\\-1&1&1\\1&-1&-1\end{pmatrix}$$

$$= \begin{pmatrix} 0 & 0 & 0 \\ 0 & 0 & 0 \\ 0 & 0 & 0 \end{pmatrix}.$$

四、矩阵的转置

定义 3.5 把矩阵 $\boldsymbol{A} = (a_{ij})_{m\times n}$ 的行与列互换,所得到的$n \times m$ 矩阵,称为 $\boldsymbol{A}$ 的**转置矩阵**,简称为 $\boldsymbol{A}$ 的转置,记作 $\boldsymbol{A}^{\mathrm{T}}$. 即如果

$$\boldsymbol{A} = \begin{pmatrix} a_{11} & a_{12} & \cdots & a_{1n} \\ a_{21} & a_{22} & \cdots & a_{2n} \\ \vdots & \vdots & & \vdots \\ a_{m1} & a_{m2} & \cdots & a_{mn} \end{pmatrix},$$

则 $\boldsymbol{A}$ 的转置矩阵为

$$\boldsymbol{A}^{\mathrm{T}} = \begin{pmatrix} a_{11} & a_{21} & \cdots & a_{m1} \\ a_{12} & a_{22} & \cdots & a_{m2} \\ \vdots & \vdots & & \vdots \\ a_{1n} & a_{2n} & \cdots & a_{mn} \end{pmatrix}$$

可以看出:$\boldsymbol{A}$ 的位于第 i 行、第 j 列的元素 a_{ij},在 $\boldsymbol{A}^{\mathrm{T}}$ 中就位于第 j 行第 i 列.

由于 n 维列向量 $\boldsymbol{\alpha}$ 可以看作 $n \times 1$ 矩阵,因此经常记 n 维列向量 $\boldsymbol{\alpha} = (a_1, a_2, \cdots, a_n)^{\mathrm{T}}$,或 $\boldsymbol{\alpha}^{\mathrm{T}} = (a_1, a_2, \cdots, a_n)$.

矩阵的转置满足以下性质

(1) $(\boldsymbol{A}^{\mathrm{T}})^{\mathrm{T}} = \boldsymbol{A}$;

(2) $(\boldsymbol{A} + \boldsymbol{B})^{\mathrm{T}} = \boldsymbol{A}^{\mathrm{T}} + \boldsymbol{B}^{\mathrm{T}}$;

(3) $(k\boldsymbol{A})^{\mathrm{T}} = k\boldsymbol{A}^{\mathrm{T}}$;

(4) $(\boldsymbol{AB})^{\mathrm{T}} = \boldsymbol{B}^{\mathrm{T}}\boldsymbol{A}^{\mathrm{T}}$.

其中,矩阵 $\boldsymbol{A}$、$\boldsymbol{B}$ 可进行有关的运算;数 k 为数域 F 中的数. 性质 1 ~ 3 请读者自证. 下面证明性质 4:

证明 设 $\boldsymbol{A} = (a_{ij})_{m\times s}$, $\boldsymbol{B} = (b_{ij})_{s\times n}$,记 $\boldsymbol{C} = \boldsymbol{AB}$,则 $\boldsymbol{AB}$ 为 $m \times n$ 矩阵. 它的第 i 行、第 j 列的元素为

$$c_{ij}=\sum_{k=1}^{s}a_{ik}b_{kj}.$$

$(\boldsymbol{AB})^{\mathrm{T}}=\boldsymbol{C}^{\mathrm{T}}$ 是 $n\times m$ 矩阵,元素 c_{ij} 应位于它的第 j 行、第 i 列.

另一方面,$\boldsymbol{B}^{\mathrm{T}}\boldsymbol{A}^{\mathrm{T}}$ 也是 $n\times m$ 矩阵,它的第 j 行,第 i 列的元素应等于 $\boldsymbol{B}^{\mathrm{T}}$ 的第 j 行元素与 $\boldsymbol{A}^{\mathrm{T}}$ 的第 i 列的对应元素乘积之和. 即 $\boldsymbol{B}^{\mathrm{T}}\boldsymbol{A}^{\mathrm{T}}$ 的第 j 行第 i 列元素为

$$\sum_{k=1}^{s}b_{kj}a_{ik}=\sum_{k=1}^{s}a_{ik}b_{kj}=c_{ij}\quad(i=1,2,\cdots,m;j=1,2,\cdots,n),$$

这就证明了$(\boldsymbol{AB})^{\mathrm{T}}=\boldsymbol{B}^{\mathrm{T}}\boldsymbol{A}^{\mathrm{T}}$.

性质 4 还可以推广到多个矩阵相乘的情形,即

$$(\boldsymbol{A}_1\boldsymbol{A}_2\cdots\boldsymbol{A}_t)^{\mathrm{T}}=\boldsymbol{A}_t^{\mathrm{T}}\cdots\boldsymbol{A}_2^{\mathrm{T}}\boldsymbol{A}_1^{\mathrm{T}}.$$

五、n 阶矩阵的行列式

n 阶矩阵 $\boldsymbol{A}=(a_{ij})$ 的元素按原有位置构成的行列式,称为矩阵 $\boldsymbol{A}$ 的行列式,记作$|\boldsymbol{A}|$.

矩阵 $\boldsymbol{A}_{n\times n}$ 和它的行列式$|\boldsymbol{A}|$是完全不同的两个概念. 矩阵 $\boldsymbol{A}$ 是 n^2 个数排列成的一个正方形数表;而$|\boldsymbol{A}|$则表示矩阵 $\boldsymbol{A}$ 所对应的一个数.

利用行列式的性质可以证明 n 阶矩阵的行列式具有下述性质:

(1) $|\boldsymbol{A}|=|\boldsymbol{A}^{\mathrm{T}}|$;

(2) $|k\boldsymbol{A}|=k^n|\boldsymbol{A}|$ (k 为数域 F 中的数);

(3) $|\boldsymbol{AB}|=|\boldsymbol{A}|\cdot|\boldsymbol{B}|$.

性质(1) 和(2) 的证明留作习题. 性质(3) 的证明比较冗长,此处略去. 但由性质 3 可以得知,虽然矩阵乘法一般不满足交换律,但是

$$|\boldsymbol{AB}|=|\boldsymbol{A}|\cdot|\boldsymbol{B}|=|\boldsymbol{B}|\cdot|\boldsymbol{A}|=|\boldsymbol{BA}|$$

性质(3) 还可以推广到多个 n 阶矩阵相乘的情形,即

$$|\boldsymbol{A}_1\boldsymbol{A}_2\cdots\boldsymbol{A}_t|=|\boldsymbol{A}_1|\cdot|\boldsymbol{A}_2|\cdot\cdots\cdot|\boldsymbol{A}_t|.$$

§3.2 几种特殊的矩阵

一、对角矩阵

定义 3.6 所有非主对角线元素全等于零的 n 阶矩阵,称为**对角矩阵**. 例如

$$A=\begin{pmatrix}-2&0&0\\0&3&0\\0&0&5\end{pmatrix}$$

是一个三阶对角矩阵. 一般,n 阶对角矩阵常简记为

$$\begin{pmatrix}a_{11}&&&\\&a_{22}&&\\&&\ddots&\\&&&a_{nn}\end{pmatrix}.$$

利用矩阵有关运算的定义可以直接验证对角矩阵的下列性质:

(1) 两个同阶对角矩阵的和(或差) 仍为对角矩阵;

(2) 数 k 与对角矩阵的乘积仍是对角矩阵;

(3) 两个同阶对角矩阵的乘积仍是对角矩阵,并且它们是可交换的.

实际上,设

$$A=\begin{pmatrix}a_1&&&\\&a_2&&\\&&\ddots&\\&&&a_n\end{pmatrix},\quad B=\begin{pmatrix}b_1&&&\\&b_2&&\\&&\ddots&\\&&&b_n\end{pmatrix},$$

则

$$AB=BA=\begin{pmatrix}a_1b_1&&&\\&a_2b_2&&\\&&\ddots&\\&&&a_nb_n\end{pmatrix}.$$

二、数量矩阵

定义 3.7　如果 n 阶对角矩阵所有主对角线元素都相等,则称此矩阵为 n **阶数量矩阵**.

设数量矩阵

$$\boldsymbol{A}_{n\times n}=\begin{pmatrix} a & & & \\ & a & & \\ & & \ddots & \\ & & & a \end{pmatrix},$$

显然,$\boldsymbol{A}=a\boldsymbol{E}_n$. 当 $a=1$ 时,$\boldsymbol{A}$ 就是单位矩阵,并且对任一矩阵 $\boldsymbol{B}_{m\times n}$,有

$$\boldsymbol{B}(a\boldsymbol{E}_n)=a(\boldsymbol{B}\boldsymbol{E}_n)=a\boldsymbol{B},$$

$$(a\boldsymbol{E}_m)\boldsymbol{B}=a(\boldsymbol{E}_m\boldsymbol{B})=a\boldsymbol{B}.$$

也就是说,用数量矩阵 $a\boldsymbol{E}$ 左乘或右乘矩阵 $\boldsymbol{B}_{m\times n}$,相当于用数 a 乘矩阵 $\boldsymbol{B}$.

三、三角形矩阵

定义 3.8　如果 n 阶矩阵主对角线下方元素都等于零,则称此矩阵为**上三角形矩阵**.

如果 n 阶矩阵主对角线上方元素都等于零,则称此矩阵为**下三角形矩阵**.

例如,设

$$\boldsymbol{A}=\begin{pmatrix} a_{11} & a_{12} & \cdots & a_{1n} \\ 0 & a_{22} & \cdots & a_{2n} \\ \vdots & \vdots & & \vdots \\ 0 & 0 & \cdots & a_{nn} \end{pmatrix},$$

$$\boldsymbol{B}=\begin{pmatrix} b_{11} & 0 & \cdots & 0 \\ b_{21} & b_{22} & \cdots & 0 \\ \vdots & \vdots & & \vdots \\ b_{n1} & b_{n2} & \cdots & b_{nn} \end{pmatrix},$$

则 $\boldsymbol{A}$ 为 n 阶上三角形矩阵；$\boldsymbol{B}$ 为 n 阶下三角形矩阵．

如果 $\boldsymbol{A}$、$\boldsymbol{B}$ 是同阶的上（下）三角形矩阵，则不难验证，$\boldsymbol{A}+\boldsymbol{B}$、$\boldsymbol{AB}$ 仍是上（下）三角形矩阵；数 k 与 $\boldsymbol{A}$ 的乘积 $k\boldsymbol{A}$ 仍是上（下）三角形矩阵．

四、对称矩阵与反对称矩阵

定义 3.9 如果 n 阶矩阵 $\boldsymbol{A}$ 满足 $\boldsymbol{A}^{\mathrm{T}}=\boldsymbol{A}$，则称 $\boldsymbol{A}$ 为**对称矩阵**．

根据定义，对称矩阵 $\boldsymbol{A}=(a_{ij})_{n\times n}$ 中，必有

$$a_{ji}=a_{ij}\ (i,j=1,2,\cdots,n).$$

例如，

$$\boldsymbol{A}=\begin{pmatrix}0&1&-1&3\\1&3&4&-2\\-1&4&1&5\\3&-2&5&-1\end{pmatrix}$$

是一个四阶对称矩阵，其元素关于 $\boldsymbol{A}$ 的主对角线对称．

对称矩阵具有下述性质：

（1）如果 $\boldsymbol{A},\boldsymbol{B}$ 是同阶对称矩阵，则 $\boldsymbol{A}+\boldsymbol{B}$ 也是对称矩阵．

证明 因为 $\boldsymbol{A}^{\mathrm{T}}=\boldsymbol{A},\boldsymbol{B}^{\mathrm{T}}=\boldsymbol{B}$，所以

$$(\boldsymbol{A}+\boldsymbol{B})^{\mathrm{T}}=\boldsymbol{A}^{\mathrm{T}}+\boldsymbol{B}^{\mathrm{T}}=\boldsymbol{A}+\boldsymbol{B}.$$

即 $\boldsymbol{A}+\boldsymbol{B}$ 是对称矩阵．

类似可得性质

（2）数 k 与对称矩阵 $\boldsymbol{A}$ 的乘积 $k\boldsymbol{A}$ 仍是对称矩阵．

应注意，两个同阶对称矩阵的乘积不一定是对称矩阵．例如，设

$$\boldsymbol{A}=\begin{pmatrix}0&-3\\-3&2\end{pmatrix},\quad \boldsymbol{B}=\begin{pmatrix}1&-1\\-1&2\end{pmatrix}$$

都是对称矩阵，但是

$$\boldsymbol{AB}=\begin{pmatrix}0&-3\\-3&2\end{pmatrix}\begin{pmatrix}1&-1\\-1&2\end{pmatrix}=\begin{pmatrix}3&-6\\-5&7\end{pmatrix}$$

却不是对称矩阵．

定义 3.10 如果 n 阶矩阵 $\boldsymbol{A}$ 满足 $\boldsymbol{A}^{\mathrm{T}}=-\boldsymbol{A}$，则称 $\boldsymbol{A}$ 为**反对称矩阵**．

如果 $A=(a_{ij})_{n\times n}$ 是反对称矩阵,由定义可得 $a_{ij}=-a_{ji}(i,j=1,2,\cdots,n)$. 因此,反对称矩阵的主对角线上的元素一定为零. 例如,

$$A=\begin{pmatrix}0&2&1\\-2&0&-1\\-1&1&0\end{pmatrix}$$

是一个三阶反对称矩阵.

反对称矩阵具有下述性质(请读者自证):

(1) 两个同阶反对称矩阵的和(差) 仍是反对称矩阵;

(2) 数 k 与反对称矩阵的乘积仍是反对称矩阵.

但应注意,两个同阶反对称矩阵的乘积不一定仍是反对称矩阵.

§3.3　分块矩阵

一、矩阵的分块

在理论研究及一些实际问题中,经常遇到阶数很高或结构特殊的矩阵. 为了便于分析计算,常常把所讨论的矩阵看作是由一些小矩阵组成的. 这些小矩阵就称为**子阵**或**子块**. 原矩阵分块后,就称为**分块矩阵**.

例如,设

$$A=\begin{pmatrix}1&0&0&0\\0&1&0&0\\3&2&-1&0\\-1&2&0&-1\end{pmatrix},$$

令　　$A_1=\begin{pmatrix}3&2\\-1&2\end{pmatrix}$,

则原矩阵 A 分块为

$$A=\left(\begin{array}{cc:cc}1&0&0&0\\0&1&0&0\\\hdashline 3&2&-1&0\\-1&2&0&-1\end{array}\right)=\begin{pmatrix}E_2&O\\A_1&-E_2\end{pmatrix}.$$

其中 $\boldsymbol{E}_2$ 是二阶单位矩阵,$\boldsymbol{O}$ 是二阶零矩阵.

一般地,对一个矩阵可以根据所讨论问题的实际背景或需要任意分块. 例如,设

$$\boldsymbol{A}=\begin{pmatrix}a_{11}&a_{12}&a_{13}&a_{14}\\a_{21}&a_{22}&a_{23}&a_{24}\\a_{31}&a_{32}&a_{33}&a_{34}\end{pmatrix}$$

如果令

$$\boldsymbol{A}_{11}=\begin{pmatrix}a_{11}&a_{12}\\a_{21}&a_{22}\end{pmatrix},\quad \boldsymbol{A}_{12}=\begin{pmatrix}a_{13}&a_{14}\\a_{23}&a_{24}\end{pmatrix},$$

$$\boldsymbol{A}_{21}=(a_{31}\quad a_{32}),\quad \boldsymbol{A}_{22}=(a_{33}\quad a_{34}),$$

则 $\boldsymbol{A}$ 可分块为

$$\boldsymbol{A}=\begin{pmatrix}\boldsymbol{A}_{11}&\boldsymbol{A}_{12}\\\boldsymbol{A}_{21}&\boldsymbol{A}_{22}\end{pmatrix}.$$

如果令 $\boldsymbol{\alpha}_1=(a_{11},a_{12},a_{13},a_{14})$,$\boldsymbol{\alpha}_2=(a_{21},a_{22},a_{23},a_{24})$,$\boldsymbol{\alpha}_3=(a_{31},a_{32},a_{33},a_{34})$,则 $\boldsymbol{A}$ 可以按行分块为

$$\boldsymbol{A}=\begin{pmatrix}\boldsymbol{\alpha}_1\\\boldsymbol{\alpha}_2\\\boldsymbol{\alpha}_3\end{pmatrix}.$$

类似地,$\boldsymbol{A}$ 有时也需要按列分块为

$$\boldsymbol{A}=(\boldsymbol{\beta}_1,\boldsymbol{\beta}_2,\boldsymbol{\beta}_3,\boldsymbol{\beta}_4).$$

其中 $\boldsymbol{\beta}_j=(a_{1j},a_{2j},a_{3j})^{\mathrm{T}},\quad j=1,2,3,4.$

二、分块矩阵的运算

分块矩阵运算时,可以把子块当作元素看待,直接运用矩阵运算的有关法则. 但应注意下列几个问题.

1. 用分块矩阵作矩阵加(减)法时,必须使对应的子块具有相同的行数和列数. 即两个矩阵的分块方式应完全相同. 数 k 与分块矩阵相乘时,数 k 应与每一子块相乘.

一般地,设 $\boldsymbol{A}$、$\boldsymbol{B}$ 均为 $m\times n$ 矩阵. 把 $\boldsymbol{A}$,$\boldsymbol{B}$ 按同样方式分块:

$$A=\begin{pmatrix} A_{11} & A_{12} & \cdots & A_{1t} \\ A_{21} & A_{22} & \cdots & A_{2t} \\ \vdots & \vdots & & \vdots \\ A_{s1} & A_{s2} & \cdots & A_{st} \end{pmatrix}\begin{matrix} m_1\text{ 行} \\ m_2\text{ 行} \\ \vdots \\ m_s\text{ 行} \end{matrix},$$
$$\qquad\quad\begin{matrix} n_1\text{列} & n_2\text{列} & \cdots & n_t\text{列} \end{matrix}$$

$$B=\begin{pmatrix} B_{11} & B_{12} & \cdots & B_{1t} \\ B_{21} & B_{22} & \cdots & B_{2t} \\ \vdots & \vdots & & \vdots \\ B_{s1} & B_{s2} & \cdots & B_{st} \end{pmatrix}\begin{matrix} m_1\text{ 行} \\ m_2\text{ 行} \\ \vdots \\ m_s\text{ 行} \end{matrix}.$$
$$\qquad\quad\begin{matrix} n_1\text{列} & n_2\text{列} & \cdots & n_t\text{列} \end{matrix}$$

其中 $m_1+m_2+\cdots+m_s=m$；$n_1+n_2+\cdots+n_t=n$．子块 A_{ij}、B_{ij} 都是 $m_i\times n_j$ 矩阵．于是

$$A+B=\begin{pmatrix} A_{11}+B_{11} & A_{12}+B_{12} & \cdots & A_{1t}+B_{1t} \\ A_{21}+B_{21} & A_{22}+B_{22} & \cdots & A_{2t}+B_{2t} \\ \vdots & \vdots & & \vdots \\ A_{s1}+B_{s1} & A_{s2}+B_{s2} & \cdots & A_{st}+B_{st} \end{pmatrix}.$$

如果数 k 乘 A，则

$$kA=\begin{pmatrix} kA_{11} & kA_{12} & \cdots & kA_{1t} \\ kA_{21} & kA_{22} & \cdots & kA_{2t} \\ \vdots & \vdots & & \vdots \\ kA_{s1} & kA_{s2} & \cdots & kA_{st} \end{pmatrix}.$$

例 1．设矩阵 $A_{4\times3}$ 和 $B_{4\times3}$ 分块为

$$A=\left(\begin{array}{cc:c} 1 & 0 & 3 \\ 0 & 1 & -1 \\ \hdashline 2 & -1 & 0 \\ 3 & 2 & 0 \end{array}\right)=\begin{pmatrix} E & A_{12} \\ A_{21} & O \end{pmatrix},$$

$$B=\left(\begin{array}{cc:c} 2 & -1 & 4 \\ -1 & 2 & -2 \\ \hdashline 2 & 0 & 0 \\ 0 & 2 & 0 \end{array}\right)=\begin{pmatrix} B_{11} & B_{12} \\ 2E & O \end{pmatrix},$$

则

$$2\boldsymbol{A}-\boldsymbol{B}=\begin{pmatrix}2\boldsymbol{E} & 2\boldsymbol{A}_{12}\\ 2\boldsymbol{A}_{21} & \boldsymbol{O}\end{pmatrix}-\begin{pmatrix}\boldsymbol{B}_{11} & \boldsymbol{B}_{12}\\ 2\boldsymbol{E} & \boldsymbol{O}\end{pmatrix}=\begin{pmatrix}2\boldsymbol{E}-\boldsymbol{B}_{11} & 2\boldsymbol{A}_{12}-\boldsymbol{B}_{12}\\ 2(\boldsymbol{A}_{21}-\boldsymbol{E}) & \boldsymbol{O}\end{pmatrix}.$$

而

$$2\boldsymbol{E}-\boldsymbol{B}_{11}=2\begin{pmatrix}1 & 0\\ 0 & 1\end{pmatrix}-\begin{pmatrix}2 & -1\\ -1 & 2\end{pmatrix}=\begin{pmatrix}0 & 1\\ 1 & 0\end{pmatrix};$$

$$2\boldsymbol{A}_{12}-\boldsymbol{B}_{12}=2\begin{pmatrix}3\\ -1\end{pmatrix}-\begin{pmatrix}4\\ -2\end{pmatrix}=\begin{pmatrix}2\\ 0\end{pmatrix};$$

$$2(\boldsymbol{A}_{21}-\boldsymbol{E})=2\left[\begin{pmatrix}2 & -1\\ 3 & 2\end{pmatrix}-\begin{pmatrix}1 & 0\\ 0 & 1\end{pmatrix}\right]=\begin{pmatrix}2 & -2\\ 6 & 2\end{pmatrix}.$$

所以

$$2\boldsymbol{A}-\boldsymbol{B}=\left(\begin{array}{cc:c}0 & 1 & 2\\ 1 & 0 & 0\\ \hdashline 2 & -2 & 0\\ 6 & 2 & 0\end{array}\right).$$

2. 利用分块矩阵计算矩阵 $\boldsymbol{A}_{m\times s}$ 与 $\boldsymbol{B}_{s\times n}$ 的积，则应使 $\boldsymbol{A}$ 的列的分法与 $\boldsymbol{B}$ 的行的分法相同．一般，设 $\boldsymbol{A}$ 分块为

$$\boldsymbol{A}=\begin{pmatrix}\boldsymbol{A}_{11} & \boldsymbol{A}_{12} & \cdots & \boldsymbol{A}_{1t}\\ \boldsymbol{A}_{21} & \boldsymbol{A}_{22} & \cdots & \boldsymbol{A}_{2t}\\ \vdots & \vdots & & \vdots\\ \boldsymbol{A}_{l1} & \boldsymbol{A}_{l2} & \cdots & \boldsymbol{A}_{lt}\end{pmatrix}\begin{matrix}m_1\text{ 行}\\ m_2\text{ 行}\\ \vdots\\ m_l\text{ 行}\end{matrix}$$
$$\qquad s_1\text{列}\quad s_2\text{列}\quad\cdots\quad s_t\text{列}$$

$$(m_1+m_2+\cdots+m_l=m,\ s_1+s_2+\cdots+s_t=s)$$

则 $\boldsymbol{B}$ 应分块为

$$\boldsymbol{B}=\begin{pmatrix}\boldsymbol{B}_{11} & \boldsymbol{B}_{12} & \cdots & \boldsymbol{B}_{1r}\\ \boldsymbol{B}_{21} & \boldsymbol{B}_{22} & \cdots & \boldsymbol{B}_{2r}\\ \vdots & \vdots & & \vdots\\ \boldsymbol{B}_{t1} & \boldsymbol{B}_{t2} & \cdots & \boldsymbol{B}_{tr}\end{pmatrix}\begin{matrix}s_1\text{ 行}\\ s_2\text{ 行}\\ \vdots\\ s_t\text{ 行}\end{matrix}$$
$$\qquad n_1\text{列}\quad n_2\text{列}\quad\cdots\quad n_r\text{列}$$

$$(s_1+s_2+\cdots+s_t=s,\ n_1+n_2+\cdots+n_r=n)$$

其中 $\boldsymbol{A}_{ij}$ 为 $m_i \times s_j$ 矩阵；$\boldsymbol{B}_{ij}$ 为 $s_i \times n_j$ 矩阵．而

$$\boldsymbol{AB} = \begin{pmatrix} \boldsymbol{C}_{11} & \boldsymbol{C}_{12} & \cdots & \boldsymbol{C}_{1r} \\ \boldsymbol{C}_{21} & \boldsymbol{C}_{22} & \cdots & \boldsymbol{C}_{2r} \\ \vdots & \vdots & & \vdots \\ \boldsymbol{C}_{l1} & \boldsymbol{C}_{l2} & \cdots & \boldsymbol{C}_{lr} \end{pmatrix} \begin{matrix} m_1\text{行} \\ m_2\text{行} \\ \vdots \\ m_l\text{行} \end{matrix},$$
$$\quad n_1\text{列} \quad n_2\text{列} \quad \cdots \quad n_r\text{列}$$

其中
$$\boldsymbol{C}_{ij} = \sum_{k=1}^{t} \boldsymbol{A}_{ik}\boldsymbol{B}_{kj}$$
$$= \boldsymbol{A}_{i1}\boldsymbol{B}_{1j} + \boldsymbol{A}_{i2}\boldsymbol{B}_{2j} + \cdots + \boldsymbol{A}_{it}\boldsymbol{B}_{tj}$$
$$(i = 1,2,\cdots,l;\quad j = 1,2,\cdots,r).$$

例 2. 设矩阵 $\boldsymbol{A}_{3\times4}$ 和 $\boldsymbol{B}_{4\times3}$ 分块为

$$\boldsymbol{A} = \left(\begin{array}{cc:cc} 1 & 0 & -2 & 0 \\ 0 & 1 & 0 & -2 \\ \hdashline 0 & 0 & 5 & 3 \end{array}\right) = \begin{pmatrix} \boldsymbol{E} & -2\boldsymbol{E} \\ \boldsymbol{O} & \boldsymbol{A}_1 \end{pmatrix},$$

$$\boldsymbol{B} = \left(\begin{array}{c:cc} 3 & 0 & -2 \\ 1 & 2 & 0 \\ \hdashline 0 & 1 & 0 \\ 0 & 0 & 1 \end{array}\right) = \begin{pmatrix} \boldsymbol{B}_1 & \boldsymbol{B}_2 \\ \boldsymbol{O} & \boldsymbol{E} \end{pmatrix},$$

则

$$\boldsymbol{AB} = \begin{pmatrix} \boldsymbol{E} & -2\boldsymbol{E} \\ \boldsymbol{O} & \boldsymbol{A}_1 \end{pmatrix}\begin{pmatrix} \boldsymbol{B}_1 & \boldsymbol{B}_2 \\ \boldsymbol{O} & \boldsymbol{E} \end{pmatrix}$$

$$= \begin{pmatrix} \boldsymbol{B}_1 & \boldsymbol{B}_2 - 2\boldsymbol{E} \\ \boldsymbol{O} & \boldsymbol{A}_1 \end{pmatrix}.$$

而

$$\boldsymbol{B}_2 - 2\boldsymbol{E} = \begin{pmatrix} 0 & -2 \\ 2 & 0 \end{pmatrix} - \begin{pmatrix} 2 & 0 \\ 0 & 2 \end{pmatrix} = \begin{pmatrix} -2 & -2 \\ 2 & -2 \end{pmatrix}.$$

所以

$$\boldsymbol{AB} = \left(\begin{array}{c:cc} 3 & -2 & -2 \\ 1 & 2 & -2 \\ \hdashline 0 & 5 & 3 \end{array}\right).$$

例 3. 设 $\boldsymbol{A} = (a_{ij})_{m\times s}$，$\boldsymbol{B} = (b_{ij})_{s\times n}$，如果把矩阵 $\boldsymbol{B}$ 按列分块为

$$B=\begin{pmatrix} b_{11} & b_{12} & \cdots & b_{1n} \\ b_{21} & b_{22} & \cdots & b_{2n} \\ \vdots & \vdots & & \vdots \\ b_{s1} & b_{s2} & \cdots & b_{sn} \end{pmatrix}=(B_1,B_2,\cdots,B_n)$$

其中 $B_j=(b_{1j},b_{2j},\cdots,b_{sj})^{\mathrm{T}}$, $(j=1,2,\cdots,n.)$

则

$$\begin{aligned} AB &= A(B_1,B_2,\cdots,B_n) \\ &= (AB_1,AB_2,\cdots,AB_n) \end{aligned}$$

例 4. 如果把线性方程组

$$\begin{cases} a_{11}x_1+a_{12}x_2+\cdots+a_{1n}x_n=b_1, \\ a_{21}x_1+a_{22}x_2+\cdots+a_{2n}x_n=b_2, \\ \cdots\cdots\cdots\cdots\cdots\cdots\cdots\cdots \\ a_{m1}x_1+a_{m2}x_2+\cdots+a_{mn}x_n=b_m \end{cases}$$

的系数矩阵 $A=(a_{ij})_{m\times n}$ 按列分块为

$$A=(A_1,A_2,\cdots,A_n)$$

其中 $A_j=(a_{1j},a_{2j},\cdots,a_{mj})^{\mathrm{T}}$ $j=1,2,\cdots,n.$

同时,记 $X=(x_1,x_2,\cdots,x_n)^{\mathrm{T}}$,$B=(b_1,b_2,\cdots,b_m)^{\mathrm{T}}$,则此线性方程组的矩阵形式 $AX=B$ 就可以写成

$$(A_1,A_2,\cdots,A_n)\begin{pmatrix} x_1 \\ x_2 \\ \vdots \\ x_n \end{pmatrix}=B,$$

即

$$A_1x_1+A_2x_2+\cdots+A_nx_n=B.$$

实际上,这就是 §2.3 的例 7 中线性方程组的向量形式.

3. 分块矩阵转置时,不但要把行列互换,而且行列互换后各子块都应转置.一般,设矩阵 $A=(a_{ij})_{m\times n}$ 分块为

$$A=\begin{pmatrix} A_{11} & A_{12} & \cdots & A_{1t} \\ A_{21} & A_{22} & \cdots & A_{2t} \\ \vdots & \vdots & & \vdots \\ A_{s1} & A_{s2} & \cdots & A_{st} \end{pmatrix}.$$

其中 $\boldsymbol{A}_{ij}(i=1,2,\cdots,s;\quad j=1,2,\cdots,t)$ 为子矩阵，
则

$$\boldsymbol{A}^{\mathrm{T}}=\begin{pmatrix}\boldsymbol{A}_{11}^{\mathrm{T}} & \boldsymbol{A}_{21}^{\mathrm{T}} & \cdots & \boldsymbol{A}_{s1}^{\mathrm{T}}\\ \boldsymbol{A}_{12}^{\mathrm{T}} & \boldsymbol{A}_{22}^{\mathrm{T}} & \cdots & \boldsymbol{A}_{s2}^{\mathrm{T}}\\ \vdots & \vdots & & \vdots\\ \boldsymbol{A}_{1t}^{\mathrm{T}} & \boldsymbol{A}_{2t}^{\mathrm{T}} & \cdots & \boldsymbol{A}_{st}^{\mathrm{T}}\end{pmatrix}.$$

4. 对具有某些特殊结构的分块矩阵，其行列式的计算有十分简单的结果．

例如，设分块矩阵

$$\boldsymbol{D}=\begin{pmatrix}\boldsymbol{A} & \boldsymbol{O}\\ \boldsymbol{C} & \boldsymbol{B}\end{pmatrix},$$

其中 $\boldsymbol{A}$ 和 $\boldsymbol{B}$ 分别为 m 阶矩阵和 n 阶矩阵，$\boldsymbol{C}$ 为 $n\times m$ 矩阵，$\boldsymbol{O}$ 为 $m\times n$ 矩阵．可以证明（利用 §1.3 的定理 1.4）

$$|\boldsymbol{D}|=\begin{vmatrix}\boldsymbol{A} & \boldsymbol{O}\\ \boldsymbol{C} & \boldsymbol{B}\end{vmatrix}=|\boldsymbol{A}|\cdot|\boldsymbol{B}|.$$

更一般地，考虑矩阵

$$\boldsymbol{A}=\begin{pmatrix}\boldsymbol{A}_1 & & & \\ & \boldsymbol{A}_2 & & \\ & & \ddots & \\ & & & \boldsymbol{A}_p\end{pmatrix},$$

其中 $\boldsymbol{A}_i(i=1,2,\cdots,p)$ 是 n_i 阶矩阵，其余未写出的子块均为零矩阵．这样的分块矩阵称为**准对角矩阵**．利用上面的结果立刻可得

$$|\boldsymbol{A}|=|\boldsymbol{A}_1|\cdot|\boldsymbol{A}_2|\cdots\cdots|\boldsymbol{A}_p|.$$

即准对角矩阵的行列式等于主对角线上各子块行列式的乘积．

三、应　用

在讨论线性方程组和矩阵的许多问题时，利用分块矩阵是十分方便的，所得到的结论也可以表示得更为简捷．

例 5. 证明 $r(\boldsymbol{AB})\leqslant\min\{r(\boldsymbol{A}),\ r(\boldsymbol{B})\}$．即矩阵乘积的秩不超过各因子的秩．

证明 设矩阵

$$\boldsymbol{A}=\begin{pmatrix}a_{11} & a_{12} & \cdots & a_{1s}\\ a_{21} & a_{22} & \cdots & a_{2s}\\ \vdots & \vdots & & \vdots\\ a_{m1} & a_{m2} & \cdots & a_{ms}\end{pmatrix},$$

$$\boldsymbol{B}=\begin{pmatrix}b_{11} & b_{12} & \cdots & b_{1n}\\ b_{21} & b_{22} & \cdots & b_{2n}\\ \vdots & \vdots & & \vdots\\ b_{s1} & b_{s2} & \cdots & b_{sn}\end{pmatrix},$$

$$\boldsymbol{AB}=\boldsymbol{C}=(c_{ij})_{m\times n}.$$

把矩阵 $\boldsymbol{A}$ 和 $\boldsymbol{C}$ 按列分块为

$$\boldsymbol{A}=(\boldsymbol{A}_1,\boldsymbol{A}_2,\cdots,\boldsymbol{A}_s),\quad \boldsymbol{C}=(\boldsymbol{C}_1,\boldsymbol{C}_2,\cdots,\boldsymbol{C}_n)$$

其中 $\boldsymbol{A}_j(j=1,2,\cdots,s)$ 是矩阵 $\boldsymbol{A}$ 的第 j 列，$\boldsymbol{C}_j(j=1,2,\cdots,n)$ 是矩阵 $\boldsymbol{C}$ 的第 j 列. 则 $\boldsymbol{C}=\boldsymbol{AB}$ 可以写成

$$\begin{aligned}&(\boldsymbol{C}_1,\boldsymbol{C}_2,\cdots,\boldsymbol{C}_n)\\ &=(\boldsymbol{A}_1,\boldsymbol{A}_2,\cdots,\boldsymbol{A}_s)\begin{pmatrix}b_{11} & b_{12} & \cdots & b_{1n}\\ b_{21} & b_{22} & \cdots & b_{2n}\\ \vdots & \vdots & & \vdots\\ b_{s1} & b_{s2} & \cdots & b_{sn}\end{pmatrix}\\ &=\left(\sum_{i=1}^{s}b_{i1}\boldsymbol{A}_i\quad \sum_{i=1}^{s}b_{i2}\boldsymbol{A}_i\quad \cdots\quad \sum_{i=1}^{s}b_{in}\boldsymbol{A}_i\right),\end{aligned}$$

所以

$$\boldsymbol{C}_j=\sum_{i=1}^{s}b_{ij}\boldsymbol{A}_i\quad (j=1,2,\cdots,n).$$

这相当于 $\boldsymbol{C}=\boldsymbol{AB}$ 的列向量组 $\boldsymbol{C}_1,\boldsymbol{C}_2,\cdots,\boldsymbol{C}_n$ 可以由 $\boldsymbol{A}$ 的列向量组 $\boldsymbol{A}_1,\boldsymbol{A}_2,\cdots,\boldsymbol{A}_s$ 线性表示. 因而 $\boldsymbol{C}_1,\boldsymbol{C}_2,\cdots,\boldsymbol{C}_n$ 的极大无关组也可以由 $\boldsymbol{A}_1,\boldsymbol{A}_2,\cdots,\boldsymbol{A}_s$ 的极大无关组线性表示. 根据定理 2.10 的推论，可得 $\boldsymbol{r}(\boldsymbol{C})=\boldsymbol{r}(\boldsymbol{AB})\leqslant \boldsymbol{r}(\boldsymbol{A})$.

同时，由于 $\boldsymbol{r}(\boldsymbol{AB})=\boldsymbol{r}[(\boldsymbol{AB})^{\mathrm{T}}]=\boldsymbol{r}(\boldsymbol{B}^{\mathrm{T}}\boldsymbol{A}^{\mathrm{T}})$，利用上面的结果，又有 $\boldsymbol{r}(\boldsymbol{AB})\leqslant \boldsymbol{r}(\boldsymbol{B}^{\mathrm{T}})=\boldsymbol{r}(\boldsymbol{B})$，

所以

$$\boldsymbol{r}(\boldsymbol{AB})\leqslant \min\{\boldsymbol{r}(\boldsymbol{A}),\boldsymbol{r}(\boldsymbol{B})\}.$$

例 6. 设矩阵 $\boldsymbol{A}(a_{ij})_{m\times n}$,矩阵 $\boldsymbol{B}=(b_{ij})_{n\times t}$ 满足 $\boldsymbol{AB}=\boldsymbol{O}$,试证:$\boldsymbol{r}(\boldsymbol{A})+\boldsymbol{r}(\boldsymbol{B})\leqslant n$.

证明　记 $\boldsymbol{r}(\boldsymbol{A})=r$,把矩阵 $\boldsymbol{B}$ 按列分块,设

$$\boldsymbol{B}=(\boldsymbol{B}_1,\boldsymbol{B}_2,\cdots,\boldsymbol{B}_t),$$

其中 $\boldsymbol{B}_j=(b_{1j},b_{2j},\cdots,b_{nj})^{\mathrm{T}},\ j=1,2,\cdots,t$. 则

$$\boldsymbol{AB}=\boldsymbol{A}(\boldsymbol{B}_1,\boldsymbol{B}_2,\cdots,\boldsymbol{B}_t)=(\boldsymbol{AB}_1,\boldsymbol{AB}_2,\cdots,\boldsymbol{AB}_t).$$

由 $\boldsymbol{AB}=\boldsymbol{O}$ 可得

$$\boldsymbol{AB}_j=\boldsymbol{O}\qquad(j=1,2,\cdots,t).$$

考虑齐次线性方程组

$$\boldsymbol{AX}=\boldsymbol{O}.$$

其中 $\boldsymbol{X}=(x_1,x_2,\cdots,x_n)^{\mathrm{T}}$. 显然,$\boldsymbol{B}$ 的列向量 $\boldsymbol{B}_1,\boldsymbol{B}_2,\cdots,\boldsymbol{B}_t$ 都是方程组 $\boldsymbol{AX}=\boldsymbol{O}$ 的解向量. 因为 $\boldsymbol{r}(\boldsymbol{A})=r$,所以方程组 $\boldsymbol{AX}=\boldsymbol{O}$ 的任一基础解系所含向量的个数为 $n-r$. 由此得到

$$\boldsymbol{r}(\boldsymbol{B})\leqslant n-r.$$

即 $\boldsymbol{r}(\boldsymbol{A})+\boldsymbol{r}(\boldsymbol{B})\leqslant n$,

例 5 和例 6 的结论均可作为定理直接应用.

§3.4　逆矩阵

定义 3.11　对于 n 阶矩阵 $\boldsymbol{A}$,如果存在矩阵 $\boldsymbol{B}$,使得

$$\boldsymbol{AB}=\boldsymbol{BA}=\boldsymbol{E},\tag{3.4}$$

则矩阵 $\boldsymbol{A}$ 称为**可逆矩阵**,简称 $\boldsymbol{A}$ **可逆**. $\boldsymbol{B}$ 称为 $\boldsymbol{A}$ 的**逆矩阵**.

根据这一定义,容易推得

(1) 满足(3.4) 的矩阵 $\boldsymbol{A},\boldsymbol{B}$ 一定是同阶方阵.

(2) 如果矩阵 $\boldsymbol{A}$ 可逆,则 $\boldsymbol{A}$ 的逆矩阵是唯一的.

下面我们来证明第二个结论:

设矩阵 $\boldsymbol{B},\boldsymbol{B}_1$ 都是 $\boldsymbol{A}$ 的逆矩阵,于是

$$\boldsymbol{AB}=\boldsymbol{BA}=\boldsymbol{E},\quad \boldsymbol{AB}_1=\boldsymbol{B}_1\boldsymbol{A}=\boldsymbol{E}.$$

所以

$$\boldsymbol{B}=\boldsymbol{BE}=\boldsymbol{B}(\boldsymbol{AB}_1)=(\boldsymbol{BA})\boldsymbol{B}_1=\boldsymbol{EB}_1=\boldsymbol{B}_1.$$

由 $\boldsymbol{B}=\boldsymbol{B}_1$ 知 $\boldsymbol{A}$ 的逆矩阵是唯一的.

在(3.4) 中,我们把 $\boldsymbol{A}$ 的唯一逆矩阵 $\boldsymbol{B}$ 记为 $\boldsymbol{A}^{-1}$. 因此,当 $\boldsymbol{A}$ 可逆时,必存在

$\boldsymbol{A}^{-1}$,有

$$\boldsymbol{A}\boldsymbol{A}^{-1}=\boldsymbol{A}^{-1}\boldsymbol{A}=\boldsymbol{E}.$$

由定义3.11还可以看出:如果矩阵$\boldsymbol{A}$、$\boldsymbol{B}$满足(3.4),则矩阵$\boldsymbol{A}$、$\boldsymbol{B}$都可逆,并且$\boldsymbol{A}^{-1}=\boldsymbol{B}$,$\boldsymbol{B}^{-1}=\boldsymbol{A}$.

例1. 单位矩阵$\boldsymbol{E}_n$可逆. 这是因为$\boldsymbol{E}_n\boldsymbol{E}_n=\boldsymbol{E}_n$,所以$\boldsymbol{E}_n^{-1}=\boldsymbol{E}_n$.

例2. 试证:如果$ad-bc=1$,则矩阵

$$\boldsymbol{A}=\begin{pmatrix}a & b\\ c & d\end{pmatrix}$$

可逆,并且

$$\boldsymbol{B}=\begin{pmatrix}d & -b\\ -c & a\end{pmatrix}$$

是$\boldsymbol{A}$的逆矩阵.

证明 因为

$$\boldsymbol{A}\boldsymbol{B}=\begin{pmatrix}a & b\\ c & d\end{pmatrix}\begin{pmatrix}d & -b\\ -c & a\end{pmatrix}=\begin{pmatrix}ad-bc & 0\\ 0 & ad-bc\end{pmatrix}$$

$$=\begin{pmatrix}1 & 0\\ 0 & 1\end{pmatrix};$$

$$\boldsymbol{B}\boldsymbol{A}=\begin{pmatrix}d & -b\\ -c & a\end{pmatrix}\begin{pmatrix}a & b\\ c & d\end{pmatrix}=\begin{pmatrix}ad-bc & 0\\ 0 & -cb+ad\end{pmatrix}$$

$$=\begin{pmatrix}1 & 0\\ 0 & 1\end{pmatrix}.$$

所以$\boldsymbol{A}\boldsymbol{B}=\boldsymbol{B}\boldsymbol{A}=\boldsymbol{E}$. 即$\boldsymbol{A}$可逆,并且$\boldsymbol{A}^{-1}=\boldsymbol{B}$.

下面我们进一步讨论n阶矩阵可逆的充分必要条件.

定义3.12 如果n阶矩阵$\boldsymbol{A}$的行列式$|\boldsymbol{A}|\neq 0$,则称$\boldsymbol{A}$是**非奇异的**(或**非退化的**). 否则,称$\boldsymbol{A}$是**奇异的**(或**退化的**).

定义3.13 设$\boldsymbol{A}=(a_{ij})_{n\times n}$,$A_{ij}$是$|\boldsymbol{A}|$中元素$a_{ij}(i,j=1,2,\cdots,n)$的代数余子式. 矩阵

$$\boldsymbol{A}^*=\begin{pmatrix}A_{11} & A_{21} & \cdots & A_{n1}\\ A_{12} & A_{22} & \cdots & A_{n2}\\ \vdots & \vdots & & \vdots\\ A_{1n} & A_{2n} & \cdots & A_{nn}\end{pmatrix}$$

称为$\boldsymbol{A}$的**伴随矩阵**.

根据行列式按一行(列)展开的公式(定理1.3)可得:对任一n阶矩阵$\boldsymbol{A}$,有

$$\boldsymbol{A}\boldsymbol{A}^* = \boldsymbol{A}^*\boldsymbol{A} = \begin{pmatrix} |\boldsymbol{A}| & 0 & \cdots & 0 \\ 0 & |\boldsymbol{A}| & \cdots & 0 \\ \vdots & \vdots & & \vdots \\ 0 & 0 & \cdots & |\boldsymbol{A}| \end{pmatrix} = |\boldsymbol{A}|\boldsymbol{E} \tag{3.5}$$

定理3.1 矩阵$\boldsymbol{A} = (a_{ij})_{n\times n}$为可逆矩阵的充分必要条件是$\boldsymbol{A}$为非奇异矩阵,并且当$\boldsymbol{A}$可逆时,有

$$\boldsymbol{A}^{-1} = \frac{1}{|\boldsymbol{A}|}\boldsymbol{A}^*. \tag{3.6}$$

证明 必要性. 设$\boldsymbol{A}$为可逆矩阵,则存在矩阵$\boldsymbol{A}^{-1}$,有$\boldsymbol{A}\boldsymbol{A}^{-1} = \boldsymbol{E}$. 在等式两边取行列式,得

$$|\boldsymbol{A}\boldsymbol{A}^{-1}| = |\boldsymbol{A}|\cdot|\boldsymbol{A}^{-1}| = 1,$$

由此得$|\boldsymbol{A}| \neq 0$,即$\boldsymbol{A}$是非奇异的.

充分性. 设$\boldsymbol{A}$是非奇异的,则$|\boldsymbol{A}| \neq 0$. 记$\boldsymbol{B} = \frac{1}{|\boldsymbol{A}|}\boldsymbol{A}^*$. 由(3.5)得

$$\boldsymbol{A}\boldsymbol{B} = \boldsymbol{A}\left(\frac{1}{|\boldsymbol{A}|}\boldsymbol{A}^*\right) = \frac{1}{|\boldsymbol{A}|}\cdot\boldsymbol{A}\boldsymbol{A}^* = \frac{1}{|\boldsymbol{A}|}\cdot|\boldsymbol{A}|\cdot\boldsymbol{E} = \boldsymbol{E};$$

类似可得$\boldsymbol{B}\boldsymbol{A} = \boldsymbol{E}$. 所以$\boldsymbol{A}$可逆,并且

$$\boldsymbol{A}^{-1} = \frac{1}{|\boldsymbol{A}|}\boldsymbol{A}^*.$$

推论 设$\boldsymbol{A}$、$\boldsymbol{B}$均为n阶矩阵,并且$\boldsymbol{A}\boldsymbol{B} = \boldsymbol{E}$,则$\boldsymbol{A}$,$\boldsymbol{B}$都可逆,且$\boldsymbol{A}^{-1} = \boldsymbol{B}$,$\boldsymbol{B}^{-1} = \boldsymbol{A}$.

证明 由$\boldsymbol{A}\boldsymbol{B} = \boldsymbol{E}$,可得$|\boldsymbol{A}\boldsymbol{B}| = |\boldsymbol{A}|\cdot|\boldsymbol{B}| = 1$. 所以$|\boldsymbol{A}| \neq 0$,$|\boldsymbol{B}| \neq 0$. 根据定理3.1,$\boldsymbol{A}$可逆且$\boldsymbol{B}$也可逆. 在$\boldsymbol{A}\boldsymbol{B} = \boldsymbol{E}$两边左乘$\boldsymbol{A}^{-1}$,得

$$\boldsymbol{B} = \boldsymbol{A}^{-1}.$$

在$\boldsymbol{A}\boldsymbol{B} = \boldsymbol{E}$的两边右乘$\boldsymbol{B}^{-1}$,得

$$\boldsymbol{A} = \boldsymbol{B}^{-1}.$$

显然,利用这一推论来判断矩阵B是否为$\boldsymbol{A}$的逆矩阵,比直接利用定义3.11要简单得多.

例3. 判断矩阵

$$\boldsymbol{A} = \begin{pmatrix} 1 & 1 & -1 \\ 2 & -1 & 0 \\ 1 & 0 & 1 \end{pmatrix}$$

是否可逆．如果 $\boldsymbol{A}$ 可逆，求 $\boldsymbol{A}^{-1}$．

解　因为

$$|\boldsymbol{A}| = \begin{vmatrix} 1 & 1 & -1 \\ 2 & -1 & 0 \\ 1 & 0 & 1 \end{vmatrix} = -4 \neq 0,$$

所以 $\boldsymbol{A}$ 可逆．又

$$A_{11} = \begin{vmatrix} -1 & 0 \\ 0 & 1 \end{vmatrix} = -1, \qquad A_{12} = -\begin{vmatrix} 2 & 0 \\ 1 & 1 \end{vmatrix} = -2,$$

$$A_{13} = \begin{vmatrix} 2 & -1 \\ 1 & 0 \end{vmatrix} = 1;$$

$$A_{21} = -\begin{vmatrix} 1 & -1 \\ 0 & 1 \end{vmatrix} = -1, \quad A_{22} = \begin{vmatrix} 1 & -1 \\ 1 & 1 \end{vmatrix} = 2,$$

$$A_{23} = -\begin{vmatrix} 1 & 1 \\ 1 & 0 \end{vmatrix} = 1;$$

$$A_{31} = \begin{vmatrix} 1 & -1 \\ -1 & 0 \end{vmatrix} = -1, \quad A_{32} = -\begin{vmatrix} 1 & -1 \\ 2 & 0 \end{vmatrix} = -2,$$

$$A_{33} = \begin{vmatrix} 1 & 1 \\ 2 & 1 \end{vmatrix} = -3.$$

于是

$$\boldsymbol{A}^{-1} = \frac{1}{|\boldsymbol{A}|}\boldsymbol{A}^{*} = \frac{1}{|\boldsymbol{A}|}\begin{pmatrix} A_{11} & A_{21} & A_{31} \\ A_{12} & A_{22} & A_{32} \\ A_{13} & A_{23} & A_{33} \end{pmatrix}$$

$$= \frac{1}{-4}\begin{pmatrix} -1 & -1 & -1 \\ -2 & 2 & -2 \\ 1 & 1 & -3 \end{pmatrix},$$

即

$$\boldsymbol{A}^{-1} = \begin{pmatrix} \frac{1}{4} & \frac{1}{4} & \frac{1}{4} \\ \frac{1}{2} & -\frac{1}{2} & \frac{1}{2} \\ -\frac{1}{4} & -\frac{1}{4} & \frac{3}{4} \end{pmatrix}.$$

由此例可以看出，对于一般的 n 阶可逆矩阵 $\boldsymbol{A}$，要计算 $\boldsymbol{A}^{-1}$，就需要计算 n^2+1 个

行列式,计算量是相当大的. 因此定理3.1一般只具有理论上的意义. 更为实用简便的求逆矩阵的方法将在下一节讨论.

可逆矩阵具有以下性质:

(1) 如果 $\boldsymbol{A}$ 为可逆矩阵,则 $\boldsymbol{A}^{-1}$ 也是可逆矩阵,并且 $(\boldsymbol{A}^{-1})^{-1}=\boldsymbol{A}$.

证明　由 $\boldsymbol{AA}^{-1}=\boldsymbol{E}$,立刻得 $\boldsymbol{A}^{-1}$ 也可逆,并且 $(\boldsymbol{A}^{-1})^{-1}=\boldsymbol{A}$.

(2) 如果 $\boldsymbol{A}$、$\boldsymbol{B}$ 为同阶可逆矩阵,则 $\boldsymbol{AB}$ 可逆,且 $(\boldsymbol{AB})^{-1}=\boldsymbol{B}^{-1}\boldsymbol{A}^{-1}$.

证明　因为

$$(\boldsymbol{AB})(\boldsymbol{B}^{-1}\boldsymbol{A}^{-1})=\boldsymbol{A}(\boldsymbol{BB}^{-1})\boldsymbol{A}^{-1}=\boldsymbol{AEA}^{-1}$$
$$=\boldsymbol{AA}^{-1}=\boldsymbol{E},$$

所以 $\boldsymbol{AB}$ 也可逆,并且 $(\boldsymbol{AB})^{-1}=\boldsymbol{B}^{-1}\boldsymbol{A}^{-1}$.

性质(2)还可以推广到多个同阶可逆矩阵的乘积的情形:设 $\boldsymbol{A}_1,\boldsymbol{A}_2,\cdots,\boldsymbol{A}_t$ 是同阶可逆矩阵,则它们的乘积 $\boldsymbol{A}_1\boldsymbol{A}_2\cdots\boldsymbol{A}_t$ 也可逆,并且

$$(\boldsymbol{A}_1\boldsymbol{A}_2\cdots\boldsymbol{A}_t)^{-1}=\boldsymbol{A}_t^{-1}\cdots\boldsymbol{A}_2^{-1}\boldsymbol{A}_1^{-1}.$$

(3) 如果矩阵 $\boldsymbol{A}$ 可逆,则其转置矩阵 $\boldsymbol{A}^{\mathrm{T}}$ 也可逆,且 $(\boldsymbol{A}^{\mathrm{T}})^{-1}=(\boldsymbol{A}^{-1})^{\mathrm{T}}$.

证明　因为

$$\boldsymbol{A}^{\mathrm{T}}(\boldsymbol{A}^{-1})^{\mathrm{T}}=(\boldsymbol{A}^{-1}\boldsymbol{A})^{\mathrm{T}}=\boldsymbol{E}^{\mathrm{T}}=\boldsymbol{E},$$

所以 $\boldsymbol{A}^{\mathrm{T}}$ 可逆,并且 $(\boldsymbol{A}^{\mathrm{T}})^{-1}=(\boldsymbol{A}^{-1})^{\mathrm{T}}$.

例4. 设有分块矩阵

$$\boldsymbol{H}=\begin{pmatrix}\boldsymbol{A}&\boldsymbol{C}\\\boldsymbol{O}&\boldsymbol{B}\end{pmatrix},$$

其中 $\boldsymbol{A}$、$\boldsymbol{B}$ 分别为 m 阶、n 阶可逆矩阵,$\boldsymbol{C}$ 为 $m\times n$ 矩阵,$\boldsymbol{O}$ 为 $n\times m$ 零阵. 试证:矩阵 $\boldsymbol{H}$ 可逆. 并求 $\boldsymbol{H}^{-1}$.

证明　因为 $|\boldsymbol{A}|\neq 0,|\boldsymbol{B}|\neq 0$. 所以

$$|\boldsymbol{H}|=\begin{vmatrix}\boldsymbol{A}&\boldsymbol{C}\\\boldsymbol{O}&\boldsymbol{B}\end{vmatrix}=|\boldsymbol{A}|\cdot|\boldsymbol{B}|\neq 0,$$

于是 H 可逆. 设

$$\boldsymbol{H}^{-1}=\begin{pmatrix}\boldsymbol{X}&\boldsymbol{Z}\\\boldsymbol{W}&\boldsymbol{Y}\end{pmatrix}$$

其中 $\boldsymbol{X}$、$\boldsymbol{Y}$ 分别为与 $\boldsymbol{A}$、$\boldsymbol{B}$ 同阶的方阵. 则由

$$\boldsymbol{HH}^{-1}=\begin{pmatrix}\boldsymbol{A}&\boldsymbol{C}\\\boldsymbol{O}&\boldsymbol{B}\end{pmatrix}\begin{pmatrix}\boldsymbol{X}&\boldsymbol{Z}\\\boldsymbol{W}&\boldsymbol{Y}\end{pmatrix}=\boldsymbol{E}$$

可得

$$\begin{pmatrix} AX+CW & AZ+CY \\ BW & BY \end{pmatrix} = \begin{pmatrix} E_m & O \\ O & E_n \end{pmatrix}.$$

于是

$$\begin{cases} AX+CW=E_m, & (1) \\ AZ+CY=O, & (2) \\ BW=O, & (3) \\ BY=E_n. & (4) \end{cases} \tag{3.7}$$

在(3.7)的(3)、(4)两边左乘B^{-1},得

$$W=O,\quad Y=B^{-1}.$$

把$W=O$代入(3.7)的(1),得

$$AX=E_m.$$

上式两边左乘A^{-1},得

$$X=A^{-1}.$$

把$Y=B^{-1}$代入(3.7)的(2),得

$$AZ=-CB^{-1}.$$

上式两边左乘A^{-1},得

$$Z=-A^{-1}CB^{-1}.$$

于是

$$H^{-1}=\begin{pmatrix} A^{-1} & -A^{-1}CB^{-1} \\ O & B^{-1} \end{pmatrix}.$$

特别地,如果$C_{m\times n}=O$,则

$$\begin{pmatrix} A & O \\ O & B \end{pmatrix}^{-1} = \begin{pmatrix} A^{-1} & O \\ O & B^{-1} \end{pmatrix}.$$

这一结果还可以推广到更一般的准对角矩阵. 设

$$H=\begin{pmatrix} A_1 & & & \\ & A_2 & & \\ & & \ddots & \\ & & & A_t \end{pmatrix},$$

其中$A_i(i=1,2,\cdots,t)$为n_i阶可逆矩阵,则H可逆,并且

$$H^{-1}=\begin{pmatrix}A_1^{-1} & & & \\ & A_2^{-1} & & \\ & & \ddots & \\ & & & A_t^{-1}\end{pmatrix}.$$

在对分块矩阵求逆时,我们经常应用上述结果.

§3.5　初等矩阵

在第二章,我们已经看到矩阵的初等变换在研究矩阵的秩以及解线性方程组时,起了重要作用. 在这一节,我们将进一步讨论矩阵的初等矩阵与矩阵乘法的关系以及求逆矩阵的另一更为实用的方法.

一、初等矩阵及其性质

定义 3.14　n 阶单位矩阵 $\boldsymbol{E}$,经过一次初等行变换(或初等列变换)所得到的矩阵,称为 **n 阶初等矩阵**.

对应于三种初等行(列)变换,可得到三种初等矩阵:

(1) 互换 $\boldsymbol{E}$ 的 i、j 两行(或 i, j 两列),得

$$\boldsymbol{E}(i,j)=\begin{pmatrix}1 & & & & & & \\ & \ddots & & & & & \\ & & 0 & \cdots & 1 & & \\ & & \vdots & 1 & \vdots & & \\ & & \vdots & \ddots & \vdots & & \\ & & \vdots & 1 & \vdots & & \\ & & 1 & \cdots & 0 & & \\ & & & & & \ddots & \\ & & & & & & 1\end{pmatrix}\begin{matrix}\\ \\ i\text{行}\\ \\ \\ \\ j\text{行}\\ \\ \\ \end{matrix};$$

i 列　　j 列

(2) $\boldsymbol{E}$ 的第 i 行(或第 i 列)乘以不等于零的数 k,得

$$E[i(k)]=\begin{pmatrix}1&&&&&&\\&\ddots&&&&&\\&&1&&&&\\&&&k&&&\\&&&&1&&\\&&&&&\ddots&\\&&&&&&1\end{pmatrix}\begin{matrix}\\\\\\ i\text{行};\\\\\\\\\end{matrix}$$

i 列

(3) 把 E 的第 j 行的 l 倍加到第 i 行上(或第 i 列的 l 倍加到第 j 列上),得

$$E[i,j(l)]=\begin{pmatrix}1&&&&\\&\ddots&&&\\&&1\cdots\cdots l&&\\&&\ddots\quad\vdots&&\\&&1&&\\&&&\ddots&\\&&&&1\end{pmatrix}\begin{matrix}\\\\ i\text{行}\\\\ j\text{行}\\\\\\\end{matrix}.$$

i 列　　j 列

可以直接验证,初等矩阵具有下述性质:

(1) 初等矩阵的转置仍为初等矩阵.

(2) 初等矩阵都是可逆矩阵,其逆矩阵仍为初等矩阵. 并且

$$\begin{aligned}&E(i,j)^{-1}=E(i,j);\\&E[i(k)]^{-1}=E[i(k^{-1})];\\&E[i,j(l)]^{-1}=E[i,j(-l)].\end{aligned}\tag{3.8}$$

矩阵的初等变换与初等矩阵有着非常密切的关系.

定理 3.2　设 A 是 $m\times n$ 矩阵,则

(1) 对 A 施以一次初等行变换所得到的矩阵,等于用同种 m 阶初等矩阵左乘 A.

(2) 对 A 施以一次初等列变换所得到的矩阵,等于用同种 n 阶初等矩阵右乘 A.

证明　(1) 我们仅对第三种初等行变换进行证明. 把矩阵 $A=(a_{ij})_{m\times n}$ 和 m 阶单位矩阵按行分块为

$$\boldsymbol{A}=\begin{pmatrix}\boldsymbol{A}_1\\ \boldsymbol{A}_2\\ \vdots\\ \boldsymbol{A}_m\end{pmatrix},\quad \boldsymbol{E}=\begin{pmatrix}\boldsymbol{\varepsilon}_1\\ \boldsymbol{\varepsilon}_2\\ \vdots\\ \boldsymbol{\varepsilon}_m\end{pmatrix},$$

其中$\boldsymbol{A}_i=(a_{i1},a_{i2},\cdots,a_{in})$　　$(i=1,2,\cdots,m)$;

$\boldsymbol{\varepsilon}_i=(0,\cdots,0,1,0,\cdots,0)$　　$(i=1,2,\cdots,m)$.

如果把$\boldsymbol{A}$的第j行的l倍加到第i行上,则相应的同种初等矩阵为

$$\boldsymbol{E}[ij(l)]=\begin{pmatrix}\boldsymbol{\varepsilon}_1\\ \vdots\\ \boldsymbol{\varepsilon}_i+l\boldsymbol{\varepsilon}_j\\ \vdots\\ \boldsymbol{\varepsilon}_j\\ \vdots\\ \boldsymbol{\varepsilon}_m\end{pmatrix},$$

于是

$$\boldsymbol{E}[ij(l)]\boldsymbol{A}=\begin{pmatrix}\boldsymbol{\varepsilon}_1\\ \vdots\\ \boldsymbol{\varepsilon}_i+l\boldsymbol{\varepsilon}_j\\ \vdots\\ \boldsymbol{\varepsilon}_j\\ \vdots\\ \boldsymbol{\varepsilon}_m\end{pmatrix}\boldsymbol{A}=\begin{pmatrix}\boldsymbol{\varepsilon}_1\boldsymbol{A}\\ \vdots\\ (\boldsymbol{\varepsilon}_i+l\boldsymbol{\varepsilon}_j)\boldsymbol{A}\\ \vdots\\ \boldsymbol{\varepsilon}_j\boldsymbol{A}\\ \vdots\\ \boldsymbol{\varepsilon}_m\boldsymbol{A}\end{pmatrix}$$

$$=\begin{pmatrix}\boldsymbol{A}_1\\ \vdots\\ \boldsymbol{A}_i+l\boldsymbol{A}_j\\ \vdots\\ \boldsymbol{A}_j\\ \vdots\\ \boldsymbol{A}_m\end{pmatrix}.$$

也就是说,用初等矩阵$\boldsymbol{E}[ij(l)]$左乘$\boldsymbol{A}$恰好等于把$\boldsymbol{A}$的第j行的l倍加到第i行上.

对于其他两种初等行变换以及定理的(2),可类似地进行证明.

在 §2.5 中,我们已经证明:如果矩阵 $\boldsymbol{A}_{m\times n}$ 的秩为 r,则对 $\boldsymbol{A}$ 施以若干次初等变换,可以把 $\boldsymbol{A}$ 化为其等价标准形

$$\begin{pmatrix} 1 & & & & & \\ & \ddots & & & & \\ & & 1 & & & \\ & & & 0 & & \\ & & & & \ddots & \\ & & & & & 0 \end{pmatrix} r\text{行}$$

r 列.

利用定理 3.2,上述结论就可以叙述为

定理 3.3 设矩阵 $\boldsymbol{A} = (a_{ij})_{m\times n}$ 的秩为 r,则存在 m 阶初等矩阵 $\boldsymbol{P}_1,\boldsymbol{P}_2,\cdots,\boldsymbol{P}_s$ 和 n 阶初等矩阵 $\boldsymbol{Q}_1,\boldsymbol{Q}_2,\cdots,\boldsymbol{Q}_t$,使得

$$\boldsymbol{P}_s\cdots\boldsymbol{P}_2\boldsymbol{P}_1\boldsymbol{A}\boldsymbol{Q}_1\boldsymbol{Q}_2\cdots\boldsymbol{Q}_t = \begin{pmatrix} \boldsymbol{E}_r & \boldsymbol{O}_{r\times(n-r)} \\ \boldsymbol{O}_{(m-r)\times r} & \boldsymbol{O}_{(m-r)\times(n-r)} \end{pmatrix}. \tag{3.9}$$

同时,由定理 3.1 可知:n 阶可逆矩阵的秩为 n,其等价标准形一定为 $\boldsymbol{E}_n$. 由此可得

定理 3.4 n 阶矩阵 $\boldsymbol{A}$ 可逆的充分必要条件是 $\boldsymbol{A}$ 可以表示成一些初等矩阵的乘积.

证明 必要性. 如果矩阵 $\boldsymbol{A}$ 可逆,则存在初等矩阵 $\boldsymbol{P}_1,\boldsymbol{P}_2,\cdots,\boldsymbol{P}_s$ 和 $\boldsymbol{Q}_1,\boldsymbol{Q}_2,\cdots,\boldsymbol{Q}_t$,使得

$$\boldsymbol{P}_s\cdots\boldsymbol{P}_2\boldsymbol{P}_1\boldsymbol{A}\boldsymbol{Q}_1\boldsymbol{Q}_2\cdots\boldsymbol{Q}_t = \boldsymbol{E}.$$

于是

$$\boldsymbol{A} = \boldsymbol{P}_1^{-1}\boldsymbol{P}_2^{-1}\cdots\boldsymbol{P}_s^{-1}\boldsymbol{Q}_t^{2-1}\cdots\boldsymbol{Q}_2^{-1}\boldsymbol{Q}_1^{-1}.$$

由于初等矩阵的逆矩阵仍为初等矩阵,上式表明:$\boldsymbol{A}$ 可以表示成一些初等矩阵的乘积.

充分性. 如果 $\boldsymbol{A}$ 可以表示成一些初等矩阵的乘积,则由初等矩阵都可逆,直接可得 $\boldsymbol{A}$ 也可逆.

二、用初等变换求矩阵的逆

设矩阵 $\boldsymbol{A}_{n\times n}$ 可逆，其逆矩阵为 $\boldsymbol{A}^{-1}$. 根据定理 3.4，必存在初等矩阵 $\boldsymbol{G}_1,\boldsymbol{G}_2,\cdots,\boldsymbol{G}_k$，有

$$\boldsymbol{A}^{-1} = \boldsymbol{G}_k\cdots\boldsymbol{G}_2\boldsymbol{G}_1 = (\boldsymbol{G}_k\cdots\boldsymbol{G}_2\boldsymbol{G}_1)\boldsymbol{E} \tag{3.10}$$

和

$$\boldsymbol{A}^{-1}\boldsymbol{A} = (\boldsymbol{G}_k\cdots\boldsymbol{G}_2\boldsymbol{G}_1)\boldsymbol{A} = \boldsymbol{E}. \tag{3.11}$$

利用分块矩阵，上面二式可以写成

$$\begin{aligned}\boldsymbol{G}_k\cdots\boldsymbol{G}_2\boldsymbol{G}_1(\boldsymbol{A},\boldsymbol{E}) &= [(\boldsymbol{G}_k\cdots\boldsymbol{G}_2\boldsymbol{G}_1)\boldsymbol{A}\quad(\boldsymbol{G}_k\cdots\boldsymbol{G}_2\boldsymbol{G}_1)\boldsymbol{E}]\\ &= (\boldsymbol{E},\boldsymbol{A}^{-1}).\end{aligned}$$

这表明，如果对矩阵 $\boldsymbol{A}$ 施以初等行变换把 $\boldsymbol{A}$ 化为 $\boldsymbol{E}$，则对单位阵 $\boldsymbol{E}$ 施以完全相同的初等行变换，就可以得到 $\boldsymbol{A}^{-1}$. 因此，我们可以按下述步骤求 $\boldsymbol{A}$ 的逆矩阵：

(1) 构造 $n\times 2n$ 矩阵$(\boldsymbol{A},\boldsymbol{E})$.

(2) 对于$(\boldsymbol{A},\boldsymbol{E})$ 连续施以初等行变换，使 $\boldsymbol{A}$ 化为单位阵，这时 $\boldsymbol{E}$ 就化为 $\boldsymbol{A}^{-1}$，即

$$(\boldsymbol{A},\boldsymbol{E})\xrightarrow{\text{初等行变换}}(\boldsymbol{E},\boldsymbol{A}^{-1}).$$

例 1. 设

$$\boldsymbol{A} = \begin{pmatrix}2 & -4 & 1\\ 1 & -5 & 2\\ 1 & -1 & 1\end{pmatrix}$$

求 $\boldsymbol{A}^{-1}$.

解　对矩阵$(\boldsymbol{A},\boldsymbol{E})$ 施以初等行变换：

$$\begin{aligned}(\boldsymbol{A},\boldsymbol{E}) &= \left(\begin{array}{ccc:ccc}2 & -4 & 1 & 1 & 0 & 0\\ 1 & -5 & 2 & 0 & 1 & 0\\ 1 & -1 & 1 & 0 & 0 & 1\end{array}\right)\\ &\rightarrow\left(\begin{array}{ccc:ccc}1 & -5 & 2 & 0 & 1 & 0\\ 2 & -4 & 1 & 1 & 0 & 0\\ 1 & -1 & 1 & 0 & 0 & 1\end{array}\right)\\ &\rightarrow\left(\begin{array}{ccc:ccc}1 & -5 & 2 & 0 & 1 & 0\\ 0 & 6 & -3 & 1 & -2 & 0\\ 0 & 4 & -1 & 0 & -1 & 1\end{array}\right)\end{aligned}$$

$$\rightarrow\left(\begin{array}{ccc:ccc}1 & -5 & 2 & 0 & 1 & 0\\ 0 & 1 & -\frac{1}{2} & \frac{1}{6} & -\frac{1}{3} & 0\\ 0 & 4 & -1 & 0 & -1 & 1\end{array}\right)$$

$$\rightarrow\left(\begin{array}{ccc:ccc}1 & 0 & -\frac{1}{2} & \frac{5}{6} & -\frac{2}{3} & 0\\ 0 & 1 & -\frac{1}{2} & \frac{1}{6} & -\frac{1}{3} & 0\\ 0 & 0 & 1 & -\frac{2}{3} & \frac{1}{3} & 1\end{array}\right)$$

$$\rightarrow\left(\begin{array}{ccc:ccc}1 & 0 & 0 & \frac{1}{2} & -\frac{1}{2} & \frac{1}{2}\\ 0 & 1 & 0 & -\frac{1}{6} & -\frac{1}{6} & \frac{1}{2}\\ 0 & 0 & 1 & -\frac{2}{3} & \frac{1}{3} & 1\end{array}\right),$$

所以

$$\boldsymbol{A}^{-1}=\begin{pmatrix}\frac{1}{2} & -\frac{1}{2} & \frac{1}{2}\\ -\frac{1}{6} & -\frac{1}{6} & \frac{1}{2}\\ -\frac{2}{3} & \frac{1}{3} & 1\end{pmatrix}.$$

利用矩阵求逆还可以解一些简单的矩阵方程. 例如,在矩阵方程

$$\boldsymbol{AX}=\boldsymbol{B}$$

中,如果矩阵$\boldsymbol{A}_{n\times n}$可逆,$\boldsymbol{B}$为$n\times m$矩阵,则在方程两边左乘$\boldsymbol{A}^{-1}$,就可以求得未知矩阵

$$\boldsymbol{X}=\boldsymbol{A}^{-1}\boldsymbol{B}.$$

在实际计算时,我们可以先构造$n\times(n+m)$矩阵$(\boldsymbol{A},\boldsymbol{B})$,并对矩阵$(\boldsymbol{A},\boldsymbol{B})$连续施以初等行变换,使$\boldsymbol{A}$化为单位阵,这时矩阵$\boldsymbol{B}$就化为$\boldsymbol{A}^{-1}\boldsymbol{B}$(请读者自证这一结论). 即

$$(\boldsymbol{A},\boldsymbol{B})\xrightarrow{\text{初等行变换}}(\boldsymbol{E},\boldsymbol{A}^{-1}\boldsymbol{B}).$$

当然,我们也可以先求出$\boldsymbol{A}^{-1}$,再求出$\boldsymbol{A}^{-1}\boldsymbol{B}$.

例 2. 解矩阵方程

$$AX = A + 2X,$$

其中

$$A = \begin{pmatrix} 4 & 2 & 3 \\ 1 & 1 & 0 \\ -1 & 2 & 3 \end{pmatrix}.$$

解 由 $AX = A + 2X$ 可得

$$(A - 2E)X = A.$$

而

$$A - 2E = \begin{pmatrix} 4 & 2 & 3 \\ 1 & 1 & 0 \\ -1 & 2 & 3 \end{pmatrix} - 2\begin{pmatrix} 1 & 0 & 0 \\ 0 & 1 & 0 \\ 0 & 0 & 1 \end{pmatrix} = \begin{pmatrix} 2 & 2 & 3 \\ 1 & -1 & 0 \\ -1 & 2 & 1 \end{pmatrix}.$$

构造 3×6 矩阵 $(A - 2E, A)$，并对它施以初等行变换：

$$(A - 2E, A) = \left(\begin{array}{ccc:ccc} 2 & 2 & 3 & 4 & 2 & 3 \\ 1 & -1 & 0 & 1 & 1 & 0 \\ -1 & 2 & 1 & -1 & 2 & 3 \end{array}\right)$$

$$\to \left(\begin{array}{ccc:ccc} 1 & -1 & 0 & 1 & 1 & 0 \\ 0 & 4 & 3 & 2 & 0 & 3 \\ 0 & 1 & 1 & 0 & 3 & 3 \end{array}\right)$$

$$\to \left(\begin{array}{ccc:ccc} 1 & 0 & 1 & 1 & 4 & 3 \\ 0 & 1 & 1 & 0 & 3 & 3 \\ 0 & 0 & -1 & 2 & -12 & -9 \end{array}\right)$$

$$\to \left(\begin{array}{ccc:ccc} 1 & 0 & 0 & 3 & -8 & -6 \\ 0 & 1 & 0 & 2 & -9 & -6 \\ 0 & 0 & 1 & -2 & 12 & 9 \end{array}\right),$$

所以

$$X = (A - 2E)^{-1}A = \begin{pmatrix} 3 & -8 & -6 \\ 2 & -9 & -6 \\ -2 & 12 & 9 \end{pmatrix}.$$

习 题 三

1. 设

$$A=\begin{pmatrix}2&0&-1\\3&1&-2\end{pmatrix},\quad B=\begin{pmatrix}-1&1&2\\-2&1&5\end{pmatrix},$$

求(1)$2A+B$;(2)$A-3B$.

2. 如果矩阵 X 满足 $X-2A=B-X$. 其中

$$A=\begin{pmatrix}2&-1\\-1&2\end{pmatrix},\quad B=\begin{pmatrix}0&-2\\-2&0\end{pmatrix},$$

求 X.

3. 计算:

(1)$\begin{pmatrix}3&-2&1\\1&-1&2\end{pmatrix}\begin{pmatrix}-1&5\\-2&4\\3&-1\end{pmatrix}$;

(2)$\begin{pmatrix}1\\2\\3\end{pmatrix}[1\quad 2\quad 3]$;

(3)$[3\quad 2\quad 1]\begin{pmatrix}1\\2\\3\end{pmatrix}$;

(4)$\begin{pmatrix}5&-1&2\\3&5&0\\1&4&1\end{pmatrix}\begin{pmatrix}5&9&-10\\-3&3&6\\7&-21&28\end{pmatrix}$;

(5)$[1\quad -1\quad 2]\begin{pmatrix}-1&2&0\\0&1&1\\3&0&-1\end{pmatrix}\begin{pmatrix}2\\-1\\-2\end{pmatrix}$.

4. 设

$$A=\begin{pmatrix}3&1&1\\2&1&2\\1&2&3\end{pmatrix},\quad B=\begin{pmatrix}1&1&-1\\2&-1&0\\1&-1&1\end{pmatrix}.$$

求(1)$\boldsymbol{AB}$ 和 $\boldsymbol{BA}$； (2)$\boldsymbol{AB}-\boldsymbol{BA}$.

5. 求所有与 $\boldsymbol{A}$ 可交换的矩阵.

$$(1)\boldsymbol{A}=\begin{pmatrix}1&0\\1&1\end{pmatrix};\quad (2)\boldsymbol{A}=\begin{pmatrix}1&1&0\\0&1&1\\0&0&1\end{pmatrix}.$$

6. 已知两个线性变换

$$\begin{cases}x_1=3y_1-y_3,\\x_2=2y_1+3y_2+y_3,\\x_3=y_2-2y_3;\end{cases}\qquad \begin{cases}y_1=z_1+z_2,\\y_2=z_1-z_2,\\y_3=z_2.\end{cases}$$

(1) 试把这两个线性变换分别写成矩阵形式；

(2) 用矩阵乘法求连续施行上述变换的结果.

7. 如果 $\boldsymbol{\gamma}_1,\boldsymbol{\gamma}_2,\cdots,\boldsymbol{\gamma}_s$ 是线性方程组 $\boldsymbol{AX}=\boldsymbol{B}$ 的解,其中 $\boldsymbol{A}$ 为 $m\times n$ 矩阵;$\boldsymbol{B}$ 为 $m\times 1$ 矩阵;$\boldsymbol{X}$ 为 $n\times 1$ 矩阵. 试证:如果一组数 $c_1,c_2,\cdots,c_s$ 满足

$$c_1+c_2+\cdots c_s=1,$$

则 $c_1\boldsymbol{\gamma}_1+c_2\boldsymbol{\gamma}_2+\cdots+c_s\boldsymbol{\gamma}_s$ 也是方程组 $\boldsymbol{AX}=\boldsymbol{B}$ 的解.

8. 设 $\boldsymbol{A}=(a_{ij})_{n\times n}$. $\boldsymbol{A}$ 的主对角线上所有元素的和称为 $\boldsymbol{A}$ 的迹,记作 tr($\boldsymbol{A}$) 或迹($\boldsymbol{A}$). 即

$$\mathrm{tr}(\boldsymbol{A})=a_{11}+a_{22}+\cdots+a_{nn}=\sum_{i=1}^{n}a_{ii}.$$

试证:如果 $\boldsymbol{A},\boldsymbol{B}$ 为同阶矩阵,则

(1)$\mathrm{tr}(\boldsymbol{A}+\boldsymbol{B})=\mathrm{tr}(\boldsymbol{A})+\mathrm{tr}(\boldsymbol{B})$;

(2)$\mathrm{tr}(k\boldsymbol{A})=k\mathrm{tr}(\boldsymbol{A})$,$k$ 为任意常数;

(3)$\mathrm{tr}(\boldsymbol{A}^{\mathrm{T}})=\mathrm{tr}(\boldsymbol{A})$;

(4)$\mathrm{tr}(\boldsymbol{AB})=\mathrm{tr}(\boldsymbol{BA})$.

9. 计算:

$$(1)\begin{pmatrix}1&1\\-1&-1\end{pmatrix}^3;\qquad (2)\begin{pmatrix}1&3\\0&1\end{pmatrix}^n;$$

$$(3)\begin{pmatrix}2&1&2\\3&0&1\\-1&-1&1\end{pmatrix}^2;\qquad (4)\begin{pmatrix}a&0&0\\0&b&0\\0&0&c\end{pmatrix}^n;$$

(5) $\begin{pmatrix}1&1&1&1\\0&1&1&1\\0&0&1&1\\0&0&0&1\end{pmatrix}^3$;　　(6) $\begin{pmatrix}1&-1&-1&-1\\-1&1&-1&-1\\-1&-1&1&-1\\-1&-1&-1&1\end{pmatrix}^n$.

10. 设 $f(x)=a_2x^2+a_1x+a_0$. $\boldsymbol{A}$ 是 n 阶矩阵,定义 $f(\boldsymbol{A})=a_2\boldsymbol{A}^2+a_1\boldsymbol{A}+a_0\boldsymbol{E}$.

(1) 如果 $f(x)=x^2-x+1$

$$\boldsymbol{A}=\begin{pmatrix}2&1&1\\3&1&2\\1&-1&0\end{pmatrix},$$

求 $f(\boldsymbol{A})$.

(2) 如果 $f(x)=x^2-5x+3$,

$$\boldsymbol{A}=\begin{pmatrix}2&-1\\-3&3\end{pmatrix},$$

求 $f(\boldsymbol{A})$.

11. 设矩阵 $\boldsymbol{A}$、$\boldsymbol{B}$ 是可交换的. 试证:

(1) $(\boldsymbol{A}+\boldsymbol{B})(\boldsymbol{A}-\boldsymbol{B})=\boldsymbol{A}^2-\boldsymbol{B}^2$;

(2) $(\boldsymbol{A}+\boldsymbol{B})^2=\boldsymbol{A}^2+2\boldsymbol{A}\boldsymbol{B}+\boldsymbol{B}^2$.

12. 设 $\boldsymbol{A},\boldsymbol{B}$ 为同阶矩阵,且 $\boldsymbol{A}=\frac{1}{2}(\boldsymbol{B}+\boldsymbol{E})$. 证明: $\boldsymbol{A}^2=\boldsymbol{A}$ 当且仅当 $\boldsymbol{B}^2=\boldsymbol{E}$.

13. 某石油公司所属的三个炼油厂 A_1,A_2,A_3 在1990年和1991年所生产的四种油品 B_1,B_2,B_3,B_4 的数量如下表:

(单位:万吨)

产量 \ 油品 \ 工厂	1990 年				1991 年			
	B_1	B_2	B_3	B_4	B_1	B_2	B_3	B_4
A_1	58	27	15	4	63	25	13	5
A_2	72	30	18	5	90	30	20	7
A_3	65	25	14	3	80	28	18	5

(1) 作矩阵 $\boldsymbol{A}_{3\times4}$ 和 $\boldsymbol{B}_{3\times4}$ 分别表示 1990 年、1991 年工厂 A_i 生产油品 B_j 的数量.

(2) 计算 $\boldsymbol{A}+\boldsymbol{B}$ 和 $\boldsymbol{B}-\boldsymbol{A}$. 分别说明其经济意义.

(3) 计算 $\frac{1}{2}(\boldsymbol{A}+\boldsymbol{B})$,并说明其经济意义.

14. 设某港口在一月份出口到三个地区的两种货物的数量以及两种货物一单位的价格、重量、体积如下表:

地区 / 出口量 / 货物	北美	西欧	非洲	单位价格（万元）	单位重量（吨）	单位体积（米^3）
A_1	2000	1000	800	0.2	0.011	0.12
A_2	1200	1300	500	0.35	0.05	0.5

利用矩阵乘法计算经该港口出口到三个地区的货物总价值、总重量、总体积各为多少?

15. 设矩阵
$$\boldsymbol{A}=\begin{pmatrix}2&3\\-1&2\end{pmatrix},$$
求矩阵 $\boldsymbol{X}$,使得 $\boldsymbol{AX}=\boldsymbol{A}^{\mathrm{T}}$.

16. (1) 设 $\boldsymbol{\alpha}$ 为 n 维列向量,$\boldsymbol{E}$ 为 n 阶单位矩阵,$\boldsymbol{A}=\boldsymbol{E}-2\boldsymbol{\alpha\alpha}^{\mathrm{T}}$,试证:$\boldsymbol{A}^{\mathrm{T}}=\boldsymbol{A}$.

(2) 如果 $\boldsymbol{\alpha}=(1,-1,2)^{\mathrm{T}}$,计算 $\boldsymbol{E}-2\boldsymbol{\alpha\alpha}^{\mathrm{T}}$.

17. 设矩阵
$$\boldsymbol{M}=\begin{pmatrix}a&b&c&d\\-b&a&-d&c\\-c&d&a&-b\\-d&-c&b&a\end{pmatrix}\quad(a,b,c,d\text{ 均为实数}).$$

(1) 计算 $\boldsymbol{MM}^{\mathrm{T}}$;

(2) 利用(1) 的结果,求 $|\boldsymbol{M}|$.

18. 设 $\boldsymbol{A}$ 为 n 阶矩阵,证明:

(1) $|\boldsymbol{A}|=|\boldsymbol{A}^{\mathrm{T}}|$,　　(2) $|k\boldsymbol{A}|=k^n|\boldsymbol{A}|$.

19. 如果 $\boldsymbol{A}$ 为 $m\times n$ 矩阵,$\boldsymbol{B}$ 为 $n\times m$ 矩阵,且 $m\neq n$. 试问:一定有 $|\boldsymbol{AB}|=|\boldsymbol{BA}|$ 吗?举例说明你的结论.

20. 设 $\boldsymbol{A},\boldsymbol{B},\boldsymbol{C}$ 为 n 阶矩阵,$\boldsymbol{E}$ 为 n 阶单位阵. 判断下述结果是否正确. 如果正确,请证明之;如果不正确,举出反例.

(1) $\boldsymbol{E}-\boldsymbol{A}^2=(\boldsymbol{E}+\boldsymbol{A})(\boldsymbol{E}-\boldsymbol{A})$;

(2) 如果 $\boldsymbol{AB}=\boldsymbol{AC}$,且 $\boldsymbol{A}\neq\boldsymbol{O}$,则 $\boldsymbol{B}=\boldsymbol{C}$;

(3) 如果 $\boldsymbol{A}^2=\boldsymbol{B}^2$,则 $\boldsymbol{A}=\boldsymbol{B}$ 或 $\boldsymbol{A}=-\boldsymbol{B}$;

(4) $(\boldsymbol{AB})^k=\boldsymbol{A}^k\boldsymbol{B}^k$;

(5) $|(\boldsymbol{AB})^k|=|\boldsymbol{A}|^k\cdot|\boldsymbol{B}|^k$;

(6) $|A^{T}+B^{T}| = |A+B|$;

(7) $|-A| = -|A|$;

(8) $r(A) = r(A^{T})$.

21. 设矩阵 $B=(b_{ij})_{m\times n}$,对角形矩阵

$$A=\begin{pmatrix} a_1 & & & \\ & a_2 & & \\ & & \ddots & \\ & & & a_m \end{pmatrix},\quad C=\begin{pmatrix} c_1 & & & \\ & c_2 & & \\ & & \ddots & \\ & & & c_n \end{pmatrix}.$$

计算 AB 和 BC. 由计算结果你可以得出什么结论?

22. (1) 证明:对任意的 $m\times n$ 矩阵 A,$A^{T}A$ 和 AA^{T} 都是对称矩阵.

(2) 证明:对任意的 n 阶矩阵 A,$A+A^{T}$ 为对称矩阵;而 $A-A^{T}$ 为反对称矩阵.

23. 设 A、B 是同阶对称矩阵,则 AB 是对称矩阵的充分必要条件是 $AB=BA$.

24. 如果 A 是实数域上的对称矩阵,且 $A^2=O$,则 $A=O$.

25. 设 A 为奇数阶的反对称矩阵,则 $|A|=O$.

26. 按指定的分块方法,用分块矩阵的乘法求下面矩阵的乘积.

(1) $$\left(\begin{array}{cc|cc} 1 & 0 & 0 & 0 \\ 0 & 1 & 0 & 0 \\ \hline 2 & 0 & 1 & 1 \\ -1 & 1 & 0 & 1 \end{array}\right)\left(\begin{array}{cc|c} 3 & -2 & 5 \\ -2 & 1 & 3 \\ \hline 1 & 0 & -2 \\ 0 & 1 & 1 \end{array}\right);$$

(2) $$\left(\begin{array}{ccc} -2 & -1 & 2 \\ \hline 2 & -2 & 1 \\ \hline 1 & 2 & 2 \end{array}\right)\left(\begin{array}{c|c|c} -2 & 2 & 1 \\ -1 & -2 & 2 \\ 2 & 1 & 2 \end{array}\right).$$

27. 设 A 为 3×3 矩阵,$|A|=-2$. 把 A 按列分块为 $A=(A_1,A_2,A_3)$. 其中 $A_j\ (j=1,2,3)$ 是 A 的第 j 列. 求

(1) $|A_1,2A_3,A_2|$;

(2) $|A_3-2A_1,3A_2,A_1|$.

28. (1) 设$\boldsymbol{A}$为n阶矩阵,$\boldsymbol{A}$的行向量组为$\boldsymbol{\alpha}_1,\boldsymbol{\alpha}_2,\cdots,\boldsymbol{\alpha}_n$. 其中$\boldsymbol{\alpha}_i$是矩阵$\boldsymbol{A}$的第$i$行($i=1,2,\cdots,n$),试用$\boldsymbol{\alpha}_1,\boldsymbol{\alpha}_2,\cdots,\boldsymbol{\alpha}_n$表示$\boldsymbol{A}\boldsymbol{A}^{\mathrm{T}}$.

(2) 设$\boldsymbol{A}$为n阶矩阵,$\boldsymbol{A}$的列向量组为$\boldsymbol{\beta}_1,\boldsymbol{\beta}_2,\cdots,\boldsymbol{\beta}_n$. 其中$\boldsymbol{\beta}_j$是矩阵$\boldsymbol{A}$的第$j$列($j=1,2,\cdots,n$). 试用$\boldsymbol{\beta}_1,\boldsymbol{\beta}_2,\cdots,\boldsymbol{\beta}_n$表示$\boldsymbol{A}^{\mathrm{T}}\boldsymbol{A}$.

29. 设$\boldsymbol{A}$为$m\times n$矩阵,其行向量组为$\boldsymbol{A}_1,\boldsymbol{A}_2,\cdots,\boldsymbol{A}_m$. $\boldsymbol{E}$为m阶单位矩阵,其行向量组为$\boldsymbol{\varepsilon}_1,\boldsymbol{\varepsilon}_2,\cdots,\boldsymbol{\varepsilon}_m$. 试由$\boldsymbol{EA}=\boldsymbol{A}$证明:$\boldsymbol{\varepsilon}_i\boldsymbol{A}=\boldsymbol{A}_i(i=1,2,\cdots,m)$.

30. 设$\boldsymbol{A}$为$m\times n$矩阵,$\boldsymbol{B}$为$n\times s$矩阵. 证明:$\boldsymbol{AB}=\boldsymbol{O}$的充分必要条件是$\boldsymbol{B}$的每一列向量都是齐次线性方程组$\boldsymbol{AX}=\boldsymbol{O}$的解.

31. 设矩阵$\boldsymbol{A}_{m\times n}$的秩为$r<n$. 求证:存在秩为$(n-r)$的矩阵$\boldsymbol{B}_{n\times(n-r)}$,满足$\boldsymbol{AB}=\boldsymbol{O}$.

32. 设$\boldsymbol{A}$为$m\times n$矩阵,$\boldsymbol{B}$为n阶矩阵. 已知$\boldsymbol{r}(\boldsymbol{A})=n$,试证:

(1) 若$\boldsymbol{AB}=\boldsymbol{O}$,则$\boldsymbol{B}=\boldsymbol{O}$;

(2) 若$\boldsymbol{AB}=\boldsymbol{A}$,则$\boldsymbol{B}=\boldsymbol{E}$.

33. 设$\boldsymbol{A}$、$\boldsymbol{B}$均为$m\times n$矩阵,则$\boldsymbol{r}(\boldsymbol{A}+\boldsymbol{B})\leqslant\boldsymbol{r}(\boldsymbol{A})+\boldsymbol{r}(\boldsymbol{B})$.

34. 判断下列矩阵是否可逆. 如果可逆,求其逆矩阵.

(1)$\begin{pmatrix}5&4\\3&2\end{pmatrix}$;　(2)$\begin{pmatrix}0&2&1\\1&-1&1\\3&-1&2\end{pmatrix}$;　(3)$\begin{pmatrix}1&0&0\\1&2&0\\1&2&3\end{pmatrix}$;

(4)$\begin{pmatrix}a_1&&&\\&a_2&&\\&&\ddots&\\&&&a_n\end{pmatrix}$, $a_i\neq 0$, $(i=1,2,\cdots,n)$.

35. 设$\boldsymbol{A}$为n阶矩阵,满足$\boldsymbol{A}^k=0$,证明:$\boldsymbol{E}-\boldsymbol{A}$可逆,并且$(\boldsymbol{E}-\boldsymbol{A})^{-1}=\boldsymbol{E}+\boldsymbol{A}+\boldsymbol{A}^2+\cdots+\boldsymbol{A}^{k-1}$.

36. 如果n阶矩阵$\boldsymbol{A}$可逆,试证:(1)$\boldsymbol{A}^*$也可逆,且$(\boldsymbol{A}^*)^{-1}=(\boldsymbol{A}^{-1})^*$;(2)$|\boldsymbol{A}^*|=|\boldsymbol{A}|^{n-1}$.

37. 设$\boldsymbol{A}$、$\boldsymbol{B}$、$\boldsymbol{C}$为同阶矩阵,且$\boldsymbol{C}$为非奇异矩阵,满足$\boldsymbol{C}^{-1}\boldsymbol{AC}=\boldsymbol{B}$. 求证:$\boldsymbol{C}^{-1}\boldsymbol{A}^m\boldsymbol{C}=\boldsymbol{B}^m$.

38. 已知$\boldsymbol{A}$,$\boldsymbol{B}$和$\boldsymbol{A}+\boldsymbol{B}$均为可逆矩阵,试证$\boldsymbol{A}^{-1}+\boldsymbol{B}^{-1}$也可逆,并求其逆矩阵.

39. 证明:如果$\boldsymbol{A}$是非奇异对称矩阵,则$\boldsymbol{A}^{-1}$也是对称矩阵.

40. 求下面分块矩阵的逆矩阵：

(1) $\left(\begin{array}{cc:cc} 2 & 1 & 0 & 0 \\ 1 & 1 & 0 & 0 \\ \hdashline 0 & 0 & 2 & 5 \\ 0 & 0 & 1 & 3 \end{array}\right)$；

(2) $\left(\begin{array}{ccc:c} 1 & -1 & 2 & -1 \\ -2 & -1 & -2 & 1 \\ 4 & 3 & 3 & 1 \\ \hdashline 0 & 0 & 0 & 2 \end{array}\right)$.

41. 设 $\boldsymbol{A},\boldsymbol{B},\boldsymbol{C},\boldsymbol{D}$ 均为 n 阶矩阵，$\boldsymbol{E}$ 为 n 阶单位阵. $\boldsymbol{A}$ 是非奇异的. 如果分块矩阵

$$\boldsymbol{P}=\begin{pmatrix} \boldsymbol{E} & \boldsymbol{O} \\ -\boldsymbol{C}\boldsymbol{A}^{-1} & \boldsymbol{E} \end{pmatrix},\quad \boldsymbol{Q}=\begin{pmatrix} \boldsymbol{A} & \boldsymbol{B} \\ \boldsymbol{C} & \boldsymbol{D} \end{pmatrix},$$

$$\boldsymbol{R}=\begin{pmatrix} \boldsymbol{E} & -\boldsymbol{A}^{-1}\boldsymbol{B} \\ \boldsymbol{O} & \boldsymbol{E} \end{pmatrix},$$

计算 PQR.

42. 设 $\boldsymbol{A}$ 为 n 阶非奇异矩阵，$\boldsymbol{\alpha}$ 为 n 维列向量，b 为常数. 记分块矩阵

$$\boldsymbol{P}=\begin{pmatrix} \boldsymbol{E} & \boldsymbol{O} \\ -\boldsymbol{\alpha}^{\mathrm{T}}\boldsymbol{A}^{*} & |\boldsymbol{A}| \end{pmatrix},\quad \boldsymbol{Q}=\begin{pmatrix} \boldsymbol{A} & \boldsymbol{\alpha} \\ \boldsymbol{\alpha}^{\mathrm{T}} & b \end{pmatrix},$$

其中 $\boldsymbol{A}^{*}$ 是矩阵 $\boldsymbol{A}$ 的伴随矩阵，$\boldsymbol{E}$ 是 n 阶单位矩阵.

(1) 计算并化简 $\boldsymbol{PQ}$；

(2) 证明：矩阵 $\boldsymbol{Q}$ 可逆的充分必要条件是 $\boldsymbol{\alpha}^{\mathrm{T}}\boldsymbol{A}^{-1}\boldsymbol{\alpha}\neq b$.

43. 设 $\boldsymbol{A}$、$\boldsymbol{B}$、$\boldsymbol{C}$ 均为 n 阶矩阵，且 $\boldsymbol{ABC}=\boldsymbol{E}$. 则下列各式中哪一个必定成立？简述理由.

(1) $\boldsymbol{BCA}=\boldsymbol{E}$，　(2) $\boldsymbol{BAC}=\boldsymbol{E}$，　(3) $\boldsymbol{ACB}=\boldsymbol{E}$，

(4) $\boldsymbol{CBA}=\boldsymbol{E}$，　(5) $\boldsymbol{CAB}=\boldsymbol{E}$.

44. 设 $\boldsymbol{A},\boldsymbol{B}$ 均为 n 阶可逆矩阵，下列各式一定成立的有哪些？简述理由.

(1) $[(\boldsymbol{A}^{-1})^{-1}]^{\mathrm{T}}=[(\boldsymbol{A}^{\mathrm{T}})^{-1}]^{-1}$；

(2) $[(\boldsymbol{A}^{\mathrm{T}})^{\mathrm{T}}]^{-1}=[(\boldsymbol{A}^{-1})^{-1}]^{\mathrm{T}}$；

(3) $(\boldsymbol{A}^{k})^{-1}=(\boldsymbol{A}^{-1})^{k}$　（k 为正整数）；

(4) $(k\boldsymbol{A})^{-1}=k^{-1}\boldsymbol{A}^{-1}$　（k 为任意常数）；

(5) $|A^{-1}|=\dfrac{1}{|A|}$;　　(6) $(A+B)^{-1}=A^{-1}+B^{-1}$;

(7) $[(AB)^{T}]^{-1}=(A^{-1})^{T}(B^{-1})^{T}$;

(8) $\begin{pmatrix} O & A \\ B & O \end{pmatrix}^{-1}=\begin{pmatrix} O & A^{-1} \\ B^{-1} & O \end{pmatrix}$.

45. 用初等行变换求下列矩阵的逆矩阵.

(1) $\begin{pmatrix} 2 & 2 & 3 \\ 1 & -1 & 0 \\ -1 & 2 & 1 \end{pmatrix}$;　　(2) $\begin{pmatrix} 1 & 0 & 0 \\ 3 & 2 & 0 \\ 5 & 4 & 3 \end{pmatrix}$;

(3) $\begin{pmatrix} 1 & 1 & 1 & 1 \\ 1 & 1 & -1 & -1 \\ 1 & -1 & 1 & -1 \\ 1 & -1 & -1 & 1 \end{pmatrix}$;

(4) $\begin{pmatrix} 0 & a_1 & 0 & \cdots & 0 & 0 \\ 0 & 0 & a_2 & \cdots & 0 & 0 \\ \vdots & \vdots & \vdots & & \vdots & \vdots \\ 0 & 0 & 0 & \cdots & 0 & a_{n-1} \\ a_n & 0 & 0 & \cdots & 0 & 0 \end{pmatrix}$,　$a_i \neq 0$,　$(i=1,2,\cdots,n)$.

46. 解下列矩阵方程:

(1) $\begin{pmatrix} 3 & 5 \\ 1 & 2 \end{pmatrix}X=\begin{pmatrix} 4 & -1 & 2 \\ 3 & 0 & -1 \end{pmatrix}$;

(2) $\begin{pmatrix} 2 & 1 \\ -2 & 3 \end{pmatrix}X\begin{pmatrix} -2 & -1 \\ 1 & 1 \end{pmatrix}=\begin{pmatrix} -2 & 3 \\ -6 & 1 \end{pmatrix}$;

(3) $X\begin{pmatrix} 1 & 0 & 5 \\ 1 & 1 & 2 \\ 1 & 2 & 5 \end{pmatrix}=\begin{pmatrix} 1 & 1 & 2 \\ 0 & 0 & -6 \end{pmatrix}$;

(4) $AX+B=X$. 其中

$$A=\begin{pmatrix} 0 & 1 & 0 \\ -1 & 1 & 1 \\ -1 & 0 & -1 \end{pmatrix},\quad B=\begin{pmatrix} 1 & -1 \\ 2 & 0 \\ 5 & -3 \end{pmatrix}.$$

47. 已知 n 阶矩阵 $\boldsymbol{A}$ 满足 $\boldsymbol{A}^2-3\boldsymbol{A}-2\boldsymbol{E}=0$,试证:$\boldsymbol{A}$ 可逆,并求 $\boldsymbol{A}^{-1}$.

48. 设 n 阶矩阵 $\boldsymbol{A}$ 和 $\boldsymbol{B}$ 满足关系 $\boldsymbol{A}+\boldsymbol{B}=\boldsymbol{AB}$.

(1) 证明:$\boldsymbol{A}-\boldsymbol{E}$ 为可逆矩阵.

(2) 已知 $\boldsymbol{B}=\begin{pmatrix}1 & -3 & 0\\ 2 & 1 & 0\\ 0 & 0 & 2\end{pmatrix}$,求矩阵 $\boldsymbol{A}$.

49. 设 $\boldsymbol{A},\boldsymbol{B},\boldsymbol{C}$ 均为 n 阶矩阵,如果 $\boldsymbol{C}=\boldsymbol{A}+\boldsymbol{CA}$,$\boldsymbol{B}=\boldsymbol{E}+\boldsymbol{AB}$. 求证:$\boldsymbol{B}-\boldsymbol{C}=\boldsymbol{E}$.

50. 设 $\boldsymbol{A}$ 为 $m\times n$ 矩阵,$\boldsymbol{P}_{m\times m}$,$\boldsymbol{Q}_{n\times n}$ 为可逆矩阵,试证:$r(\boldsymbol{A})=r(\boldsymbol{PA})=r(\boldsymbol{AQ})$.

51. 设 $\boldsymbol{A}$ 为三阶矩阵,$\boldsymbol{A}^*$ 为 $\boldsymbol{A}$ 的伴随阵. 已知 $|\boldsymbol{A}|=\dfrac{1}{2}$,求 $|(3\boldsymbol{A})^{-1}-2\boldsymbol{A}^*|$的值.

52. 如果 $\boldsymbol{A}$ 是 n 阶矩阵($n\geqslant 2$). 则

$$r(\boldsymbol{A}^*)=\begin{cases}n & 若\ r(\boldsymbol{A})=n;\\ 1 & 若\ r(\boldsymbol{A})=n-1;\\ 0 & 若\ r(\boldsymbol{A})<n-1.\end{cases}$$

53. 设 $\boldsymbol{A}$ 是 n 阶矩阵($n\geqslant 2$). 试证:

(1) $(\boldsymbol{A}^{\mathrm{T}})^*=(\boldsymbol{A}^*)^{\mathrm{T}}$;

(2) 若 $\boldsymbol{A}$ 可逆,则$(\boldsymbol{A}^*)^*=|\boldsymbol{A}|^{n-2}\boldsymbol{A}$.

54. 设 $\boldsymbol{A}$ 为非奇异矩阵,$\boldsymbol{X}$、$\boldsymbol{Y}$ 均为 $n\times 1$ 矩阵且 $\boldsymbol{Y}^{\mathrm{T}}\boldsymbol{A}^{-1}\boldsymbol{X}\neq -1$. 证明:$\boldsymbol{A}+\boldsymbol{XY}^{\mathrm{T}}$ 可逆. 并且

$$(\boldsymbol{A}+\boldsymbol{XY}^{\mathrm{T}})^{-1}=\boldsymbol{A}^{-1}-\frac{\boldsymbol{A}^{-1}\boldsymbol{XY}^{\mathrm{T}}\boldsymbol{A}^{-1}}{1+\boldsymbol{Y}^{\mathrm{T}}\boldsymbol{A}^{-1}\boldsymbol{X}}.$$

55. 设 $\boldsymbol{A}$ 为 n 阶矩阵,$\boldsymbol{A}+\boldsymbol{E}$ 为非奇异矩阵. 如果 $f(\boldsymbol{A})=(\boldsymbol{E}-\boldsymbol{A})(\boldsymbol{A}+\boldsymbol{E})^{-1}$. 求证:

(1) $[\boldsymbol{E}+f(\boldsymbol{A})](\boldsymbol{E}+\boldsymbol{A})=2\boldsymbol{E}$;

(2) $f(f(\boldsymbol{A}))=\boldsymbol{A}$.

第四章　向量空间

在第二章我们已引入了数域 F 上的向量的概念、向量的线性运算、向量的线性关系及其性质．它们在研究线性方程组解的结构时具有重要意义．向量的概念和有关性质在科学技术、经济管理等许多领域也有着广泛的应用．因此有必要在理论上加以抽象和概括，使之应用更加广泛．

§4.1　向量空间

一、向量空间

定义 4.1　数域 F 上的所有 n 维向量组成的集合，在其上定义了向量的线性运算，且满足八条运算律（见 §2.2），称为数域 F 上的 n **维向量空间**，记作 F^n.

在本书中，我们仅讨论实数域 R 上的 n 维向量空间 R^n，也就是

$$R^n = \{(a_1, a_2, \cdots, a_n)^{\mathrm{T}} \mid a_i \in R,\ i = 1, 2, \cdots, n\}.$$

例如，平面上所有起点在原点的向量（有向线段）组成的集合，对于向量的加法（平行四边形法则）和数乘运算组成了一个实数域 R 上的二维向量空间，记作 R^2. 空间中所有起点在原点的向量组成的集合，对于向量加法和数乘运算组成了一个实数域 R 上的三维向量空间，记作 R^3. R^3 也称为几何空间．

如果把向量和 n 维向量空间的概念进一步抽象化，就可以得到线性空间的概念．

定义 4.2　设 V 是一个非空集合，F 是一个数域．在 V 中定义了两种运算：

(1) **加法运算**　即对 V 中任意两个元素 $\boldsymbol{\alpha}$ 与 $\boldsymbol{\beta}$，按某一法则在 V 中都有唯一的一个元素 $\boldsymbol{\gamma}$ 与之对应，$\boldsymbol{\gamma}$ 称为 $\boldsymbol{\alpha}$ 与 $\boldsymbol{\beta}$ 的和，记为 $\boldsymbol{\gamma} = \boldsymbol{\alpha} + \boldsymbol{\beta}$.

(2) **数乘运算** 即对 V 中任意元素 $\boldsymbol{\alpha}$ 和数域 F 中的任意数 k，按某一法则在 V 中都有唯一的一个元素 $\boldsymbol{\delta}$ 与之对应．$\boldsymbol{\delta}$ 称为 k 与 $\boldsymbol{\alpha}$ 的乘积，记作 $\boldsymbol{\delta}=k\boldsymbol{\alpha}$.

如果加法和数乘运算满足下述八条运算规则，那么 V 就称为数域 F 上的一个**线性空间**：

(1) $\boldsymbol{\alpha}+\boldsymbol{\beta}=\boldsymbol{\beta}+\boldsymbol{\alpha}$;

(2) $(\boldsymbol{\alpha}+\boldsymbol{\beta})+\boldsymbol{\gamma}=\boldsymbol{\alpha}+(\boldsymbol{\beta}+\boldsymbol{\gamma})$;

(3) 在 V 中有一个元素 $\boldsymbol{o}$，对 V 中任一元素 $\boldsymbol{\alpha}$，都有 $\boldsymbol{\alpha}+\boldsymbol{o}=\boldsymbol{\alpha}$，称元素 $\boldsymbol{o}$ 为 V 的零元素；

(4) 对 V 中每一个元素 $\boldsymbol{\alpha}$，都有 V 中的元素 $\boldsymbol{\beta}$，使得 $\boldsymbol{\alpha}+\boldsymbol{\beta}=\boldsymbol{o}$，$\boldsymbol{\beta}$ 称为 $\boldsymbol{\alpha}$ 的负元素，记作 $-\boldsymbol{\alpha}$，即 $\boldsymbol{\alpha}+(-\boldsymbol{\alpha})=\boldsymbol{o}$;

(5) 对数域 F 中的数 1 和 V 中任一元素 $\boldsymbol{\alpha}$，都有 $1\cdot\boldsymbol{\alpha}=\boldsymbol{\alpha}$;

(6) $k(l\boldsymbol{\alpha})=(kl)\boldsymbol{\alpha}$;

(7) $(k+l)\boldsymbol{\alpha}=k\boldsymbol{\alpha}+l\boldsymbol{\alpha}$;

(8) $k(\boldsymbol{\alpha}+\boldsymbol{\beta})=k\boldsymbol{\alpha}+k\boldsymbol{\beta}$.

其中 $\boldsymbol{\alpha},\boldsymbol{\beta},\boldsymbol{\gamma}$ 是集合 V 中任意元素，k,l 为数域 F 中的任意数．

例 1. 实数域 R 上的 n 维向量空间 R^n 是实数域 R 上的线性空间．

例 2. 设 V 为实数域 R 上的 $m\times n$ 矩阵的全体所组成的集合．加法、数乘为矩阵的加法和数乘运算．根据定义 4.2，V 是实数域 R 上的线性空间．

例 3. 设 F 为有理数域，V 为全体实数所组成的集合，其加法和数乘运算为普通的数的运算，则 V 为有理数域 F 上的一个线性空间．

例 4. 设 $V=\{\boldsymbol{o}\}$ 只包含一个元素．对任意的数域 F 定义 $\boldsymbol{o}+\boldsymbol{o}=\boldsymbol{o}$，$k\cdot\boldsymbol{o}=\boldsymbol{o}$，可以验证它满足定义中的八条规则．$\boldsymbol{o}$ 就是 V 的零元素．V 是数域 F 上的线性空间，称为**零空间**．

由上面的例子可以看出，线性空间的概念比 n 维向量空间的概念更具有普遍性．由于线性空间的概念是从 n 维向量空间抽象出来的，所以线性空间的元素也称为**向量**(但这里“向量”的涵义要广泛得多)，线性空间也称为**向量空间**．V 的零元素称为**零向量**，$\boldsymbol{\alpha}$ 的负元素称为 $\boldsymbol{\alpha}$ 的**负向量**．

为了对线性空间及有关的问题进行深入的讨论，就需要引入向量的线性组合、线性相关、线性无关等概念．而第二章中所讨论的 n 维向量的有关定义和定理可以推广到数域 F 上的线性空间 V 中来．限于本教材的使用范围，本书不再重述这些内容．

定义 4.3 如果数域 F 上的线性空间 V 有 n 个线性无关的向量,且 V 中任意 $n+1$ 个向量都线性相关,则 V 就称为 n **维线性空间**. n 称为 V 的维数,记为 $\dim V=n$, n 维线性空间统称为**有限维线性空间**. 如果 V 中存在任意多个线性无关的向量,则 V 就称为**无限维线性空间**.

例如,在 R^n 中一定可以找到 n 个线性无关的 n 维向量而任意 $n+1$ 个 n 维向量一定线性相关,因此 $\dim R^n=n$.

在线性代数中,一般只讨论有限维线性空间. 本书只讨论 n 维向量空间 R^n 的一些性质. 如果不涉及线性空间中元素和数域 F 的具体特点,这些性质对于一般的 n 维线性空间也是成立的.

二、基与坐标

定义 4.4 在 R^n 中,n 个线性无关的向量 $\boldsymbol{\xi}_1,\boldsymbol{\xi}_2,\cdots,\boldsymbol{\xi}_n$ 称为 R^n 的一组基.

例 5. $\boldsymbol{\varepsilon}_1=(1,0,\cdots,0)^{\mathrm{T}},\boldsymbol{\varepsilon}_2=(0,1,\cdots,0)^{\mathrm{T}},\cdots,\boldsymbol{\varepsilon}_n=(0,0,\cdots,1)^{\mathrm{T}}$ 显然是 R^n 的一组基.

$\boldsymbol{\eta}_1=(1,0,\cdots,0)^{\mathrm{T}},\boldsymbol{\eta}_2=(1,1,\cdots,0)^{\mathrm{T}},\cdots,\boldsymbol{\eta}_n=(1,1,\cdots,1)^{\mathrm{T}}$ 也是 R^n 的一组基. 实际上,由于行列式

$$\begin{vmatrix} 1 & 1 & \cdots & 1 \\ 0 & 1 & \cdots & 1 \\ 0 & 0 & \cdots & 1 \\ \vdots & \vdots & & \vdots \\ 0 & 0 & \cdots & 1 \end{vmatrix}=1\neq 0,$$

所以 $\boldsymbol{\eta}_1,\boldsymbol{\eta}_2,\cdots,\boldsymbol{\eta}_n$ 线性无关.

由定义4.4可知,R^n 中任意 n 个线性无关的向量都可以取作一组基. 所以 R^n 的基不是唯一的,可以证明

定理 4.1 R^n 中任意一组线性无关的向量都可以扩充成 R^n 的一组基.(证明从略)

定义 4.5 设 $\boldsymbol{\xi}_1,\boldsymbol{\xi}_2,\cdots,\boldsymbol{\xi}_n$ 是 R^n 中的一组基,若 R^n 中的向量

$$\boldsymbol{\alpha}=a_1\boldsymbol{\xi}_1+a_2\boldsymbol{\xi}_2+\cdots+a_n\boldsymbol{\xi}_n,$$

则称 $a_1,a_2,\cdots,a_n$ 为 $\boldsymbol{\alpha}$ 关于基 $\boldsymbol{\xi}_1,\boldsymbol{\xi}_2,\cdots,\boldsymbol{\xi}_n$ 的**坐标**,记作 $(a_1,a_2,\cdots,a_n)$.

由定理 2.8 可知，向量 $\boldsymbol{\alpha}$ 关于某一组基的坐标是唯一的. 但是关于不同的基，其坐标一般是不同的.

例 6. 对于例 5 中的两组基，求向量 $\boldsymbol{\alpha}=(a_1,a_2,\cdots,a_n)^{\mathrm{T}}$ 的坐标.

解　因为

$$\boldsymbol{\alpha}=a_1\boldsymbol{\varepsilon}_1+a_2\boldsymbol{\varepsilon}_2+\cdots+a_n\boldsymbol{\varepsilon}_n,$$

所以 $\boldsymbol{\alpha}$ 关于基 $\boldsymbol{\varepsilon}_1,\boldsymbol{\varepsilon}_2,\cdots,\boldsymbol{\varepsilon}_n$ 的坐标就是它的分量 $a_1,a_2,\cdots,a_n$.

为了求 $\boldsymbol{\alpha}$ 关于基 $\boldsymbol{\eta}_1,\boldsymbol{\eta}_2,\cdots,\boldsymbol{\eta}_n$ 的坐标，设

$$x_1\boldsymbol{\eta}_1+x_2\boldsymbol{\eta}_2+\cdots+x_n\boldsymbol{\eta}_n=\boldsymbol{\alpha},$$

由此得线性方程组

$$\begin{cases} x_1+x_2+\cdots+x_n=a_1, \\ \quad x_2+\cdots+x_n=a_2, \\ \qquad \cdots \qquad \cdots \\ \qquad x_{n-1}+x_n=a_{n-1}, \\ \qquad\qquad x_n=a_n. \end{cases}$$

求解得 $x_1=a_1-a_2,x_2=a_2-a_3,\cdots,x_{n-1}=a_{n-1}-a_n,x_n=a_n$. 所以 $\boldsymbol{\alpha}$ 关于基 $\boldsymbol{\eta}_1,\boldsymbol{\eta}_2,\cdots,\boldsymbol{\eta}_n$ 的坐标为 $(a_1-a_2,a_2-a_3,\cdots,a_{n-1}-a_n,a_n)$.

三、基变换与坐标变换

为了进一步研究同一个向量关于不同基的坐标间的关系，我们先讨论 R^n 的两组基之间的关系.

定义 4.6　设 $\boldsymbol{\xi}_1,\boldsymbol{\xi}_2,\cdots,\boldsymbol{\xi}_n$ 和 $\boldsymbol{\eta}_1,\boldsymbol{\eta}_2,\cdots,\boldsymbol{\eta}_n$ 是 R^n 的两组基，它们之间的关系为

$$\begin{aligned} \boldsymbol{\eta}_1 &= a_{11}\boldsymbol{\xi}_1+a_{21}\boldsymbol{\xi}_2+\cdots+a_{n1}\boldsymbol{\xi}_n, \\ \boldsymbol{\eta}_2 &= a_{12}\boldsymbol{\xi}_1+a_{22}\boldsymbol{\xi}_2+\cdots+a_{n2}\boldsymbol{\xi}_n, \\ &\cdots \qquad \cdots \qquad \cdots \\ \boldsymbol{\eta}_n &= a_{1n}\boldsymbol{\xi}_1+a_{2n}\boldsymbol{\xi}_2+\cdots+a_{nn}\boldsymbol{\xi}_n. \end{aligned}$$

利用矩阵乘法，将上式写成

$$(\boldsymbol{\eta}_1\ \boldsymbol{\eta}_2\ \cdots\ \boldsymbol{\eta}_n) = (\boldsymbol{\xi}_1\ \boldsymbol{\xi}_2\ \cdots\ \boldsymbol{\xi}_n)\begin{pmatrix} a_{11} & a_{12} & \cdots & a_{1n} \\ a_{21} & a_{22} & \cdots & a_{2n} \\ \vdots & \vdots & & \vdots \\ a_{n1} & a_{n2} & \cdots & a_{nn} \end{pmatrix}, \tag{4.1}$$

矩阵

$$\boldsymbol{A} = \begin{pmatrix} a_{11} & a_{12} & \cdots & a_{1n} \\ a_{21} & a_{22} & \cdots & a_{2n} \\ \vdots & \vdots & & \vdots \\ a_{n1} & a_{n2} & \cdots & a_{nn} \end{pmatrix}$$

称为由基 $\boldsymbol{\xi}_1,\boldsymbol{\xi}_2,\cdots,\boldsymbol{\xi}_n$ 到 $\boldsymbol{\eta}_1,\boldsymbol{\eta}_2,\cdots,\boldsymbol{\eta}_n$ 的**过渡矩阵**.

(4.1) 可简记为

$$(\boldsymbol{\eta}_1\ \boldsymbol{\eta}_2\ \cdots\ \boldsymbol{\eta}_n) = (\boldsymbol{\xi}_1\ \boldsymbol{\xi}_2\ \cdots\ \boldsymbol{\xi}_n)\boldsymbol{A},$$

并称之为由基 $\boldsymbol{\xi}_1,\boldsymbol{\xi}_2,\cdots,\boldsymbol{\xi}_n$ 到 $\boldsymbol{\eta}_1,\boldsymbol{\eta}_2,\cdots,\boldsymbol{\eta}_n$ 的**基变换**. 由(4.1) 可以看出过渡矩阵一定可逆,并且

$$(\boldsymbol{\xi}_1\ \boldsymbol{\xi}_2\ \cdots\ \boldsymbol{\xi}_n) = (\boldsymbol{\eta}_1\ \boldsymbol{\eta}_2\ \cdots\ \boldsymbol{\eta}_n)\boldsymbol{A}^{-1},$$

由基 $\boldsymbol{\eta}_1,\boldsymbol{\eta}_2,\cdots,\boldsymbol{\eta}_n$ 到基 $\boldsymbol{\xi}_1,\boldsymbol{\xi}_2,\cdots,\boldsymbol{\xi}_n$ 的过渡矩阵为 $\boldsymbol{A}^{-1}$.

例 7. 对于例 5 中的两组基,由于

$$\begin{aligned} \boldsymbol{\eta}_1 &= \boldsymbol{\varepsilon}_1 + 0\cdot\boldsymbol{\varepsilon}_2 + \cdots + 0\cdot\boldsymbol{\varepsilon}_n, \\ \boldsymbol{\eta}_2 &= \boldsymbol{\varepsilon}_1 + \quad \boldsymbol{\varepsilon}_2 + \cdots + 0\cdot\boldsymbol{\varepsilon}_n, \\ &\cdots \quad \cdots \qquad \cdots \\ \boldsymbol{\eta}_n &= \boldsymbol{\varepsilon}_1 + \quad \boldsymbol{\varepsilon}_2 + \cdots + \ \boldsymbol{\varepsilon}_n, \end{aligned}$$

上式可写成

$$(\boldsymbol{\eta}_1\ \boldsymbol{\eta}_2\cdots\ \boldsymbol{\eta}_n) = (\boldsymbol{\varepsilon}_1\ \boldsymbol{\varepsilon}_2\ \cdots\ \boldsymbol{\varepsilon}_n)\begin{pmatrix} 1 & 1 & \cdots & 1 \\ 0 & 1 & \cdots & 1 \\ \vdots & \vdots & & \vdots \\ 0 & 0 & \cdots & 1 \end{pmatrix},$$

所以

$$(\boldsymbol{\varepsilon}_1\ \boldsymbol{\varepsilon}_2\ \cdots\ \boldsymbol{\varepsilon}_n) = (\boldsymbol{\eta}_1\ \boldsymbol{\eta}_2\ \cdots\ \boldsymbol{\eta}_n)\begin{pmatrix} 1 & 1 & \cdots & 1 \\ 0 & 1 & \cdots & 1 \\ \vdots & \vdots & & \vdots \\ 0 & 0 & \cdots & 1 \end{pmatrix}^{-1}$$

$$=(\boldsymbol{\eta}_1\ \boldsymbol{\eta}_2\ \cdots\ \boldsymbol{\eta}_n)\begin{pmatrix}1&-1&0&\cdots&0&0\\0&1&-1&\cdots&0&0\\\vdots&\vdots&\vdots&&\vdots&\vdots\\0&0&0&\cdots&1&-1\\0&0&0&\cdots&0&1\end{pmatrix},$$

即由基 $\boldsymbol{\varepsilon}_1,\boldsymbol{\varepsilon}_2,\cdots,\boldsymbol{\varepsilon}_n$ 到基 $\boldsymbol{\eta}_1,\boldsymbol{\eta}_2,\cdots,\boldsymbol{\eta}_n$ 的过渡矩阵为

$$\boldsymbol{A}=\begin{pmatrix}1&1&\cdots&1\\0&1&\cdots&1\\\vdots&\vdots&&\vdots\\0&0&\cdots&1\end{pmatrix},$$

而由基 $\boldsymbol{\eta}_1,\boldsymbol{\eta}_2,\cdots,\boldsymbol{\eta}_n$ 到基 $\boldsymbol{\varepsilon}_1,\boldsymbol{\varepsilon}_2,\cdots,\boldsymbol{\varepsilon}_n$ 的过渡矩阵为

$$\boldsymbol{A}^{-1}=\begin{pmatrix}1&-1&0&\cdots&0&0\\0&1&-1&\cdots&0&0\\\vdots&\vdots&\vdots&&\vdots&\vdots\\0&0&0&\cdots&1&-1\\0&0&0&\cdots&0&1\end{pmatrix}.$$

一般,应如何求 R^n 的任意两组基之间的过渡矩阵呢?设 R^n 的两组基分别为

$$\boldsymbol{\xi}_1=\begin{pmatrix}b_{11}\\b_{21}\\\vdots\\b_{n1}\end{pmatrix},\quad\boldsymbol{\xi}_2=\begin{pmatrix}b_{12}\\b_{22}\\\vdots\\b_{n2}\end{pmatrix},\quad\cdots,\quad\boldsymbol{\xi}_n=\begin{pmatrix}b_{1n}\\b_{2n}\\\vdots\\b_{nn}\end{pmatrix}$$

和

$$\boldsymbol{\eta}_1=\begin{pmatrix}c_{11}\\c_{21}\\\vdots\\c_{n1}\end{pmatrix},\quad\boldsymbol{\eta}_2=\begin{pmatrix}c_{12}\\c_{22}\\\vdots\\c_{n2}\end{pmatrix},\quad\cdots,\quad\boldsymbol{\eta}_n=\begin{pmatrix}c_{1n}\\c_{2n}\\\vdots\\c_{nn}\end{pmatrix}.$$

记矩阵

$$\boldsymbol{B}=\begin{pmatrix}b_{11}&b_{12}&\cdots&b_{1n}\\b_{21}&b_{22}&\cdots&b_{2n}\\\vdots&\vdots&&\vdots\\b_{n1}&b_{n2}&\cdots&b_{nn}\end{pmatrix},\quad\boldsymbol{C}=\begin{pmatrix}c_{11}&c_{12}&\cdots&c_{1n}\\c_{21}&c_{22}&\cdots&c_{2n}\\\vdots&\vdots&&\vdots\\c_{n1}&c_{n2}&\cdots&c_{nn}\end{pmatrix}.$$

而由基 $\boldsymbol{\xi}_1,\boldsymbol{\xi}_2,\cdots,\boldsymbol{\xi}_n$ 到基 $\boldsymbol{\eta}_1,\boldsymbol{\eta}_2,\cdots,\boldsymbol{\eta}_n$ 的过渡矩阵为 $\boldsymbol{A}$，则

$$(\boldsymbol{\eta}_1\ \boldsymbol{\eta}_2\ \cdots\ \boldsymbol{\eta}_n) = (\boldsymbol{\xi}_1\ \boldsymbol{\xi}_2\ \cdots\ \boldsymbol{\xi}_n)\boldsymbol{A},$$

或写成

$$\boldsymbol{C} = \boldsymbol{B}\boldsymbol{A}.$$

由于 $\boldsymbol{\xi}_1,\boldsymbol{\xi}_2,\cdots,\boldsymbol{\xi}_n$ 线性无关，所以 $\boldsymbol{B}$ 可逆．因此

$$\boldsymbol{A} = \boldsymbol{B}^{-1}\boldsymbol{C}.$$

于是求过渡矩阵 $\boldsymbol{A}$ 就可以对 $n\times 2n$ 矩阵 $(\boldsymbol{B}\quad \boldsymbol{C})$ 施以初等行变换，当 $\boldsymbol{B}$ 化为单位阵 $\boldsymbol{E}$ 时，$\boldsymbol{C}$ 的位置就化为 $\boldsymbol{B}^{-1}\boldsymbol{C}$，即

$$(\boldsymbol{B}\quad \boldsymbol{C}) \xrightarrow{\text{初等行变换}} (\boldsymbol{E}\quad \boldsymbol{B}^{-1}\boldsymbol{C}),$$

就可求得过渡矩阵 $\boldsymbol{A} = \boldsymbol{B}^{-1}\boldsymbol{C}$.

下面讨论同一向量关于不同基的坐标的关系．

定理 4.2 设 $\boldsymbol{\xi}_1,\boldsymbol{\xi}_2,\cdots,\boldsymbol{\xi}_n$ 和 $\boldsymbol{\eta}_1,\boldsymbol{\eta}_2,\cdots,\boldsymbol{\eta}_n$ 是 R^n 的两组基．由 $\boldsymbol{\xi}_1,\boldsymbol{\xi}_2,\cdots,\boldsymbol{\xi}_n$ 到 $\boldsymbol{\eta}_1,\boldsymbol{\eta}_2,\cdots,\boldsymbol{\eta}_n$ 的过渡矩阵为 $\boldsymbol{A}$. $\boldsymbol{\alpha}\in R^n$，$\boldsymbol{\alpha}$ 关于基 $\boldsymbol{\xi}_1,\boldsymbol{\xi}_2,\cdots,\boldsymbol{\xi}_n$ 和 $\boldsymbol{\eta}_1,\boldsymbol{\eta}_2,\cdots,\boldsymbol{\eta}_n$ 的坐标分别为 $(x_1,x_2,\cdots,x_n)$ 和 $(y_1,y_2,\cdots,y_n)$，则

$$\begin{pmatrix} x_1 \\ x_2 \\ \vdots \\ x_n \end{pmatrix} = \boldsymbol{A}\begin{pmatrix} y_1 \\ y_2 \\ \vdots \\ y_n \end{pmatrix} \quad \text{或} \quad \begin{pmatrix} y_1 \\ y_2 \\ \vdots \\ y_n \end{pmatrix} = \boldsymbol{A}^{-1}\begin{pmatrix} x_1 \\ x_2 \\ \vdots \\ x_n \end{pmatrix}. \tag{4.2}$$

证明 因为由基 $\boldsymbol{\xi}_1,\boldsymbol{\xi}_2,\cdots,\boldsymbol{\xi}_n$ 到 $\boldsymbol{\eta}_1,\boldsymbol{\eta}_2,\cdots,\boldsymbol{\eta}_n$ 的过渡矩阵为 A，所以

$$(\boldsymbol{\eta}_1\ \boldsymbol{\eta}_2\ \cdots\ \boldsymbol{\eta}_n) = (\boldsymbol{\xi}_1\ \boldsymbol{\xi}_2\ \cdots\ \boldsymbol{\xi}_n)\boldsymbol{A}. \tag{4.3}$$

又因 $\boldsymbol{\alpha}$ 关于基 $\boldsymbol{\xi}_1,\boldsymbol{\xi}_2,\cdots,\boldsymbol{\xi}_n$ 和基 $\boldsymbol{\eta}_1,\boldsymbol{\eta}_2,\cdots,\boldsymbol{\eta}_n$ 的坐标分别为 $(x_1,x_2,\cdots,x_n)$ 和 $(y_1,y_2,\cdots,y_n)$，所以

$$\boldsymbol{\alpha} = (\boldsymbol{\xi}_1\ \boldsymbol{\xi}_2\ \cdots\ \boldsymbol{\xi}_n)\begin{pmatrix} x_1 \\ x_2 \\ \vdots \\ x_n \end{pmatrix}$$

$$= (\boldsymbol{\eta}_1\ \boldsymbol{\eta}_2\ \cdots\ \boldsymbol{\eta}_n)\begin{pmatrix} y_1 \\ y_2 \\ \vdots \\ y_n \end{pmatrix}.$$

把(4.3)代入上式得

$$\boldsymbol{\alpha}=(\boldsymbol{\xi}_1\ \boldsymbol{\xi}_2\ \cdots\ \boldsymbol{\xi}_n)\begin{pmatrix}x_1\\x_2\\\vdots\\x_n\end{pmatrix}=(\boldsymbol{\xi}_1\ \boldsymbol{\xi}_2\ \cdots\ \boldsymbol{\xi}_n)\boldsymbol{A}\begin{pmatrix}y_1\\y_2\\\vdots\\y_n\end{pmatrix}.$$

根据向量在同一组基下坐标的唯一性,得

$$\begin{pmatrix}x_1\\x_2\\\vdots\\x_n\end{pmatrix}=\boldsymbol{A}\begin{pmatrix}y_1\\y_2\\\vdots\\y_n\end{pmatrix}\quad\text{或}\quad\begin{pmatrix}y_1\\y_2\\\vdots\\y_n\end{pmatrix}=\boldsymbol{A}^{-1}\begin{pmatrix}x_1\\x_2\\\vdots\\x_n\end{pmatrix}.$$

(4.2)称为**坐标变换公式**.

最后我们指出:当基变换确定之后,坐标变换公式也就随之确定了;反之,如果已知某向量关于两组基的坐标之间的关系,则两组基之间的过渡矩阵也可以从坐标变换公式得出.

例 8. 设 R^3 的两组基为

$$\boldsymbol{\xi}_1=(1,0,1)^{\mathrm{T}},\ \boldsymbol{\xi}_2=(1,1,0)^{\mathrm{T}},\ \boldsymbol{\xi}_3=(0,1,1)^{\mathrm{T}}$$

和 $$\boldsymbol{\eta}_1=(1,1,1)^{\mathrm{T}},\ \boldsymbol{\eta}_2=(1,1,2)^{\mathrm{T}},\ \boldsymbol{\eta}_3=(1,2,1)^{\mathrm{T}},$$

向量 $\boldsymbol{\alpha}=(2,3,3)^{\mathrm{T}}$,

(1) 求基 $\boldsymbol{\xi}_1,\boldsymbol{\xi}_2,\boldsymbol{\xi}_3$ 到基 $\boldsymbol{\eta}_1,\boldsymbol{\eta}_2,\boldsymbol{\eta}_3$ 的过渡矩阵;

(2) 求 $\boldsymbol{\alpha}$ 关于这两组基的坐标.

解 (1) 记矩阵

$$\boldsymbol{B}=\begin{pmatrix}1&1&0\\0&1&1\\1&0&1\end{pmatrix},\qquad \boldsymbol{C}=\begin{pmatrix}1&1&1\\1&1&2\\1&2&1\end{pmatrix}.$$

对矩阵($\boldsymbol{B}\quad\boldsymbol{C}$)施以初等行变换

$$\left(\begin{array}{ccc:ccc}1&1&0&1&1&1\\0&1&1&1&1&2\\1&0&1&1&2&1\end{array}\right)$$

$$\rightarrow\left(\begin{array}{ccc:ccc}1&1&0&1&1&1\\0&1&1&1&1&2\\0&0&1&\frac{1}{2}&1&1\end{array}\right)$$

$$\rightarrow\left(\begin{array}{ccc:ccc}1&1&0&1&1&1\\0&1&0&\frac{1}{2}&0&1\\0&0&1&\frac{1}{2}&1&1\end{array}\right)$$

$$\rightarrow\left(\begin{array}{ccc:ccc}1&0&0&\frac{1}{2}&1&0\\0&1&0&\frac{1}{2}&0&1\\0&0&1&\frac{1}{2}&1&1\end{array}\right),$$

所以,由基 $\boldsymbol{\xi}_1,\boldsymbol{\xi}_2,\boldsymbol{\xi}_3$ 到基 $\boldsymbol{\eta}_1,\boldsymbol{\eta}_2,\boldsymbol{\eta}_3$ 的过渡矩阵为

$$\boldsymbol{A}=\boldsymbol{B}^{-1}\boldsymbol{C}=\begin{pmatrix}\frac{1}{2}&1&0\\\frac{1}{2}&0&1\\\frac{1}{2}&1&1\end{pmatrix}.$$

(2) 设 $\boldsymbol{\alpha}$ 关于基 $\boldsymbol{\eta}_1,\boldsymbol{\eta}_2,\boldsymbol{\eta}_3$ 的坐标为(y_1,y_2,y_3),即

$$y_1\boldsymbol{\eta}_1+y_2\boldsymbol{\eta}_2+y_3\boldsymbol{\eta}_3=\boldsymbol{\alpha}$$

由此可得线性方程组

$$\begin{cases}y_1+y_2+y_3=2,\\y_1+y_2+2y_3=3,\\y_1+2y_2+y_3=3.\end{cases}$$

解之得 $y_1=0,y_2=1,y_3=1$,所以 $\boldsymbol{\alpha}$ 关于基 $\boldsymbol{\eta}_1,\boldsymbol{\eta}_2,\boldsymbol{\eta}_3$ 的坐标为(0,1,1),利用坐标变换公式(4.2)得

$$\begin{pmatrix} x_1 \\ x_2 \\ x_3 \end{pmatrix} = \boldsymbol{A}\begin{pmatrix} y_1 \\ y_2 \\ y_3 \end{pmatrix} = \begin{pmatrix} \frac{1}{2} & 1 & 0 \\ \frac{1}{2} & 0 & 1 \\ \frac{1}{2} & 1 & 1 \end{pmatrix}\begin{pmatrix} 0 \\ 1 \\ 1 \end{pmatrix} = \begin{pmatrix} 1 \\ 1 \\ 2 \end{pmatrix}.$$

即 $\boldsymbol{\alpha}$ 关于基 $\boldsymbol{\xi}_1,\boldsymbol{\xi}_2,\boldsymbol{\xi}_3$ 的坐标为(1,1,2).

例 9. 设 $\boldsymbol{\alpha}_1,\boldsymbol{\alpha}_2,\boldsymbol{\alpha}_3$ 是 R^3 的一组基. 已知

$$\begin{cases} \boldsymbol{\xi}_1 = \boldsymbol{\alpha}_1 + 2\boldsymbol{\alpha}_2 + \boldsymbol{\alpha}_3, \\ \boldsymbol{\xi}_2 = \boldsymbol{\alpha}_1 + \boldsymbol{\alpha}_2 + \boldsymbol{\alpha}_3, \\ \boldsymbol{\xi}_3 = \boldsymbol{\alpha}_1 + \boldsymbol{\alpha}_2. \end{cases} \qquad \begin{cases} \boldsymbol{\eta}_1 = \boldsymbol{\alpha}_1 + \boldsymbol{\alpha}_2 + \boldsymbol{\alpha}_3, \\ \boldsymbol{\eta}_2 = 2\boldsymbol{\alpha}_1 + \boldsymbol{\alpha}_2 + \boldsymbol{\alpha}_3, \\ \boldsymbol{\eta}_3 = \boldsymbol{\alpha}_1 - \boldsymbol{\alpha}_2. \end{cases}$$

(1) 证明:$\boldsymbol{\xi}_1,\boldsymbol{\xi}_2,\boldsymbol{\xi}_3$ 和 $\boldsymbol{\eta}_1,\boldsymbol{\eta}_2,\boldsymbol{\eta}_3$ 都是 R^3 的基;

(2) 求由基 $\boldsymbol{\xi}_1,\boldsymbol{\xi}_2,\boldsymbol{\xi}_3$ 到基 $\boldsymbol{\eta}_1,\boldsymbol{\eta}_2,\boldsymbol{\eta}_3$ 的过渡矩阵;

(3) 求由基 $\boldsymbol{\xi}_1,\boldsymbol{\xi}_2,\boldsymbol{\xi}_3$ 到基 $\boldsymbol{\eta}_1,\boldsymbol{\eta}_2,\boldsymbol{\eta}_3$ 的坐标变换公式.

解 (1) 由已知可得

$$(\boldsymbol{\xi}_1\ \boldsymbol{\xi}_2\ \boldsymbol{\xi}_3) = (\boldsymbol{\alpha}_1\ \boldsymbol{\alpha}_2\ \boldsymbol{\alpha}_3)\boldsymbol{A}_1,$$
$$(\boldsymbol{\eta}_1\ \boldsymbol{\eta}_2\ \boldsymbol{\eta}_3) = (\boldsymbol{\alpha}_1\ \boldsymbol{\alpha}_2\ \boldsymbol{\alpha}_3)\boldsymbol{A}_2,$$

其中

$$\boldsymbol{A}_1 = \begin{pmatrix} 1 & 1 & 1 \\ 2 & 1 & 1 \\ 1 & 1 & 0 \end{pmatrix}, \quad \boldsymbol{A}_2 = \begin{pmatrix} 1 & 2 & 1 \\ 1 & 1 & -1 \\ 1 & 1 & 0 \end{pmatrix}.$$

而 $|\boldsymbol{A}_1| = 1 \neq 0$, $|\boldsymbol{A}_2| = -1 \neq 0$, 向量组 $\boldsymbol{\alpha}_1,\boldsymbol{\alpha}_2,\boldsymbol{\alpha}_3$ 线性无关, 所以 $\boldsymbol{\xi}_1,\boldsymbol{\xi}_2,\boldsymbol{\xi}_3$ 和 $\boldsymbol{\eta}_1,\boldsymbol{\eta}_2,\boldsymbol{\eta}_3$ 也线性无关, 因此这两个向量组都是 R^3 的基.

(2) 因为 $(\boldsymbol{\xi}_1\ \boldsymbol{\xi}_2\ \boldsymbol{\xi}_3) = (\boldsymbol{\alpha}_1\ \boldsymbol{\alpha}_2\ \boldsymbol{\alpha}_3)\boldsymbol{A}_1$, 所以

$$(\boldsymbol{\alpha}_1\ \boldsymbol{\alpha}_2\ \boldsymbol{\alpha}_3) = (\boldsymbol{\xi}_1\ \boldsymbol{\xi}_2\ \boldsymbol{\xi}_3)\boldsymbol{A}_1^{-1}.$$

把上式代入 $(\boldsymbol{\eta}_1\ \boldsymbol{\eta}_2\ \boldsymbol{\eta}_3) = (\boldsymbol{\alpha}_1\ \boldsymbol{\alpha}_2\ \boldsymbol{\alpha}_3)\boldsymbol{A}_2$ 中, 得

$$(\boldsymbol{\eta}_1\ \boldsymbol{\eta}_2\ \boldsymbol{\eta}_3) = (\boldsymbol{\xi}_1\ \boldsymbol{\xi}_2\ \boldsymbol{\xi}_3)\boldsymbol{A}_1^{-1}\boldsymbol{A}_2,$$

于是由基 $\boldsymbol{\xi}_1,\boldsymbol{\xi}_2,\boldsymbol{\xi}_3$ 到基 $\boldsymbol{\eta}_1,\boldsymbol{\eta}_2,\boldsymbol{\eta}_3$ 的过渡矩阵为

$$\boldsymbol{A} = \boldsymbol{A}_1^{-1}\boldsymbol{A}_2 = \begin{pmatrix} 1 & 1 & 1 \\ 2 & 1 & 1 \\ 1 & 1 & 0 \end{pmatrix}^{-1}\begin{pmatrix} 1 & 2 & 1 \\ 1 & 1 & -1 \\ 1 & 1 & 0 \end{pmatrix}$$

$$= \begin{pmatrix} -1 & 1 & 0 \\ 1 & -1 & 1 \\ 1 & 0 & -1 \end{pmatrix} \begin{pmatrix} 1 & 2 & 1 \\ 1 & 1 & -1 \\ 1 & 1 & 0 \end{pmatrix}$$

$$= \begin{pmatrix} 0 & -1 & -2 \\ 1 & 2 & 2 \\ 0 & 1 & 1 \end{pmatrix}.$$

(3) 设$\boldsymbol{\alpha}$是R^3中的任一向量. $\boldsymbol{\alpha}$关于两组基的坐标分别为(x_1, x_2, x_3)和(y_1, y_2, y_3),则由基$\boldsymbol{\xi}_1, \boldsymbol{\xi}_2, \boldsymbol{\xi}_3$到基$\boldsymbol{\eta}_1, \boldsymbol{\eta}_2, \boldsymbol{\eta}_3$的坐标变换公式为$\boldsymbol{A}$

$$\begin{pmatrix} x_1 \\ x_2 \\ x_3 \end{pmatrix} = \boldsymbol{A} \begin{pmatrix} y_1 \\ y_2 \\ y_3 \end{pmatrix} = \begin{pmatrix} 0 & -1 & -2 \\ 1 & 2 & 2 \\ 0 & 1 & 1 \end{pmatrix} \begin{pmatrix} y_1 \\ y_2 \\ y_3 \end{pmatrix},$$

或

$$\begin{pmatrix} y_1 \\ y_2 \\ y_3 \end{pmatrix} = \boldsymbol{A}^{-1} \begin{pmatrix} x_1 \\ x_2 \\ x_3 \end{pmatrix} = \begin{pmatrix} 0 & 1 & -2 \\ 1 & 0 & 2 \\ -1 & 0 & -1 \end{pmatrix} \begin{pmatrix} x_1 \\ x_2 \\ x_3 \end{pmatrix}.$$

四、子空间及其维数

有时R^n的一个子集合也是一个线性空间. 例如,考察在几何空间R^3中通过原点的一个平面上的全体向量所成的集合M,M内任意两个向量的和仍在M内,M内任一向量与实数的乘积仍在M内,并且这两种运算满足向量运算的八条规则,所以M是实数域上的一个线性空间.

定义 4.7　设L是R^n的一个非空子集. 如果L关于R^n的加法和数乘运算也构成了实数域R上的一个线性空间,则L称为R^n的一个**子空间**.

定理 4.3　R^n的一个非空子集L是一个子空间的充分必要条件是它对加法和数乘运算是封闭的,即

(1) 对任意的$\boldsymbol{\alpha}, \boldsymbol{\beta} \in L$,有$\boldsymbol{\alpha} + \boldsymbol{\beta} \in L$;

(2) 对任意的$\boldsymbol{\alpha} \in L$和实数$k$,有$k\boldsymbol{\alpha} \in L$.

***证明**　必要性是显然的. 下面证明充分性. 因R^n是线性空间,L是R^n的

一个非空子集,所以 L 中向量的加法和数乘运算满足线性空间定义的(1),(2)和(5) ~ (8) 六条规则.现在证明 L 中的向量也满足(3) 和(4) 这两条规则.

由于 L 非空,在 L 中必有一个向量 $\boldsymbol{\alpha}$,由条件 2,对实数零,有 $0\cdot\boldsymbol{\alpha}=\boldsymbol{o}$ 仍在 L 中,即 R^n 的零向量在 L 中,满足规则(3).

同时,对 L 中的任意向量 $\boldsymbol{\alpha}$,由条件 2 知 $(-1)\boldsymbol{\alpha}=-\boldsymbol{\alpha}$ 仍在 L 中,即满足规则(4).因此 L 是 R^n 的一个子空间.

例 10. R^n 的单个零向量组成的子集,即 $L=\{\boldsymbol{o}\}$ 满足定理 4.3 的条件,所以它是 R^n 的一个子空间,称为**零子空间**.

例 11. R^n 本身是 R^n 的一个子空间.

R^n 与零子空间称为 R^n 的**平凡子空间**.除此之外的子空间称为 R^n 的**非平凡子空间**.

例 12. 设 $L=\{(0,a_2,\cdots,a_n)^{\mathrm{T}}\,|\,a_i\in R,i=2,\cdots,n\}$,即 L 是 R^n 中所有第一个分量为零的 n 维向量所成的集合.根据定理 4.3 可以直接验证 L 是 R^n 的一个子空间.

既然子空间也是一个线性空间,前面所引入的线性空间的维数、基、坐标等当然也可以应用到子空间中来.因为 L 是 R^n 的一个子集,所以 L 中线性无关的向量个数不会超过 n 个.因此 L 的维数小于或等于 R^n 的维数,即

$$\dim L\leqslant\dim R^n=n.$$

零子空间的维数规定为零.

设 $\boldsymbol{\alpha}_1,\boldsymbol{\alpha}_2,\cdots,\boldsymbol{\alpha}_s$ 是 R^n 中的一组向量.这些向量的全部线性组合所成的集合是非空的,并且对加法和数乘运算是封闭的.因此它是 R^n 的一个子空间.这个子空间称为向量组 $\boldsymbol{\alpha}_1,\boldsymbol{\alpha}_2,\cdots,\boldsymbol{\alpha}_s$ 的**生成子空间**,记作 $L(\boldsymbol{\alpha}_1,\boldsymbol{\alpha}_2,\cdots,\boldsymbol{\alpha}_s)$,即

$$L(\boldsymbol{\alpha}_1,\boldsymbol{\alpha}_2,\cdots,\boldsymbol{\alpha}_s)=\{a_1\boldsymbol{\alpha}_1+a_2\boldsymbol{\alpha}_2+\cdots+a_s\boldsymbol{\alpha}_s\,|\,a_i\in R,i=1,2,\cdots,s\}.$$

如果向量组 $\boldsymbol{\alpha}_1,\boldsymbol{\alpha}_2,\cdots,\boldsymbol{\alpha}_s$ 的秩为 r,其极大无关组为 $\boldsymbol{\alpha}_{i_1},\boldsymbol{\alpha}_{i_2},\cdots,\boldsymbol{\alpha}_{i_r}$,显然 $\boldsymbol{\alpha}_{i_j}\in L(\boldsymbol{\alpha}_1,\boldsymbol{\alpha}_2,\cdots,\boldsymbol{\alpha}_s)(j=1,2,\cdots,r)$.又因为 $\boldsymbol{\alpha}_1,\boldsymbol{\alpha}_2,\cdots,\boldsymbol{\alpha}_s$ 与 $\boldsymbol{\alpha}_{i_1},\boldsymbol{\alpha}_{i_2},\cdots,\boldsymbol{\alpha}_{i_r}$ 等价,所以 $L(\boldsymbol{\alpha}_1,\boldsymbol{\alpha}_2,\cdots,\boldsymbol{\alpha}_s)$ 中的每个向量也可以由 $\boldsymbol{\alpha}_{i_1},\boldsymbol{\alpha}_{i_2},\cdots,\boldsymbol{\alpha}_{i_r}$ 线性表示,因此

$$\dim L(\boldsymbol{\alpha}_1,\boldsymbol{\alpha}_2,\cdots,\boldsymbol{\alpha}_s)=r.$$

而 $\boldsymbol{\alpha}_{i_1},\boldsymbol{\alpha}_{i_2},\cdots,\boldsymbol{\alpha}_{i_r}$ 就是子空间 $L(\boldsymbol{\alpha}_1,\boldsymbol{\alpha}_2,\cdots,\boldsymbol{\alpha}_s)$ 的一组基.实际上,向量组 $\boldsymbol{\alpha}_1,\boldsymbol{\alpha}_2,\cdots,\boldsymbol{\alpha}_s$ 的任一极大线性无关组都是 $L(\boldsymbol{\alpha}_1,\boldsymbol{\alpha}_2,\cdots,\boldsymbol{\alpha}_s)$ 的一组基.

例 13. 设 $\boldsymbol{A}=(a_{ij})_{m\times n}$，实数域上的齐次线性方程组 $\boldsymbol{AX}=\boldsymbol{o}$ 的解向量的集合记为 L. 根据定理4.3，可以验证 L 是 R^n 的一个子空间. 实际上，零向量一定是方程组的解，所以 $L\neq\varnothing$.

如果 $\boldsymbol{\alpha},\boldsymbol{\beta}\in L$，则 $\boldsymbol{A\alpha}=\boldsymbol{o}$，$\boldsymbol{A\beta}=\boldsymbol{o}$.

所以

$$\boldsymbol{A}(\boldsymbol{\alpha}+\boldsymbol{\beta})=\boldsymbol{A\alpha}+\boldsymbol{A\beta}=\boldsymbol{o}.$$

即 $\boldsymbol{\alpha}+\boldsymbol{\beta}\in L$. 对于任意的 $\boldsymbol{\alpha}\in L$ 和实数 k，有

$$\boldsymbol{A}(k\boldsymbol{\alpha})=k\boldsymbol{A\alpha}=k\cdot\boldsymbol{o}=\boldsymbol{o}.$$

即 $k\boldsymbol{\alpha}\in L$，所以 L 是 R^n 的一个子空间. L 称为齐次线性方程组的**解空间**.

如果方程组 $\boldsymbol{AX}=\boldsymbol{o}$ 只有零解，则 $L=\{\mathbf{0}\}$，$\dim L=0$.

如果方程组 $\boldsymbol{AX}=\boldsymbol{o}$ 有非零解，则 $\boldsymbol{r}(\boldsymbol{A})=r<n$. 设方程组的一个基础解系为 $\boldsymbol{\eta}_1,\boldsymbol{\eta}_2,\cdots,\boldsymbol{\eta}_{n-r}$，则

$$L=L(\boldsymbol{\eta}_1,\boldsymbol{\eta}_2,\cdots,\boldsymbol{\eta}_{n-r}),$$

即解空间是由基础解系 $\boldsymbol{\eta}_1,\boldsymbol{\eta}_2,\cdots,\boldsymbol{\eta}_{n-r}$ 生成的子空间. 显然 $\dim L(\boldsymbol{\eta}_1,\boldsymbol{\eta}_2,\cdots,\boldsymbol{\eta}_{n-r})=n-r$.

§4.2　向量内积

本节引进 n 维空间 R^n 的度量概念，例如向量的长度. 为此，首先引进向量内积的概念.

一、向量内积

向量内积是 R^n 空间的一种运算. 它表示 R^n 内任意两个向量与一个实数的对应关系.

定义 4.8　给定 R^n 中向量

$$\boldsymbol{\alpha}=\begin{pmatrix}a_1\\a_2\\\vdots\\a_n\end{pmatrix},\qquad\boldsymbol{\beta}=\begin{pmatrix}b_1\\b_2\\\vdots\\b_n\end{pmatrix},$$

实数

$$a_1b_1 + a_2b_2 + \cdots + a_nb_n = \sum_{i=1}^{n} a_ib_i,$$

称为向量 $\boldsymbol{\alpha}$ 和 $\boldsymbol{\beta}$ 的**内积**,记为 $\boldsymbol{\alpha}^{\mathrm{T}}\boldsymbol{\beta}$. 即

$$\boldsymbol{\alpha}^{\mathrm{T}}\boldsymbol{\beta} = \sum_{i=1}^{n} a_ib_i.$$

例 1. 设 $\boldsymbol{\alpha} = (4,2,-3,1)^{\mathrm{T}}$, $\boldsymbol{\beta} = (2,6,4,3)^{\mathrm{T}}$. 根据定义 4.8, $\boldsymbol{\alpha}$ 和 $\boldsymbol{\beta}$ 内积为

$$\boldsymbol{\alpha}^{\mathrm{T}}\boldsymbol{\beta} = 4 \times 2 + 2 \times 6 + (-3) \times 4 + 1 \times 3 = 11.$$

例 2. 设 $\boldsymbol{\varepsilon} = (1,1,\cdots,1)^{\mathrm{T}}$, $\boldsymbol{\alpha} = (a_1,a_2,\cdots,a_n)^{\mathrm{T}}$, 则向量 $\boldsymbol{\alpha}$ 的 n 个元素之和可表示为 $\boldsymbol{\alpha}$ 与 $\boldsymbol{\varepsilon}$ 的内积,即 $\sum\limits_{i=1}^{n} a_i = \boldsymbol{\alpha}^{\mathrm{T}}\boldsymbol{\varepsilon}$.

根据定义 4.8 易证内积具有下列性质:

1. $\boldsymbol{\alpha}^{\mathrm{T}}\boldsymbol{\beta} = \boldsymbol{\beta}^{\mathrm{T}}\boldsymbol{\alpha}$;

2. $(k\boldsymbol{\alpha})^{\mathrm{T}}\boldsymbol{\beta} = k\boldsymbol{\alpha}^{\mathrm{T}}\boldsymbol{\beta}$;

3. $(\boldsymbol{\alpha} + \boldsymbol{\beta})^{\mathrm{T}}\boldsymbol{\gamma} = \boldsymbol{\alpha}^{\mathrm{T}}\boldsymbol{\gamma} + \boldsymbol{\beta}^{\mathrm{T}}\boldsymbol{\gamma}$;

4. $\boldsymbol{\alpha}^{\mathrm{T}}\boldsymbol{\alpha} \geqslant 0$, 当且仅当 $\boldsymbol{\alpha} = \boldsymbol{o}$ 时, $\boldsymbol{\alpha}^{\mathrm{T}}\boldsymbol{\alpha} = 0$, 其中 $\boldsymbol{\alpha}$、$\boldsymbol{\beta}$、$\boldsymbol{\gamma}$ 为 R^n 中任意向量, k 为 R 中任意实数.

向量内积的性质,说明了内积的对称性. 由此可以证明:

2′ $\boldsymbol{\alpha}^{\mathrm{T}}(k\boldsymbol{\beta}) = k\boldsymbol{\alpha}^{\mathrm{T}}\boldsymbol{\beta}$,

3′ $\boldsymbol{\alpha}^{\mathrm{T}}(\boldsymbol{\beta} + \boldsymbol{\gamma}) = \boldsymbol{\alpha}^{\mathrm{T}}\boldsymbol{\beta} + \boldsymbol{\alpha}^{\mathrm{T}}\boldsymbol{\gamma}$.

证明　根据性质 1 和性质 2 可证明性质 2′:

$$\boldsymbol{\alpha}^{\mathrm{T}}(k\boldsymbol{\beta}) = (k\boldsymbol{\beta})^{\mathrm{T}}\boldsymbol{\alpha} = k\boldsymbol{\beta}^{\mathrm{T}}\boldsymbol{\alpha} = k\boldsymbol{\alpha}^{\mathrm{T}}\boldsymbol{\beta}.$$

根据性质 1 和性质 3 可证明性质 3′:

$$\boldsymbol{\alpha}^{\mathrm{T}}(\boldsymbol{\beta} + \boldsymbol{\gamma}) = (\boldsymbol{\beta} + \boldsymbol{\gamma})^{\mathrm{T}}\boldsymbol{\alpha} = \boldsymbol{\beta}^{\mathrm{T}}\boldsymbol{\alpha} + \boldsymbol{\gamma}^{\mathrm{T}}\boldsymbol{\alpha} = \boldsymbol{\alpha}^{\mathrm{T}}\boldsymbol{\beta} + \boldsymbol{\alpha}^{\mathrm{T}}\boldsymbol{\gamma}.$$

二、向量长度

由向量内积的性质 4 知,对任意向量 $\boldsymbol{\alpha}$, $\boldsymbol{\alpha}^{\mathrm{T}}\boldsymbol{\alpha}$ 为非负实数. 由此给出向量长度的概念.

定义 4.9　设 $\boldsymbol{\alpha}$ 为 R^n 中任意向量,将非负实数 $\sqrt{\boldsymbol{\alpha}^{\mathrm{T}}\boldsymbol{\alpha}}$ 定义为 $\boldsymbol{\alpha}$ 的长度,记

为 $\|\boldsymbol{\alpha}\|$. 即若 $\boldsymbol{\alpha}=(a_1,a_2,\cdots,a_n)^{\mathrm{T}}$,则有

$$\|\boldsymbol{\alpha}\|=\sqrt{a_1^2+a_2^2+\cdots+a_n^2}.$$

例 3. 设 $\boldsymbol{\alpha}=(3,4)^{\mathrm{T}}$,则 $\|\boldsymbol{\alpha}\|=\sqrt{3^2+4^2}=5$

向量长度也称为向量范数,它具有下列性质:

1. $\|\boldsymbol{\alpha}\|\geqslant 0$,当且仅当 $\boldsymbol{\alpha}=\boldsymbol{o}$ 时,$\|\boldsymbol{\alpha}\|=0$. 这表明任何非零向量的长度为正数,当且仅当零向量时长度才等于零.

2. 对于任意向量 $\boldsymbol{\alpha}$ 和任意实数 k,都有

$$\|k\boldsymbol{\alpha}\|=|k|\cdot\|\boldsymbol{\alpha}\|.$$

这是因为根据内积性质和向量长度定义,有

$$\|k\boldsymbol{\alpha}\|=\sqrt{(k\boldsymbol{\alpha})^{\mathrm{T}}(k\boldsymbol{\alpha})}=\sqrt{k^2\boldsymbol{\alpha}^{\mathrm{T}}\boldsymbol{\alpha}}$$
$$=|k|\sqrt{\boldsymbol{\alpha}^{\mathrm{T}}\boldsymbol{\alpha}}=|k|\,\|\boldsymbol{\alpha}\|.$$

根据此性质. 可将任意非零向量单位化(或称为标准化). **单位向量**(或称**标准化向量**)定义为其长度为 1 的向量. 设 $\boldsymbol{\alpha}$ 为非零向量($\|\boldsymbol{\alpha}\|>0$),则向量 $\boldsymbol{\varepsilon}=\dfrac{1}{\|\boldsymbol{\alpha}\|}\boldsymbol{\alpha}$ 为单位向量. 这是因为

$$\|\boldsymbol{\varepsilon}\|=\left\|\frac{1}{\|\boldsymbol{\alpha}\|}\boldsymbol{\alpha}\right\|=\frac{1}{\|\boldsymbol{\alpha}\|}\|\boldsymbol{\alpha}\|=1.$$

3. 对于任意向量 $\boldsymbol{\alpha}=(a_1,a_2,\cdots,a_n)^{\mathrm{T}}$ 和 $\boldsymbol{\beta}=(b_1,b_2,\cdots,b_n)^{\mathrm{T}}$,有

$$|\boldsymbol{\alpha}^{\mathrm{T}}\boldsymbol{\beta}|\leqslant\|\boldsymbol{\alpha}\|\cdot\|\boldsymbol{\beta}\|,$$

或

$$\left|\sum_{i=1}^{n}a_ib_i\right|\leqslant\sqrt{\sum_{i=1}^{n}a_i^2}\cdot\sqrt{\sum_{i=1}^{n}b_i^2},$$

当且仅当 $\boldsymbol{\alpha}$ 和 $\boldsymbol{\beta}$ 线性相关时,等号成立. 上述不等式称为**柯西 - 布涅可夫斯基不等式**. 它表示任意两个向量内积同它们长度之间的关系.

证明　我们分别就 $\boldsymbol{\alpha}$ 和 $\boldsymbol{\beta}$ 线性相关与线性无关两种情形证明:

(1) 如果 $\boldsymbol{\alpha}$ 和 $\boldsymbol{\beta}$ 线性相关

当 $\boldsymbol{\alpha}$ 和 $\boldsymbol{\beta}$ 两者为零向量或者它们之一为零向量,那么显然有 $|\boldsymbol{\alpha}^{\mathrm{T}}\boldsymbol{\beta}|=\|\boldsymbol{\alpha}\|\cdot\|\boldsymbol{\beta}\|$.

因此设 $\boldsymbol{\alpha}$ 和 $\boldsymbol{\beta}$ 为非零向量,且 $\boldsymbol{\beta}=k\boldsymbol{\alpha}$($k$ 为实数). 于是

$$|\boldsymbol{\alpha}^{\mathrm{T}}\boldsymbol{\beta}|=|\boldsymbol{\alpha}^{\mathrm{T}}(k\boldsymbol{\alpha})|=|k\boldsymbol{\alpha}^{\mathrm{T}}\boldsymbol{\alpha}|=|k|\boldsymbol{\alpha}^{\mathrm{T}}\boldsymbol{\alpha}=|k|\cdot\|\boldsymbol{\alpha}\|^2,$$

由于 $\boldsymbol{\beta}=k\boldsymbol{\alpha}$,则 $\|\boldsymbol{\beta}\|=|k|\,\|\boldsymbol{\alpha}\|$,又由于 $\boldsymbol{\alpha}\neq\boldsymbol{o}$,所以有

$$|k| = \frac{\|\boldsymbol{\beta}\|}{\|\boldsymbol{\alpha}\|},$$

于是

$$|\boldsymbol{\alpha}^{\mathrm{T}}\boldsymbol{\beta}| = \frac{\|\boldsymbol{\beta}\|}{\|\boldsymbol{\alpha}\|}\|\boldsymbol{\alpha}\|^2 = \|\boldsymbol{\alpha}\|\ \|\boldsymbol{\beta}\|.$$

(2) 如果 $\boldsymbol{\alpha}$ 和 $\boldsymbol{\beta}$ 线性无关,则 $\boldsymbol{\alpha}$ 和 $\boldsymbol{\beta}$ 均为非零向量,且对任何实数 k,有 $\boldsymbol{\alpha} + k\boldsymbol{\beta} \neq \boldsymbol{o}$. 于是

$$\begin{aligned}\|\boldsymbol{\alpha} + k\boldsymbol{\beta}\|^2 &= (\boldsymbol{\alpha} + k\boldsymbol{\beta})^{\mathrm{T}}(\boldsymbol{\alpha} + k\boldsymbol{\beta}) \\ &= \|\boldsymbol{\alpha}\|^2 + 2k\boldsymbol{\alpha}^{\mathrm{T}}\boldsymbol{\beta} + k^2\|\boldsymbol{\beta}\|^2 \qquad (4.4) \\ &= \left(\frac{\boldsymbol{\alpha}^{\mathrm{T}}\boldsymbol{\beta}}{\|\boldsymbol{\beta}\|} + k\|\boldsymbol{\beta}\|\right)^2 + \|\boldsymbol{\alpha}\|^2 - \frac{(\boldsymbol{\alpha}^{\mathrm{T}}\boldsymbol{\beta})^2}{\|\boldsymbol{\beta}\|^2} > 0.\end{aligned}$$

由于 $\boldsymbol{\alpha} + k\boldsymbol{\beta} \neq \boldsymbol{o}$,所以上式才大于零.

由于对任何实数 k,上述不等式成立. 特别选取 $k = k_0$,而 k_0 满足下式

$$\frac{\boldsymbol{\alpha}^{\mathrm{T}}\boldsymbol{\beta}}{\|\boldsymbol{\beta}\|} + k_0\|\boldsymbol{\beta}\| = 0,$$

则由(4.4) 式有

$$\|\boldsymbol{\alpha}\|^2 - \frac{(\boldsymbol{\alpha}^{\mathrm{T}}\boldsymbol{\beta})^2}{\|\boldsymbol{\beta}\|^2} > 0.$$

于是

$$(\boldsymbol{\alpha}^{\mathrm{T}}\boldsymbol{\beta})^2 < \|\boldsymbol{\alpha}\|^2 \cdot \|\boldsymbol{\beta}\|^2,$$

两端开平方得

$$|\boldsymbol{\alpha}^{\mathrm{T}}\boldsymbol{\beta}| < \|\boldsymbol{\alpha}\| \cdot \|\boldsymbol{\beta}\|.$$

综合上述两种情形就证明了本定理.

三、向量正交

两个非零向量的内积有可能等于零. 例如设 $\boldsymbol{\alpha} = (2,3,-1)^{\mathrm{T}}$,$\boldsymbol{\beta} = (3,4,18)^{\mathrm{T}}$,则有 $\boldsymbol{\alpha}^{\mathrm{T}}\boldsymbol{\beta} = 2\times3 + 3\times4 + (-1)\times18 = 0$. 下面引入向量正交概念.

定义 4.10 如果向量 $\boldsymbol{\alpha}$ 和 $\boldsymbol{\beta}$ 的内积等于零,即 $\boldsymbol{\alpha}^{\mathrm{T}}\boldsymbol{\beta} = 0$,则称 $\boldsymbol{\alpha}$ 和 $\boldsymbol{\beta}$ 互为正交.

如果非零向量组 $\boldsymbol{\alpha}_1,\boldsymbol{\alpha}_2,\cdots,\boldsymbol{\alpha}_s$ 中两两向量正交，即

$$\boldsymbol{\alpha}_i^{\mathrm{T}}\boldsymbol{\alpha}_j=0 \quad i\neq j;\quad i,j=1,2,\cdots,s,$$

则称该向量组为**正交向量组**.

由上述定义可以得到下列性质：

1. 零向量与任何向量正交；

2. 与自己正交的向量只有零向量.

（这两个性质请读者自证.）

3. 正交向量组是线性无关的.

证明　设 $\boldsymbol{\alpha}_1,\boldsymbol{\alpha}_2,\cdots,\boldsymbol{\alpha}_s$ 是正交向量组，要证 $\boldsymbol{\alpha}_1,\boldsymbol{\alpha}_2,\cdots,\boldsymbol{\alpha}_s$ 是线性无关的. 设有数 $k_1,k_2,\cdots,k_s$，使得

$$k_1\boldsymbol{\alpha}_1+k_2\boldsymbol{\alpha}_2+\cdots+k_s\boldsymbol{\alpha}_s=\boldsymbol{o},$$

上式两端与正交向量组中任意向量 $\boldsymbol{\alpha}_i$ 内积得

$$\boldsymbol{\alpha}_i^{\mathrm{T}}(k_1\boldsymbol{\alpha}_1+k_2\boldsymbol{\alpha}_2+\cdots+k_s\boldsymbol{\alpha}_s)=0 \quad (1\leqslant i\leqslant s).$$

于是

$$k_1\boldsymbol{\alpha}_i^{\mathrm{T}}\boldsymbol{\alpha}_1+\cdots+k_i\boldsymbol{\alpha}_i^{\mathrm{T}}\boldsymbol{\alpha}_i+\cdots+k_s\boldsymbol{\alpha}_i^{\mathrm{T}}\boldsymbol{\alpha}_s=0.$$

因为 $\boldsymbol{\alpha}_i^{\mathrm{T}}\boldsymbol{\alpha}_j=0,i\neq j$，所以有

$$k_i\boldsymbol{\alpha}_i^{\mathrm{T}}\boldsymbol{\alpha}_i=0.$$

由于 $\boldsymbol{\alpha}_i\neq 0,\boldsymbol{\alpha}_i^{\mathrm{T}}\boldsymbol{\alpha}_i>0$，所以 $k_i=0$. 由于 $\boldsymbol{\alpha}_i$ 的任意性，可推出 $k_1=k_2=\cdots=k_s=0$. 所以向量组 $\boldsymbol{\alpha}_1,\boldsymbol{\alpha}_s,\cdots,\boldsymbol{\alpha}_s$ 是线性无关的.

4. 对任意向量 $\boldsymbol{\alpha}$ 和 $\boldsymbol{\beta}$ 有三角不等式

$$\|\boldsymbol{\alpha}+\boldsymbol{\beta}\|\leqslant\|\boldsymbol{\alpha}\|+\|\boldsymbol{\beta}\|,$$

当且仅当 $\boldsymbol{\alpha}$ 和 $\boldsymbol{\beta}$ 互为正交时，

$$\|\boldsymbol{\alpha}+\boldsymbol{\beta}\|^2=\|\boldsymbol{\alpha}\|^2+\|\boldsymbol{\beta}\|^2.$$

证明　根据内积性质

$$\begin{aligned}\|\boldsymbol{\alpha}+\boldsymbol{\beta}\|^2&=(\boldsymbol{\alpha}+\boldsymbol{\beta})^{\mathrm{T}}(\boldsymbol{\alpha}+\boldsymbol{\beta})\\&=\boldsymbol{\alpha}^{\mathrm{T}}\boldsymbol{\alpha}+2\boldsymbol{\alpha}^{\mathrm{T}}\boldsymbol{\beta}+\boldsymbol{\beta}^{\mathrm{T}}\boldsymbol{\beta}\\&=\|\boldsymbol{\alpha}\|^2+2\boldsymbol{\alpha}^{\mathrm{T}}\boldsymbol{\beta}+\|\boldsymbol{\beta}\|^2.\end{aligned}\tag{4.5}$$

根据柯西－布涅可夫斯基不等式得

$$\begin{aligned}\|\boldsymbol{\alpha}+\boldsymbol{\beta}\|^2&\leqslant\|\boldsymbol{\alpha}\|^2+2\|\boldsymbol{\alpha}\|\,\|\boldsymbol{\beta}\|+\|\boldsymbol{\beta}\|^2\\&=(\|\boldsymbol{\alpha}\|+\|\boldsymbol{\beta}\|)^2,\end{aligned}$$

两端开平方得

$$\|\boldsymbol{\alpha}+\boldsymbol{\beta}\| \leqslant \|\boldsymbol{\alpha}\| + \|\boldsymbol{\beta}\|.$$

由(4.5)式知，当且仅当$\boldsymbol{\alpha}$和$\boldsymbol{\beta}$互为正交，即$\boldsymbol{\alpha}^{\mathrm{T}}\boldsymbol{\beta}=0$时，有

$$\|\boldsymbol{\alpha}+\boldsymbol{\beta}\|^2 = \|\boldsymbol{\alpha}\|^2 + \|\boldsymbol{\beta}\|^2.$$

§4.3 正交矩阵

一、R^n 的标准正交基

在n维向量空间R^n中，n个向量组成的正交向量组一定是线性无关的，所以能够构成R^n的一组基．因此引入R^n标准正交基的概念．

定义 4.11 R^n中n个向量$\boldsymbol{\eta}_1,\boldsymbol{\eta}_2,\cdots,\boldsymbol{\eta}_n$满足

(1) 两两正交，即$\boldsymbol{\eta}_i^{\mathrm{T}}\boldsymbol{\eta}_j=0, i\neq j,\ i,\ j=1,2,\cdots,n$；

(2) 单位向量，即$\|\boldsymbol{\eta}_i\|=1, i=1,2,\cdots,n$，则称$\boldsymbol{\eta}_1,\boldsymbol{\eta}_2,\cdots,\boldsymbol{\eta}_n$为$R^n$的一组**标准正交基**．

利用克罗内克(*Kornicker*)符号

$$\delta_{ij}=\begin{cases}1 & i=j,\\ 0 & i\neq j.\end{cases}$$

$\boldsymbol{\eta}_1,\boldsymbol{\eta}_2,\cdots,\boldsymbol{\eta}_n$是标准正交基等价于它们满足

$$\boldsymbol{\eta}_i^{\mathrm{T}}\boldsymbol{\eta}_j=\delta_{ij} \qquad i,\ j=1,2,\cdots,n.$$

令$\boldsymbol{B}=(\boldsymbol{\eta}_1,\boldsymbol{\eta}_2,\cdots,\boldsymbol{\eta}_n)$，则

$$\boldsymbol{B}^{\mathrm{T}}\boldsymbol{B}=\begin{pmatrix}\boldsymbol{\eta}_1^{\mathrm{T}}\boldsymbol{\eta}_1 & \cdots & \boldsymbol{\eta}_1^{\mathrm{T}}\boldsymbol{\eta}_n\\ \boldsymbol{\eta}_2^{\mathrm{T}}\boldsymbol{\eta}_1 & \cdots & \boldsymbol{\eta}_2^{\mathrm{T}}\boldsymbol{\eta}_n\\ \vdots & & \vdots\\ \boldsymbol{\eta}_n^{\mathrm{T}}\boldsymbol{\eta}_1 & \cdots & \boldsymbol{\eta}_n^{\mathrm{T}}\boldsymbol{\eta}_n\end{pmatrix}$$

$$=\begin{pmatrix}\delta_{11} & \delta_{12} & \cdots & \delta_{1n}\\ \delta_{21} & \delta_{22} & \cdots & \delta_{2n}\\ \vdots & \vdots & & \vdots\\ \delta_{n1} & \delta_{n2} & \cdots & \delta_{nn}\end{pmatrix}=\boldsymbol{E}.$$

显然前面引入的 R^n 的一组基

$$\boldsymbol{\varepsilon}_1=\begin{pmatrix}1\\0\\\vdots\\0\end{pmatrix},\quad \boldsymbol{\varepsilon}_2=\begin{pmatrix}0\\1\\\vdots\\0\end{pmatrix},\quad \cdots,\quad \boldsymbol{\varepsilon}_n=\begin{pmatrix}0\\0\\\vdots\\1\end{pmatrix},$$

就是 R^n 中常用的基本的一组标准正交基.

二、两组标准正交基间的过渡矩阵

设 R^n 的两组标准正交基 $\boldsymbol{\xi}_1,\boldsymbol{\xi}_2,\cdots,\boldsymbol{\xi}_n$ 和 $\boldsymbol{\eta}_1,\boldsymbol{\eta}_2,\cdots,\boldsymbol{\eta}_n$ 间的过渡矩阵为 $\boldsymbol{Q}$,那么存在下列关系

$$(\boldsymbol{\xi}_1\ \boldsymbol{\xi}_2\ \cdots\ \boldsymbol{\xi}_n)=(\boldsymbol{\eta}_1\ \boldsymbol{\eta}_2\ \cdots\ \boldsymbol{\eta}_n)\boldsymbol{Q}$$

令 $\boldsymbol{A}=(\boldsymbol{\xi}_1\ \boldsymbol{\xi}_2\ \cdots\ \boldsymbol{\xi}_n)$,$\boldsymbol{B}=(\boldsymbol{\eta}_1\ \boldsymbol{\eta}_2\ \cdots\ \boldsymbol{\eta}_n)$,上式可写为

$$\boldsymbol{A}=\boldsymbol{B}\boldsymbol{Q}. \tag{4.6}$$

下面导出过渡矩阵 $\boldsymbol{Q}$ 的性质. 将(4.6)式两端转置得

$$\boldsymbol{A}^{\mathrm{T}}=\boldsymbol{Q}^{\mathrm{T}}\boldsymbol{B}^{\mathrm{T}}. \tag{4.7}$$

由(4.6)和(4.7)得

$$\boldsymbol{A}^{\mathrm{T}}\boldsymbol{A}=\boldsymbol{Q}^{\mathrm{T}}\boldsymbol{B}^{\mathrm{T}}\boldsymbol{B}\boldsymbol{Q}.$$

由于 $\boldsymbol{\xi}_1,\cdots,\boldsymbol{\xi}_n$ 和 $\boldsymbol{\eta}_1,\cdots,\boldsymbol{\eta}_n$ 均为标准正交基,所以 $\boldsymbol{A}^{\mathrm{T}}\boldsymbol{A}=\boldsymbol{B}^{\mathrm{T}}\boldsymbol{B}=\boldsymbol{E}$,于是

$$\boldsymbol{E}=\boldsymbol{Q}^{\mathrm{T}}\boldsymbol{E}\boldsymbol{Q},$$

即过渡矩阵 $\boldsymbol{Q}$ 满足

$$\boldsymbol{Q}^{\mathrm{T}}\boldsymbol{Q}=\boldsymbol{E}.$$

由此引入正交矩阵的概念.

三、正交矩阵及其性质

定义 4.12　设实数域 R 上的 n 阶矩阵 $\boldsymbol{Q}$ 满足

$$\boldsymbol{Q}^{\mathrm{T}}\boldsymbol{Q}=\boldsymbol{E}, \tag{4.8}$$

则称 Q 为**正交矩阵**.

显然,定义中条件(4.8)也可以用 $QQ^{\mathrm{T}}=E$ 代替.

例1. 单位矩阵 E 为正交矩阵.

例2. 二维几何空间 R^2 的两直角坐标系间坐标变换矩阵

$$Q=\begin{pmatrix}\cos\theta & -\sin\theta\\ \sin\theta & \cos\theta\end{pmatrix}$$

满足 $Q^{\mathrm{T}}Q=E$,所有 Q 是一个正交矩阵.

例3.

$$Q=\begin{pmatrix}\frac{1}{\sqrt{6}} & \frac{2}{\sqrt{5}} & \frac{1}{\sqrt{30}}\\ -\frac{2}{\sqrt{6}} & \frac{1}{\sqrt{5}} & -\frac{2}{\sqrt{30}}\\ \frac{1}{\sqrt{6}} & 0 & -\frac{5}{\sqrt{30}}\end{pmatrix},$$

可以验证 $Q^{\mathrm{T}}Q=E$,所以 Q 是一个正交矩阵.

正交矩阵具有下列性质:

1. 若 Q 为正交矩阵,则 Q 的行列式之值为 $+1$ 或 -1.

2. 若 Q 为正交矩阵,则 Q 可逆,且 $Q^{-1}=Q^{\mathrm{T}}$.

(性质1,2作为习题,请读者自证.)

3. 若 P 与 Q 都是 n 阶正交矩阵,则 PQ 也是 n 阶正交矩阵.

证明　$(PQ)^{\mathrm{T}}(PQ)=Q^{\mathrm{T}}P^{\mathrm{T}}PQ=Q^{\mathrm{T}}(P^{\mathrm{T}}P)Q=Q^{\mathrm{T}}EQ=Q^{\mathrm{T}}Q=E$,所以 PQ 是正交矩阵.

4. n 阶矩阵 Q 为正交矩阵的充分必要条件是 $Q^{-1}=Q^{\mathrm{T}}$.

证明　必要性:由性质2已知.

充分性:已知 $Q^{-1}=Q^{\mathrm{T}}$,两端右乘 Q 得

$$Q^{-1}Q=Q^{\mathrm{T}}Q,$$

即

$$Q^{\mathrm{T}}Q=E,$$

则 Q 为正交矩阵.

定理4.4　设 $Q_{n\times n}=(\boldsymbol{\alpha}_1,\boldsymbol{\alpha}_2,\cdots,\boldsymbol{\alpha}_n)$,其中 $\boldsymbol{\alpha}_1,\boldsymbol{\alpha}_2,\cdots,\boldsymbol{\alpha}_n$ 为矩阵 Q 的列向量组,则 Q 为正交矩阵的充分必要条件是 $\boldsymbol{\alpha}_1,\cdots,\boldsymbol{\alpha}_n$ 为 R^n 的一组标准正交基.

证明　Q 为正交矩阵等价于 $Q^{\mathrm{T}}Q=E$,它又等价于

$$
\boldsymbol{Q}^{\mathrm{T}}\boldsymbol{Q}=\begin{pmatrix}\boldsymbol{\alpha}_1^{\mathrm{T}}\\ \boldsymbol{\alpha}_2^{\mathrm{T}}\\ \vdots\\ \boldsymbol{\alpha}_n^{\mathrm{T}}\end{pmatrix}(\boldsymbol{\alpha}_1\boldsymbol{\alpha}_2\cdots\boldsymbol{\alpha}_n)
=\begin{pmatrix}\boldsymbol{\alpha}_1^{\mathrm{T}}\boldsymbol{\alpha}_1 & \boldsymbol{\alpha}_1^{\mathrm{T}}\boldsymbol{\alpha}_2 & \cdots & \boldsymbol{\alpha}_1^{\mathrm{T}}\boldsymbol{\alpha}_n\\ \boldsymbol{\alpha}_2^{\mathrm{T}}\boldsymbol{\alpha}_1 & \boldsymbol{\alpha}_2^{\mathrm{T}}\boldsymbol{\alpha}_2 & \cdots & \boldsymbol{\alpha}_2^{\mathrm{T}}\boldsymbol{\alpha}_n\\ \vdots & \vdots & & \vdots\\ \boldsymbol{\alpha}_n^{\mathrm{T}}\boldsymbol{\alpha}_1 & \boldsymbol{\alpha}_n^{\mathrm{T}}\boldsymbol{\alpha}_2 & \cdots & \boldsymbol{\alpha}_n^{\mathrm{T}}\boldsymbol{\alpha}_n\end{pmatrix}=\boldsymbol{E},
$$

也等价于

$$
\boldsymbol{\alpha}_i^{\mathrm{T}}\boldsymbol{\alpha}_j=\delta_{ij}\qquad i,\ j=1,2,\cdots,n.
$$

即 $\boldsymbol{\alpha}_1,\boldsymbol{\alpha}_2,\cdots,\boldsymbol{\alpha}_n$ 为 R^n 的一组标准正交基.

类似可证明:$\boldsymbol{Q}$ 为正交矩阵的充分必要条件是 $\boldsymbol{Q}$ 的行向量组组成 R^n 的一组标准正交基,即如果 $\boldsymbol{\beta}_1^{\mathrm{T}},\boldsymbol{\beta}_2^{\mathrm{T}},\cdots,\boldsymbol{\beta}_n^{\mathrm{T}}$ 为 $\boldsymbol{Q}$ 的行向量组:

$$
\boldsymbol{Q}=\begin{pmatrix}\boldsymbol{\beta}_1^{\mathrm{T}}\\ \boldsymbol{\beta}_2^{\mathrm{T}}\\ \vdots\\ \boldsymbol{\beta}_n^{\mathrm{T}}\end{pmatrix},
$$

则 $\boldsymbol{Q}$ 为正交矩阵的充分必要条件是 $\boldsymbol{\beta}_1,\boldsymbol{\beta}_2,\cdots,\boldsymbol{\beta}_n$ 为 R^n 的一组标准正交基.

四、标准正交基的求法

1. 给定 R^n 任意一组基将它变为标准正交基的步骤如下:

(1) 利用下面所述的施密特正交化方法,由这组基生成 n 个向量的正交向量组;

(2) 将正交向量组中每个向量标准化;这样就得到 R^n 的一组标准正交基.

这一过程称为**标准正交化**.

2. 施密特正交化方法.

给定一线性无关向量组 $\boldsymbol{\alpha}_1,\boldsymbol{\alpha}_2,\cdots,\boldsymbol{\alpha}_s$,由其生成等价的 s 个向量的正交向量组 $\boldsymbol{\beta}_1,\boldsymbol{\beta}_2,\cdots,\boldsymbol{\beta}_s$ 的公式如下:

$$
\begin{aligned}
\boldsymbol{\beta}_1 &= \boldsymbol{\alpha}_1, \\
\boldsymbol{\beta}_2 &= \boldsymbol{\alpha}_2 - \frac{\boldsymbol{\alpha}_2^{\mathrm{T}}\boldsymbol{\beta}_1}{\boldsymbol{\beta}_1^{\mathrm{T}}\boldsymbol{\beta}_1}\boldsymbol{\beta}_1, \\
\boldsymbol{\beta}_3 &= \boldsymbol{\alpha}_3 - \frac{\boldsymbol{\alpha}_3^{\mathrm{T}}\boldsymbol{\beta}_1}{\boldsymbol{\beta}_1^{\mathrm{T}}\boldsymbol{\beta}_1}\boldsymbol{\beta}_1 - \frac{\boldsymbol{\alpha}_3^{\mathrm{T}}\boldsymbol{\beta}_2}{\boldsymbol{\beta}_2^{\mathrm{T}}\boldsymbol{\beta}_2}\boldsymbol{\beta}_2, \\
&\cdots \quad \cdots \quad \cdots \\
\boldsymbol{\beta}_s &= \boldsymbol{\alpha}_s - \frac{\boldsymbol{\alpha}_s^{\mathrm{T}}\boldsymbol{\beta}_1}{\boldsymbol{\beta}_1^{\mathrm{T}}\boldsymbol{\beta}_1}\boldsymbol{\beta}_1 - \frac{\boldsymbol{\alpha}_s^{\mathrm{T}}\boldsymbol{\beta}_2}{\boldsymbol{\beta}_2^{\mathrm{T}}\boldsymbol{\beta}_2}\boldsymbol{\beta}_2 - \cdots - \frac{\boldsymbol{\alpha}_s^{\mathrm{T}}\boldsymbol{\beta}_{s-1}}{\boldsymbol{\beta}_{s-1}^{\mathrm{T}}\boldsymbol{\beta}_{s-1}}\boldsymbol{\beta}_{s-1}.
\end{aligned} \tag{4.9}
$$

或写成

$$
\boldsymbol{\beta}_i = \boldsymbol{\alpha}_i - \sum_{k=1}^{i-1} \frac{\boldsymbol{\alpha}_i^{\mathrm{T}}\boldsymbol{\beta}_k}{\boldsymbol{\beta}_k^{\mathrm{T}}\boldsymbol{\beta}_k}\boldsymbol{\beta}_k \quad i = 2,\cdots,s. \tag{4.10}
$$

显然，$\boldsymbol{\beta}_1,\boldsymbol{\beta}_2,\cdots,\boldsymbol{\beta}_s$ 与 $\boldsymbol{\alpha}_1,\boldsymbol{\alpha}_2,\cdots,\boldsymbol{\alpha}_s$ 等价，下面证明向量组 $\boldsymbol{\beta}_1,\boldsymbol{\beta}_2,\cdots,\boldsymbol{\beta}_s$ 是正交向量组.

证明 对 s 作数学归纳法.

当 $s=2$ 时，将(4.9)中第 2 式左乘 $\boldsymbol{\beta}_1^{\mathrm{T}}$，得

$$
\begin{aligned}
\boldsymbol{\beta}_1^{\mathrm{T}}\boldsymbol{\beta}_2 &= \boldsymbol{\beta}_1^{\mathrm{T}}\boldsymbol{\alpha}_2 - \frac{\boldsymbol{\alpha}_2^{\mathrm{T}}\boldsymbol{\beta}_1}{\boldsymbol{\beta}_1^{\mathrm{T}}\boldsymbol{\beta}_1}\boldsymbol{\beta}_1^{\mathrm{T}}\boldsymbol{\beta}_1 \\
&= \boldsymbol{\beta}_1^{\mathrm{T}}\boldsymbol{\alpha}_2 - \boldsymbol{\alpha}_2^{\mathrm{T}}\boldsymbol{\beta}_1 = 0,
\end{aligned}
$$

即 $\boldsymbol{\beta}_1,\boldsymbol{\beta}_2$ 正交.

假设 $s=i-1$ 时结论成立，即 $\boldsymbol{\beta}_1,\boldsymbol{\beta}_2,\cdots,\boldsymbol{\beta}_{i-1}$ 两两正交.

要证 $s=i$ 时结论也成立. 只要证 $\boldsymbol{\beta}_i$ 分别与 $\boldsymbol{\beta}_1,\boldsymbol{\beta}_2,\cdots,\boldsymbol{\beta}_{i-1}$ 正交. 事实上如果用 $\boldsymbol{\beta}_j^{\mathrm{T}}(j=1,2,\cdots,i-1)$ 左乘(4.10)式，得

$$
\begin{aligned}
\boldsymbol{\beta}_j^{\mathrm{T}}\boldsymbol{\beta}_i &= \boldsymbol{\beta}_j^{\mathrm{T}}\boldsymbol{\alpha}_i - \sum_{k=1}^{i-1} \frac{\boldsymbol{\alpha}_i^{\mathrm{T}}\boldsymbol{\beta}_k}{\boldsymbol{\beta}_k^{\mathrm{T}}\boldsymbol{\beta}_k}\boldsymbol{\beta}_j^{\mathrm{T}}\boldsymbol{\beta}_k \\
&= \boldsymbol{\beta}_j^{\mathrm{T}}\boldsymbol{\alpha}_i - \frac{\boldsymbol{\alpha}_i^{\mathrm{T}}\boldsymbol{\beta}_j}{\boldsymbol{\beta}_j^{\mathrm{T}}\boldsymbol{\beta}_j}\boldsymbol{\beta}_j^{\mathrm{T}}\boldsymbol{\beta}_j \\
&= \boldsymbol{\beta}_j^{\mathrm{T}}\boldsymbol{\alpha}_i - \boldsymbol{\alpha}_i^{\mathrm{T}}\boldsymbol{\beta}_j = 0.
\end{aligned}
$$

即 $\boldsymbol{\beta}_i$ 与 $\boldsymbol{\beta}_1,\boldsymbol{\beta}_2,\cdots,\boldsymbol{\beta}_{i-1}$ 正交.

根据归纳法知 $\boldsymbol{\beta}_1,\boldsymbol{\beta}_2,\cdots,\boldsymbol{\beta}_s$ 为正交向量组.

例 4. 设

$$
\boldsymbol{\alpha}_1 = \begin{pmatrix}1\\0\\1\end{pmatrix}, \quad \boldsymbol{\alpha}_2 = \begin{pmatrix}1\\1\\0\end{pmatrix}, \quad \boldsymbol{\alpha}_3 = \begin{pmatrix}0\\1\\1\end{pmatrix}
$$

为 R^3 的一组基,将其化为标准正交基.

解　(1) 利用施密特正交化方法先将其正交化:

$$\boldsymbol{\beta}_1=\boldsymbol{\alpha}_1=\begin{pmatrix}1\\0\\1\end{pmatrix},$$

$$\boldsymbol{\beta}_2=\boldsymbol{\alpha}_2-\frac{\boldsymbol{\alpha}_2^{\mathrm{T}}\boldsymbol{\beta}_1}{\boldsymbol{\beta}_1^{\mathrm{T}}\boldsymbol{\beta}_1}\boldsymbol{\beta}_1=\begin{pmatrix}1\\1\\0\end{pmatrix}-\frac{1}{2}\begin{pmatrix}1\\0\\1\end{pmatrix}=\begin{pmatrix}\frac{1}{2}\\1\\-\frac{1}{2}\end{pmatrix},$$

$$\boldsymbol{\beta}_3=\boldsymbol{\alpha}_3-\frac{\boldsymbol{\alpha}_3^{\mathrm{T}}\boldsymbol{\beta}_1}{\boldsymbol{\beta}_1^{\mathrm{T}}\boldsymbol{\beta}_1}\boldsymbol{\beta}_1-\frac{\boldsymbol{\alpha}_3^{\mathrm{T}}\boldsymbol{\beta}_2}{\boldsymbol{\beta}_2^{\mathrm{T}}\boldsymbol{\beta}_2}\boldsymbol{\beta}_2$$

$$=\begin{pmatrix}1\\1\\0\end{pmatrix}-\frac{1}{2}\begin{pmatrix}1\\0\\1\end{pmatrix}-\frac{\frac{1}{2}}{\frac{3}{2}}\begin{pmatrix}\frac{1}{2}\\1\\-\frac{1}{2}\end{pmatrix}=\begin{pmatrix}-\frac{2}{3}\\\frac{2}{3}\\\frac{2}{3}\end{pmatrix},$$

则 $\boldsymbol{\beta}_1,\boldsymbol{\beta}_2,\boldsymbol{\beta}_3$ 为与 $\boldsymbol{\alpha}_1,\boldsymbol{\alpha}_2,\boldsymbol{\alpha}_3$ 等价的正交向量组.

(2) 将 $\boldsymbol{\beta}_1,\boldsymbol{\beta}_2,\boldsymbol{\beta}_3$ 标准化

$$\|\boldsymbol{\beta}_1\|=\sqrt{\boldsymbol{\beta}_1^{\mathrm{T}}\boldsymbol{\beta}_1}=\sqrt{2},$$

$$\|\boldsymbol{\beta}_2\|=\sqrt{\boldsymbol{\beta}_2^{\mathrm{T}}\boldsymbol{\beta}_2}=\frac{\sqrt{6}}{2},$$

$$\|\boldsymbol{\beta}_3\|=\sqrt{\boldsymbol{\beta}_3^{\mathrm{T}}\boldsymbol{\beta}_3}=\frac{2}{3}\sqrt{3}.$$

所以

$$\boldsymbol{\eta}_1=\frac{\boldsymbol{\beta}_1}{\|\boldsymbol{\beta}_1\|}=\begin{pmatrix}\frac{1}{\sqrt{2}}\\0\\\frac{1}{\sqrt{2}}\end{pmatrix},$$

$$\boldsymbol{\eta}_2=\frac{\boldsymbol{\beta}_2}{\|\boldsymbol{\beta}_2\|}=\begin{pmatrix}\frac{1}{\sqrt{6}}\\\frac{2}{\sqrt{6}}\\-\frac{1}{\sqrt{6}}\end{pmatrix},$$

$$\boldsymbol{\eta}_3 = \frac{\boldsymbol{\beta}_3}{\|\boldsymbol{\beta}_3\|} = \begin{pmatrix} -\frac{1}{\sqrt{3}} \\ \frac{1}{\sqrt{3}} \\ \frac{1}{\sqrt{3}} \end{pmatrix},$$

则 $\boldsymbol{\eta}_1, \boldsymbol{\eta}_2, \boldsymbol{\eta}_3$ 为 R^3 的标准正交基.

习　题　四

1. 检验下列集合对指定运算是否构成实数域 R 上的线性空间:
   (1) 全体对称(反对称、上三角、下三角、n 阶可逆)矩阵所成集合;运算:矩阵加法和矩阵数量乘法.
   (2) 闭区间 $[a,b]$ 上全体连续函数所成集合;运算:函数的加法与实数的乘法.
   (3) 闭区间 $[a,b]$ 上全体可积函数所成集合;运算:同上.
   (4) 所有收敛数列集合;运算:数列的加法与实数的乘法.
   (5) 所有发散数列集合;运算:同上.

*2. 证明线性空间中
   (1) 零向量是唯一的;
   (2) 任一向量的负向量是唯一的.

3. 给定 R^3 中一组向量 $\boldsymbol{\xi}_1, \boldsymbol{\xi}_2, \boldsymbol{\xi}_3$ 和向量 $\boldsymbol{\alpha}$,证明 $\boldsymbol{\xi}_1, \boldsymbol{\xi}_2, \boldsymbol{\xi}_3$ 是 R^3 的一组基,并求向量 $\boldsymbol{\alpha}$ 关于基 $\boldsymbol{\xi}_1, \boldsymbol{\xi}_2, \boldsymbol{\xi}_3$ 的坐标.
   (1) $\boldsymbol{\xi}_1 = (1,1,1)^{\mathrm{T}}$, $\boldsymbol{\xi}_2 = (1,1,2)^{\mathrm{T}}$, $\boldsymbol{\xi}_3 = (1,2,3)^{\mathrm{T}}$,
   $\boldsymbol{\alpha} = (6,9,14)^{\mathrm{T}}$;
   (2) $\boldsymbol{\xi}_1 = (2,1,-3)^{\mathrm{T}}$, $\boldsymbol{\xi}_2 = (3,2,-5)^{\mathrm{T}}$,
   $\boldsymbol{\xi}_3 = (1,-1,1)^{\mathrm{T}}$, $\boldsymbol{\alpha} = (6,2,-7)^{\mathrm{T}}$;
   (3) $\boldsymbol{\xi}_1 = \boldsymbol{\varepsilon}_1 + \boldsymbol{\varepsilon}_2$, $\boldsymbol{\xi}_2 = \boldsymbol{\varepsilon}_2 + \boldsymbol{\varepsilon}_3$, $\boldsymbol{\xi}_3 = \boldsymbol{\varepsilon}_1 + \boldsymbol{\varepsilon}_3$,
   $\boldsymbol{\alpha} = -\boldsymbol{\varepsilon}_1 + 2\boldsymbol{\varepsilon}_2 + \boldsymbol{\varepsilon}_3$.

4. 设 $\boldsymbol{\xi}_1, \boldsymbol{\xi}_2, \boldsymbol{\xi}_3$ 是 R^3 的一组基. R^3 中向量 $\boldsymbol{\alpha}$ 关于这组基的坐标为 (a_1, a_2, a_3),

(1) 求 $\boldsymbol{\alpha}$ 关于基 $\boldsymbol{\xi}_3,\boldsymbol{\xi}_1,\boldsymbol{\xi}_2$ 的坐标;

(2) 求 $\boldsymbol{\alpha}$ 关于基 $\boldsymbol{\xi}_1,\boldsymbol{\xi}_2,k\boldsymbol{\xi}_3$ 的坐标;

(3) 求 $\boldsymbol{\alpha}$ 关于基 $\boldsymbol{\xi}_1+k\boldsymbol{\xi}_2,\boldsymbol{\xi}_2,\boldsymbol{\xi}_3$ 的坐标.

其中 k 是数域 F 中的非零常数.

5. 求齐次线性方程组

$$\begin{cases} 3x_1+2x_2-5x_3+4x_4=0, \\ 3x_1-4x_2+11x_3-10x_4=0, \\ 3x_1+5x_2-13x_3+11x_4=0 \end{cases}$$

的解空间的维数和一组基.

6. 求 R^3 的向量组

$\boldsymbol{\alpha}_1=-\boldsymbol{\varepsilon}_1+2\boldsymbol{\varepsilon}_2$, $\quad\boldsymbol{\alpha}_2=2\boldsymbol{\varepsilon}_1-\boldsymbol{\varepsilon}_2+\boldsymbol{\varepsilon}_3$,

$\boldsymbol{\alpha}_3=-4\boldsymbol{\varepsilon}_1+5\boldsymbol{\varepsilon}_2-\boldsymbol{\varepsilon}_3$, $\quad\boldsymbol{\alpha}_4=3\boldsymbol{\varepsilon}_1-3\boldsymbol{\varepsilon}_2+\boldsymbol{\varepsilon}_3$

的秩和一组基.

7. 在 R^4 中求由基 $\boldsymbol{\xi}_1,\boldsymbol{\xi}_2,\boldsymbol{\xi}_3,\boldsymbol{\xi}_4$ 到基 $\boldsymbol{\eta}_1,\boldsymbol{\eta}_2,\boldsymbol{\eta}_3,\boldsymbol{\eta}_4$ 的过渡矩阵,并求向量 $\boldsymbol{\alpha}$ 关于指定基的坐标.

(1) $\boldsymbol{\xi}_1=(1,1,1,1)^{\mathrm{T}}$, $\quad\boldsymbol{\eta}_1=(1,1,0,1)^{\mathrm{T}}$,

$\boldsymbol{\xi}_2=(1,1,-1,-1)^{\mathrm{T}}$, $\quad\boldsymbol{\eta}_2=(2,1,3,1)^{\mathrm{T}}$,

$\boldsymbol{\xi}_3=(1,-1,1,-1)^{\mathrm{T}}$, $\quad\boldsymbol{\eta}_3=(1,1,0,0)^{\mathrm{T}}$,

$\boldsymbol{\xi}_4=(1,-1,-1,1)^{\mathrm{T}}$, $\quad\boldsymbol{\eta}_4=(0,1,-1,-1)^{\mathrm{T}}$.

$\boldsymbol{\alpha}=(1,0,0,-1)^{\mathrm{T}}$ 在 $\boldsymbol{\eta}_1,\boldsymbol{\eta}_2,\boldsymbol{\eta}_3,\boldsymbol{\eta}_4$ 下的坐标.

(2) $\boldsymbol{\xi}_1=(1,2,-1,0)^{\mathrm{T}}$, $\quad\boldsymbol{\eta}_1=(2,1,0,1)^{\mathrm{T}}$,

$\boldsymbol{\xi}_2=(1,-1,1,1)^{\mathrm{T}}$, $\quad\boldsymbol{\eta}_2=(0,1,2,2)^{\mathrm{T}}$,

$\boldsymbol{\xi}_3=(-1,2,1,1)^{\mathrm{T}}$, $\quad\boldsymbol{\eta}_3=(-2,1,1,2)^{\mathrm{T}}$,

$\boldsymbol{\xi}_4=(-1,-1,0,1)^{\mathrm{T}}$, $\quad\boldsymbol{\eta}_4=(1,3,1,2)^{\mathrm{T}}$.

$\boldsymbol{\alpha}=(1,0,0,0)^{\mathrm{T}}$ 在 $\boldsymbol{\xi}_1,\boldsymbol{\xi}_2,\boldsymbol{\xi}_3,\boldsymbol{\xi}_4$ 下的坐标.

8. 设 $\boldsymbol{\xi}_1,\boldsymbol{\xi}_2,\cdots,\boldsymbol{\xi}_n$ 是 R^n 的一组基,求由这个基到基 $\boldsymbol{\xi}_2,\boldsymbol{\xi}_3,\cdots,\boldsymbol{\xi}_n,\boldsymbol{\xi}_1$ 的过渡矩阵.

9. 设 $\boldsymbol{\xi}_1=(2,1,-1,1)^{\mathrm{T}}$, $\quad\boldsymbol{\xi}_2=(0,3,1,0)^{\mathrm{T}}$,

$\boldsymbol{\xi}_3=(5,3,2,1)^{\mathrm{T}}$, $\quad\boldsymbol{\xi}_4=(6,6,1,3)^{\mathrm{T}}$ 是 R^4 的一组基.

求 R^4 中的一非零向量 $\boldsymbol{\alpha}$,使 $\boldsymbol{\alpha}$ 关于这组基的坐标与关于基 $\boldsymbol{\varepsilon}_1,\boldsymbol{\varepsilon}_2,\boldsymbol{\varepsilon}_3,\boldsymbol{\varepsilon}_4$ 的坐标

相同.

10. 在 R^4 中求出由向量 $\boldsymbol{\alpha}_1,\boldsymbol{\alpha}_2,\boldsymbol{\alpha}_3,\boldsymbol{\alpha}_4$ 生成的线性子空间的维数和一组基.

(1) $\boldsymbol{\alpha}_1=(2,0,1,2)^{\mathrm{T}}$,

$\boldsymbol{\alpha}_2=(-1,1,0,3)^{\mathrm{T}}$,

$\boldsymbol{\alpha}_3=(0,2,1,8)^{\mathrm{T}}$,

$\boldsymbol{\alpha}_4=(5,-1,2,1)^{\mathrm{T}}$;

(2) $\boldsymbol{\alpha}_1=(2,1,-1,-2)^{\mathrm{T}}$,

$\boldsymbol{\alpha}_2=(1,0,-3,2)^{\mathrm{T}}$,

$\boldsymbol{\alpha}_3=(2,2,1,-1)^{\mathrm{T}}$,

$\boldsymbol{\alpha}_4=(3,3,3,-5)^{\mathrm{T}}$.

11. 设 $\boldsymbol{\eta}_1,\boldsymbol{\eta}_2,\cdots,\boldsymbol{\eta}_n$ 是 R^n 的一组基,$\boldsymbol{\alpha}_1,\boldsymbol{\alpha}_2,\cdots,\boldsymbol{\alpha}_n$ 是 R^n 的 n 个向量.已知

$$(\boldsymbol{\alpha}_1\ \boldsymbol{\alpha}_2\ \cdots\ \boldsymbol{\alpha}_n)=(\boldsymbol{\eta}_1\ \boldsymbol{\eta}_2\ \cdots\ \boldsymbol{\eta}_n)\boldsymbol{A},$$

求证 $L(\boldsymbol{\alpha}_1,\boldsymbol{\alpha}_2,\cdots,\boldsymbol{\alpha}_n)$ 的维数等于 $\boldsymbol{A}$ 的秩.

12. 计算向量 $\boldsymbol{\alpha},\boldsymbol{\beta}$ 的内积

(1) $\boldsymbol{\alpha}=(-1,0,3,-5)^{\mathrm{T}}$, $\boldsymbol{\beta}=(4,-2,0,1)^{\mathrm{T}}$.

(2) $\boldsymbol{\alpha}=\left(\frac{\sqrt{3}}{2},-\frac{1}{3},\frac{\sqrt{3}}{4},-1\right)^{\mathrm{T}}$, $\boldsymbol{\beta}=\left(-\frac{\sqrt{3}}{2},-2,\sqrt{3},\frac{2}{3}\right)^{\mathrm{T}}$.

13. 把下列向量单位化:

(1) $\boldsymbol{\alpha}=(3,0,-1,4)^{\mathrm{T}}$,

(2) $\boldsymbol{\beta}=(5,1,-2,0)^{\mathrm{T}}$.

14. 设 $\boldsymbol{\alpha},\boldsymbol{\beta},\boldsymbol{\gamma}$ 是任意 n 维列向量,证明

(1) $\|\boldsymbol{\alpha}-\boldsymbol{\gamma}\|\leqslant\|\boldsymbol{\alpha}-\boldsymbol{\beta}\|+\|\boldsymbol{\beta}-\boldsymbol{\gamma}\|$;

(2) $\big|\|\boldsymbol{\alpha}\|-\|\boldsymbol{\beta}\|\big|\leqslant\|\boldsymbol{\alpha}+\boldsymbol{\beta}\|$;

(3) $\|\boldsymbol{\alpha}+\boldsymbol{\beta}\|^2+\|\boldsymbol{\alpha}-\boldsymbol{\beta}\|^2=2\|\boldsymbol{\alpha}\|^2+2\|\boldsymbol{\beta}\|^2$;

(4) $\boldsymbol{\alpha}^{\mathrm{T}}\boldsymbol{\beta}=\frac{1}{4}\|\boldsymbol{\alpha}+\boldsymbol{\beta}\|^2-\frac{1}{4}\|\boldsymbol{\alpha}-\boldsymbol{\beta}\|^2$.

15. 若向量 $\boldsymbol{\alpha}$ 与 $\boldsymbol{\beta}$ 正交,则对任意实数 $a,b,a\boldsymbol{\alpha}$ 与 $b\boldsymbol{\beta}$ 也正交.

16. 若向量 $\boldsymbol{\beta}$ 与向量 $\boldsymbol{\alpha}_1,\boldsymbol{\alpha}_2$ 都正交,则 $\boldsymbol{\beta}$ 与 $\boldsymbol{\alpha}_1,\boldsymbol{\alpha}_2$ 的任一线性组合也正交.

17. 若 R^n 中向量 $\boldsymbol{\alpha}$ 与 R^n 中任意向量都正交,则 $\boldsymbol{\alpha}$ 必是零向量.

18. 判断下列矩阵是否为正交矩阵:

(1) $\begin{pmatrix} \frac{\sqrt{3}}{2} & -\frac{1}{2} \\ \frac{1}{2} & \frac{\sqrt{3}}{2} \end{pmatrix}$,　(2) $\begin{pmatrix} \frac{1}{3} & \frac{2}{3} & \frac{2}{3} \\ \frac{2}{3} & \frac{1}{3} & -\frac{2}{3} \\ \frac{2}{3} & -\frac{2}{3} & \frac{1}{3} \end{pmatrix}$.

19. 若 $\boldsymbol{A}$ 是正交矩阵,则 $\boldsymbol{A}^{\mathrm{T}}$ 也是正交矩阵.

20. 若 $\boldsymbol{A}$ 是实对称矩阵,$\boldsymbol{Q}$ 是正交矩阵,则 $\boldsymbol{Q}^{-1}\boldsymbol{A}\boldsymbol{Q}$ 也是实对称矩阵.

21. 证明:上三角形的正交矩阵必为对角矩阵,且主对角线上的元素是 $+1$ 或 -1.

22. 设 $\boldsymbol{A}$ 是 n 阶正交矩阵. $\boldsymbol{\alpha}$, $\boldsymbol{\beta}$ 是 R^n 中非零向量. 证明:若 $\boldsymbol{A}^2=\boldsymbol{E}$,则 $\boldsymbol{\alpha}^{\mathrm{T}}\boldsymbol{A}^{\mathrm{T}}\boldsymbol{\beta}=\boldsymbol{\alpha}^{\mathrm{T}}\boldsymbol{A}\boldsymbol{\beta}$.

23. 设 $\boldsymbol{\alpha}$ 为 n 维列向量,$\boldsymbol{A}$ 为 n 阶正交矩阵,证明 $\|\boldsymbol{A}\boldsymbol{\alpha}\|=\|\boldsymbol{\alpha}\|$.

24. 如果 $\boldsymbol{\eta}_1,\boldsymbol{\eta}_2,\cdots,\boldsymbol{\eta}_n$ 是 R^n 的一组标准正交基,$\boldsymbol{A}$ 为 n 阶正交矩阵,则 $\boldsymbol{A}\boldsymbol{\eta}_1,\boldsymbol{A}\boldsymbol{\eta}_2,\cdots,\boldsymbol{A}\boldsymbol{\eta}_n$ 也是一组标准正交基.

25. 将下列向量组单位正交化.

(1) $\boldsymbol{\alpha}_1=(1,-2,2)^{\mathrm{T}}$,
$\boldsymbol{\alpha}_2=(-1,0,-1)^{\mathrm{T}}$,
$\boldsymbol{\alpha}_3=(5,-3,-7)^{\mathrm{T}}$.

(2) $\boldsymbol{\alpha}_1=(1,1,1,1)^{\mathrm{T}}$,
$\boldsymbol{\alpha}_2=(3,3,-1,-1)^{\mathrm{T}}$,
$\boldsymbol{\alpha}_3=(-2,0,6,8)^{\mathrm{T}}$.

26. 设 $\boldsymbol{\eta}_1,\boldsymbol{\eta}_2,\boldsymbol{\eta}_3$ 是 R^3 的一组标准正交基.

证明:$\boldsymbol{\xi}_1=\frac{1}{3}(2\boldsymbol{\eta}_1+2\boldsymbol{\eta}_2-\boldsymbol{\eta}_3)$,

$\boldsymbol{\xi}_2=\frac{1}{3}(2\boldsymbol{\eta}_1-\boldsymbol{\eta}_2+2\boldsymbol{\eta}_3)$,

$\boldsymbol{\xi}_3=\frac{1}{3}(\boldsymbol{\eta}_1-2\boldsymbol{\eta}_2-2\boldsymbol{\eta}_3)$

也是一组标准正交基.

27. 求齐次线性方程组

$$\begin{cases} 2x_1+x_2-x_3+x_4-3x_5=0, \\ x_1+x_2-x_3+x_5=0 \end{cases}$$

的解空间(作为 R^5 的子空间)的一组标准正交基.

28. $\boldsymbol{\varepsilon}_1,\boldsymbol{\varepsilon}_2,\boldsymbol{\varepsilon}_3,\boldsymbol{\varepsilon}_4,\boldsymbol{\varepsilon}_5$ 是 R^5 的一组标准正交基,而 $\boldsymbol{\alpha}_1=\boldsymbol{\varepsilon}_1+\boldsymbol{\varepsilon}_5$,$\boldsymbol{\alpha}_2=\boldsymbol{\varepsilon}_1-\boldsymbol{\varepsilon}_2+\boldsymbol{\varepsilon}_4$,$\boldsymbol{\alpha}_3=2\boldsymbol{\varepsilon}_1+\boldsymbol{\varepsilon}_2+\boldsymbol{\varepsilon}_3$,求 $L(\boldsymbol{\alpha}_1,\boldsymbol{\alpha}_2,\boldsymbol{\alpha}_3)$ 的一组标准正交基.

第五章　矩阵的特征值与特征向量

在经济理论研究及其应用中，例如动态经济模型、投入产出分析等，常遇到矩阵特征值等问题．本章将对这些理论问题进行初步探讨．

§5.1　矩阵的特征值和特征向量

一、基本概念

定义 5.1　设 $\boldsymbol{A}$ 是数域 F 上的 n 阶矩阵，如果对于数域 F 中的一个数 λ_0，存在非零 n 维列向量 $\boldsymbol{\alpha}$，使得

$$\boldsymbol{A\alpha} = \lambda_0\boldsymbol{\alpha}, \tag{5.1}$$

则 λ_0 称为 $\boldsymbol{A}$ 的一个特征值，$\boldsymbol{\alpha}$ 称为 $\boldsymbol{A}$ 的属于特征值 λ_0 的**特征向量**．

例如设

$$\boldsymbol{A} = \begin{pmatrix} 2 & 3 \\ 1 & 4 \end{pmatrix}, \quad \lambda_0 = 5, \quad \boldsymbol{\alpha} = \begin{pmatrix} 1 \\ 1 \end{pmatrix}.$$

可验证

$$\begin{pmatrix} 2 & 3 \\ 1 & 4 \end{pmatrix}\begin{pmatrix} 1 \\ 1 \end{pmatrix} = 5\begin{pmatrix} 1 \\ 1 \end{pmatrix},$$

所以 $\boldsymbol{A}$ 有一个特征值为 5，且 $(1,1)^{\mathrm{T}}$ 为 $\boldsymbol{A}$ 的属于特征值 5 的特征向量．

由定义 5.1 可以看出，在讨论矩阵 $\boldsymbol{A}$ 的特征值问题时，$\boldsymbol{A}$ 必须是方阵，其特征值可能是实数，也可能是复数（见本节例 4）．

如果 $\boldsymbol{\alpha}$ 是 $\boldsymbol{A}$ 的属于特征值 λ_0 的特征向量，则 $\boldsymbol{\alpha}$ 一定是非零向量，并且对于数域 F 中任意非零数 k，$k\boldsymbol{\alpha} \neq 0$，有

$$\boldsymbol{A}(k\boldsymbol{\alpha}) = k(\boldsymbol{A}\boldsymbol{\alpha}) = k(\lambda_0\boldsymbol{\alpha}) = \lambda_0(k\boldsymbol{\alpha}),$$

所以$k\boldsymbol{\alpha}$也是$\boldsymbol{A}$的属于特征值λ_0的特征向量,但在常数倍意义下我们就认为它是指同一特征向量.

如果$\boldsymbol{\alpha}_1$、$\boldsymbol{\alpha}_2$都是$\boldsymbol{A}$的属于特征值λ_0的特征向量,则当$k_1\boldsymbol{\alpha}_1 + k_2\boldsymbol{\alpha}_2 \neq 0$时,$k_1\boldsymbol{\alpha}_1 + k_2\boldsymbol{\alpha}_2$也是$\boldsymbol{A}$的属于$\lambda_0$的特征向量. 因为

$$\begin{aligned}\boldsymbol{A}(k_1\boldsymbol{\alpha}_1 + k_2\boldsymbol{\alpha}_2) &= k_1\boldsymbol{A}\boldsymbol{\alpha}_1 + k_2\boldsymbol{A}\boldsymbol{\alpha}_2\\ &= k_1\lambda_0\boldsymbol{\alpha}_1 + k_2\lambda_0\boldsymbol{\alpha}_2\\ &= \lambda_0(k_1\boldsymbol{\alpha}_1 + k_2\boldsymbol{\alpha}_2),\end{aligned}$$

其中k_1,k_2为数域F中的数.

二、特征值与特征向量的计算方法

设$\boldsymbol{A}$是数域F上的n阶矩阵,如果λ_0是$\boldsymbol{A}$的特征值,$\boldsymbol{\alpha}$是$\boldsymbol{A}$的属于λ_0的特征向量,则

$$\boldsymbol{A}\boldsymbol{\alpha} = \lambda_0\boldsymbol{\alpha},$$

即

$$\lambda_0\boldsymbol{\alpha} - \boldsymbol{A}\boldsymbol{\alpha} = \boldsymbol{o},$$

$$(\lambda_0\boldsymbol{E} - \boldsymbol{A})\boldsymbol{\alpha} = \boldsymbol{o}.$$

因$\boldsymbol{\alpha} \neq \boldsymbol{o}$,这说明$\boldsymbol{\alpha}$是齐次线性方程组

$$(\lambda_0\boldsymbol{E} - \boldsymbol{A})\boldsymbol{X} = \boldsymbol{o} \tag{5.2}$$

的非零解. 齐次线性方程组有非零解的充分必要条件是其系数矩阵$\lambda_0\boldsymbol{E} - \boldsymbol{A}$的行列式等于零,即

$$|\lambda_0\boldsymbol{E} - \boldsymbol{A}| = 0.$$

一般,设λ是一个未知量,则矩阵$\lambda\boldsymbol{E} - \boldsymbol{A}$称为$\boldsymbol{A}$的**特征矩阵**,它的行列式$|\lambda\boldsymbol{E} - \boldsymbol{A}|$称为$\boldsymbol{A}$的**特征多项式**,$|\lambda\boldsymbol{E} - \boldsymbol{A}| = 0$称为$\boldsymbol{A}$的**特征方程**,其根为矩阵$\boldsymbol{A}$的**特征值**.

由上面的分析可得:

定理 5.1 设$\boldsymbol{A}$是n阶矩阵,则λ_0是$\boldsymbol{A}$的特征值,$\boldsymbol{\alpha}$是$\boldsymbol{A}$的属于λ_0的特征向量的充分必要条件是:λ_0是特征方程$|\lambda\boldsymbol{E} - \boldsymbol{A}| = 0$的根,$\boldsymbol{\alpha}$是齐次线性方程组$(\lambda_0\boldsymbol{E} - \boldsymbol{A})\boldsymbol{X} = \boldsymbol{o}$的非零解.

根据定理5.1,求$\boldsymbol{A}$的特征值就是要求特征方程$|\lambda\boldsymbol{E} - \boldsymbol{A}| = 0$的根. 若特征

方程在数域F上没有根,则$\boldsymbol{A}$就没有特征值;若特征方程在数域F上有根,则$\boldsymbol{A}$就有特征值;特征方程的全部根就是$\boldsymbol{A}$的全部特征值.求$\boldsymbol{A}$的属于特征值λ_0的全部特征向量,就是要求齐次线性方程组

$$(\lambda_0\boldsymbol{E}-\boldsymbol{A})\boldsymbol{X}=\boldsymbol{o}$$

的全部非零解.

求矩阵$\boldsymbol{A}$的特征值和特征向量的步骤可总结如下:

(1) 计算$|\lambda\boldsymbol{E}-\boldsymbol{A}|$;

(2) 求$|\lambda\boldsymbol{E}-\boldsymbol{A}|=0$在数域$F$上的全部根,它们就是$\boldsymbol{A}$的全部特征值;

(3) 对于$\boldsymbol{A}$的每一个特征值λ_0,求出$(\lambda_0\boldsymbol{E}-\boldsymbol{A})\boldsymbol{X}=\boldsymbol{o}$的一个基础解系$\boldsymbol{\eta}_1,\boldsymbol{\eta}_2,\cdots,\boldsymbol{\eta}_{n-r}$,其中$r$为矩阵$\lambda_0\boldsymbol{E}-\boldsymbol{A}$的秩;

则$\boldsymbol{A}$的属于λ_0的全部特征向量为

$$k_1\boldsymbol{\eta}_1+k_2\boldsymbol{\eta}_2+\cdots+k_{n-r}\boldsymbol{\eta}_{n-r},$$

其中$k_1,k_2,\cdots,k_{n-r}$是数域F上的不全为零的任意数.

例1. 求

$$\boldsymbol{A}=\begin{pmatrix}1&-1&1\\2&4&-2\\-3&-3&5\end{pmatrix}$$

的特征值及特征向量.

解

$$|\lambda\boldsymbol{E}-\boldsymbol{A}|=\begin{vmatrix}\lambda-1&1&-1\\-2&\lambda-4&2\\3&3&\lambda-5\end{vmatrix}=(\lambda-2)^2(\lambda-6),$$

所以$\boldsymbol{A}$的全部特征值为$\lambda_1=6,\lambda_2=2$(二重).

对于$\lambda_1=6$,解齐次线性方程组$(6\boldsymbol{E}-\boldsymbol{A})\boldsymbol{X}=\boldsymbol{o}$,由

$$\lambda_1\boldsymbol{E}-\boldsymbol{A}=\begin{pmatrix}5&1&-1\\-2&2&2\\3&3&1\end{pmatrix}\rightarrow\begin{pmatrix}1&0&-\frac{1}{3}\\0&1&\frac{2}{3}\\0&0&0\end{pmatrix}$$

可知$\lambda_1\boldsymbol{E}-\boldsymbol{A}$的秩$r=2$,有$n-r=3-2=1$个自由未知量,取为$x_3$.由

$$\begin{cases} x_1 - \dfrac{1}{3}x_3 = 0, \\ x_2 + \dfrac{2}{3}x_3 = 0, \end{cases}$$

求得它的一个基础解系为$\boldsymbol{\alpha}_1 = (1, -2, 3)^{\mathrm{T}}$. 所以$\boldsymbol{A}$的属于特征值6的全部特征向量为

$$k\begin{pmatrix} 1 \\ -2 \\ 3 \end{pmatrix}, \quad k\text{ 为任意非零数}.$$

对于$\lambda_2 = 2$(二重),解齐次线性方程组$(2\boldsymbol{E} - \boldsymbol{A})\boldsymbol{X} = \boldsymbol{o}$. 由

$$\lambda_2\boldsymbol{E} - \boldsymbol{A} = \begin{pmatrix} 1 & 1 & -1 \\ -2 & -2 & 2 \\ 3 & 3 & -3 \end{pmatrix} \to \begin{pmatrix} 1 & 1 & -1 \\ 0 & 0 & 0 \\ 0 & 0 & 0 \end{pmatrix},$$

知$\lambda_2\boldsymbol{E} - \boldsymbol{A}$的秩为1,有$n - r = 2$个自由未知量,取为$x_2, x_3$. 由

$$x_1 + x_2 - x_3 = 0,$$

得它的一个基础解系为

$$\boldsymbol{\alpha}_2 = \begin{pmatrix} 1 \\ -1 \\ 0 \end{pmatrix}, \qquad \boldsymbol{\alpha}_3 = \begin{pmatrix} 1 \\ 0 \\ 1 \end{pmatrix}.$$

所以$\boldsymbol{A}$的属于特征值2的全部特征向量为

$$k_1\begin{pmatrix} 1 \\ -1 \\ 0 \end{pmatrix} + k_2\begin{pmatrix} 1 \\ 0 \\ 1 \end{pmatrix},$$

其中k_1、k_2为不全为零的任意数.

易证$\boldsymbol{\alpha}_1$、$\boldsymbol{\alpha}_2$、$\boldsymbol{\alpha}_3$是线性无关的.

此例中$\boldsymbol{A}$有一个二重特征值,相应的特征向量的基础解系中包含两个线性无关的向量$\boldsymbol{\alpha}_2, \boldsymbol{\alpha}_3$.

例2. 求

$$\boldsymbol{A} = \begin{pmatrix} 4 & 2 & 1 \\ -2 & 0 & -1 \\ 1 & 1 & 0 \end{pmatrix}$$

的特征值和特征向量.

解

$$|\lambda E - A| = \begin{vmatrix} \lambda - 4 & -2 & -1 \\ 2 & \lambda & 1 \\ -1 & -1 & \lambda \end{vmatrix} = \lambda(\lambda - 2)^2,$$

所以 A 的特征值为 $\lambda_1 = 0, \lambda_2 = 2$(二重).

可求得 A 的属于特征值 0 的全部特征向量为

$$k_1\begin{pmatrix} 1 \\ -1 \\ -2 \end{pmatrix}, \quad 其中\ k_1\ 为任意非零数.$$

A 的属于特征值 2 的全部特征向量为

$$k_2\begin{pmatrix} 1 \\ -1 \\ 0 \end{pmatrix}, \quad 其中\ k_2\ 为任意非零数.$$

显然 $(1, -1, -2)^{\mathrm{T}}$ 与 $(1, -1, 0)^{\mathrm{T}}$ 线性无关.

此例中 A 有一个二重特征值,相应特征向量的基础解系只包含了一个向量.

例 3. 求

$$\begin{pmatrix} 1 & 2 & 2 \\ 2 & 1 & -2 \\ -2 & -2 & 1 \end{pmatrix}$$

的特征值与特征向量.

解 A 的特征多项式为

$$|\lambda E - A| = \begin{vmatrix} \lambda - 1 & -2 & -2 \\ -2 & \lambda - 1 & 2 \\ 2 & 2 & \lambda - 1 \end{vmatrix} = (\lambda + 1)(\lambda - 1)(\lambda - 3),$$

所以 A 的全部特征值为 $\lambda_1 = -1, \lambda_2 = 1, \lambda_3 = 3$. 可以求得 A 的属于特征值 -1 的全部特征向量为

$$k_1\begin{pmatrix} 1 \\ -1 \\ 0 \end{pmatrix}, \quad k_1\ 为任意非零数;$$

A 的属于特征值 1 的全部特征向量为

$$k_2\begin{pmatrix}1\\-1\\1\end{pmatrix},\quad k_2\text{ 为任意非零数};$$

$\boldsymbol{A}$ 的属于特征值 3 的全部特征向量为

$$k_3\begin{pmatrix}0\\1\\-1\end{pmatrix},\quad k_3\text{ 为任意非零数}.$$

易证$(1,-1,0)^{\mathrm{T}},(1,-1,1)^{\mathrm{T}},(0,1,-1)^{\mathrm{T}}$线性无关.

此例中 $\boldsymbol{A}$ 有三个不同特征值,相应的特征向量线性无关.

*例 4. 求

$$\boldsymbol{A}=\begin{pmatrix}0&a\\-a&0\end{pmatrix}\qquad a\neq 0$$

的特征值和特征向量.

解

$$|\lambda\boldsymbol{E}-\boldsymbol{A}|=\begin{vmatrix}\lambda&-a\\a&\lambda\end{vmatrix}=\lambda^2+a^2.$$

若在实数域内讨论,则 $\boldsymbol{A}$ 无特征值.

若在复数域内讨论,则 $\boldsymbol{A}$ 有特征值 $\lambda_1=ai,\lambda_2=-ai\ (i=\sqrt{-1})$.

对于 $\lambda_1=ai$,解齐次线性方程组$(ai\boldsymbol{E}-\boldsymbol{A})\boldsymbol{X}=\boldsymbol{o}$,由

$$\lambda_1\boldsymbol{E}-\boldsymbol{A}=\begin{pmatrix}ai&-a\\a&ai\end{pmatrix}\rightarrow\begin{pmatrix}1&i\\0&0\end{pmatrix},$$

方程组一般解为 $x_1=-ix_2$,于是它有一个基础解系为 $\boldsymbol{\alpha}_1=(1,i)^{\mathrm{T}}$. $\boldsymbol{A}$ 的属于特征值 ai 的全部特征向量为

$$k_1\begin{pmatrix}1\\i\end{pmatrix},\quad k_1\text{ 为任意非零复数};$$

对于 $\lambda_2=-ai$,解齐次线性方程组$(-ai\boldsymbol{E}-\boldsymbol{A})\boldsymbol{X}=\boldsymbol{o}$,由

$$\lambda_2\boldsymbol{E}-\boldsymbol{A}=\begin{pmatrix}-ai&-a\\a&-ai\end{pmatrix}\rightarrow\begin{pmatrix}1&-i\\0&0\end{pmatrix},$$

方程组一般解为 $x_1=ix_2$,于是它有一个基础解系为 $\boldsymbol{\alpha}_2=(1,-i)^{\mathrm{T}}$. 所以 $\boldsymbol{A}$ 的属于特征值 $-ai$ 的全部特征向量为

$$k_2\begin{pmatrix}1\\-i\end{pmatrix},\quad k_2\text{ 为任意非零复数}.$$

例5. 如果矩阵$\boldsymbol{A}$满足$\boldsymbol{A}^2=\boldsymbol{A}$，则称$\boldsymbol{A}$是**幂等矩阵**. 试证幂等矩阵的特征值只能是0或1.

证明 设λ为$\boldsymbol{A}$的任意一个特征值，$\boldsymbol{A}$的属于λ的一个特征向量为$\boldsymbol{\alpha}$. 于是

$$\boldsymbol{A\alpha}=\lambda\boldsymbol{\alpha}.$$

上式两边左乘矩阵$\boldsymbol{A}$，得

$$\boldsymbol{A}^2\boldsymbol{\alpha}=\lambda\boldsymbol{A\alpha},$$

$$\boldsymbol{A\alpha}=\lambda\lambda\boldsymbol{\alpha},$$

$$\lambda\boldsymbol{\alpha}=\lambda^2\boldsymbol{\alpha}.$$

由此可得$(\lambda-\lambda^2)\boldsymbol{\alpha}=\boldsymbol{o}$，因为$\boldsymbol{\alpha}\neq\boldsymbol{o}$，所以有

$$\lambda-\lambda^2=0,$$

得$\lambda=0$或1. 由λ的任意性可知：幂等矩阵的特征值只能是0或1.

矩阵的特征值与其特征多项式的系数有密切关系.

首先考察$\boldsymbol{A}$为二阶矩阵的简单情况. 即

$$\boldsymbol{A}=\begin{pmatrix}a_{11}&a_{12}\\a_{21}&a_{22}\end{pmatrix},$$

$$\begin{aligned}|\lambda\boldsymbol{E}-\boldsymbol{A}|&=\begin{vmatrix}\lambda-a_{11}&-a_{12}\\-a_{21}&\lambda-a_{22}\end{vmatrix}\\&=(\lambda-a_{11})(\lambda-a_{22})-a_{12}a_{21}\\&=\lambda^2-(a_{11}+a_{22})\lambda+(a_{11}a_{22}-a_{12}a_{21}).\end{aligned}$$

二阶矩阵$\boldsymbol{A}$相应的特征多项式为λ的二次多项式，记为$f(\lambda)$，即$f(\lambda)=|\lambda\boldsymbol{E}-\boldsymbol{A}|$. 其首项系数为1，一次项系数为$\boldsymbol{A}$中主对角线元素之和的相反数；常数项 为$\boldsymbol{A}$的行列式值.

再来看n阶矩阵$\boldsymbol{A}$，其特征多项式为

$$f(\lambda)=|\lambda\boldsymbol{E}-\boldsymbol{A}|=\begin{vmatrix}\lambda-a_{11}&-a_{12}&\cdots&-a_{1n}\\-a_{21}&\lambda-a_{22}&\cdots&-a_{2n}\\\vdots&\vdots&&\vdots\\-a_{n1}&-a_{n2}&\cdots&\lambda-a_{nn}\end{vmatrix}$$

$$=(\lambda-a_{11})(\lambda-a_{22})\cdots(\lambda-a_{nn})+\cdots.$$

上式为n阶行列式，其展开式共有$n!$项. 现只写出主对角线上元素连乘积一项，其余$n!-1$项均用省略号代替. 这些$n!-1$项中每项至少包含一个非主对角线元素：$(-a_{ij})(i\neq j)$，所以就不能包含$\lambda-a_{ii}$(因为它与$-a_{ij}$位于同一行)，也不

能包含 $\lambda - a_{jj}$(因为它与 $-a_{ij}$ 位于同一列),因此 $n!-1$ 项中每项最多只包含 $n-2$ 个主对角线元素,也就是说都不会有 λ^n 和 λ^{n-1}. 这样只有主对角线元素连乘积一项包含 λ^n 和 λ^{n-1}. 将其展开,有

$$f(\lambda) = \lambda^n - (a_{11} + a_{22} + \cdots + a_{nn})\lambda^{n-1} + \cdots \tag{5.3}$$

由此可知特征多项式 $f(\lambda)$ 具有下述特点:

(1) $f(\lambda)$ 是首项系数为 1 的 λ 的 n 次多项式;

(2) $f(\lambda)$ 的 λ^{n-1} 项的系数是

$$-(a_{11} + a_{22} + \cdots + a_{nn}),$$

括号内是 A 的主对角线元素之和;

(3) $f(\lambda)$ 的常数项为

$$f(0) = |0 \cdot \boldsymbol{E} - \boldsymbol{A}| = |-\boldsymbol{A}| = (-1)^n |\boldsymbol{A}|;$$

(4) 根据多项式理论,$f(\lambda)$ 在复数域上恰有 n 个根:$\lambda_1, \lambda_2, \cdots, \lambda_n$. 根据根与系数的关系,有

$$\lambda_1 + \lambda_2 + \cdots + \lambda_n = a_{11} + a_{22} + \cdots + a_{nn},$$

$$\lambda_1 \lambda_2 \cdots \lambda_n = |\boldsymbol{A}|.$$

三、矩阵的迹

定义 5.2 $\boldsymbol{A} = (a_{ij})$ 为 n 阶矩阵,$\boldsymbol{A}$ 的主对角线元素之和称为 A 的迹,记为 $\mathrm{tr}(\boldsymbol{A})$. 即

$$\mathrm{tr}(\boldsymbol{A}) = a_{11} + a_{22} + \cdots + a_{nn}.$$

矩阵的迹具有下述性质:

1. $\mathrm{tr}(\boldsymbol{A} + \boldsymbol{B}) = \mathrm{tr}(\boldsymbol{A}) + \mathrm{tr}(\boldsymbol{B})$;
2. $\mathrm{tr}(k\boldsymbol{A}) = k\mathrm{tr}(\boldsymbol{A})$;
3. $\mathrm{tr}(\boldsymbol{A}^{\mathrm{T}}) = \mathrm{tr}(\boldsymbol{A})$;
4. $\mathrm{tr}(\boldsymbol{AB}) = \mathrm{tr}(\boldsymbol{BA})$;
5. $\mathrm{tr}(\boldsymbol{ABC}) = \mathrm{tr}(\boldsymbol{BCA}) = \mathrm{tr}(\boldsymbol{CAB})$.

性质 1 ~ 4 在习题三的第 8 题中已证. 性质 5 是性质 4 的推广,请读者自证.

由特征多项式的特点,还可得性质 6:

6. 设 $\boldsymbol{A}$ 有 n 个特征值 $\lambda_1, \lambda_2, \cdots, \lambda_n$,则

$$\mathrm{tr}(\boldsymbol{A}) = \lambda_1 + \lambda_2 + \cdots + \lambda_n.$$

例 6. 设 $\boldsymbol{A},\boldsymbol{B}$ 均为 n 阶矩阵，且 $\boldsymbol{B} = \boldsymbol{U}^{-1}\boldsymbol{A}\boldsymbol{U}$（$\boldsymbol{U}$ 为 n 阶可逆矩阵），则 $\mathrm{tr}(\boldsymbol{A}) = \mathrm{tr}(\boldsymbol{B})$.

证明 利用性质5，有

$$\begin{aligned}\mathrm{tr}(\boldsymbol{B}) &= \mathrm{tr}(\boldsymbol{U}^{-1}\boldsymbol{A}\boldsymbol{U})\\ &= \mathrm{tr}(\boldsymbol{A}\boldsymbol{U}\boldsymbol{U}^{-1})\\ &= \mathrm{tr}(\boldsymbol{A}).\end{aligned}$$

§5.2 相似矩阵与矩阵可对角化条件

一、相似矩阵

定义 5.3 设 $\boldsymbol{A}$ 与 $\boldsymbol{B}$ 都是 n 阶矩阵，如果存在一个可逆矩阵 $\boldsymbol{U}$，使得

$$\boldsymbol{B} = \boldsymbol{U}^{-1}\boldsymbol{A}\boldsymbol{U},$$

则称 $\boldsymbol{A}$ 与 $\boldsymbol{B}$ 是相似的，或 $\boldsymbol{A}$ 与 $\boldsymbol{B}$ 是相似矩阵，记作 $\boldsymbol{A} \sim \boldsymbol{B}$.

要证 $\boldsymbol{A} \sim \boldsymbol{B}$，则只要找到满足条件的 U 就可以了.

例 1. 与单位矩阵 $\boldsymbol{E}$ 相似的矩阵只有它自己，因为对任一可逆矩阵 $\boldsymbol{U}$，有 $\boldsymbol{U}^{-1}\boldsymbol{E}\boldsymbol{U} = \boldsymbol{E}$. 与 $k\boldsymbol{E}$（k 为任意数）相似的矩阵只有它自己，因为对任一可逆矩阵 $\boldsymbol{U}$，有 $\boldsymbol{U}^{-1}(k\boldsymbol{E})\boldsymbol{U} = k\boldsymbol{E}$.

例 2. 已知

$$\boldsymbol{A} = \begin{pmatrix} 2 & 1 \\ -1 & 0 \end{pmatrix},\quad \boldsymbol{B} = \begin{pmatrix} 1 & 1 \\ 0 & 1 \end{pmatrix},\quad \boldsymbol{U} = \begin{pmatrix} 1 & -1 \\ -1 & 2 \end{pmatrix}$$

因为

$$\begin{aligned}\boldsymbol{U}^{-1}\boldsymbol{A}\boldsymbol{U} &= \begin{pmatrix} 1 & -1 \\ -1 & 2 \end{pmatrix}^{-1}\begin{pmatrix} 2 & 1 \\ -1 & 0 \end{pmatrix}\begin{pmatrix} 1 & -1 \\ -1 & 2 \end{pmatrix}\\ &= \begin{pmatrix} 2 & 1 \\ 1 & 1 \end{pmatrix}\begin{pmatrix} 1 & 0 \\ -1 & 1 \end{pmatrix}\\ &= \begin{pmatrix} 1 & 1 \\ 0 & 1 \end{pmatrix} = \boldsymbol{B},\end{aligned}$$

所以 $\boldsymbol{A}\sim\boldsymbol{B}$.

"相似"是矩阵间的一种关系,它具有下述性质:

(1) 反身性:对任意方阵 $\boldsymbol{A}$,都有 $\boldsymbol{A}\sim\boldsymbol{A}$. 因为 $\boldsymbol{A}=\boldsymbol{E}^{-1}\boldsymbol{A}\boldsymbol{E}$.

(2) 对称性:若 $\boldsymbol{A}\sim\boldsymbol{B}$,则 $\boldsymbol{B}\sim\boldsymbol{A}$. 因 $\boldsymbol{B}=\boldsymbol{U}^{-1}\boldsymbol{A}\boldsymbol{U}$,所以 $\boldsymbol{A}=(\boldsymbol{U}^{-1})^{-1}\boldsymbol{B}(\boldsymbol{U}^{-1})$.

(3) 传递性:若 $\boldsymbol{A}\sim\boldsymbol{B}$,$\boldsymbol{B}\sim\boldsymbol{C}$. 则 $\boldsymbol{A}\sim\boldsymbol{C}$.

证明 因 $\boldsymbol{A}\sim\boldsymbol{B}$,$\boldsymbol{B}\sim\boldsymbol{C}$,所以有可逆矩阵 $\boldsymbol{U}_1,\boldsymbol{U}_2$,使得 $\boldsymbol{B}=\boldsymbol{U}_1^{-1}\boldsymbol{A}\boldsymbol{U}_1$,$\boldsymbol{C}=\boldsymbol{U}_2^{-1}\boldsymbol{B}\boldsymbol{U}_2$,因此有 $\boldsymbol{C}=\boldsymbol{U}_2^{-1}\boldsymbol{B}\boldsymbol{U}_2=\boldsymbol{U}_2^{-1}(\boldsymbol{U}_1^{-1}\boldsymbol{A}\boldsymbol{U}_1)\boldsymbol{U}_2=(\boldsymbol{U}_1\boldsymbol{U}_2)^{-1}\boldsymbol{A}(\boldsymbol{U}_1\boldsymbol{U}_2)$,即 $\boldsymbol{A}\sim\boldsymbol{C}$.

相似矩阵还具有以下性质:

(1) 相似矩阵有相同行列式.(请读者自证)

(2) 相似矩阵或者都可逆或者都不可逆. 当它们可逆时,它们的逆矩阵也相似.

证明 设 $\boldsymbol{A}\sim\boldsymbol{B}$,由性质(1)有 $|\boldsymbol{A}|=|\boldsymbol{B}|$,所以 $|\boldsymbol{A}|$ 与 $|\boldsymbol{B}|$ 同时为零或不为零,因此 $\boldsymbol{A}$ 与 $\boldsymbol{B}$ 同时可逆或不可逆.

若 $\boldsymbol{A}$ 与 $\boldsymbol{B}$ 均可逆,因为 $\boldsymbol{A}\sim\boldsymbol{B}$,所以存在可逆矩阵 $\boldsymbol{U}$,使得 $\boldsymbol{B}=\boldsymbol{U}^{-1}\boldsymbol{A}\boldsymbol{U}$,则有 $\boldsymbol{B}^{-1}=\boldsymbol{U}^{-1}\boldsymbol{A}^{-1}(\boldsymbol{U}^{-1})^{-1}=\boldsymbol{U}^{-1}\boldsymbol{A}^{-1}\boldsymbol{U}$,即 $\boldsymbol{A}^{-1}\sim\boldsymbol{B}^{-1}$.

(3) 相似矩阵的幂仍相似. 即若 $\boldsymbol{A}\sim\boldsymbol{B}$,则 $\boldsymbol{A}^k\sim\boldsymbol{B}^k$,$k$ 为任意非负整数.

证明

当 $k=0$ 时,$\boldsymbol{A}^0=\boldsymbol{B}^0=\boldsymbol{E}$,所以 $\boldsymbol{A}^0\sim\boldsymbol{B}^0$.

当 $k>0$ 时,如果 $\boldsymbol{B}=\boldsymbol{U}^{-1}\boldsymbol{A}\boldsymbol{U}$,则

$$\begin{aligned}\boldsymbol{B}^k&=(\boldsymbol{U}^{-1}\boldsymbol{A}\boldsymbol{U})^k\\&=(\boldsymbol{U}^{-1}\boldsymbol{A}\boldsymbol{U})(\boldsymbol{U}^{-1}\boldsymbol{A}\boldsymbol{U})\cdots(\boldsymbol{U}^{-1}\boldsymbol{A}\boldsymbol{U})(\boldsymbol{U}^{-1}\boldsymbol{A}\boldsymbol{U})\qquad(\text{共有 }k\text{ 个括号})\\&=\boldsymbol{U}^{-1}\boldsymbol{A}(\boldsymbol{U}\boldsymbol{U}^{-1})\boldsymbol{A}(\boldsymbol{U}\boldsymbol{U}^{-1})\cdots(\boldsymbol{U}\boldsymbol{U}^{-1})\boldsymbol{A}(\boldsymbol{U}\boldsymbol{U}^{-1})\boldsymbol{A}\boldsymbol{U}\\&=\boldsymbol{U}^{-1}\boldsymbol{A}^k\boldsymbol{U},\end{aligned}$$

即 $\boldsymbol{A}^k\sim\boldsymbol{B}^k$.

(4) 相似矩阵有相同的特征多项式.

证明

$$\begin{aligned}|\lambda\boldsymbol{E}-\boldsymbol{B}|&=|\lambda\boldsymbol{E}-\boldsymbol{U}^{-1}\boldsymbol{A}\boldsymbol{U}|=|\boldsymbol{U}^{-1}(\lambda\boldsymbol{E})\boldsymbol{U}-\boldsymbol{U}^{-1}\boldsymbol{A}\boldsymbol{U}|\\&=|\boldsymbol{U}^{-1}(\lambda\boldsymbol{E}-\boldsymbol{A})\boldsymbol{U}|=|\boldsymbol{U}^{-1}|\cdot|\lambda\boldsymbol{E}-\boldsymbol{A}|\cdot|\boldsymbol{U}|\\&=|\lambda\boldsymbol{E}-\boldsymbol{A}|.\end{aligned}$$

由性质(4) 立即可得

(5) 相似矩阵有相同的特征值.

(6) 相似矩阵有相同的迹.(证明见上节例6)

(7) 相似矩阵有相同的秩.(请读者自证)

二、A 与对角矩阵相似的条件

对 n 阶矩阵 $\boldsymbol{A}$,任意给定一个可逆矩阵 $\boldsymbol{U}$ 就有 $\boldsymbol{U}^{-1}\boldsymbol{A}\boldsymbol{U}$ 与 $\boldsymbol{A}$ 相似,所以与 $\boldsymbol{A}$ 相似的矩阵很多,而相似矩阵有许多共同性质,因此在 $\boldsymbol{A}$ 的众多的相似矩阵中寻找一个最简单的矩阵就可以作为这一相似类的代表. 这样只要了解这个最简单的矩阵的性质就可以了解到 $\boldsymbol{A}$ 的不少性质. 那么最简单的矩阵是什么?如何求可逆矩阵 $\boldsymbol{U}$,使 $\boldsymbol{U}^{-1}\boldsymbol{A}\boldsymbol{U}$ 就是这个最简单的矩阵?这是我们需要研究的问题.

最简单的矩阵 $\boldsymbol{E}$,$k\boldsymbol{E}$ 其相似矩阵只有它本身,因此一般说来 $\boldsymbol{A}$ 不能与 $\boldsymbol{E}$ 或 $k\boldsymbol{E}$ 相似. 仅次于它们的最简单矩阵是对角矩阵,那么 $\boldsymbol{A}$ 能否相似于一个对角矩阵呢?下面给出 $\boldsymbol{A}$ 相似于对角矩阵的条件.

定理 5.2 数域 F 上的 n 阶矩阵 $\boldsymbol{A}$ 相似于对角矩阵的充分必要条件是:$\boldsymbol{A}$ 有 n 个线性无关的特征向量.

证明 必要性. 设 $\boldsymbol{A} \sim \boldsymbol{\Lambda}$,其中矩阵

$$\boldsymbol{\Lambda} = \begin{pmatrix} \lambda_1 & & & \\ & \lambda_2 & & \\ & & \ddots & \\ & & & \lambda_n \end{pmatrix}.$$

即存在可逆矩阵 $\boldsymbol{U}$,使得

$$\boldsymbol{U}^{-1}\boldsymbol{A}\boldsymbol{U} = \boldsymbol{\Lambda},$$

即 $$\boldsymbol{A}\boldsymbol{U} = \boldsymbol{U}\boldsymbol{\Lambda}.$$

记 $\boldsymbol{U}$ 的列向量组是 $\boldsymbol{\alpha}_1,\boldsymbol{\alpha}_2,\cdots,\boldsymbol{\alpha}_n$. 由上式得

$$\boldsymbol{A}(\boldsymbol{\alpha}_1\ \boldsymbol{\alpha}_2\ \cdots\ \boldsymbol{\alpha}_n) = (\boldsymbol{\alpha}_1\ \boldsymbol{\alpha}_2\ \cdots\ \boldsymbol{\alpha}_n)\begin{pmatrix} \lambda_1 & & & \\ & \lambda_2 & & \\ & & \ddots & \\ & & & \lambda_n \end{pmatrix},$$

即

$$(A\boldsymbol{\alpha}_1\ A\boldsymbol{\alpha}_2\ \cdots\ A\boldsymbol{\alpha}_n) = (\lambda_1\boldsymbol{\alpha}_1\ \ \lambda_2\boldsymbol{\alpha}_2\ \cdots\ \lambda_n\boldsymbol{\alpha}_n).$$

于是有

$$A\boldsymbol{\alpha}_i = \lambda_i\boldsymbol{\alpha}_i \qquad i = 1,2,\cdots,n,$$

即 $\boldsymbol{\alpha}_i(i = 1,2,\cdots,n)$ 是 $\boldsymbol{A}$ 的属于特征值 λ_i 的特征向量．由于 $\boldsymbol{U}$ 是可逆矩阵，所以 $\boldsymbol{\alpha}_1,\boldsymbol{\alpha}_2,\cdots,\boldsymbol{\alpha}_n$ 线性无关．

充分性．设 $\boldsymbol{A}$ 有 n 个线性无关的特征向量 $\boldsymbol{\alpha}_1,\boldsymbol{\alpha}_2,\cdots,\boldsymbol{\alpha}_n$，对应的特征值依次为 $\lambda_1,\lambda_2,\cdots,\lambda_n$，即 $A\boldsymbol{\alpha}_i = \lambda_i\boldsymbol{\alpha}_i, i = 1,2,\cdots,n$．则以 $\boldsymbol{\alpha}_1,\boldsymbol{\alpha}_2,\cdots,\boldsymbol{\alpha}_n$ 为列向量组组成的矩阵记为 $\boldsymbol{U}$，$\boldsymbol{U} = (\boldsymbol{\alpha}_1\ \boldsymbol{\alpha}_2\ \cdots\ \boldsymbol{\alpha}_n)$．由于 $\boldsymbol{\alpha}_1,\boldsymbol{\alpha}_2,\cdots,\boldsymbol{\alpha}_n$ 线性无关，所以 $\boldsymbol{U}$ 可逆．再由

$$A\boldsymbol{\alpha}_1 = \lambda_1\boldsymbol{\alpha}_1,\quad A\boldsymbol{\alpha}_2 = \lambda_2\boldsymbol{\alpha}_2,\quad \cdots,\quad A\boldsymbol{\alpha}_n = \lambda_n\boldsymbol{\alpha}_n,$$

有

$$A(\boldsymbol{\alpha}_1\ \boldsymbol{\alpha}_2\ \cdots\ \boldsymbol{\alpha}_n) = (\boldsymbol{\alpha}_1\ \boldsymbol{\alpha}_2\ \cdots\ \boldsymbol{\alpha}_n)\begin{pmatrix}\lambda_1 & & & \\ & \lambda_2 & & \\ & & \ddots & \\ & & & \lambda_n\end{pmatrix},$$

即　　$AU = U\Lambda$.

于是　$U^{-1}AU = \Lambda$,

即　　$A \sim \Lambda$.

由定理 5.2 知，矩阵 $\boldsymbol{A}$ 是否与一个对角矩阵相似，只需考察 $\boldsymbol{A}$ 是否有 n 个线性无关的特征向量．如果能求出 $\boldsymbol{A}$ 的 n 个线性无关的特征向量 $\boldsymbol{\alpha}_1,\boldsymbol{\alpha}_2,\cdots,\boldsymbol{\alpha}_n$，令 $\boldsymbol{U} = (\boldsymbol{\alpha}_1\ \boldsymbol{\alpha}_2\ \cdots\ \boldsymbol{\alpha}_n)$ 就能使 $U^{-1}AU = \Lambda$ 为对角阵，对角阵的主对角线元素依次为 $\boldsymbol{\alpha}_1,\boldsymbol{\alpha}_2,\cdots,\boldsymbol{\alpha}_n$ 所属的特征值 $\lambda_1,\lambda_2,\cdots,\lambda_n$．

定理 5.3　设 $\lambda_1,\lambda_2,\cdots,\lambda_m$ 为数域 F 上的 $n(\geqslant m)$ 阶矩阵 $\boldsymbol{A}$ 的不同特征值．$\boldsymbol{\alpha}_1,\boldsymbol{\alpha}_2,\cdots,\boldsymbol{\alpha}_m$ 分别是属于 $\lambda_1,\lambda_2,\cdots,\lambda_m$ 的特征向量，则 $\boldsymbol{\alpha}_1,\boldsymbol{\alpha}_2,\cdots,\boldsymbol{\alpha}_m$ 线性无关．

证明　对特征值的个数 m 作数学归纳法．

当 $m = 1$ 时，由于 $\boldsymbol{\alpha}_1$ 是特征向量，$\boldsymbol{\alpha}_1 \neq \boldsymbol{o}$，所以 $\boldsymbol{\alpha}_1$ 线性无关．

设 $m = s - 1$ 时结论成立，即 $\boldsymbol{\alpha}_1,\boldsymbol{\alpha}_2,\cdots,\boldsymbol{\alpha}_{s-1}$ 线性无关．

现在看 $m = s$ 的情形．如果

$$k_1\boldsymbol{\alpha}_1+k_2\boldsymbol{\alpha}_2+\cdots+k_{s-1}\boldsymbol{\alpha}_{s-1}+k_s\boldsymbol{\alpha}_s=\boldsymbol{o},\tag{5.4}$$

将(5.4)式两端左乘$\boldsymbol{A}$,得

$$k_1\lambda_1\boldsymbol{\alpha}_1+k_2\lambda_2\boldsymbol{\alpha}_2+\cdots+k_{s-1}\lambda_{s-1}\boldsymbol{\alpha}_{s-1}+k_s\lambda_s\boldsymbol{\alpha}_s=\boldsymbol{o};\tag{5.5}$$

将(5.4)式两端乘λ_s,得

$$k_1\lambda_s\boldsymbol{\alpha}_1+k_2\lambda_s\boldsymbol{\alpha}_2+\cdots+k_{s-1}\lambda_s\boldsymbol{\alpha}_{s-1}+k_s\lambda_s\boldsymbol{\alpha}_s=\boldsymbol{o}.\tag{5.6}$$

(5.5)式减去(5.6)式,得

$$k_1(\lambda_1-\lambda_s)\boldsymbol{\alpha}_1+k_2(\lambda_2-\lambda_s)\boldsymbol{\alpha}_2+\cdots+k_{s-1}(\lambda_{s-1}-\lambda_s)\boldsymbol{\alpha}_{s-1}=\boldsymbol{o}.$$

根据归纳法假设:$\boldsymbol{\alpha}_1,\boldsymbol{\alpha}_2,\cdots,\boldsymbol{\alpha}_{s-1}$线性无关,于是

$$k_1(\lambda_1-\lambda_s)=0,\quad k_2(\lambda_2-\lambda_s)=0,\cdots,k_{s-1}(\lambda_{s-1}-\lambda_s)=0.$$

由于$\lambda_1,\lambda_2,\cdots,\lambda_s$不同,从而由上式得

$$k_1=0,k_2=0,\cdots,k_{s-1}=0.$$

代入(5.4)式得

$$k_s\boldsymbol{\alpha}_s=\boldsymbol{o},$$

因为$\boldsymbol{\alpha}_s$为特征向量,$\boldsymbol{\alpha}_s\neq\boldsymbol{o}$,所以$k_s=0$. 于是(5.4)式中的组合系数

$$k_1=k_2=\cdots=k_s=0,$$

所以$\boldsymbol{\alpha}_1,\boldsymbol{\alpha}_2,\cdots,\boldsymbol{\alpha}_s$线性无关.

由数学归纳法知,m为任一正整数时,结论都成立.

定理 5.4 设λ是矩阵$\boldsymbol{A}$的特征多项式的k重根,则$\boldsymbol{A}$的属于特征值λ的线性无关的特征向量个数最多有k个.(**证明略**)

由定理5.4可知对一重特征值来说,相应地只有一个线性无关的特征向量. 对k重特征值来说,相应的线性无关的特征向量个数不超过k个.

定理5.3中假设每个特征值λ_i只有一个特征向量$\boldsymbol{\alpha}_i$,是一种较为特殊的情况. 下面的定理5.5比起定理5.3更具有普遍性.

定理 5.5 设数域F上的n阶矩阵$\boldsymbol{A}$有m个不同特征值$\lambda_1,\lambda_2,\cdots,\lambda_m$. 设$\boldsymbol{\alpha}_{i1},\boldsymbol{\alpha}_{i2},\cdots,\boldsymbol{\alpha}_{is_i}$是$\boldsymbol{A}$的属于$\lambda_i$的线性无关的特征向量,$i=1,2,\cdots,m$,则向量

$$\boldsymbol{\alpha}_{11},\boldsymbol{\alpha}_{12},\cdots,\boldsymbol{\alpha}_{1s_1};\boldsymbol{\alpha}_{21},\boldsymbol{\alpha}_{22}\cdots,\boldsymbol{\alpha}_{2s_2};\cdots;\boldsymbol{\alpha}_{m1},\boldsymbol{\alpha}_{m2}\cdots,\boldsymbol{\alpha}_{ms_m}$$

线性无关.

证明方法与定理5.3类似,故略去.

定理5.3与5.5简叙为:属于不同特征值的特征向量是线性无关的.

由上述定理显然可以得到$\boldsymbol{A}$相似于对角阵的一个充分条件:

定理 5.6　如果数域 F 上的 n 阶矩阵 $\boldsymbol{A}$，有 n 个不同特征值，则 $\boldsymbol{A}$ 与对角矩阵相似．

推论　复数域 C 上的 n 阶矩阵 $\boldsymbol{A}$ 的特征多项式如果没有重根，则 $\boldsymbol{A}$ 与对角矩阵相似．

证明　因为复数域 C 上每个 n 次多项式都有 n 个根，又因没有重根，所以 $\boldsymbol{A}$ 有 n 个不同特征值．根据定理 5.6 知，$\boldsymbol{A}$ 与对角矩阵相似．

如果 n 阶矩阵 $\boldsymbol{A}$ 相似于对角矩阵，则称 $\boldsymbol{A}$ **可对角化**．

例 3. 由本章 §5.1 的例 3，已知矩阵

$$\boldsymbol{A}=\begin{pmatrix}1&2&2\\2&1&-2\\-2&-2&1\end{pmatrix}$$

的特征值 $\lambda_1=-1,\lambda_2=1,\lambda_3=3$，相应的特征向量分别为 $\boldsymbol{\alpha}_1=(1,-1,0)^{\mathrm{T}}$，$\boldsymbol{\alpha}_2=(1,-1,1)^{\mathrm{T}}$ 和 $\boldsymbol{\alpha}_3=(0,1,-1)^{\mathrm{T}}$．因为三个特征值不相同，所以 $\boldsymbol{A}$ 可对角化．令

$$\boldsymbol{U}=\begin{pmatrix}1&1&0\\-1&-1&1\\0&1&-1\end{pmatrix},$$

则

$$\boldsymbol{U}^{-1}\boldsymbol{A}\boldsymbol{U}=\begin{pmatrix}-1&0&0\\0&1&0\\0&0&3\end{pmatrix}.$$

其主对角线元素为特征值 $-1,1,3$．

如果 $\boldsymbol{A}$ 有重特征值，则对每个特征值求出其全部的线性无关的特征向量．设 $\boldsymbol{A}$ 有 $m(<n)$ 个不同特征值 $\lambda_1,\lambda_2,\cdots,\lambda_m$．各个特征值和相应的线性无关的特征向量如下：

$$\begin{array}{ll} \lambda_1 & \boldsymbol{\alpha}_{11}, \boldsymbol{\alpha}_{12}, \cdots, \boldsymbol{\alpha}_{1s_1}; \\ \lambda_2 & \boldsymbol{\alpha}_{21}, \boldsymbol{\alpha}_{22}, \cdots, \boldsymbol{\alpha}_{2s_2}; \\ \vdots & \quad \vdots \\ \lambda_m & \boldsymbol{\alpha}_{m1}, \boldsymbol{\alpha}_{m2}, \cdots, \boldsymbol{\alpha}_{ms_m}. \end{array}$$

根据定理5.5知,这些特征向量均线性无关. 这是$\boldsymbol{A}$的全部线性无关的特征向量,共有$s_1 + s_2 + \cdots + s_m = s$个.

若$s = n$,则$\boldsymbol{A}$可对角化;否则$\boldsymbol{A}$不可对角化.

例4. 由 §5.1 的例1知

$$\boldsymbol{A} = \begin{pmatrix} 1 & -1 & 1 \\ 2 & 4 & -2 \\ -3 & -3 & 5 \end{pmatrix}$$

有特征值$\lambda_1 = 6$,相应特征向量为$\boldsymbol{\alpha}_1 = (1, -2, 3)^{\mathrm{T}}$;特征值$\lambda_2 = 2$(二重),相应线性无关特征向量为$\boldsymbol{\alpha}_2 = (1, -1, 0)^{\mathrm{T}}$,$\boldsymbol{\alpha}_3 = (1, 0, 1)^{\mathrm{T}}$. 由于$\boldsymbol{A}$的全部线性无关特征向量个数为3,所以$\boldsymbol{A}$可对角化. 令

$$\boldsymbol{U} = \begin{pmatrix} 1 & 1 & 1 \\ -2 & -1 & 0 \\ 3 & 0 & 1 \end{pmatrix},$$

则

$$\boldsymbol{U}^{-1}\boldsymbol{A}\boldsymbol{U} = \begin{pmatrix} 6 & 0 & 0 \\ 0 & 2 & 0 \\ 0 & 0 & 2 \end{pmatrix}.$$

其主对角线元素为特征值6,2,2.

例5. 由 §5.1 的例2知

$$\boldsymbol{A} = \begin{pmatrix} 4 & 2 & 1 \\ -2 & 0 & -1 \\ 1 & 1 & 0 \end{pmatrix}$$

有特征值$\lambda_1 = 0$,相应特征向量$\boldsymbol{\alpha}_1 = (1, -1, -2)^{\mathrm{T}}$;特征值$\lambda_2 = 2$(二重),相应特征向量$\boldsymbol{\alpha}_2 = (1, -1, 0)^{\mathrm{T}}$. $\boldsymbol{A}$的全部线性无关的特征向量个数为$2 < 3$,所以$\boldsymbol{A}$不可对角化. 但可找到一个可逆矩阵$\boldsymbol{U}$

$$U=\begin{pmatrix}1 & 1 & \frac{1}{5}\\ -1 & -1 & \frac{1}{5}\\ -2 & 0 & \frac{1}{5}\end{pmatrix},\quad U^{-1}=\begin{pmatrix}\frac{1}{4} & \frac{1}{4} & -\frac{1}{2}\\ \frac{1}{4} & -\frac{3}{4} & \frac{1}{2}\\ \frac{5}{2} & \frac{5}{2} & 0\end{pmatrix},$$

则 $U^{-1}AU$ 虽不能为对角形,但

$$U^{-1}AU=\left(\begin{array}{c:cc}0 & 0 & 0\\ \hdashline 0 & 2 & 1\\ 0 & 0 & 2\end{array}\right).$$

它称为矩阵 A 的**若当标准形**. 主对角线元素仍为 A 的特征值0,2. 特征值0,2在主对角线上出现的次数等于它的重数. 一般,形如

$$\begin{pmatrix}\lambda & 1 & & & \\ & \lambda & 1 & & \\ & & \ddots & \ddots & \\ & & & \ddots & 1\\ & & & & \lambda\end{pmatrix}\quad 其中\ \lambda\ 是复数$$

的 n 阶矩阵称为一个 n 阶**若当块**,任意一个一阶矩阵都是一阶若当块,一些若当块组成的准对角矩阵

$$\begin{pmatrix}J_1 & & & \\ & J_2 & & \\ & & \ddots & \\ & & & J_s\end{pmatrix}\quad 其中\ J_1,J_2,\cdots,J_s\ 都是若当块,$$

称为一个**若当形矩阵**,对角矩阵是若当形矩阵的特例.

可以证明:复数域上任一 n 阶矩阵 A 都相似于一个若当形矩阵 J. J 的主对角线元素恰好是 A 的特征值,并且在 J 的主对角线上 A 的任一特征值出现的次数等于它的重数.

§5.3　实对称矩阵的对角化

在经济学、计量经济学或实际问题中经常遇到实对称矩阵,所以本节专门对实对称矩阵进行详细讨论.

一、n 阶实对称矩阵特征值和特征向量的性质

定理 5.7 实对称矩阵的特征值都是实数.

* **证明** 设 $\boldsymbol{A}$ 为 n 阶实对称矩阵,λ 为 $\boldsymbol{A}$ 的任一个特征值. 设 $\lambda = a + bi(i = \sqrt{-1})$,$\boldsymbol{A}$ 的属于 λ 的复特征向量为 $\boldsymbol{\alpha} + i\boldsymbol{\beta}$,则

$$\boldsymbol{A}(\boldsymbol{\alpha} + i\boldsymbol{\beta}) = (a + bi)(\boldsymbol{\alpha} + i\boldsymbol{\beta}),$$

乘出结果,并使两端实部和虚部分别相等,得

$$\boldsymbol{A\alpha} = a\boldsymbol{\alpha} - b\boldsymbol{\beta},$$

$$\boldsymbol{A\beta} = b\boldsymbol{\alpha} + a\boldsymbol{\beta}.$$

以 $\boldsymbol{\beta}^{\mathrm{T}}$ 左乘第一式,以 $\boldsymbol{\alpha}^{\mathrm{T}}$ 左乘第二式,得

$$\boldsymbol{\beta}^{\mathrm{T}}\boldsymbol{A\alpha} = a\boldsymbol{\beta}^{\mathrm{T}}\boldsymbol{\alpha} - b\boldsymbol{\beta}^{\mathrm{T}}\boldsymbol{\beta},$$

$$\boldsymbol{\alpha}^{\mathrm{T}}\boldsymbol{A\beta} = b\boldsymbol{\alpha}^{\mathrm{T}}\boldsymbol{\alpha} + a\boldsymbol{\alpha}^{\mathrm{T}}\boldsymbol{\beta}.$$

因 $\boldsymbol{A}$ 是实对称矩阵,又因 $\boldsymbol{\beta}^{\mathrm{T}}\boldsymbol{A\alpha}$ 为一纯量,所以 $\boldsymbol{\beta}^{\mathrm{T}}\boldsymbol{A\alpha} = (\boldsymbol{\beta}^{\mathrm{T}}\boldsymbol{A\alpha})^{\mathrm{T}} = \boldsymbol{\alpha}^{T}\boldsymbol{A\beta}$,再因 $\boldsymbol{\beta}^{\mathrm{T}}\boldsymbol{\alpha} = \boldsymbol{\alpha}^{\mathrm{T}}\boldsymbol{\beta}$,上两式相减得

$$b(\boldsymbol{\alpha}^{\mathrm{T}}\boldsymbol{\alpha} + \boldsymbol{\beta}^{\mathrm{T}}\boldsymbol{\beta}) = 0,$$

因特征向量是非零向量,所以有 $\boldsymbol{\alpha}^{\mathrm{T}}\boldsymbol{\alpha} > 0$ 或 $\boldsymbol{\beta}^{\mathrm{T}}\boldsymbol{\beta} > 0$,故 $b = 0$. 即 λ 为实数.

定理 5.8 实对称矩阵的属于不同特征值的特征向量是正交的.

证明 设 $\boldsymbol{A}$ 是实对称矩阵,$\boldsymbol{\alpha}_1,\boldsymbol{\alpha}_2$ 分别是 $\boldsymbol{A}$ 的属于特征值 λ_1、λ_2 的特征向量,且 $\lambda_1 \neq \lambda_2$. 于是

$$\boldsymbol{A\alpha}_1 = \lambda_1\boldsymbol{\alpha}_1,$$

$$\boldsymbol{A\alpha}_2 = \lambda_2\boldsymbol{\alpha}_2,$$

且 $\boldsymbol{\alpha}_1 \neq \boldsymbol{o},\boldsymbol{\alpha}_2 \neq \boldsymbol{o}$,所以有

$$\boldsymbol{\alpha}_2^{\mathrm{T}}\boldsymbol{A\alpha}_1 = \lambda_1\boldsymbol{\alpha}_2^{\mathrm{T}}\boldsymbol{\alpha}_1,$$

$$\boldsymbol{\alpha}_1^{\mathrm{T}}\boldsymbol{A\alpha}_2 = \lambda_2\boldsymbol{\alpha}_1^{\mathrm{T}}\boldsymbol{\alpha}_2.$$

由于 $\boldsymbol{A}$ 为实对称矩阵,$\boldsymbol{\alpha}_2^{\mathrm{T}}\boldsymbol{A\alpha}_1$ 为一纯量,故 $\boldsymbol{\alpha}_2^{\mathrm{T}}\boldsymbol{A\alpha}_1 = (\boldsymbol{\alpha}_2^{\mathrm{T}}\boldsymbol{A\alpha}_1)^{\mathrm{T}} = \boldsymbol{\alpha}_1^{\mathrm{T}}\boldsymbol{A\alpha}_2$,因此

$$\lambda_1\boldsymbol{\alpha}_2^{\mathrm{T}}\boldsymbol{\alpha}_1 = \lambda_2\boldsymbol{\alpha}_1^{\mathrm{T}}\boldsymbol{\alpha}_2.$$

又因 $\boldsymbol{\alpha}_2^{\mathrm{T}}\boldsymbol{\alpha}_1 = \boldsymbol{\alpha}_1^{\mathrm{T}}\boldsymbol{\alpha}_2$,所以

$$(\lambda_1-\lambda_2)\boldsymbol{\alpha}_2^{\mathrm{T}}\boldsymbol{\alpha}_1=0.$$

因为 $\lambda_1\neq\lambda_2$,所以 $\boldsymbol{\alpha}_2^{\mathrm{T}}\boldsymbol{\alpha}_1=0$. 即 $\boldsymbol{\alpha}_1$ 与 $\boldsymbol{\alpha}_2$ 正交.

可以证明:如果实对称矩阵的特征值 λ 的重数是 k(即 k 重),则恰好有 k 个属于特征值 λ 的线性无关的特征向量(**证明略**). 利用施密特正交化方法把这 k 个向量正交化,它们仍是 $\boldsymbol{A}$ 的属于特征值 λ 的特征向量.

由此可知 n 阶实对称矩阵 $\boldsymbol{A}$ 一定有 n 个正交的特征向量. 这是因为设 $\boldsymbol{A}$ 有 m 个不同特征值 $\lambda_1,\lambda_2,\cdots,\lambda_m$,其重数分别为 $k_1,k_2,\cdots,k_m$. 由于 $\boldsymbol{A}$ 为 n 阶矩阵,所以 $k_1+k_2+\cdots+k_m=n$. 由上面的分析可知,对同一特征值 λ_i 相应有 k_i 个正交的特征向量;而由定理 5.8 又知:不同特征值 $\lambda_1,\lambda_2,\cdots,\lambda_m$ 相应的特征向量也是正交的. 因此 $\boldsymbol{A}$ 一定有 n 个正交的特征向量. 总结一下,有

定理 5.9 设 $\boldsymbol{A}$ 为 n 阶实对称矩阵,则一定能找到一个正交矩阵 $\boldsymbol{Q}$,使得 $\boldsymbol{Q}^{-1}\boldsymbol{A}\boldsymbol{Q}$ 为对角阵 $\boldsymbol{\Lambda}$.

下面说明如何求得定理5.9中的正交矩阵 $\boldsymbol{Q}$. 由于 $\boldsymbol{A}$ 一定有 n 个正交的特征向量,将其单位化,记为 $\boldsymbol{\alpha}_1,\boldsymbol{\alpha}_2,\cdots,\boldsymbol{\alpha}_n$,显然这是一个单位正交向量组,即 $\boldsymbol{\alpha}_i^{\mathrm{T}}\boldsymbol{\alpha}_j=\delta_{ij}(i,j=1,2,\cdots,n)$.

令矩阵 $\boldsymbol{Q}=(\boldsymbol{\alpha}_1\ \boldsymbol{\alpha}_2\ \cdots\ \boldsymbol{\alpha}_n)$,由定理4.4知 $\boldsymbol{Q}$ 为正交阵. 设 $\boldsymbol{\alpha}_1,\boldsymbol{\alpha}_2,\cdots,\boldsymbol{\alpha}_n$ 分别为 $\boldsymbol{A}$ 的属于特征值 $\lambda_1,\lambda_2,\cdots,\lambda_n$ 的特征向量,即

$$\boldsymbol{A}\boldsymbol{\alpha}_i=\lambda_i\boldsymbol{\alpha}_i,\quad i=1,2,\cdots,n.$$

所以

$$\boldsymbol{A}(\boldsymbol{\alpha}_1\ \boldsymbol{\alpha}_2\ \cdots\ \boldsymbol{\alpha}_n)=(\boldsymbol{\alpha}_1\ \boldsymbol{\alpha}_2\ \cdots\ \boldsymbol{\alpha}_n)\boldsymbol{\Lambda},$$

其中

$$\boldsymbol{\Lambda}=\begin{pmatrix}\lambda_1 & & & \\ & \lambda_2 & & \\ & & \ddots & \\ & & & \lambda_n\end{pmatrix}.$$

上式即为

$$\boldsymbol{A}\boldsymbol{Q}=\boldsymbol{Q}\boldsymbol{\Lambda}.$$

由于 $\boldsymbol{Q}$ 可逆,则

$$\boldsymbol{Q}^{-1}\boldsymbol{A}\boldsymbol{Q}=\boldsymbol{\Lambda}.$$

由上面推导可知:$\boldsymbol{Q}$ 就是依次以 $\boldsymbol{A}$ 的 n 个单位正交特征向量为列向量组的矩阵,$\boldsymbol{\Lambda}$ 的主对角线元素就是 $\boldsymbol{A}$ 的对应的特征值.

二、实对称矩阵对角化

总结一下,实对称矩阵对角化的步骤如下:

1. 求$|\lambda E - A| = 0$全部不同的根$\lambda_1, \lambda_2, \cdots, \lambda_m$,它们是$A$的全部不同的特征值.

2. 对每个特征值λ_i(设重数为k_i,$k_1 + k_2 + \cdots + k_m = n$),求解齐次线性方程组

$$(\lambda_i E - A)X = O,$$

它的一个基础解系为

$$\eta_{i1}, \eta_{i2}, \cdots, \eta_{ik_i}.$$

采用施密特正交化方法将其正交化得

$$\beta_{i1}, \beta_{i2}, \cdots, \beta_{ik_i}.$$

再将其单位化得

$$\alpha_{i1}, \alpha_{i2}, \cdots, \alpha_{ik_i},$$

它们是一组单位正交向量组.

3. 在第二步中对每个特征值都得到一组单位正交向量组,合为一个向量组:

$$\overbrace{\alpha_{11}, \alpha_{12}, \cdots, \alpha_{1k_1}}^{\lambda_1};\quad \overbrace{\alpha_{21}, \alpha_{22}, \cdots, \alpha_{2k_2}}^{\lambda_2};\ \cdots;\quad \overbrace{\alpha_{m1}, \alpha_{m2}, \cdots, \alpha_{mk_m}}^{\lambda_m},$$

共有$k_1 + k_2 + \cdots + k_m = n$个.它们是$n$个向量组成的单位正交向量组.以其为列向量组的矩阵$Q$就是所求正交矩阵:

$$Q = (\alpha_{11}\ \alpha_{12} \cdots \alpha_{1k_1}\quad \alpha_{21}\ \alpha_{22} \cdots \alpha_{2k_2}\quad \cdots\quad \alpha_{m1}\ \alpha_{m2} \cdots \alpha_{mk_m}).$$

4. $Q^{-1}AQ = \Lambda$,其主对角线元素依次为

$$\overbrace{\lambda_1 \cdots \lambda_1}^{k_1\text{个}}\quad \overbrace{\lambda_2 \cdots \lambda_2}^{k_2\text{个}}\quad \cdots\quad \overbrace{\lambda_m \cdots \lambda_m}^{k_m\text{个}}$$

例 1. 求正交矩阵 $\boldsymbol{Q}$,使 $\boldsymbol{Q}^{-1}\boldsymbol{A}\boldsymbol{Q}$ 为对角形,其中

$$\boldsymbol{A} = \begin{pmatrix} 1 & -2 & 0 \\ -2 & 2 & -2 \\ 0 & -2 & 3 \end{pmatrix}$$

为实对称矩阵.

解

(1) 求 $\boldsymbol{A}$ 的特征值和特征向量.

$$|\lambda\boldsymbol{E}-\boldsymbol{A}| = \begin{vmatrix} \lambda-1 & 2 & 0 \\ 2 & \lambda-2 & 2 \\ 0 & 2 & \lambda-3 \end{vmatrix} = (\lambda+1)(\lambda-2)(\lambda-5).$$

所以 $\boldsymbol{A}$ 的特征值 $\lambda_1=-1,\lambda_2=2,\lambda_3=5$.

对于 $\lambda_1=-1$,解齐次线性方程组 $(-\boldsymbol{E}-\boldsymbol{A})\boldsymbol{X}=\boldsymbol{o}$,其一个基础解系为

$$\boldsymbol{\eta}_1 = \begin{pmatrix} 2 \\ 2 \\ 1 \end{pmatrix}.$$

对于 $\lambda_2=2$,解齐次线性方程组 $(2\boldsymbol{E}-\boldsymbol{A})\boldsymbol{X}=\boldsymbol{o}$,其一个基础解系为

$$\boldsymbol{\eta}_2 = \begin{pmatrix} 2 \\ -1 \\ -2 \end{pmatrix}.$$

对于 $\lambda_3=5$,解齐次线性方程组 $(5\boldsymbol{E}-\boldsymbol{A})\boldsymbol{X}=\boldsymbol{o}$,其一个基础解系为

$$\boldsymbol{\eta}_3 = \begin{pmatrix} 1 \\ -2 \\ 2 \end{pmatrix}.$$

显然 $\boldsymbol{\eta}_1,\boldsymbol{\eta}_2,\boldsymbol{\eta}_3$ 为正交向量组. 此例验证了实对称矩阵属于不同特征值的特征向量正交.

(2) 求单位正交向量组.

将 $\boldsymbol{\eta}_1,\boldsymbol{\eta}_2,\boldsymbol{\eta}_3$ 单位化. 因 $\|\boldsymbol{\eta}_1\|=\|\boldsymbol{\eta}_2\|=\|\boldsymbol{\eta}_3\|=3$,所以得单位正交向量组:

$$\boldsymbol{\alpha}_1 = \begin{pmatrix} \frac{2}{3} \\ \frac{2}{3} \\ \frac{1}{3} \end{pmatrix}, \quad \boldsymbol{\alpha}_2 = \begin{pmatrix} \frac{2}{3} \\ -\frac{1}{3} \\ -\frac{2}{3} \end{pmatrix}, \quad \boldsymbol{\alpha}_3 = \begin{pmatrix} \frac{1}{3} \\ -\frac{2}{3} \\ \frac{2}{3} \end{pmatrix}.$$

(3) 求正交矩阵 $\boldsymbol{Q}$.

令 $\boldsymbol{Q}=(\boldsymbol{\alpha}_1\quad\boldsymbol{\alpha}_2\quad\boldsymbol{\alpha}_3)=\begin{pmatrix}\frac{2}{3} & \frac{2}{3} & \frac{1}{3}\\ \frac{2}{3} & -\frac{1}{3} & -\frac{2}{3}\\ \frac{1}{3} & -\frac{2}{3} & \frac{2}{3}\end{pmatrix}$,

则 $\boldsymbol{Q}$ 为正交矩阵,并有

$$\boldsymbol{Q}^{-1}\boldsymbol{A}\boldsymbol{Q}=\boldsymbol{Q}^{\mathrm{T}}\boldsymbol{A}\boldsymbol{Q}=\boldsymbol{\Lambda}=\begin{pmatrix}-1 & 0 & 0\\ 0 & 2 & 0\\ 0 & 0 & 5\end{pmatrix}.$$

例 2. 求正交矩阵 $\boldsymbol{Q}$,使 $\boldsymbol{Q}^{-1}\boldsymbol{A}\boldsymbol{Q}$ 为对角形,其中

$$\boldsymbol{A}=\begin{pmatrix}1 & 1 & 1\\ 1 & 1 & 1\\ 1 & 1 & 1\end{pmatrix}.$$

解 (1) 求 $\boldsymbol{A}$ 的特征值和特征向量.

$$|\lambda\boldsymbol{E}-\boldsymbol{A}|=\begin{vmatrix}\lambda-1 & -1 & -1\\ -1 & \lambda-1 & -1\\ -1 & -1 & \lambda-1\end{vmatrix}=\lambda^2(\lambda-3).$$

得 $\boldsymbol{A}$ 的特征值 $\lambda_1=0$(二重),$\lambda_2=3$.

对于 $\lambda_1=0$,解齐次线性方程组 $(0\boldsymbol{E}-\boldsymbol{A})\boldsymbol{X}=\boldsymbol{o}$,它的一个基础解系为

$$\boldsymbol{\eta}_1=\begin{pmatrix}1\\ -1\\ 0\end{pmatrix},\qquad \boldsymbol{\eta}_2=\begin{pmatrix}1\\ 0\\ -1\end{pmatrix}.$$

对于 $\lambda_2=3$,解齐次线性方程组 $(3\boldsymbol{E}-\boldsymbol{A})\boldsymbol{X}=\boldsymbol{o}$,求得其基础解系为

$$\boldsymbol{\eta}_3=\begin{pmatrix}1\\ 1\\ 1\end{pmatrix}.$$

$\boldsymbol{\eta}_3$ 与 $\boldsymbol{\eta}_1,\boldsymbol{\eta}_2$ 正交. 这就验证了实对称矩阵属于不同特征值的特征向量正交. $\lambda_1=0$ 是二重特征值,有两个线性无关的特征向量 $\boldsymbol{\eta}_1,\boldsymbol{\eta}_2$. 这就验证了实对称矩阵 k 重特征值一定有 k 个线性无关的特征向量.

(2) 求单位正交向量组.

用施密特方法将 $\boldsymbol{\eta}_1,\boldsymbol{\eta}_2$ 正交化得

$$\boldsymbol{\beta}_1=\boldsymbol{\eta}_1=\begin{pmatrix}1\\-1\\0\end{pmatrix},$$

$$\boldsymbol{\beta}_2=\boldsymbol{\eta}_2-\frac{\boldsymbol{\eta}_2^{\mathrm{T}}\boldsymbol{\beta}_1}{\boldsymbol{\beta}_1^{\mathrm{T}}\boldsymbol{\beta}_1}\boldsymbol{\beta}_1$$

$$=\begin{pmatrix}1\\0\\-1\end{pmatrix}-\frac{1}{2}\begin{pmatrix}1\\-1\\0\end{pmatrix}=\begin{pmatrix}\frac{1}{2}\\\frac{1}{2}\\-1\end{pmatrix}.$$

然后将 $\boldsymbol{\beta}_1,\boldsymbol{\beta}_2,\boldsymbol{\eta}_3$ 单位化得

$$\boldsymbol{\alpha}_1=\begin{pmatrix}\frac{1}{\sqrt{2}}\\-\frac{1}{\sqrt{2}}\\0\end{pmatrix},\quad \boldsymbol{\alpha}_2=\begin{pmatrix}\frac{1}{\sqrt{6}}\\\frac{1}{\sqrt{6}}\\-\frac{2}{\sqrt{6}}\end{pmatrix},\quad \boldsymbol{\alpha}_3=\begin{pmatrix}\frac{1}{\sqrt{3}}\\\frac{1}{\sqrt{3}}\\\frac{1}{\sqrt{3}}\end{pmatrix}.$$

(3) 求正交矩阵.

令

$$\boldsymbol{Q}=(\boldsymbol{\alpha}_1\quad\boldsymbol{\alpha}_2\quad\boldsymbol{\alpha}_3)=\begin{pmatrix}\frac{1}{\sqrt{2}}&\frac{1}{\sqrt{6}}&\frac{1}{\sqrt{3}}\\-\frac{1}{\sqrt{2}}&\frac{1}{\sqrt{6}}&\frac{1}{\sqrt{3}}\\0&-\frac{2}{\sqrt{6}}&\frac{1}{\sqrt{3}}\end{pmatrix},$$

则 $\boldsymbol{Q}$ 为正交矩阵,并且

$$\boldsymbol{Q}^{-1}\boldsymbol{AQ}=\boldsymbol{Q}^{\mathrm{T}}\boldsymbol{AQ}=\boldsymbol{\Lambda}=\begin{pmatrix}0&0&0\\0&0&0\\0&0&3\end{pmatrix}.$$

例 3. 设 $\boldsymbol{A}$ 为实对称幂等矩阵,试证:

(1) $\boldsymbol{A}$ 的特征值是 0 或 1;

(2) $\boldsymbol{A}$ 的秩等于它的迹;

(3) 存在正交矩阵 $\boldsymbol{Q}$,使得 $\boldsymbol{Q}^{-1}\boldsymbol{AQ}=\begin{pmatrix}\boldsymbol{E}_r&\boldsymbol{O}\\\boldsymbol{O}&\boldsymbol{O}\end{pmatrix}$ 其中 $r=\boldsymbol{r}(\boldsymbol{A})$,$\boldsymbol{E}_r$ 为 r 阶单位阵.

证明

(1) 在 §5.1 例5中已证.

(2) 因$\boldsymbol{A}$为实对称矩阵,所以一定可找到正交矩阵$\boldsymbol{Q}$,使$\boldsymbol{Q}^{-1}\boldsymbol{A}\boldsymbol{Q}=\boldsymbol{\Lambda}$,$\boldsymbol{\Lambda}$为对角阵,且主对角线元素为特征值. 又因$\boldsymbol{A}$为幂等矩阵,故$\boldsymbol{\Lambda}$主对角线元素或0或1. 因此有$\boldsymbol{r}(\boldsymbol{\Lambda})$ = 特征值1的重数 = $\mathrm{tr}(\boldsymbol{\Lambda})$. 于是

$$\begin{aligned}\boldsymbol{r}(\boldsymbol{A}) &= \boldsymbol{r}(\boldsymbol{Q}^{-1}\boldsymbol{A}\boldsymbol{Q}) = \boldsymbol{r}(\boldsymbol{\Lambda}) = \mathrm{tr}(\boldsymbol{\Lambda}) \\ &= \mathrm{tr}(\boldsymbol{Q}^{-1}\boldsymbol{A}\boldsymbol{Q}) = \mathrm{tr}(\boldsymbol{A}).\end{aligned}$$

(3) 由(2)可知,对正交矩阵$\boldsymbol{Q}$,有

$$\boldsymbol{Q}^{-1}\boldsymbol{A}\boldsymbol{Q}=\begin{pmatrix}1 & & & & & \\ & \ddots & & & & \\ & & 1 & & & \\ & & & 0 & & \\ & & & & \ddots & \\ & & & & & 0\end{pmatrix}=\begin{pmatrix}\boldsymbol{E}_r & \boldsymbol{O} \\ \boldsymbol{O} & \boldsymbol{O}\end{pmatrix},$$

其中1的个数为$r=\boldsymbol{r}(\boldsymbol{A})$.

***例4.** 计量经济学中常遇到矩阵

$$\boldsymbol{M}=\boldsymbol{E}-\boldsymbol{X}(\boldsymbol{X}^{\mathrm{T}}\boldsymbol{X})^{-1}\boldsymbol{X}^{\mathrm{T}},$$

其中$\boldsymbol{E}$为n阶单位矩阵,$\boldsymbol{X}$为$n\times k$实矩阵,$\boldsymbol{r}(\boldsymbol{X})=k\leqslant n$,则

(1) $\boldsymbol{M}$为n阶实对称幂等矩阵;

(2) 存在正交矩阵$\boldsymbol{Q}$,使得$\boldsymbol{Q}^{-1}\boldsymbol{M}\boldsymbol{Q}=\begin{pmatrix}\boldsymbol{E}_{n-k} & \boldsymbol{O} \\ \boldsymbol{O} & \boldsymbol{O}\end{pmatrix}$.

证明

(1) 显然$\boldsymbol{M}$为n阶方阵. 由于

$$\begin{aligned}\boldsymbol{M}^{\mathrm{T}} &= [\boldsymbol{E}-\boldsymbol{X}(\boldsymbol{X}^{\mathrm{T}}\boldsymbol{X})^{-1}\boldsymbol{X}^{\mathrm{T}}]^{\mathrm{T}} \\ &= \boldsymbol{E}-\boldsymbol{X}(\boldsymbol{X}^{\mathrm{T}}\boldsymbol{X})^{-1}\boldsymbol{X}^{\mathrm{T}} \\ &= \boldsymbol{M},\end{aligned}$$

所以$\boldsymbol{M}$为对称矩阵,又因为

$$\begin{aligned}\boldsymbol{M}^2 &= [\boldsymbol{E}-\boldsymbol{X}(\boldsymbol{X}^{\mathrm{T}}\boldsymbol{X})^{-1}\boldsymbol{X}^{\mathrm{T}}][\boldsymbol{E}-\boldsymbol{X}(\boldsymbol{X}^{\mathrm{T}}\boldsymbol{X})^{-1}\boldsymbol{X}^{\mathrm{T}}] \\ &= \boldsymbol{E}-\boldsymbol{X}(\boldsymbol{X}^{\mathrm{T}}\boldsymbol{X})^{-1}\boldsymbol{X}^{\mathrm{T}}-\boldsymbol{X}(\boldsymbol{X}^{\mathrm{T}}\boldsymbol{X})^{-1}\boldsymbol{X}^{\mathrm{T}}+ \\ &\quad \boldsymbol{X}(\boldsymbol{X}^{\mathrm{T}}\boldsymbol{X})^{-1}\boldsymbol{X}^{\mathrm{T}}\boldsymbol{X}(\boldsymbol{X}^{\mathrm{T}}\boldsymbol{X})^{-1}\boldsymbol{X}^{\mathrm{T}}\end{aligned}$$

$$= \boldsymbol{E} - 2\boldsymbol{X}(\boldsymbol{X}^{\mathrm{T}}\boldsymbol{X})^{-1}\boldsymbol{X}^{\mathrm{T}} + \boldsymbol{X}(\boldsymbol{X}^{\mathrm{T}}\boldsymbol{X})^{-1}\boldsymbol{X}^{\mathrm{T}}$$
$$= \boldsymbol{E} - \boldsymbol{X}(\boldsymbol{X}^{\mathrm{T}}\boldsymbol{X})^{-1}\boldsymbol{X}^{\mathrm{T}}$$
$$= \boldsymbol{M},$$

即 $\boldsymbol{M}$ 为实对称幂等矩阵.

(2) 先证 $\boldsymbol{r}(\boldsymbol{M}) = n - k$. 事实上,根据本节例 3,有

$$\begin{aligned} \boldsymbol{r}(\boldsymbol{M}) = \mathrm{tr}(\boldsymbol{M}) &= \mathrm{tr}[\boldsymbol{E} - \boldsymbol{X}(\boldsymbol{X}^{\mathrm{T}}\boldsymbol{X})^{-1}\boldsymbol{X}^{\mathrm{T}}] \\ &= \mathrm{tr}(\boldsymbol{E}) - \mathrm{tr}[\boldsymbol{X}(\boldsymbol{X}^{\mathrm{T}}\boldsymbol{X})^{-1}\boldsymbol{X}^{\mathrm{T}}] \\ &= n - \mathrm{tr}[(\boldsymbol{X}^{\mathrm{T}}\boldsymbol{X})^{-1}\boldsymbol{X}^{\mathrm{T}}\boldsymbol{X}] \\ &= n - \mathrm{tr}(\boldsymbol{E}_k) \\ &= n - k. \end{aligned}$$

因 $\boldsymbol{X}^{\mathrm{T}}\boldsymbol{X}$ 为 k 阶方阵,所以 $(\boldsymbol{X}^{\mathrm{T}}\boldsymbol{X})^{-1}\boldsymbol{X}^{\mathrm{T}}\boldsymbol{X} = \boldsymbol{E}_k$ 为 k 阶单位矩阵.

由于 $\boldsymbol{M}$ 为对称幂等矩阵,$\boldsymbol{r}(\boldsymbol{M}) = n - k =$ 特征值 1 的重数. $\boldsymbol{M}$ 共有 n 个特征值,且或 0 或 1,所以特征值 0 的重数为 $n - (n - k) = k$.

根据本节例 3,对于实对称幂等矩阵 $\boldsymbol{M}$,一定可找到正交矩阵 $\boldsymbol{Q}$,使 $\boldsymbol{Q}^{-1}\boldsymbol{M}\boldsymbol{Q} = \boldsymbol{\Lambda}$,其中

$$\boldsymbol{\Lambda} = \begin{pmatrix} 1 & & & & & \\ & \ddots & & & & \\ & & 1 & & & \\ & & & 0 & & \\ & & & & \ddots & \\ & & & & & 0 \end{pmatrix} = \begin{pmatrix} E_{n-k} & \boldsymbol{O} \\ \boldsymbol{O} & \boldsymbol{O} \end{pmatrix}.$$

(其中 1 共 $n-k$ 个)

*§5.4　矩阵级数

一、矩阵序列和矩阵级数的收敛性

1. 矩阵序列及其收敛性

设 $m \times n$ 矩阵 $\boldsymbol{A}_k = (a_{ij}^{(k)})$, $k = 1,2,\cdots$,称

$$\boldsymbol{A}_1, \boldsymbol{A}_2, \cdots, \boldsymbol{A}_k, \cdots \tag{5.7}$$

为**矩阵序列**.

定义 5.4 如果矩阵序列(5.7)中每个矩阵的(i,j)元素所组成的数值序列

$$a_{ij}^{(1)},a_{ij}^{(2)},\cdots,a_{ij}^{(k)},\cdots$$

收敛于a_{ij}，即$\lim\limits_{k\to\infty}a_{ij}^{(k)}=a_{ij}$，$(i=1,2,\cdots,m;\ j=1,2,\cdots,n)$，则称矩阵序列(5.7)收敛于$m\times n$矩阵$\boldsymbol{A}=(a_{ij})$. 记为

$$\lim_{k\to\infty}\boldsymbol{A}_k=\boldsymbol{A}\quad 或\ \boldsymbol{A}_k\to\boldsymbol{A}(k\to\infty).$$

若$\boldsymbol{A}$为n阶矩阵，$\boldsymbol{A}$的各次幂可组成**幂矩阵序列**

$$\boldsymbol{E},\boldsymbol{A},\boldsymbol{A}^2,\cdots,\boldsymbol{A}^k\cdots. \tag{5.8}$$

2. 矩阵级数及其收敛性

将矩阵序列(5.7)中矩阵求和，得

$$\boldsymbol{A}_1+\boldsymbol{A}_2+\cdots+\boldsymbol{A}_k+\cdots=\sum_{k=1}^{\infty}\boldsymbol{A}_k, \tag{5.9}$$

称(5.9)为**矩阵级数**.

将幂矩阵序列(5.8)中矩阵求和，得

$$\boldsymbol{E}+\boldsymbol{A}+\boldsymbol{A}^2+\cdots+\boldsymbol{A}^k+\cdots=\sum_{k=0}^{\infty}\boldsymbol{A}^k, \tag{5.10}$$

称为**矩阵幂级数**，其中$\boldsymbol{A}^0=\boldsymbol{E}$.

定义 5.5 如果矩阵级数(5.9)中各矩阵的(i,j)元素所组成的数值级数

$$a_{ij}^{(1)}+a_{ij}^{(2)}+\cdots+a_{ij}^{(k)}+\cdots$$

收敛于a_{ij}，即$\sum\limits_{k=1}^{\infty}a_{ij}^{(k)}=a_{ij}$，$(i=1,2,\cdots,m;\ j=1,2,\cdots,n)$，则称矩阵级数(5.9)收敛于$m\times n$矩阵$\boldsymbol{A}=(a_{ij})$，或矩阵级数的和为$\boldsymbol{A}$，记为$\sum\limits_{k=1}^{\infty}\boldsymbol{A}_k=\boldsymbol{A}$.

二、幂矩阵序列收敛条件

定理 5.10 幂矩阵序列(5.8)收敛于零矩阵的充分必要条件是$\boldsymbol{A}$的所有特征值λ的绝对值都小于1，即$|\lambda|<1$.

证明 只对矩阵$\boldsymbol{A}$可对角化的特殊情况证明本定理. 设存在可逆矩阵$\boldsymbol{Q}$，使得

$$\boldsymbol{Q}^{-1}\boldsymbol{A}\boldsymbol{Q}=\boldsymbol{\Lambda}, \tag{5.11}$$

其中对角阵$\boldsymbol{\Lambda}$的主对角线元素为$\boldsymbol{A}$的n个特征值$\lambda_1,\lambda_2,\cdots,\lambda_n$，对(5.11)式两端

k 次幂得

$$(\boldsymbol{Q}^{-1}\boldsymbol{A}\boldsymbol{Q})^k = \boldsymbol{Q}^{-1}\boldsymbol{A}^k\boldsymbol{Q} = \boldsymbol{\Lambda}^k.$$

于是得

$$\boldsymbol{A}^k = \boldsymbol{Q}\boldsymbol{\Lambda}^k\boldsymbol{Q}^{-1},$$

其中

$$\boldsymbol{\Lambda}^k = \begin{pmatrix} \lambda_1^k & & & \\ & \lambda_2^k & & \\ & & \ddots & \\ & & & \lambda_n^k \end{pmatrix}.$$

$\boldsymbol{A}$ 的所有特征值的绝对值都小于 1，即 $|\lambda_i| < 1, i = 1,2,\cdots,n$，等价于

$$\lim_{k\to\infty}\lambda_i^k = 0 \qquad i = 1,2,\cdots,n,$$

即等价于

$$\lim_{k\to\infty}\boldsymbol{\Lambda}^k = \boldsymbol{O}.$$

因此有

$$\lim_{k\to\infty}\boldsymbol{A}^k = \lim_{k\to\infty}\boldsymbol{Q}\boldsymbol{\Lambda}^k\boldsymbol{Q}^{-1} = \boldsymbol{Q}(\lim_{k\to\infty}\boldsymbol{\Lambda}^k)\boldsymbol{Q}^{-1} = \boldsymbol{O}.$$

三、矩阵幂级数的收敛条件

定理 5.11　矩阵幂级数(5.10)收敛于矩阵 $(\boldsymbol{E}-\boldsymbol{A})^{-1}$，即

$$\boldsymbol{E}+\boldsymbol{A}+\boldsymbol{A}^2+\cdots+\boldsymbol{A}^k+\cdots = (\boldsymbol{E}-\boldsymbol{A})^{-1}$$

的充分必要条件是:幂矩阵序列(5.8)收敛于零矩阵，即

$$\lim_{k\to\infty}\boldsymbol{A}^k = \boldsymbol{O}.$$

证明　首先证明 $\boldsymbol{E}-\boldsymbol{A}$ 的逆矩阵 $(\boldsymbol{E}-\boldsymbol{A})^{-1}$ 存在.

根据定理 5.10 知:幂矩阵序列收敛于零矩阵等价于 $\boldsymbol{A}$ 的所有特征值之绝对值都小于 1，这等价于 1 不可能是 $\boldsymbol{A}$ 的特征值，即 $|\boldsymbol{E}-\boldsymbol{A}| \neq 0$，这就证明了 $(\boldsymbol{E}-\boldsymbol{A})^{-1}$ 存在.

其次，易验证

$$(\boldsymbol{E}+\boldsymbol{A}+\boldsymbol{A}^2+\cdots+\boldsymbol{A}^k)(\boldsymbol{E}-\boldsymbol{A}) = \boldsymbol{E}-\boldsymbol{A}^{k+1},$$

两端右乘 $(\boldsymbol{E}-\boldsymbol{A})^{-1}$ 得

$$\sum_{i=0}^{k} A^i = (E-A)^{-1} - A^{k+1}(E-A)^{-1}.$$

于是$\lim\limits_{k\to\infty} A^k = O$等价于

$$\sum_{i=0}^{\infty} A^i = \lim_{k\to\infty}\sum_{i=0}^{k} A^i = (E-A)^{-1} - \lim_{k\to\infty} A^{k+1}(E-A)^{-1}$$

$$= (E-A)^{-1}.$$

由定理5.10和5.11可知：

定理5.12　矩阵幂级数(5.10)收敛于矩阵$(E-A)^{-1}$的充分必要条件是：A的所有特征值之绝对值都小于1.

*§5.5　投入产出分析简介

一、投入产出表

设n个生产部门分别用$1,2,\cdots,n$表示，部门i只生产一种产品$i(i=1,2,\cdots,n)$，并且没有联合生产，即产品i仅由部门i生产，根据报告期的统计数据，投入产出表可简单表示为

部门间流量　产出 投入		中间产品 1	⋯	j	⋯	n	最终产品	总产出
中间投入	1	x_{11}	⋯	x_{1j}	⋯	x_{1n}	y_1	x_1
	⋮	⋮		⋮		⋮	⋮	⋮
	i	x_{i1}	⋯	x_{ij}	⋯	x_{in}	y_i	x_i
	⋮	⋮		⋮		⋮	⋮	⋮
	n	x_{n1}	⋯	x_{nj}	⋯	x_{nn}	y_n	x_n
最初投入		N_1	⋯	N_j	⋯	N_n		
总投入		x_1	⋯	x_j	⋯	x_n		

表的第i行表示第i个生产部门总产出的分配使用情况．其总产出按经济用途分为中间产品和最终产品．中间产品是指被各生产部门报告期生产所消耗的产品；最终产品是指被最终使用的产品．

表的第 j 列表示各部门对第 j 部门的中间投入及对 j 部门的最初投入．中间投入是指各部门对 j 部门投入的中间产品数量，即 j 部门在报告期生产中所消耗的中间产品数量；最初投入是指对 j 部门固定资产和劳动力投入的数量．

表中 x_i 表示 i 部门报告期总产出；y_i 表示 i 部门报告期生产的最终产品数量；x_{ij} 表示 i 部门报告期分配给 j 部门的中间产品数量或 j 部门报告期生产所消耗的 i 部门中间产品数量也称为部门间的流量；N_j 表示报告期对 j 部门的最初投入．这些数据均以货币为单位．这样的投入产出表也称为价值型投入产出表．

根据每个部门总产出 = 总投入的假设，得到下列两组平衡关系：

$$x_i = x_{i1} + x_{i2} + \cdots + x_{in} + y_i, \quad i = 1,2,\cdots,n. \tag{5.12}$$

$$x_j = x_{1j} + x_{2j} + \cdots + x_{nj} + N_j, \quad j = 1,2,\cdots,n. \tag{5.13}$$

二、投入产出数学模型

1. 直接消耗系数及其矩阵

用 a_{ij} 表示 j 部门对 i 部门的**直接消耗系数**．它表示 j 部门生产单位产品对 i 部门产品消耗数量，即

$$a_{ij} = \frac{x_{ij}}{x_j}, \quad i,j = 1,2,\cdots,n. \tag{5.14}$$

令 $\boldsymbol{A}$ 表示**直接消耗系数矩阵** $\boldsymbol{A} = (a_{ij})_{n\times n}$，其第 j 列表示 j 部门生产单位产品对各部门产品消耗数量．在经济上，直接消耗系数 a_{ij} 一定满足 $0 \leqslant a_{ij} < 1$，$i,j = 1,2,\cdots,n$．所以直接消耗系数矩阵 $\boldsymbol{A}$ 是非负矩阵（若 $\boldsymbol{A}$ 中每个元素均非负，则称 $\boldsymbol{A}$ 为非负矩阵），且其每个元素均小于 1.

令 $\boldsymbol{Q} = (x_{ij})_{n\times n}$，$\boldsymbol{X} = (x_1,x_2,\cdots,x_n)^{\mathrm{T}}$，$\boldsymbol{Y} = (y_1,y_2,\cdots,y_n)^{\mathrm{T}}$ 分别称为流量矩阵、总产出向量、最终产品向量．于是有

$$\boldsymbol{A} = \boldsymbol{Q}\hat{\boldsymbol{X}}^{-1} \quad 或 \quad \boldsymbol{Q} = \boldsymbol{A}\hat{\boldsymbol{X}},$$

其中 $\hat{\boldsymbol{X}}$ 为对角阵，其主对角线元素依次为总产出向量 $\boldsymbol{X}$ 的诸元素．

2. 投入产出数学模型

根据投入产出表，我们可以按行或按列建立相应的方程，即投入产出数学模型．

由(5.12)式和(5.14)式得

$$x_i = a_{i1}x_1 + a_{i2}x_2 + \cdots + a_{in}x_n + y_i, \qquad i = 1,2,\cdots,n.$$

由此得

$$\boldsymbol{X} = \boldsymbol{AX} + \boldsymbol{Y}$$

或

$$(\boldsymbol{E} - \boldsymbol{A})\boldsymbol{X} = \boldsymbol{Y}. \tag{5.15}$$

线性方程组(5.15)称为**投入产出方程**.如果把 $\boldsymbol{Y}$ 作为外生变量,即由生产系统以外的因素决定,当 $\boldsymbol{Y}$ 既定时,由(5.15)式可求出内生变量 $\boldsymbol{X}$.

由(5.13)式和(5.14)式得

$$x_j = a_{1j}x_j + a_{2j}x_j + \cdots + a_{nj}x_j + N_j, \qquad j = 1,2,\cdots,n.$$

由此得

$$\boldsymbol{X} = \boldsymbol{MX} + \boldsymbol{N}$$

或

$$(\boldsymbol{E} - \boldsymbol{M})\boldsymbol{X} = \boldsymbol{N}, \tag{5.16}$$

其中

$$\boldsymbol{M} = \begin{pmatrix} \sum\limits_{i=1}^{n} a_{i1} & & & \\ & \sum\limits_{i=1}^{n} a_{i2} & & \\ & & \ddots & \\ & & & \sum\limits_{i=1}^{n} a_{in} \end{pmatrix},$$

$$\boldsymbol{N} = (N_1, N_2, \cdots, N_n)^{\mathrm{T}}.$$

如果已知最初投入 $N_1, N_2, \cdots, N_n$,则由(5.16)式可求出总产出向量 $\boldsymbol{X}$.

3. 直接消耗系数矩阵 $\boldsymbol{A}$ 的可分解性

如果 $\boldsymbol{A}$ 满足一定条件(即 $\boldsymbol{A}$ 为可分矩阵,因这一概念超出本书范围,故不详述),则经过相同的行和列互换(即对 n 个生产部门重新编号),将 $\boldsymbol{A}$ 变为

$$\boldsymbol{A} = \begin{pmatrix} \boldsymbol{A}_{11} & \boldsymbol{A}_{12} \\ \boldsymbol{O} & \boldsymbol{A}_{22} \end{pmatrix},$$

其中 $\boldsymbol{A}_{11}$ 和 $\boldsymbol{A}_{22}$ 分别为 m 阶和 $n-m$ 阶子矩阵.

令 $\boldsymbol{X}_{\mathrm{I}}$ 与 $\boldsymbol{X}_{\mathrm{II}}$ 和 $\boldsymbol{Y}_{\mathrm{I}}$ 与 $\boldsymbol{Y}_{\mathrm{II}}$ 分别表示前 m 个部门与后 $n-m$ 个部门的总产出向量和最终产品向量.由(5.15)式得

$$\begin{pmatrix} \boldsymbol{E}_m - \boldsymbol{A}_{11} & -\boldsymbol{A}_{12} \\ \boldsymbol{O} & \boldsymbol{E}_{n-m} - \boldsymbol{A}_{22} \end{pmatrix} \begin{pmatrix} \boldsymbol{X}_{\mathrm{I}} \\ \boldsymbol{X}_{\mathrm{II}} \end{pmatrix} = \begin{pmatrix} \boldsymbol{Y}_{\mathrm{I}} \\ \boldsymbol{Y}_{\mathrm{II}} \end{pmatrix},$$

其中 $\boldsymbol{E}_m$ 和 $\boldsymbol{E}_{n-m}$ 分别表示 m 阶和 $n-m$ 阶单位矩阵．经分块矩阵运算得

$$(\boldsymbol{E}_m-\boldsymbol{A}_{11})\boldsymbol{X}_{\mathrm{I}}=\boldsymbol{A}_{12}\boldsymbol{X}_{\mathrm{II}}+\boldsymbol{Y}_{\mathrm{I}},$$

$$(\boldsymbol{E}_{n-m}-\boldsymbol{A}_{22})\boldsymbol{X}_{\mathrm{II}}=\boldsymbol{Y}_{\mathrm{II}}.$$

这表示后 $n-m$ 个部门的生产不受前 m 个部门的影响，因此可将后 $n-m$ 个部门作为一个独立的生产系统考察．

4. 投入产出方程组解的存在性和唯一性

定理 5.13　如果 $\boldsymbol{A}$ 为非负矩阵，且

$$\sum_{i=1}^{n}a_{ij}<1,\quad j=1,2,\cdots,n, \tag{5.17}$$

则方程组(5.15)有唯一解．

（**证明略**）

投入产出分析中，由于直接消耗系数矩阵 $\boldsymbol{A}$ 为非负矩阵，定理的第一个条件必然满足；定理的第二个条件的经济含义是每部门生产一单位产值的中间消耗小于单位产值，这意味着每部门单位产值中必包含有必要劳动和剩余劳动创造的价值，这是一个生产系统正常运行的必要条件．因而在一般情况下投入产出直接消耗系数矩阵 $\boldsymbol{A}$ 满足定理 5.13 条件，故投入产出方程有唯一解．

5. 投入产出方程组解的非负性

定理 5.14　如果 $\boldsymbol{A}$ 为非负矩阵，并满足

$$\sum_{i=1}^{n}a_{ij}<1,\quad j=1,2,\cdots,n,$$

那么当 $\boldsymbol{Y}\geqslant\boldsymbol{o}$ 时，投入产出方程

$$(\boldsymbol{E}-\boldsymbol{A})\boldsymbol{X}=\boldsymbol{Y}$$

有非负解．

（**证明略**）

定理 5.15　（**霍金斯－西蒙条件**）

投入产出方程式 $(\boldsymbol{E}-\boldsymbol{A})\boldsymbol{X}=\boldsymbol{Y}$，其中 $\boldsymbol{A}$ 为直接消耗系数矩阵，当 $\boldsymbol{Y}\geqslant\boldsymbol{o}$ 时，有非负解，即 $\boldsymbol{X}\geqslant\boldsymbol{o}$ 的充分必要条件是 $\boldsymbol{E}-\boldsymbol{A}$ 的各阶顺序主子式均为正，即

$$1-a_{11}>0,$$

$$\begin{vmatrix}1-a_{11} & -a_{12}\\ -a_{21} & 1-a_{22}\end{vmatrix}>0,$$

$$\cdots\cdots$$

$$|\boldsymbol{E}-\boldsymbol{A}| = \begin{vmatrix} 1-a_{11} & -a_{12} & \cdots & -a_{1n} \\ -a_{21} & 1-a_{22} & \cdots & -a_{2n} \\ \vdots & \vdots & & \vdots \\ -a_{n1} & -a_{n2} & \cdots & 1-a_{nn} \end{vmatrix} > 0.$$

（证明略）

三、完全消耗系数矩阵

1. 列昂捷夫逆矩阵$(\boldsymbol{E}-\boldsymbol{A})^{-1}$的经济意义

$(\boldsymbol{E}-\boldsymbol{A})^{-1}$第$j$列各元素的经济含义可表述为当对$j$部门最终产品的需求增加一单位时，对各部门产品的完全需要量，包括最终需要和中间需要．中间需要包括生产j部门一单位最终产品对各部门产品的直接消耗和间接消耗．这可由以下分析看出．

令$\boldsymbol{Y}=(0,\cdots,1,\cdots,0)^{\mathrm{T}}=\boldsymbol{\varepsilon}_j^{\mathrm{T}}$，它表示$j$部门生产一单位最终产品而其他部门不生产最终产品．由投入产出方程组(5.15)得

$$\boldsymbol{X}=(\boldsymbol{E}-\boldsymbol{A})^{-1}\boldsymbol{Y}=(\boldsymbol{E}-\boldsymbol{A})^{-1}\boldsymbol{\varepsilon}_j.$$

将$(\boldsymbol{E}-\boldsymbol{A})^{-1}$展成矩阵幂级数

$$(\boldsymbol{E}-\boldsymbol{A})^{-1}=\boldsymbol{E}+\boldsymbol{A}+\boldsymbol{A}^2+\cdots\cdots+\boldsymbol{A}^k+\cdots,$$

代入得

$$\begin{aligned} &(\boldsymbol{E}-\boldsymbol{A})^{-1}\text{的第}j\text{列} \\ &=\boldsymbol{\varepsilon}_j+\boldsymbol{A}\boldsymbol{\varepsilon}_j+\boldsymbol{A}^2\boldsymbol{\varepsilon}_j+\cdots+\boldsymbol{A}^k\boldsymbol{\varepsilon}_j+\cdots \\ &=\boldsymbol{\varepsilon}_j+\boldsymbol{a}_j+\underbrace{\boldsymbol{a}_j^{(1)}+\cdots+\boldsymbol{a}_j^{(k-1)}+\cdots} \\ &=\text{最终产品}+\underbrace{\text{直接消耗}+\text{间接消耗}} \\ &=\text{最终产品}+\text{完全消耗}, \end{aligned} \tag{5.18}$$

其中

$$\boldsymbol{a}_j=\boldsymbol{A}\boldsymbol{\varepsilon}_j=\boldsymbol{A}\text{ 的第}j\text{列}$$

$= j$ 部门生产单位最终产品直接消耗各部门产品数量；

$$\boldsymbol{a}_j^{(1)} = \boldsymbol{A}^2\boldsymbol{\varepsilon}_j = \boldsymbol{A}\boldsymbol{a}_j$$

= 各部门生产 $\boldsymbol{a}_j$ 直接消耗各部门产品数量

$= j$ 部门生产单位最终产品的第一轮间接消耗；

$$\boldsymbol{a}_j^{(2)} = \boldsymbol{A}^3\boldsymbol{\varepsilon}_j = \boldsymbol{A}\boldsymbol{a}_j^{(1)}$$

= 各部门生产 $\boldsymbol{a}_j^{(1)}$ 直接消耗各部门产品数量

$= j$ 部门生产单位最终产品的第二轮间接消耗；

…　　…　　…

$$\boldsymbol{a}_j^{(k)} = \boldsymbol{A}^{k+1}\boldsymbol{\varepsilon}_j = \boldsymbol{A}\boldsymbol{a}_j^{(k-1)}$$

= 各部门生产 $\boldsymbol{a}_j^{(k-1)}$ 直接消耗各部门产品数量

$= j$ 部门生产单位最终产品的第 k 轮间接消耗.

2. 完全消耗系数矩阵

令

$$\boldsymbol{B} = (\boldsymbol{E}-\boldsymbol{A})^{-1} - \boldsymbol{E} = (b_{ij})_{n\times n}, \tag{5.19}$$

矩阵 $\boldsymbol{B}$ 称为**完全消耗系数矩阵**.

$\boldsymbol{B}$ 第 j 列的经济含义是 j 部门生产一单位最终产品对各部门产品的直接消耗和间接消耗，即完全消耗.

用 $\boldsymbol{\varepsilon}_j$ 右乘(5.19)式两端，并根据(5.18)式得

$$\boldsymbol{B}\text{ 的第 }j\text{ 列} = \boldsymbol{B}\boldsymbol{\varepsilon}_j = (\boldsymbol{E}-\boldsymbol{A})^{-1}\boldsymbol{\varepsilon}_j - \boldsymbol{\varepsilon}_j$$

$$= \boldsymbol{a}_j + \underbrace{\boldsymbol{a}_j^{(1)} + \boldsymbol{a}_j^{(2)} + \cdots}$$

= 直接消耗 + 间接消耗

= 完全消耗.

3. 最终产品变动的影响分析

如果最终产品向量由 $\boldsymbol{Y}$ 变到 $\boldsymbol{Y}+\Delta\boldsymbol{Y}$，那么产量由 $\boldsymbol{X}$ 变成 $\boldsymbol{X}+\Delta\boldsymbol{X}$，其中

$$\Delta\boldsymbol{Y} = (\Delta y_1, \Delta y_2, \cdots, \Delta y_n)^{\mathrm{T}},$$

$$\Delta\boldsymbol{X} = (\Delta x_1, \Delta x_2, \cdots, \Delta x_n)^{\mathrm{T}},$$

于是有

$$(\boldsymbol{E}-\boldsymbol{A})(\boldsymbol{X}+\Delta\boldsymbol{X}) = \boldsymbol{Y}+\Delta\boldsymbol{Y}. \tag{5.20}$$

(5.20)式减去(5.15)式，得

$$(E-A)\Delta X=\Delta Y$$

或 $$\Delta X=(E-A)^{-1}\Delta Y.$$

将 $(E-A)^{-1}$ 展成矩阵幂级数,得

$$\begin{aligned}\Delta X&=(E+A+A^2+\cdots+A^k+\cdots)\Delta Y\\&=\Delta Y+A\Delta Y+A^2\Delta Y+\cdots+A^k\Delta Y+\cdots\\&=\Delta Y+\Delta X^{(0)}+\Delta X^{(1)}+\cdots+\Delta X^{(k-1)}+\cdots\end{aligned}$$

（其中 $\Delta X^{(1)}+\cdots+\Delta X^{(k-1)}$ 上标注：第一轮 … 第 $k-1$ 轮）

= 最终产品变动 + 直接消耗 + 间接消耗

= 最终产品变动 + 完全消耗,

其中

$\Delta X^{(0)}=A\Delta Y$

= 各部门生产 ΔY 直接消耗各部门产品数量;

$\Delta X^{(1)}=A^2\Delta Y=A\Delta X^{(0)}$

= 各部门生产 $\Delta X^{(0)}$ 直接消耗各部门产品数量

= 各部门生产 ΔY 的第一轮间接消耗;

$\Delta X^{(2)}=A^3\Delta Y=A\Delta X^{(1)}$

= 各部门生产 $\Delta X^{(1)}$ 直接消耗各部门产品数量

= 各部门生产 ΔY 的第二轮间接消耗;

… … …

$\Delta X^{(k)}=A^{k+1}\Delta Y=A\Delta X^{(k-1)}$

= 各部门生产 $\Delta X^{(k-1)}$ 直接消耗各部门产品数量

= 各部门生产 ΔY 的第 k 轮间接消耗.

习 题 五

1. 求下列矩阵的特征值.

(1) n 阶零矩阵;

(2) n 阶单位矩阵;

(3) n 阶对角矩阵.

2. 矩阵 $\boldsymbol{A}$ 可逆的充分必要条件是 $\boldsymbol{A}$ 的特征值全不等于零.

3. 已知 $\boldsymbol{A}$ 的特征值为 λ,

(1) 求 $\boldsymbol{A}^{\mathrm{T}}$ 的特征值;

(2) 求 $a\boldsymbol{A}$ 的特征值,a 为任意实数;

(3) 求 $\boldsymbol{A}^k$ 的特征值,k 为正整数;

(4) 设 $\boldsymbol{A}$ 可逆,求 $\boldsymbol{A}^{-1}$ 的特征值.

4. 若有正整数 k,使得 $\boldsymbol{A}^k = \boldsymbol{O}$($k$ 为正整数),则称 $\boldsymbol{A}$ 是幂零矩阵,求证幂零矩阵的特征值是零.

5. 试证:

(1) 若 λ 是正交矩阵 $\boldsymbol{A}$ 的特征值,则 $\frac{1}{\lambda}$ 也是 $\boldsymbol{A}$ 的特征值;

(2) 正交矩阵如果有实特征值,则该特征值是 1 或 -1.

6. 求下列矩阵 $\boldsymbol{A}$ 的特征值和特征向量:

(1) $\boldsymbol{A} = \begin{pmatrix} 2 & 1 \\ 1 & 2 \end{pmatrix}$;　(2) $\boldsymbol{A} = \begin{pmatrix} 0 & 0 & 1 \\ 0 & 1 & 0 \\ 1 & 0 & 0 \end{pmatrix}$;

(3) $\boldsymbol{A} = \begin{pmatrix} 2 & -2 & 0 \\ -2 & 1 & -2 \\ 0 & -2 & 0 \end{pmatrix}$;　(4) $\boldsymbol{A} = \begin{pmatrix} 3 & 1 & 0 \\ -4 & -1 & 0 \\ 4 & -8 & -2 \end{pmatrix}$;

(5) $\boldsymbol{A} = \begin{pmatrix} 2 & -1 & 2 \\ 5 & -3 & 3 \\ -1 & 0 & -2 \end{pmatrix}$;　(6) $\boldsymbol{A} = \begin{pmatrix} -2 & 3 & -1 \\ -6 & 7 & -2 \\ -9 & 9 & -2 \end{pmatrix}$.

*7. 设

$$\boldsymbol{A} = \begin{pmatrix} 1 & -\sqrt{3} \\ \sqrt{3} & 1 \end{pmatrix}$$

如果把 $\boldsymbol{A}$ 看成实数域上的矩阵,$\boldsymbol{A}$ 有没有特征值?如果把 $\boldsymbol{A}$ 看成复数域上的矩阵,求 $\boldsymbol{A}$ 的特征值和特征向量.

8. 已知三阶可逆矩阵 $\boldsymbol{A}$ 的特征值为 1,2,3,求下列矩阵 $\boldsymbol{B}$ 的特征值.

(1) $\boldsymbol{B} = \boldsymbol{E} + 2\boldsymbol{A} + \boldsymbol{A}^2$;　(2) $\boldsymbol{B} = \left(\frac{1}{3}\boldsymbol{A}^2\right)^{-1}$;

(3) $B = E + A^{-1}$; (4) $B = A^*$; (5) $B = (A^*)^*$.

9. 已知 $A = \begin{pmatrix} a & -2 & 0 \\ b & 1 & -2 \\ c & -2 & 0 \end{pmatrix}$ 的三个特征值为 4, 1, −2, 求 a, b, c.

10. 已知向量 $\boldsymbol{\alpha} = (1, k, 1)^{\mathrm{T}}$ 是矩阵 $A = \begin{pmatrix} 2 & 1 & 1 \\ 1 & 2 & 1 \\ 1 & 1 & 2 \end{pmatrix}$ 的逆矩阵 A^{-1} 的特征向量，试求常数 k 的值.

11. 已知三阶矩阵 A 的特征值为 2, 1, −1, 对应的特征向量为 $(1 \quad 0 \quad -1)$, $(1 \quad -1 \quad 0)$, $(1 \quad 0 \quad 1)$, 试求矩阵 A.

12. 如果 A 可逆，证明 AB 与 BA 相似.

13. 如果 A 与 B 相似，C 与 D 相似. 证明:

$$\begin{pmatrix} A & O \\ O & C \end{pmatrix} 与 \begin{pmatrix} B & O \\ O & D \end{pmatrix} 相似.$$

14. 设 $B_1 = U^{-1}A_1U$, $B_2 = U^{-1}A_2U$, 证明:

$$B_1 + B_2 = U^{-1}(A_1 + A_2)U;$$

$$B_1B_2 = U^{-1}(A_1A_2)U.$$

15. 若 A 与 B 可交换，则 $U^{-1}AU$ 与 $U^{-1}BU$ 也可交换.

16. 判断第 6 题中各矩阵是否可对角化？若可对角化，求出可逆矩阵 U，使 $U^{-1}AU$ 为对角矩阵.

17. (1) 对实对称矩阵

$$A = \begin{pmatrix} 1 & 0 & 1 \\ 0 & 2 & 0 \\ 1 & 0 & 1 \end{pmatrix},$$

找一正交矩阵 Q，使 $Q^{-1}AQ$ 为对角矩阵;

(2) 求 A^{10}.

18. 设三阶实对称矩阵 A 的特征值为 $\lambda_1 = -1, \lambda_2 = \lambda_3 = 1$，对应于 λ_1 的特征向量为 $\boldsymbol{\alpha}_1 = (0, 1, 1)^{\mathrm{T}}$，求 A.

19. (1) 设 A 为 $m \times n$ 矩阵，B 为 $n \times m$ 矩阵，证明:

$$\mathrm{tr}(AB) = \mathrm{tr}(BA);$$

(2) 设 $\boldsymbol{A}$ 为 $m\times n$ 矩阵，$\boldsymbol{B}$ 为 $n\times p$ 矩阵，$\boldsymbol{C}$ 为 $p\times m$ 矩阵，证明：

$$\operatorname{tr}(\boldsymbol{ABC})=\operatorname{tr}(\boldsymbol{BCA})=\operatorname{tr}(\boldsymbol{CAB}).$$

20. 如果 n 阶矩阵 $\boldsymbol{A}=(a_{ij})$ 的元素满足

$$|a_{jj}|>\sum_{\substack{i=1\\i\neq j}}^{n}|a_{ij}|\quad(j=1,2\cdots,n),$$

则 $\boldsymbol{A}$ 为可逆阵.

21. 给定

$$\boldsymbol{A}=\begin{pmatrix}0.1 & 0.1\\0.1 & 0.1\end{pmatrix},$$

利用本章定理：

(1) 证明矩阵幂级数

$$\boldsymbol{E}+\boldsymbol{A}+\boldsymbol{A}^2+\cdots+\boldsymbol{A}^k+\cdots\quad 收敛;$$

(2) 求其和；

(3) 计算 $\boldsymbol{E}+\boldsymbol{A}+\boldsymbol{A}^2+\boldsymbol{A}^3$.

22. 给定三部门价值型投入产出表：

		中间产品			最终产品	总产出
		1	2	3	$\boldsymbol{Y}$	$\boldsymbol{X}$
中间投入	1	30	100	70	100	300
	2	10	20	49	321	400
	3	10	40	10	360	420

(1) 求直接消耗系数矩阵 $\boldsymbol{A}$；

(2) 求 $\boldsymbol{E}-\boldsymbol{A}$，验证 $\boldsymbol{E}-\boldsymbol{A}$ 是可逆矩阵；

(3) 求 $(\boldsymbol{E}-\boldsymbol{A})^{-1}$（取两位小数）；

(4) 求完全消耗系数矩阵 $\boldsymbol{B}$（取两位小数）；

(5) 验证 $\boldsymbol{X}=(\boldsymbol{E}-\boldsymbol{A})^{-1}\boldsymbol{Y}$ 成立；

(6) 假设部门 2 最终产品增加 32 单位，其他部门最终产品不变，求每部门总产出的变化（取整数）.

第六章　二次型

在平面解析几何中

$$ax^2+bxy+cy^2=d$$

确定一条二次曲线. 为了研究二次曲线的性质,常常通过坐标变换消去交叉项,化为标准形

$$\boldsymbol{AX}^2+\boldsymbol{BY}^2=\boldsymbol{D}.$$

从而很容易判别曲线的类型. 在工程技术和经济管理的许多问题中也常常遇到 n 元二次齐次函数的类似问题,我们需要用线性变换把这样的函数化为仅含完全平方项的形式,以便讨论该函数的性质.

在这一章,我们将研究 n 元二次齐次函数及其标准形等有关性质.

§6.1　二次型及其矩阵

一、基本概念

定义 6.1　n 个变量 $x_1,x_2,\cdots,x_n$ 的二次齐次函数

$$f(x_1,x_2,\cdots,x_n)=\sum_{i=1}^{n}\sum_{j=1}^{n}a_{ij}x_ix_j,$$

其中 $a_{ij}=a_{ji},i,j=1,2,\cdots,n$,是数域 F 上的元素,称为数域 F 上的一个 n **元二次型**,简称**二次型**.

将 f 具体写出来,就是

$$\begin{aligned}f(x_1,\cdots,x_n)=&a_{11}x_1^2+a_{12}x_1x_2+\cdots+a_{1n}x_1x_n\\&+a_{21}x_1x_2+a_{22}x_2^2+\cdots+a_{2n}x_2x_n\\&\cdots\quad\cdots\quad\cdots\\&+a_{n1}x_1x_n+a_{n2}x_2x_n+\cdots+a_{nn}x_n^2.\end{aligned}$$

现将 f 改写成矩阵向量形式：

$$f(x_1,\cdots,x_n)$$

$$=(x_1x_2\cdots x_n)\begin{pmatrix} a_{11} & a_{12} & \cdots & a_{1n} \\ a_{21} & a_{22} & \cdots & a_{2n} \\ \vdots & \vdots & & \vdots \\ a_{n1} & a_{n2} & \cdots & a_{nn} \end{pmatrix}\begin{pmatrix} x_1 \\ x_2 \\ \vdots \\ x_n \end{pmatrix}.$$

令

$$\boldsymbol{X}=\begin{pmatrix} x_1 \\ x_2 \\ \vdots \\ x_n \end{pmatrix},\quad \boldsymbol{A}=\begin{pmatrix} a_{11} & a_{12} & \cdots & a_{1n} \\ a_{21} & a_{22} & \cdots & a_{2n} \\ \vdots & \vdots & & \vdots \\ a_{n1} & a_{n2} & \cdots & a_{nn} \end{pmatrix},$$

则 $$f(\boldsymbol{X})=\boldsymbol{X}^{\mathrm{T}}\boldsymbol{A}\boldsymbol{X}.$$

其中 $\boldsymbol{A}$ 称为**二次型矩阵**. 因为 $a_{ij}=a_{ji}$，所以**二次型矩阵均为对称阵**. 矩阵 $\boldsymbol{A}$ 的秩 $\boldsymbol{r}(\boldsymbol{A})$ 称为**二次型的秩**.

考虑到 $\boldsymbol{A}$ 的对称性，二次型可写为

$$\begin{aligned} & f(x_1,x_2,\cdots,x_n) \\ = \ & a_{11}x_1^2+2a_{12}x_1x_2+2a_{13}x_1x_3+\cdots+2a_{1n}x_1x_n \\ & +a_{22}x_2^2+2a_{23}x_2x_3+\cdots \quad 2a_{2n}x_2x_n \\ & +\cdots \quad \cdots \quad \cdots \\ & +a_{nn}x_n^2. \end{aligned} \tag{6.1}$$

从定义可知：二次型与对称矩阵一一对应，即：

给定一个 n 元二次型(6.1)，就可得到唯一的 n 阶对称矩阵 $\boldsymbol{A}$，$\boldsymbol{A}$ 为该二次型的矩阵，二次型可写成 $\boldsymbol{X}^{\mathrm{T}}\boldsymbol{A}\boldsymbol{X}$；反之，给了一个 n 阶对称矩阵 $\boldsymbol{A}$ 就可得到唯一的一个 n 元二次型 $\boldsymbol{X}^{\mathrm{T}}\boldsymbol{A}\boldsymbol{X}$，二次型矩阵恰好为 $\boldsymbol{A}$.

下面举例说明

例 1. 给定二次型

$$f(x_1,x_2,x_3)=2x_1x_2+4x_1x_3-x_2^2-8x_3^2,$$

求二次型矩阵 $\boldsymbol{A}$.

解 将 f 写成

$$f(x_1,x_2,x_3)=0\cdot x_1^2+x_1x_2+2x_1x_3$$

$$+x_1x_2-x_2^2+0\cdot x_2x_3$$
$$+2x_1x_3+0\cdot x_2x_3-8x_3^2,$$

则

$$A=\begin{pmatrix}0&1&2\\1&-1&0\\2&0&-8\end{pmatrix}.$$

例 2. 给定对称矩阵

$$A=\begin{pmatrix}6&-2&2\\-2&5&0\\2&0&7\end{pmatrix},$$

求相应的二次型 $f(x_1,x_2,x_3)$.

解 $f(x_1,x_2,x_3)=6x_1^2-2x_1x_2+2x_1x_3$

$$-2x_1x_2+5x_2^2+0\cdot x_2x_3$$
$$+2x_1x_3+0\cdot x_2x_3+7x_3^2,$$

整理后得

$$f(x_1,x_2,x_3)=6x_1^2+5x_2^2+7x_3^2-4x_1x_2+4x_1x_3.$$

定义 6.2 形式为

$$f(y_1,y_2,\cdots,y_n)=d_1y_1^2+d_2y_2^2+\cdots+d_ny_n^2 \tag{6.2}$$

的二次型称为**标准形**,其中 $d_1,d_2,\cdots,d_n$ 为数域 F 上的元素.

将 f 改写成矩阵向量形式:

$$f(y_1,y_2,\cdots,y_n)=(y_1y_2\cdots y_n)\begin{pmatrix}d_1&&&\\&d_2&&\\&&\ddots&\\&&&d_n\end{pmatrix}\begin{pmatrix}y_1\\y_2\\\vdots\\y_n\end{pmatrix},$$

令

$$Y=\begin{pmatrix}y_1\\y_2\\\vdots\\y_n\end{pmatrix},\quad D=\begin{pmatrix}d_1&&&\\&d_2&&\\&&\ddots&\\&&&d_n\end{pmatrix},$$

则标准形可写为

$$f(\boldsymbol{Y}) = \boldsymbol{Y}^{\mathrm{T}}\boldsymbol{D}\boldsymbol{Y}.$$

可见标准形的矩阵 $\boldsymbol{D}$ 为对角矩阵．其秩 $=\boldsymbol{r}(\boldsymbol{D})$ 为 $d_1,\cdots,d_n$ 中非零的个数．

定义 6.3　形式为

$$f(z_1,z_2,\cdots,z_n) = z_1^2+\cdots+z_p^2-z_{p+1}^2-\cdots-z_r^2 \quad (r\leqslant n) \tag{6.3}$$

的二次型称为实数域 R 上二次型的**规范形**．

其矩阵为

$$\boldsymbol{\Lambda}_R=\begin{pmatrix} 1 & & & & & & & & \\ & \ddots & & & & & & & \\ & & 1 & & & & & & \\ & & & -1 & & & & & \\ & & & & \ddots & & & & \\ & & & & & -1 & & & \\ & & & & & & 0 & & \\ & & & & & & & \ddots & \\ & & & & & & & & 0 \end{pmatrix}\begin{matrix} \\ p\text{个} \\ \\ \\ r-p\text{个} \\ \\ \\ n-r\text{个} \\ \\ \end{matrix},$$

则规范形

$$f(\boldsymbol{Z}) = \boldsymbol{Z}^{\mathrm{T}}\boldsymbol{\Lambda}_R\boldsymbol{Z}$$

其中　　$\boldsymbol{Z}=(z_1,\cdots,z_r,\cdots,z_n)^{\mathrm{T}}.$

规范形的秩 $=\boldsymbol{r}(\boldsymbol{\Lambda}_R)=r.$

定义 6.4　形式为

$$f(z_1,z_2,\cdots,z_n) = z_1^2+z_2^2+\cdots+z_r^2 \quad (r\leqslant n) \tag{6.4}$$

的二次型称为复数域 C 上二次型的**规范形**．

其矩阵为

$$\boldsymbol{\Lambda}_C=\begin{pmatrix} 1 & & & & & \\ & \ddots & & & & \\ & & 1 & & & \\ & & & 0 & & \\ & & & & \ddots & \\ & & & & & 0 \end{pmatrix}\begin{matrix} \\ r\text{个} \\ \\ \\ n-r\text{个} \\ \\ \end{matrix}$$

则规范形

$$f(\boldsymbol{Z}) = \boldsymbol{Z}^{\mathrm{T}}\boldsymbol{\Lambda}_C\boldsymbol{Z}$$

规范形的秩 $= r(\Lambda_C) = r$.

以后均以 $\boldsymbol{X},\boldsymbol{Y},\boldsymbol{Z}$ 等代表 n 维列向量.

在数域 F 上任一个二次型是否一定能够化为标准形呢?如果能够,那么采用什么手段化为标准形呢?又如何化为规范形呢?为此先介绍线性变换、正交变换、矩阵合同概念.

二、线性变换

定义 6.5 设两组变量 $x_1,x_2,\cdots,x_n;y_1,y_2,\cdots,y_n$ 具有如下一组关系式

$$\begin{cases} x_1 = c_{11}y_1 + c_{12}y_2 + \cdots + c_{1n}y_n, \\ x_2 = c_{21}y_1 + c_{22}y_2 + \cdots + c_{2n}y_n, \\ \quad \cdots \quad \cdots \quad \cdots \\ x_n = c_{n1}y_1 + c_{n2}y_2 + \cdots + c_{nn}y_n, \end{cases} \tag{6.5}$$

称为由 $x_1,x_2,\cdots,x_n$ 到 $y_1,y_2,\cdots,y_n$ 的一个线性变换.

(6.5) 式也可写为

$$\boldsymbol{X} = \boldsymbol{C}\boldsymbol{Y},$$

其中系数矩阵 $\boldsymbol{C} = (c_{ij})$ 称为**线性变换的系数矩阵**,如果 $\boldsymbol{C}$ 可逆,则(6.5) 式称为**可逆线性变换**(或**非奇异线性变换**),那么

$$\boldsymbol{Y} = \boldsymbol{C}^{-1}\boldsymbol{X}. \tag{6.6}$$

(6.6) 式为(6.5) 式的逆变换.

如果 $x_1,x_2,\cdots,x_n$ 到 $u_1,u_2,\cdots,u_n$ 的可逆线性变换为 $\boldsymbol{X} = \boldsymbol{C}_1\boldsymbol{U}$,而 $u_1,u_2,\cdots,u_n$ 到 $y_1,y_2,\cdots,y_n$ 的可逆线性变换为 $\boldsymbol{U} = \boldsymbol{C}_2\boldsymbol{Y}$,则 $x_1,x_2,\cdots,x_n$ 到 $y_1,y_2,\cdots,y_n$ 的可逆线性变换为 $\boldsymbol{X} = (\boldsymbol{C}_1\boldsymbol{C}_2)\boldsymbol{Y}$.

定义 6.6 如果线性变换的系数矩阵是正交矩阵,则称为**正交变换**.

可证正交变换是可逆的.

三、矩阵合同

定义 6.7 设 $\boldsymbol{A}$ 与 $\boldsymbol{B}$ 是 n 阶矩阵,如果存在一个可逆矩阵 $\boldsymbol{C}$,使得

$$B = C^{T}AC,$$

则称 A 与 B 是合同的,记作 $A \simeq B$.

矩阵合同具有以下性质:

1. 反身性:对任一 n 阶矩阵 A,都有 $A \simeq A$,因为 $A = E^{T}AE$.

2. 对称性:若 $A \simeq B$,则 $B \simeq A$. 因为 $B = C^{T}AC$,所以
$A = (C^{T})^{-1}BC^{-1} = (C^{-1})^{T}B(C^{-1})$.

3. 传递性:若 $A_1 \simeq A_2, A_2 \simeq A_3$,则 $A_1 \simeq A_3$. 因为 $A_2 = C_1^{T}A_1C_1, A_3 = C_2^{T}A_2C_2$,所以

$$A_3 = C_2^{T}(C_1^{T}A_1C_1)C_2 = (C_1C_2)^{T}A_1(C_1C_2).$$

定理 6.1　经可逆线性变换,原二次型矩阵与新二次型矩阵合同.

证明　设二次型 $f(X) = X^{T}AX$,经过可逆线性变换 $X = CY$,得:

$$f(X) = X^{T}AX = (CY)^{T}A(CY) = Y^{T}(C^{T}AC)Y = Y^{T}BY,$$

其中 $B = C^{T}AC$,又因

$$B^{T} = (C^{T}AC)^{T} = C^{T}A^{T}C = C^{T}AC = B,$$

所以 B 是对称矩阵,且为新二次型 $Y^{T}BY$ 的矩阵,因 $B = C^{T}AC$,所以 $B \simeq A$.

§6.2　化二次型为标准形

本节讨论二次型化为标准形的问题. 分为一般数域 F 和实数域 R 两种情形讨论.

一、数域 F 上的二次型化为标准形

定理 6.2　数域 F 上的任意一个二次型都可经过可逆线性变换化为标准形.

证明　设二次型为 $f(x_1, x_2, \cdots, x_n) = \sum_{i=1}^{n}\sum_{j=1}^{n} a_{ij}x_ix_j$.

对 n 作数学归纳法.

$n = 1$ 时,$f = a_{11}x_1^2$ 已为标准形.

假设对 $n-1$ 元二次型结论成立.

现在讨论 n 元二次型. 分三种情况:

(1) $a_{11},a_{22},\cdots,a_{nn}$ 中至少有一个不为 0,不妨设 $a_{11}\neq 0$,

$$\begin{aligned} & f(x_1,\cdots,x_n) \\ = & a_{11}x_1^2+2a_{12}x_1x_2+2a_{13}x_1x_3+\cdots+2a_{1n}x_1x_n \\ & \quad +a_{22}x_2^2\quad +2a_{23}x_2x_3+\cdots+2a_{2n}x_2x_n \\ & \qquad\qquad + \quad \cdots \qquad \cdots \qquad \cdots \\ & \qquad\qquad\qquad\qquad\qquad +a_{nn}x_n^2. \end{aligned}$$

f 中凡包含有 x_1 的项均在 f 表达式的第一行,将其配方,而其他各行不变,得

$$\begin{aligned} f = & a_{11}\left[x_1+\frac{1}{a_{11}}(a_{12}x_2+\cdots+a_{1n}x_n)\right]^2 \\ & -\frac{1}{a_{11}}(a_{12}x_2+\cdots+a_{1n}x_n)^2+a_{22}x_2^2+2a_{23}x_2x_3+\cdots+a_{nn}x_n^2. \end{aligned}$$

令

$$\begin{cases} u_1=x_1+\dfrac{1}{a_{11}}(a_{12}x_2+\cdots+a_{1n}x_n), \\ u_2=x_2, \\ \quad\cdots \\ u_n=x_n, \end{cases}$$

也就有

$$\begin{cases} x_1=u_1-\dfrac{1}{a_{11}}(a_{12}u_2+\cdots+a_{1n}u_n), \\ x_2=u_2, \\ \quad\cdots \\ x_n=u_n, \end{cases}$$

这显然是可逆线性变换,于是

$$\begin{aligned} f = & a_{11}u_1^2-\frac{1}{a_{11}}(a_{12}u_2+\cdots+a_{1n}u_n)^2 \\ & +a_{22}u_2^2+2a_{23}u_2u_3+\cdots+a_{nn}u_n^2. \end{aligned}$$

上式除第一项外,其余项是 $u_2,\cdots,u_n$ 的一个 $n-1$ 元二次型. 根据归纳法假设,有可逆线性变换

$$
\begin{cases}
u_2 = c_{22}y_2 + \cdots + c_{2n}y_n, \\
u_3 = c_{32}y_2 + \cdots + c_{3n}y_n, \\
\cdots \quad \cdots \quad \cdots \\
u_n = c_{n2}y_2 + \cdots + c_{nn}y_n
\end{cases}
$$

使其变为标准形

$$d_2y_2^2 + \cdots + d_ny_n^2$$

于是作可逆线性变换

$$
\begin{cases}
x_1 = y_1 - \dfrac{1}{a_{11}}[a_{12}(c_{22}y_2 + \cdots + c_{2n}y_n) + \cdots \\
\qquad + a_{1n}(c_{n2}y_2 + \cdots + c_{nn}y_n)], \\
x_2 = c_{22}y_2 + \cdots + c_{2n}y_n, \\
\qquad \cdots \quad \cdots \quad \cdots \\
x_n = c_{n2}y_2 + \cdots + c_{nn}y_n,
\end{cases}
$$

f 就变为

$$f = a_{11}y_1^2 + d_2y_2^2 + \cdots + d_ny_n^2.$$

(2) $a_{11} = a_{22} = \cdots = a_{nn} = 0$，但至少有一个 $a_{ij} \neq 0$，$j = 2,3,\cdots,n$，不妨设 $a_{12} \neq 0$. 令

$$
\begin{cases}
x_1 = u_1 - u_2, \\
x_2 = u_1 + u_2, \\
x_3 = u_3, \\
\cdots \quad \cdots \\
x_n = u_n.
\end{cases}
$$

显然这是可逆线性变换，它使

$$
\begin{aligned}
f &= 2a_{12}(u_1 - u_2)(u_1 + u_2) + 2a_{13}(u_1 - u_2)u_3 + \cdots + 2a_{1n}(u_1 - u_2)u_n \\
&\quad + 2a_{23}(u_1 + u_2)u_3 + \cdots + 2a_{2n}(u_1 + u_2)u_n + \cdots \quad \cdots \quad \cdots \quad + 2a_{n-1n}u_{n-1}u_n \\
&= 2a_{12}u_1^2 - 2a_{12}u_2^2 + 2a_{13}u_1u_3 - 2a_{13}u_2u_3 + \cdots + 2a_{1n}u_1u_n - 2a_{1n}u_2u_n + 2a_{23}u_1u_3 \\
&\quad + 2a_{23}u_2u_3 + \cdots + 2a_{2n}u_1u_n + 2a_{2n}u_2u_n + \cdots \quad \cdots \quad \cdots + 2a_{n-1n}u_{n-1}u_n
\end{aligned}
$$

上式右端是 $u_1, u_2, \cdots, u_n$ 的二次型，但 u_1^2 系数为 $a_{12} \neq 0$，所以由情况(1)知，它可经可逆线性变换

$$\begin{cases} u_1 = c_{11}y_1 + \cdots + c_{1n}y_n, \\ u_2 = c_{21}y_1 + \cdots + c_{2n}y_n, \\ \quad \cdots \quad \cdots \quad \cdots \\ u_n = c_{n1}y_1 + \cdots + c_{nn}y_n \end{cases}$$

化成标准形

$$f = d_1y_1^2 + \cdots + d_ny_n^2.$$

所采用的线性变换

$$\begin{cases} x_1 = (c_{11} - c_{21})y_1 + \cdots + (c_{1n} - c_{2n})y_n, \\ x_2 = (c_{11} + c_{21})y_1 + \cdots + (c_{1n} + c_{2n})y_n, \\ x_3 = c_{31}y_1 + \cdots + c_{3n}y_n, \\ \quad \cdots \quad \cdots \quad \cdots \\ x_n = c_{n1}y_1 + \cdots + c_{nn}y_n \end{cases}$$

是可逆线性变换.

(3) $a_{11} = a_{22} = \cdots = a_{nn} = 0,\ a_{12} = a_{13} = \cdots = a_{1n} = 0,$

$$\begin{aligned} f(x_1,\cdots,x_n) = 2a_{23}x_2x_3 + \cdots + 2a_{2n}x_2x_n \\ \cdots \quad \cdots \quad \cdots \\ + 2a_{n-1n}x_{n-1}x_n. \end{aligned}$$

这是 $x_2,\cdots,x_n$ 的 $n-1$ 元二次型,根据归纳法假设它能用可逆线性变换化成标准形.

以上三种情况包含了可能出现的全部情况. 故定理得证.

由定理可知:任一二次型 f 经可逆线性变换可化为

$$f = d_1y_1^2 + \cdots + d_ny_n^2.$$

但 $d_1,\cdots,d_n$ 中包含有零元素,因此可再作可逆线性变换将变量按系数为非零、零重排顺序,仍记为 y_1、$y_2,\cdots,y_n$,得二次型标准形为

$$f = d_1y_1^2 + \cdots + d_ry_r^2$$

其中 $d_i \neq 0,\ i = 1,2,\cdots,r,\quad r \leqslant n.$

定理 6.2 也可写为:数域 F 上任意一个二次型 $\boldsymbol{X}^{\mathrm{T}}\boldsymbol{A}\boldsymbol{X}$,都可经过可逆线性变换化为标准形 $\boldsymbol{Y}^{\mathrm{T}}\boldsymbol{D}\boldsymbol{Y}$, $\boldsymbol{D}$ 为对角阵.

$$D = \begin{pmatrix} d_r & & & & & \\ & \ddots & & & & \\ & & d_r & & & \\ & & & 0 & & \\ & & & & \ddots & \\ & & & & & 0 \end{pmatrix}.$$

定理6.3　数域 F 上任一对称矩阵都与一个对角阵合同.

即如果 $\boldsymbol{A}$ 为 n 阶对称矩阵,则存在可逆矩阵 $\boldsymbol{C}$,使 $\boldsymbol{C}^{\mathrm{T}}\boldsymbol{A}\boldsymbol{C}=\boldsymbol{D}$,$\boldsymbol{D}$ 为对角阵.

证明　因为 $\boldsymbol{A}$ 为 n 阶对称矩阵,所以可得到唯一的二次型 $\boldsymbol{X}^{\mathrm{T}}\boldsymbol{A}\boldsymbol{X}$.

又根据定理6.2知:二次型 $\boldsymbol{X}^{\mathrm{T}}\boldsymbol{A}\boldsymbol{X}$ 一定可以经可逆线性变换 $\boldsymbol{X}=\boldsymbol{C}\boldsymbol{Y}$ 化为标准形 $\boldsymbol{Y}^{\mathrm{T}}\boldsymbol{D}\boldsymbol{Y}$.

再由定理6.1知:$\boldsymbol{C}^{\mathrm{T}}\boldsymbol{A}\boldsymbol{C}=\boldsymbol{D}$.

定理6.2的证明过程给出了用配方法经过可逆线性变换将二次型化为标准形的方法.下面对证明过程中的(1)、(2)两种情况分别给出数值例子.

例1. 将

$$f(x_1,x_2,x_3)=x_1^2-3x_2^2+4x_3^2-2x_1x_2+2x_1x_3-6x_2x_3$$

化为标准形.

解

$$\begin{aligned} f &= (x_1^2-2x_1x_2+2x_1x_3)-3x_2^2-6x_2x_3+4x_3^2 \\ &= (x_1-x_2+x_3)^2-(x_2-x_3)^2-3x_2^2-6x_2x_3+4x_3^2 \\ &= (x_1-x_2+x_3)^2-(4x_2^2+4x_2x_3)+3x_3^2 \\ &= (x_1-x_2+x_3)^2-(2x_2+x_3)^2+4x_3^2. \end{aligned}$$

令

$$\begin{cases} y_1 = x_1-x_2+x_3, \\ y_2 = 2x_2+x_3, \\ y_3 = x_3, \end{cases}$$

则

$$f=y_1^2-y_2^2+4y_3^2$$

为标准形.

由 x_1,x_2,x_3 到 y_1,y_2,y_3 的线性变换为

$$\begin{cases} x_1 = y_1 + \dfrac{1}{2}y_2 - \dfrac{3}{2}y_3, \\ x_2 = \dfrac{1}{2}y_2 - \dfrac{1}{2}y_3, \\ x_3 = y_3. \end{cases}$$

由于

$$\begin{vmatrix} 1 & \dfrac{1}{2} & -\dfrac{3}{2} \\ 0 & \dfrac{1}{2} & -\dfrac{1}{2} \\ 0 & 0 & 1 \end{vmatrix} = \frac{1}{2} \neq 0.$$

所以它是可逆线性变换.

利用定理6.3可验算上述过程是正确的.因为

$$\boldsymbol{A} = \begin{pmatrix} 1 & -1 & 1 \\ -1 & -3 & -3 \\ 1 & -3 & 4 \end{pmatrix}, \quad \boldsymbol{C} = \begin{pmatrix} 1 & \dfrac{1}{2} & -\dfrac{3}{2} \\ 0 & \dfrac{1}{2} & -\dfrac{1}{2} \\ 0 & 0 & 1 \end{pmatrix},$$

计算可得

$$\boldsymbol{C}^{\mathrm{T}}\boldsymbol{A}\boldsymbol{C} = \begin{pmatrix} 1 & 0 & 0 \\ \dfrac{1}{2} & \dfrac{1}{2} & 0 \\ -\dfrac{3}{2} & -\dfrac{1}{2} & 1 \end{pmatrix} \begin{pmatrix} 1 & 0 & 0 \\ -1 & -2 & 0 \\ 1 & -1 & 4 \end{pmatrix}$$

$$= \begin{pmatrix} 1 & 0 & 0 \\ 0 & -1 & 0 \\ 0 & 0 & 4 \end{pmatrix} = \boldsymbol{D}.$$

例2. 将 $f(x_1,x_2,x_3) = -4x_1x_2 + 2x_1x_3 + 2x_2x_3$ 化为标准形.

解 令 x_1,x_2,x_3 到 u_1,u_2,u_3 的线性变换为

$$\begin{cases} x_1 = u_1 - u_2, \\ x_2 = u_1 + u_2, \\ x_3 = u_3. \end{cases}$$

可验证这是一个可逆线性变换,于是

$$\begin{aligned} f &= -4(u_1-u_2)(u_1+u_2)+2(u_1-u_2)u_3+2(u_1+u_2)u_3 \\ &= -4u_1^2+4u_2^2+4u_1u_3 \\ &= -4(u_1^2-u_1u_3)+4u_2^2 \\ &= -4\left(u_1-\frac{1}{2}u_3\right)^2+4u_2^2+u_3^2. \end{aligned}$$

令

$$\begin{cases} y_1 = u_1-\frac{1}{2}u_3, \\ y_2 = u_2, \\ y_3 = u_3. \end{cases}$$

由 u_1,u_2,u_3 到 y_1,y_2,y_3 的线性变换为

$$\begin{cases} u_1 = y_1+\frac{1}{2}y_3, \\ u_2 = y_2, \\ u_3 = y_3, \end{cases}$$

则

$$f=-4y_1^2+4y_2^2+y_3^2.$$

由 x_1,x_2,x_3 到 y_1,y_2,y_3 的线性变换为

$$\begin{cases} x_1 = y_1-y_2+\frac{1}{2}y_3, \\ x_2 = y_1+y_2+\frac{1}{2}y_3, \\ x_3 = y_3. \end{cases}$$

由于

$$\begin{vmatrix} 1 & -1 & \frac{1}{2} \\ 1 & 1 & \frac{1}{2} \\ 0 & 0 & 1 \end{vmatrix} = 2 \neq 0.$$

所以这是可逆线性变换.

二、实数域 R 上的二次型化为标准形

因为实二次型矩阵是实对称矩阵,根据第五章实对称矩阵的性质可知:实数域 R 上的二次型除了用配方法经可逆线性变换化为标准形外,还可采用正交变换方法.

定理 6.4 实数域 R 上的任意一个二次型都可经过正交变换化为标准形.

证明 设 $f(\boldsymbol{X}) = \boldsymbol{X}^{\mathrm{T}}\boldsymbol{A}\boldsymbol{X}$ 是实数域 R 上的任意二次型. 由于 $\boldsymbol{A}$ 为实对称矩阵,根据第五章知一定能找到一个正交矩阵 $\boldsymbol{Q}$,使

$$\boldsymbol{Q}^{-1}\boldsymbol{A}\boldsymbol{Q} = \boldsymbol{\Lambda} = \begin{pmatrix} \lambda_1 & & & \\ & \lambda_2 & & \\ & & \ddots & \\ & & & \lambda_n \end{pmatrix},$$

$\lambda_1,\lambda_2,\cdots,\lambda_n$ 为 $\boldsymbol{A}$ 的全部特征值. 因为 $\boldsymbol{Q}$ 为正交阵,所以 $\boldsymbol{Q}^{-1} = \boldsymbol{Q}^{\mathrm{T}}$,则 $\boldsymbol{Q}^{\mathrm{T}}\boldsymbol{A}\boldsymbol{Q} = \boldsymbol{Q}^{-1}\boldsymbol{A}\boldsymbol{Q} = \boldsymbol{\Lambda}$.

现在做正交替换 $\boldsymbol{X} = \boldsymbol{Q}\boldsymbol{Y}$,使

$$\begin{aligned} f &= \boldsymbol{X}^{\mathrm{T}}\mathbf{A}\mathbf{X} = (\boldsymbol{Q}\boldsymbol{Y})^{\mathrm{T}}\boldsymbol{A}(\boldsymbol{Q}\boldsymbol{Y}) = \boldsymbol{Y}^{\mathrm{T}}(\boldsymbol{Q}^{\mathrm{T}}\boldsymbol{A}\boldsymbol{Q})\boldsymbol{Y} = \boldsymbol{Y}^{\mathrm{T}}\boldsymbol{\Lambda}\boldsymbol{Y} \\ &= \lambda_1 y_1^2 + \lambda_2 y_2^2 + \cdots + \lambda_n y_n^2, \end{aligned}$$

即为标准形.

$\lambda_1,\lambda_2,\cdots,\lambda_n$ 中有正、有负、有零,可再作可逆线性变换,将变量按系数为正、为负、为零重排顺序,仍记为 $y_1,y_2,\cdots,y_n$,得二次型标准形为

$$f = d_1 y_1^2 + \cdots + d_p y_p^2 - d_{p+1} y_{p+1}^2 - \cdots - d_r y_r^2,$$

其中 $d_i > 0, i = 1,2,\cdots,r,\quad r \leqslant n$,而 $y_{r+1},\cdots,y_n$ 的系数均为零.

根据定理 6.4 知将实二次型化为标准形的正交变换方法其步骤是:

首先,求出实二次型 f 的矩阵 $\boldsymbol{A}$ 的全部特征值 $\lambda_1,\lambda_2,\cdots,\lambda_n$;

其次,求出使 $\boldsymbol{A}$ 对角化的正交矩阵;

最后,得到 f 的标准形为

$$f = \lambda_1 y_1^2 + \lambda_2 y_2^2 + \cdots + \lambda_n y_n^2$$

或

$$f = Y^{\mathrm{T}}\Lambda Y,$$

其中

$$\Lambda = \begin{pmatrix} \lambda_1 & & & \\ & \lambda_2 & & \\ & & \ddots & \\ & & & \lambda_n \end{pmatrix}.$$

例 3. 用正交变换方法将实二次型

$f(x_1, x_2, x_3) = x_1^2 + 2x_2^2 + 3x_3^2 - 4x_1x_2 - 4x_2x_3$ 化为标准形.

解 实二次型矩阵为

$$A = \begin{pmatrix} 1 & -2 & 0 \\ -2 & 2 & -2 \\ 0 & -2 & 3 \end{pmatrix}.$$

由 §5.3 例 1 知：A 的特征值为 $-1, 2, 5$，并且存在使 A 对角化的正交矩阵

$$Q = \begin{pmatrix} \frac{2}{3} & \frac{2}{3} & \frac{1}{3} \\ \frac{2}{3} & -\frac{1}{3} & -\frac{2}{3} \\ \frac{1}{3} & -\frac{2}{3} & \frac{2}{3} \end{pmatrix}.$$

作 $X = QY$ 的正交变换使 f 化为标准形

$$f = -y_1^2 + 2y_2^2 + 5y_3^2.$$

§6.3 化二次型为规范形

一个二次型其标准形不唯一. 如上节例 3 中二次型 f 经正交变换得标准形为

$$f = -y_1^2 + 2y_2^2 + 5y_3^2,$$

也可经另一可逆线性变换

$$\begin{cases} x_1 = u_1 + 2u_2, \\ x_2 = u_2, \\ x_3 = \frac{2}{3}u_2 + u_3, \end{cases}$$

得标准形为

$$f = u_1^2 - \frac{10}{3}u_2^2 + 3u_3^2 .$$

两者都是 f 的标准形,但显然不同. 不过两者中系数不为零的项数却是相同的,都是 3 项.

定理 6.5　二次型的标准形中系数不为零的平方项的个数是唯一确定的.

证明　由定理 6.2 知:二次型 $f = \boldsymbol{X}^{\mathrm{T}}\boldsymbol{A}\boldsymbol{X}$ 经一可逆线性变换 $\boldsymbol{X} = \boldsymbol{C}\boldsymbol{Y}$ 化为标准形 $f = \boldsymbol{Y}^{\mathrm{T}}\boldsymbol{D}\boldsymbol{Y}$,其中

$$\boldsymbol{D} = \begin{pmatrix} d_1 & & & & \\ & \ddots & & & \\ & & d_r & & \\ & & & 0 & \\ & & & & \ddots \\ & & & & & 0 \end{pmatrix},$$

其中 $d_i \neq 0, i = 1,2,\cdots,r,\quad r \leqslant n$. 由定理 6.3 知:$\boldsymbol{D} = \boldsymbol{C}^{\mathrm{T}}\boldsymbol{A}\boldsymbol{C}$,所以

$$r = \boldsymbol{r}(\boldsymbol{D}) = \boldsymbol{r}(\boldsymbol{C}^{\mathrm{T}}\boldsymbol{A}\boldsymbol{C}) = \boldsymbol{r}(\boldsymbol{A}) = \text{二次型}f\text{的秩},$$

即 f 标准形中系数不为零的平方项个数就等于二次型的秩,所以是唯一确定的.

下面讨论二次型的规范形. 分为实数域和复数域两种情形讨论. 实数域、复数域上的二次型分别简称为实二次型、复二次型.

一、实二次型的规范形

定理 6.6(惯性定理)　任一实二次型 f 都可经可逆线性变换化为规范形(6.3),即

$$f = z_1^2 + \cdots + z_p^2 - z_{p+1}^2 - \cdots - z_r^2,$$

其中 r 为二次型 f 的秩,且规范形是唯一的.

证明　根据定理 6.4 知,实二次型 f 可经一正交替换 $\boldsymbol{X} = \boldsymbol{Q}\boldsymbol{Y}$ 化为标准形

$$f = d_1y_1^2 + \cdots + d_py_p^2 - d_{p+1}y_{p+1}^2 - d_ry_r^2,$$

其中 $d_i > 0,\ i = 1,2,\cdots,r$. 由定理 6.5 知 r 为 f 的秩.

因为 d_i 为正实数,所以可作可逆线性变换

$$\begin{cases} y_1 = \dfrac{1}{\sqrt{d_1}} z_1, \\ \quad\vdots \\ y_r = \dfrac{1}{\sqrt{d_r}} z_r, \\ y_{r+1} = z_{r+1}, \\ \quad\vdots \\ y_n = z_n, \end{cases}$$

使 f 化为规范形

$$f = z_1^2 + \cdots + z_p^2 - z_{p+1}^2 - \cdots - z_r^2 .$$

即为(6.3)式.

此规范形是唯一的.(**证明略**)

由于规范形唯一,r 为唯一确定,所以 p 是唯一确定的.

定义 6.8　实二次型 $f(x_1,x_2,\cdots,x_n)$ 的规范形中,系数为正的平方项个数 p,称为 f 的**正惯性指数**,系数为负的平方项个数 $r-p$,称为 f 的**负惯性指数**,它们的差 $p-(r-p)=2p-r$ 称为 f 的**符号差**.

由定理 6.6 的证明可知:

推论　实二次型 f 的任一标准形中,系数为正的平方项个数唯一确定,等于 f 的正惯性指数 p. 系数为负的平方项个数也唯一确定,等于 f 的负惯性指数 $r-p$.

将惯性定理用矩阵语言表述就是下面的定理 6.7.

定理 6.7　任一实对称矩阵 $\boldsymbol{A}$ 与对角阵

$$\begin{pmatrix} 1 & & & & & & & \\ & \ddots & & & & & & \\ & & 1 & & & & & \\ & & & -1 & & & & \\ & & & & \ddots & & & \\ & & & & & -1 & & \\ & & & & & & 0 & \\ & & & & & & & \ddots \\ & & & & & & & & 0 \end{pmatrix}$$

合同,其中 $+1$ 和 -1 的个数共有 $\boldsymbol{r}(\boldsymbol{A})$ 个,1 的个数由 $\boldsymbol{A}$ 唯一确定,称为 $\boldsymbol{A}$ 的正惯性指数.

推论　两个 n 阶实对称矩阵合同的充分必要条件是它们的秩和正惯性指数分别相等.

*二、复二次型化为规范形

与实二次型惯性定理类似,关于复二次型有下述定理.

定理 6.8　任一复二次型 f 都可以经可逆线性变换化为规范形(6.4),即

$$f = z_1^2 + z_2^2 + \cdots + z_r^2,$$

其中 r 为二次型 f 的秩,且规范形是唯一的.

证明　由于任一复二次型 f 可经可逆线性变换化为标准形

$$f = d_1y_1^2 + \cdots + d_ry_r^2,$$

其中 $d_i \neq 0$ 为复数,$i = 1,2,\cdots,r,r \leqslant n$. 由定理 6.5 知 r 为 f 的秩.

由于任何复数都可开平方,所以可作可逆线性变换:

$$\begin{cases} y_1 = \dfrac{1}{\sqrt{d_1}}z_1, \\ \quad\vdots \\ y_r = \dfrac{1}{\sqrt{d_r}}z_r, \\ y_{r+1} = z_{r+1}, \\ \quad\vdots \\ y_n = z_n, \end{cases}$$

得

$$f = z_1^2 + \cdots + z_r^2.$$

即为复二次型的规范形. 由于 f 的秩 r 唯一确定,所以规范形唯一.

定理 6.8 可用矩阵语言叙述为

定理 6.9　任一复对称矩阵 $\boldsymbol{A}$ 都合同于形如

$$\begin{pmatrix} 1 & & & & & \\ & \ddots & & & & \\ & & 1 & & & \\ & & & 0 & & \\ & & & & \ddots & \\ & & & & & 0 \end{pmatrix}$$

的对角阵,其中 1 的个数为 $r = r(\boldsymbol{A})$.

推论　两个同阶复对称矩阵合同的充分必要条件是它们的秩相等.

例 1. 设二次型

$$f(x_1,x_2,x_3,x_4) = x_1^2 + x_2^2 + x_3^2 - 2x_4^2 - 2x_1x_2 + 2x_1x_3 - 2x_1x_4 + 2x_2x_3 - 4x_2x_4,$$

其矩阵

$$\boldsymbol{A} = \begin{pmatrix} 1 & -1 & 1 & -1 \\ -1 & 1 & 1 & -2 \\ 1 & 1 & 1 & 0 \\ -1 & -2 & 0 & -2 \end{pmatrix}, \qquad r(\boldsymbol{A}) = 3.$$

(1) 用如下可逆线性变换

$$\begin{cases} x_1 = y_1 - \dfrac{2}{3}y_3 + y_4, \\ x_2 = \dfrac{1}{3}y_2 - \dfrac{1}{3}y_3, \\ x_3 = y_3, \\ x_4 = -\dfrac{1}{3}y_2 + \dfrac{2}{3}y_3 + y_4, \end{cases}$$

将 f 化为标准形

$$f = y_1^2 + \frac{1}{3}y_2^2 - 3y_4^2,$$

其中非零项个数 $= r(\boldsymbol{A}) = 3$.

用矩阵形式书写为:用可逆线性变换 $\boldsymbol{X} = \boldsymbol{C}_1\boldsymbol{Y}$,将 $f = \boldsymbol{X}^{\mathrm{T}}\boldsymbol{A}\boldsymbol{X}$ 化为标准形 $f = \boldsymbol{Y}^{\mathrm{T}}\boldsymbol{D}\boldsymbol{Y}$,其中

$$\boldsymbol{X} = \begin{pmatrix} x_1 \\ x_2 \\ x_3 \\ x_4 \end{pmatrix}, \qquad \boldsymbol{Y} = \begin{pmatrix} y_1 \\ y_2 \\ y_3 \\ y_4 \end{pmatrix},$$

$$C_1=\begin{pmatrix}1&0&-\frac{2}{3}&1\\0&\frac{1}{3}&-\frac{1}{3}&0\\0&0&1&0\\0&-\frac{1}{3}&\frac{2}{3}&1\end{pmatrix},$$

$$D=C_1^{T}AC_1=\begin{pmatrix}1&0&0&0\\0&\frac{1}{3}&0&0\\0&0&0&0\\0&0&0&-3\end{pmatrix}.$$

（2）将 f 在实数域内化为规范形

作如下线性变换

$$\begin{cases}y_1=z_1,\\y_2=\sqrt{3}\,z_2,\\y_3=z_4,\\y_4=\frac{1}{\sqrt{3}}z_3,\end{cases}$$

将 f 化为规范形　　$f=z_1^2+z_2^2-z_3^2$,

其秩 $r=3$,正惯性指数 $p=2$,负惯性指数 $r-p=1$,符号差为 $2p-r=1$.

用矩阵表述为:令 $\boldsymbol{Y}=\boldsymbol{C}_2\boldsymbol{Z}$,则 $\boldsymbol{f}=\boldsymbol{X}^{T}\boldsymbol{A}\boldsymbol{X}=\boldsymbol{Y}^{T}\boldsymbol{D}\boldsymbol{Y}=\boldsymbol{Z}^{T}\boldsymbol{\Lambda}_R\boldsymbol{Z}$. 其中

$$\boldsymbol{Z}=\begin{pmatrix}z_1\\z_2\\z_3\\z_4\end{pmatrix},\qquad \boldsymbol{C}_2=\begin{pmatrix}1&0&0&0\\0&\sqrt{3}&0&0\\0&0&0&1\\0&0&\frac{1}{\sqrt{3}}&0\end{pmatrix},$$

$$\boldsymbol{\Lambda}_R=\boldsymbol{C}_2^{T}\boldsymbol{D}\boldsymbol{C}_2=\boldsymbol{C}_2^{T}(\boldsymbol{C}_1^{T}\boldsymbol{A}\boldsymbol{C}_1)\boldsymbol{C}_2=(\boldsymbol{C}_1\boldsymbol{C}_2)^{T}\boldsymbol{A}(\boldsymbol{C}_1\boldsymbol{C}_2)$$

$$=\begin{pmatrix}1&0&0&0\\0&1&0&0\\0&0&-1&0\\0&0&0&0\end{pmatrix}.$$

* (3) 将 f 在复数域内化为规范形

作如下可逆线性变换

$$\begin{cases} y_1 = w_1, \\ y_2 = \sqrt{3}\, w_2, \\ y_3 = w_4, \\ y_4 = \dfrac{i}{\sqrt{3}} w_3, \qquad i = \sqrt{-1}, \end{cases}$$

则 $\quad f = w_1^2 + w_2^2 + w_3^2.$

用矩阵表述为:令 $\boldsymbol{Y} = \boldsymbol{C}_3\boldsymbol{W}$,则 $f = \boldsymbol{X}^{\mathrm{T}}\boldsymbol{A}\boldsymbol{X} = \boldsymbol{Y}^{\mathrm{T}}\boldsymbol{D}\boldsymbol{Y} = \boldsymbol{W}^{\mathrm{T}}\boldsymbol{\Lambda}_C\boldsymbol{W}$,其中

$$\boldsymbol{W} = \begin{pmatrix} w_1 \\ w_2 \\ w_3 \\ w_4 \end{pmatrix}, \qquad \boldsymbol{C}_3 = \begin{pmatrix} 1 & 0 & 0 & 0 \\ 0 & \sqrt{3} & 0 & 0 \\ 0 & 0 & 0 & 1 \\ 0 & 0 & \dfrac{i}{\sqrt{3}} & 0 \end{pmatrix},$$

$$\begin{aligned} \boldsymbol{\Lambda}_C &= \boldsymbol{C}_3^{\mathrm{T}}\boldsymbol{D}\boldsymbol{C}_3 = \boldsymbol{C}_3^{\mathrm{T}}(\boldsymbol{C}_1^{\mathrm{T}}\boldsymbol{A}\boldsymbol{C}_1)\boldsymbol{C}_3 = (\boldsymbol{C}_1\boldsymbol{C}_3)^{\mathrm{T}}\boldsymbol{A}(\boldsymbol{C}_1\boldsymbol{C}_3) \\ &= \begin{pmatrix} 1 & 0 & 0 & 0 \\ 0 & 1 & 0 & 0 \\ 0 & 0 & 1 & 0 \\ 0 & 0 & 0 & 0 \end{pmatrix}. \end{aligned}$$

例2. 设二次型 $f = \boldsymbol{X}^{\mathrm{T}}\boldsymbol{A}\boldsymbol{X}$, $\boldsymbol{A}$ 为 n 阶实对称幂等阵,且秩为 r. 由第五章知,存在正交矩阵 $\boldsymbol{Q}$ 使

$$\boldsymbol{Q}^T\boldsymbol{A}\boldsymbol{Q}=\boldsymbol{Q}^{-1}\boldsymbol{A}\boldsymbol{Q}=\boldsymbol{\Lambda}=\begin{pmatrix} 1 & & & & & \\ & \ddots \; r\text{个} & & & & \\ & & 1 & & & \\ & & & 0 & & \\ & & & & \ddots \; n-r\text{个} & \\ & & & & & 0 \end{pmatrix},$$

即 $\boldsymbol{A} \simeq \boldsymbol{\Lambda}$.

因此二次型 f 可经正交变换 $\boldsymbol{X} = \boldsymbol{Q}\boldsymbol{Y}$ 化为标准形

$$f = \boldsymbol{Y}^{\mathrm{T}}\boldsymbol{\Lambda}\boldsymbol{Y} = y_1^2 + \cdots + y_r^2.$$

它也是 f 的规范形.

§6.4　正定矩阵

一、基本概念

这里是通过实二次型来定义正定矩阵的,因此给出如下定义.

定义 6.9　设 $\boldsymbol{A}$ 为 n 阶实对称矩阵. 如果对任意非零向量 $\boldsymbol{X}$,实二次型 $f = \boldsymbol{X}^{\mathrm{T}}\boldsymbol{A}\boldsymbol{X}$ 均为正值,则称二次型 f 为**正定**的,其二次型矩阵 $\boldsymbol{A}$ 称为**正定矩阵**.

与此有关还有下列概念.

定义 6.10　设 $\boldsymbol{A}$ 为 n 阶实对称矩阵,如果对任意非零向量 $\boldsymbol{X}$,实二次型 $f = \boldsymbol{X}^{\mathrm{T}}\boldsymbol{A}\boldsymbol{X}$ 均为负值,则称二次型 f 为**负定**的,其二次型矩阵 $\boldsymbol{A}$ 称为**负定矩阵**.

如果对任意向量 $\boldsymbol{X}$,实二次型 $f = \boldsymbol{X}^{\mathrm{T}}\boldsymbol{A}\boldsymbol{X}$ 均为非负值(非正值),则称二次型 f 为**半正定**的(**半负定**的),其二次型矩阵 $\boldsymbol{A}$ 称为**半正定**(**半负定**)**矩阵**.

如果对某些向量 $\boldsymbol{X}$,实二次型 $\boldsymbol{X}^{\mathrm{T}}\boldsymbol{A}\boldsymbol{X}$ 为正值,而对另一些向量 $\boldsymbol{X}$,实二次型 $\boldsymbol{X}^{\mathrm{T}}\boldsymbol{A}\boldsymbol{X}$ 为负值,则称二次型是不定的.

二、正定矩阵的充分必要条件

一个矩阵是否为正定矩阵呢?下面给出几个正定矩阵的充分必要条件,作为判别准则.

准则 1　矩阵特征值全为正数.

定理 6.10　n 阶实对称矩阵 $\boldsymbol{A}$ 为正定矩阵的充分必要条件是 A 的全部特征值均为正值.

证明　必要性. 令

$$AX_i = \lambda_i \boldsymbol{X}_i, \qquad i = 1,2,\cdots,n.$$

其中 λ_i 为 $\boldsymbol{A}$ 的特征值,$\boldsymbol{X}_i$ 为 $\boldsymbol{A}$ 的属于 λ_i 的特征向量. 由于 $\boldsymbol{X}_i \neq \boldsymbol{o}$,则根据 $\boldsymbol{A}$ 的正定性有

$$\boldsymbol{X}_i^{\mathrm{T}}\boldsymbol{A}\boldsymbol{X}_i = \lambda_i \boldsymbol{X}_i^{\mathrm{T}}\boldsymbol{X}_i > 0,$$

由于 $X_i^{\mathrm{T}}X_i>0$,所以 $\lambda_i>0$,因此对所有 $i,\lambda_i>0$.

充分性. 由于 A 为实对称矩阵,所以存在正交矩阵 Q,使得 $Q^{\mathrm{T}}AQ=\Lambda$,其中 Λ 为对角矩阵,其主对角线元素为 A 的特征值 $\lambda_1,\lambda_2,\cdots,\lambda_n$. 对任意 $X\neq o$,有

$$\begin{aligned}X^{\mathrm{T}}AX&=X^{\mathrm{T}}QQ^{\mathrm{T}}AQQ^{\mathrm{T}}X\\&=(Q^{\mathrm{T}}X)^{\mathrm{T}}\Lambda(Q^{\mathrm{T}}X)\\&=Y^{\mathrm{T}}\Lambda Y\\&=\lambda_1y_1^2+\lambda_2y_2^2+\cdots+\lambda_ny_n^2,\end{aligned}$$

其中 $Y=(y_1,\cdots,y_n)^{\mathrm{T}}=Q^{\mathrm{T}}X$. 根据正交矩阵 Q 的可逆性和 $X\neq o$,有 $Y\neq o$. 又因 $\lambda_i>0,i=1,2,\cdots,n$,因此 $X^{\mathrm{T}}AX>0$,即 A 为正定矩阵.

推论　如果 A 为正定矩阵,则 $|A|>0$.

证明　由第五章知 $|A|=\lambda_1\lambda_2\cdots\lambda_n$,又因正定矩阵 A 的全部特征值均为正值,即 $\lambda_1,\lambda_2,\cdots,\lambda_n$ 全大于零,因此 $|A|>0$.

例 1. 判断下列矩阵 A 是否为正定矩阵.

$$A=\begin{pmatrix}6&-2&2\\-2&5&0\\2&0&7\end{pmatrix}.$$

解

$$\begin{aligned}|\lambda E-A|&=\begin{vmatrix}\lambda-6&2&-2\\2&\lambda-5&0\\-2&0&\lambda-7\end{vmatrix}\\&=(\lambda-3)(\lambda-6)(\lambda-9),\end{aligned}$$

则 A 的全部特征值为 3,6,9,全为正值,所以 A 是正定矩阵.

对负定矩阵有类似的结论:

(1) 实对称矩阵 A 为负定矩阵的充分必要条件是 A 的全部特征值均为负值.

(2) 若 A 为负定矩阵,则当 n 为偶数时,$|A|>0$,当 n 为奇数时,$|A|<0$.

准则 2　矩阵合同于单位矩阵.

定理 6.11　n 阶实对称矩阵 A 为正定矩阵的充分必要条件是 A 合同于单位矩阵 E.

证明　必要性. 由于 A 是实对称矩阵,所以存在正交矩阵 Q,使得 $Q^{\mathrm{T}}AQ=\Lambda$,其中

$$\boldsymbol{\Lambda}=\begin{pmatrix}\lambda_1 & & & \\ & \lambda_2 & & \\ & & \ddots & \\ & & & \lambda_n\end{pmatrix}.$$

由于$\boldsymbol{A}$为正定矩阵,所以全部特征值均为正,即$\lambda_i>0, i=1,2,\cdots,n$. 因此可令

$$\boldsymbol{P}=\begin{pmatrix}\lambda_1^{\frac{1}{2}} & & & \\ & \lambda_2^{\frac{1}{2}} & & \\ & & \ddots & \\ & & & \lambda_n^{\frac{1}{2}}\end{pmatrix}.$$

设$\boldsymbol{C}=\boldsymbol{QP}$,显然$\boldsymbol{C}$可逆,因此有

$$\boldsymbol{C}^{\mathrm{T}}\boldsymbol{AC}=(\boldsymbol{QP})^{\mathrm{T}}\boldsymbol{A}(\boldsymbol{QP})=\boldsymbol{P}^{\mathrm{T}}(\boldsymbol{Q}^{\mathrm{T}}\boldsymbol{AQ})\boldsymbol{P}=\boldsymbol{P}^{\mathrm{T}}\boldsymbol{\Lambda P}=\boldsymbol{E},$$

即$\boldsymbol{A}$合同于$\boldsymbol{E}$.

充分性. 已知$\boldsymbol{A}$合同于$\boldsymbol{E}$,即存在可逆矩阵$\boldsymbol{C}$,使得$\boldsymbol{C}^{\mathrm{T}}\boldsymbol{AC}=\boldsymbol{E}$.

对于任意$\boldsymbol{X}\neq\boldsymbol{o}$,令$\boldsymbol{X}=\boldsymbol{CY}$,由于$\boldsymbol{X}\neq\boldsymbol{o}$和$\boldsymbol{C}$可逆,所以$\boldsymbol{Y}\neq\boldsymbol{o}$. 于是有$\boldsymbol{X}^{\mathrm{T}}\mathbf{A}\mathbf{X}=(\boldsymbol{CY})^{\mathrm{T}}\mathbf{A}(\mathbf{CY})=\boldsymbol{Y}^{\mathrm{T}}(\boldsymbol{C}^{\mathrm{T}}\boldsymbol{AC})\boldsymbol{Y}=\boldsymbol{Y}^{\mathrm{T}}\boldsymbol{EY}=\boldsymbol{Y}^{\mathrm{T}}\boldsymbol{Y}>0$. 即$\boldsymbol{A}$为正定矩阵.

准则3 矩阵的顺序主子式全为正数.

定义6.11 设n阶实对称矩阵$\boldsymbol{A}=(a_{ij})$,将$\boldsymbol{A}$的前i行和前i列元素组成的子矩阵记为

$$\boldsymbol{A}_i=\begin{pmatrix}a_{11} & a_{12} & \cdots & a_{1i}\\ a_{21} & a_{22} & \cdots & a_{2i}\\ \vdots & \vdots & \vdots & \vdots\\ a_{i1} & a_{i2} & \cdots & a_{ii}\end{pmatrix},$$

其行列式$|\boldsymbol{A}_i|$称为i**阶顺序主子式**. $\boldsymbol{A}$的**顺序主子式**是指

$$|\boldsymbol{A}_1|=a_{11},\qquad |\boldsymbol{A}_2|=\begin{vmatrix}a_{11} & a_{12}\\ a_{21} & a_{22}\end{vmatrix},$$

$$|\boldsymbol{A}_3|=\begin{vmatrix}a_{11} & a_{12} & a_{13}\\ a_{21} & a_{22} & a_{23}\\ a_{31} & a_{32} & a_{33}\end{vmatrix},\cdots,\ |\boldsymbol{A}_n|=|\boldsymbol{A}|.$$

定理6.12 n 阶实对称矩阵 $\boldsymbol{A}$ 为正定矩阵的充分必要条件是 $\boldsymbol{A}$ 的顺序主子式均为正值,即

$$|\boldsymbol{A}_1| = a_{11} > 0, |\boldsymbol{A}_2| = \begin{vmatrix} a_{11} & a_{12} \\ a_{21} & a_{22} \end{vmatrix} > 0, \cdots, |\boldsymbol{A}_n| = |\boldsymbol{A}| > 0.$$

证明 必要性. 设任意 i 个元素组成非零向量 $\boldsymbol{X}_i \neq \boldsymbol{o}$. 并且令 $\boldsymbol{X} = \begin{pmatrix} \boldsymbol{X}_i \\ \boldsymbol{O} \end{pmatrix} \neq \boldsymbol{o}$.

由于 $\boldsymbol{A}$ 正定,因此 $\boldsymbol{X}^{\mathrm{T}}\boldsymbol{A}\boldsymbol{X} > 0$,即

$$(\boldsymbol{X}_i^{\mathrm{T}} \quad \boldsymbol{O}^{\mathrm{T}})\begin{pmatrix} \boldsymbol{A}_i & * \\ * & * \end{pmatrix}\begin{pmatrix} \boldsymbol{X}_i \\ \boldsymbol{O} \end{pmatrix} = \boldsymbol{X}_i^{\mathrm{T}}\boldsymbol{A}_i\boldsymbol{X}_i > 0.$$

因此 $\boldsymbol{A}_i$ 为 i 阶正定矩阵. 由定理6.10推论知 $|\boldsymbol{A}_i| > 0$. 由于 i 的任意性,则得 $\boldsymbol{A}$ 的各阶顺序主子式均大于零.

充分性. 对矩阵的阶数 n 作归纳法.

$n = 1$,充分性显然成立.

假设 $n-1$ 时充分性成立. 即当矩阵 $\boldsymbol{A}_{n-1}$ 的顺序主子式 $|\boldsymbol{A}_i| > 0, i = 1,2,\cdots, n-1$ 时, $\boldsymbol{A}_{n-1}$ 是正定矩阵.

要证 n 时充分性成立,即只要证再添加 $|\boldsymbol{A}| > 0$ 条件时, $\boldsymbol{A}$ 为正定矩阵.

根据归纳法假设和定理6.11知:矩阵 $\boldsymbol{A}_{n-1}$ 合同于 $n-1$ 阶单位矩阵 $\boldsymbol{E}_{n-1}$,即存在 $n-1$ 阶可逆矩阵 $\boldsymbol{G}$,使得 $\boldsymbol{G}^{\mathrm{T}}\boldsymbol{A}_{n-1}\boldsymbol{G} = \boldsymbol{E}_{n-1}$. 将矩阵 $\boldsymbol{A}$ 分块为

$$\boldsymbol{A} = \begin{pmatrix} \boldsymbol{A}_{n-1} & \boldsymbol{\alpha} \\ \boldsymbol{\alpha}^{\mathrm{T}} & a_{nn} \end{pmatrix},$$

$$\boldsymbol{\alpha} = (a_{1n}, a_{2n}, \cdots, a_{n-1n})^{\mathrm{T}}.$$

令

$$\boldsymbol{C}_1 = \begin{pmatrix} \boldsymbol{G} & \boldsymbol{O} \\ \boldsymbol{O} & 1 \end{pmatrix},$$

则 $|\boldsymbol{C}_1| = |\boldsymbol{G}| \neq 0$. 于是

$$\boldsymbol{C}_1^{\mathrm{T}}\boldsymbol{A}\boldsymbol{C}_1 = \begin{pmatrix} \boldsymbol{G}^{\mathrm{T}} & \boldsymbol{O} \\ \boldsymbol{O} & 1 \end{pmatrix}\begin{pmatrix} \boldsymbol{A}_{n-1} & \boldsymbol{\alpha} \\ \boldsymbol{\alpha}^{\mathrm{T}} & a_{nn} \end{pmatrix}\begin{pmatrix} \boldsymbol{G} & \boldsymbol{O} \\ \boldsymbol{O} & 1 \end{pmatrix}$$

$$= \begin{pmatrix} \boldsymbol{E}_{n-1} & \boldsymbol{G}^{\mathrm{T}}\boldsymbol{\alpha} \\ \boldsymbol{\alpha}^{\mathrm{T}}\boldsymbol{G} & a_{nn} \end{pmatrix}.$$

再令

$$\boldsymbol{C}_2 = \begin{pmatrix} \boldsymbol{E}_{n-1} & -\boldsymbol{G}^{\mathrm{T}}\boldsymbol{\alpha} \\ \boldsymbol{O} & 1 \end{pmatrix}, \qquad |\boldsymbol{C}_2| = 1 \neq 0,$$

于是

$$
\begin{aligned}
&C_2^{\mathrm{T}}(C_1^{\mathrm{T}}AC_1)C_2\\
&=\begin{pmatrix} E_{n-1} & O \\ -\alpha^{\mathrm{T}}G & 1 \end{pmatrix}\begin{pmatrix} E_{n-1} & G^{\mathrm{T}}\alpha \\ \alpha^{\mathrm{T}}G & a_{nn} \end{pmatrix}\begin{pmatrix} E_{n-1} & -G^{\mathrm{T}}\alpha \\ O & 1 \end{pmatrix}\\
&=\begin{pmatrix} E_{n-1} & O \\ O & d \end{pmatrix},
\end{aligned}
$$

其中 $d=a_{nn}-\alpha^{\mathrm{T}}GG^{\mathrm{T}}\alpha$. 将上式两端求行列式得

$$d=|A|\cdot|C_1|^2\cdot|C_2|^2>0.$$

令

$$C_3=\begin{pmatrix} E_{n-1} & O \\ O & d^{-\frac{1}{2}} \end{pmatrix},\quad |C_3|=d^{-\frac{1}{2}}\neq 0,$$

则 $C=C_1C_2C_3$,其行列式 $|C|=|C_1|\cdot|C_2|\cdot|C_3|=|G|d^{-\frac{1}{2}}\neq 0$

于是对可逆矩阵 C 有

$$
\begin{aligned}
C^{\mathrm{T}}AC&=C_3^{\mathrm{T}}(C_2^{\mathrm{T}}C_1^{\mathrm{T}}AC_1C_2)C_3\\
&=\begin{pmatrix} E_{n-1} & O \\ O & d^{-\frac{1}{2}} \end{pmatrix}\begin{pmatrix} E_{n-1} & O \\ O & d \end{pmatrix}\begin{pmatrix} E_{n-1} & O \\ O & d^{-\frac{1}{2}} \end{pmatrix}=E,
\end{aligned}
$$

即 A 合同于 E. 根据定理 6.11, A 为正定矩阵. 根据归纳法原理,充分性得证.

例 2. 用顺序主子式的符号来判别例 1 的 A 为正定矩阵.

解 因为 $|A_1|=6>0$,

$$|A_2|=\begin{vmatrix} 6 & -2 \\ -2 & 5 \end{vmatrix}=26>0,$$

$$|A|=\begin{vmatrix} 6 & -2 & 2 \\ -2 & 5 & 0 \\ 2 & 0 & 7 \end{vmatrix}=162>0,$$

所以 A 为正定矩阵.

对负定矩阵来说,实对称矩阵 A 为负定矩阵的充分必要条件是

$$(-1)^i|A_i|>0\qquad i=1,2,\cdots,n.$$

即 A 的顺序主子式符号负正相间.

在讨论多元函数的极小、极大值问题时,其充分条件涉及到矩阵的正定和负定性. 下面举例说明.

例 3. 假设某企业用一种生产要素 X 生产两种产品 Q_1,Q_2. 已知企业的生产函数为

$$x=A(q_1^{\alpha}+q_2^{\beta}),\ x>0,\ q_1>0,\ q_2>0;$$
$$A>0,\ \alpha,\beta>1,$$

其中x为要素X的投入量，q_1，q_2分别为Q_1，Q_2的产量．假设已知Q_1，Q_2，X的价格分别为p_1，p_2，r．求利润极大化时的产量．

解　利润函数为

$$\begin{aligned}\pi&=p_1q_1+p_2q_2-rx\\&=p_1q_1+p_2q_2-rA(q_1^{\alpha}+q_2^{\beta}).\end{aligned}$$

利润极大化一阶条件为

$$\begin{cases}\dfrac{\partial\pi}{\partial q_1}=p_1-rA\alpha q_1^{\alpha-1}=0,\\[2ex]\dfrac{\partial\pi}{\partial q_2}=p_2-rA\beta q_2^{\beta-1}=0.\end{cases}$$

由此求解得

$$q_1^*=\left(\frac{1}{\alpha A}\cdot\frac{p_1}{r}\right)^{\frac{1}{\alpha-1}},\qquad q_2^*=\left(\frac{1}{\beta A}\cdot\frac{p_2}{r}\right)^{\frac{1}{\beta-1}}.$$

利润极大化二阶条件为

$$H=\begin{pmatrix}\dfrac{\partial^2\pi}{\partial q_1^2}&\dfrac{\partial^2\pi}{\partial q_1\partial q_2}\\[2ex]\dfrac{\partial^2\pi}{\partial q_1\partial q_2}&\dfrac{\partial^2\pi}{\partial q_2^2}\end{pmatrix}$$

在q_1^*、q_2^*处为负定矩阵．

矩阵H在q_1^*、q_2^*处为

$$H^*=\begin{pmatrix}-rA\alpha(\alpha-1)q_1^{*\alpha-2}&0\\0&-rA\beta(\beta-1)q_2^{*\beta-2}\end{pmatrix}.$$

下面检验H^*的负定性．

因为$r>0$，$A>0$，$\alpha>1$，$\beta>1$，$q_1^*>0$，$q_2^*>0$，所以

$$|H_1^*|=-rA\alpha(\alpha-1)q_1^{*\alpha-2}<0,$$
$$|H_2^*|=|H^*|=r^2A^2\alpha\beta(\alpha-1)(\beta-1)q_1^{*\alpha-2}q_2^{*\beta-2}>0.$$

即H^*为负定矩阵．

因此利润极大化时的产量为q_1^*，q_2^*．

三、正定矩阵的性质

1. 若 $\boldsymbol{A}$ 为正定矩阵,则 $|\boldsymbol{A}|>0$,$\boldsymbol{A}$ 可逆.

2. 若 $\boldsymbol{A}$ 为正定矩阵,则 $\boldsymbol{A}^{-1}$ 也为正定矩阵.

证明　因为 $\boldsymbol{A}$ 为正定矩阵,根据定理6.10的必要性知 $\boldsymbol{A}$ 的全部特征值 $\lambda_1,\lambda_2,\cdots,\lambda_n$ 均为正.因此 $\boldsymbol{A}^{-1}$ 的全部特征值为 $\frac{1}{\lambda_1},\frac{1}{\lambda_2},\cdots,\frac{1}{\lambda_n}$ 也全为正.根据定理6.10的充分性知 $\boldsymbol{A}^{-1}$ 为正定矩阵.

3. n 阶正定矩阵 $\boldsymbol{A}=(a_{ij})$ 的主对角线元素为正值,即 $a_{ii}>0$,　$i=1,2,\cdots,n$.

4. 若 $\boldsymbol{A}$ 为正定矩阵,则 $\boldsymbol{A}^k$ 也为正定矩阵,其中 k 为正整数.

5. 若 $\boldsymbol{A}$ 和 $\boldsymbol{B}$ 均为 n 阶正定矩阵,则 $\boldsymbol{A}+\boldsymbol{B}$ 也为正定矩阵.

(性质1,3,4和性质5请读者自证.)

6. 若 $\boldsymbol{A}$ 为 n 阶正定矩阵,则存在 n 阶可逆矩阵 $\boldsymbol{P}$,使得 $\boldsymbol{A}=\boldsymbol{P}\boldsymbol{P}^{\mathrm{T}}$.

证明　由于 $\boldsymbol{A}$ 为实对称矩阵,则存在正交矩阵 $\boldsymbol{Q}$,使得 $\boldsymbol{Q}^{\mathrm{T}}\boldsymbol{A}\boldsymbol{Q}=\boldsymbol{\Lambda}$,其中 $\boldsymbol{\Lambda}$ 为对角矩阵,其主对角线元素为 $\boldsymbol{A}$ 的特征值 $\lambda_1,\lambda_2,\cdots,\lambda_n$.由于 $\boldsymbol{A}$ 为正定矩阵,则 $\lambda_i>0,i=1,2,\cdots,n$.可令

$$\boldsymbol{D}=\begin{pmatrix}\lambda_1^{\frac{1}{2}} & & & \\ & \lambda_2^{\frac{1}{2}} & & \\ & & \ddots & \\ & & & \lambda_n^{\frac{1}{2}}\end{pmatrix},$$

显然 $\boldsymbol{D}\boldsymbol{D}^{\mathrm{T}}=\boldsymbol{\Lambda}$,于是

$$\boldsymbol{A}=\boldsymbol{Q}\boldsymbol{\Lambda}\boldsymbol{Q}^{\mathrm{T}}=\boldsymbol{Q}\boldsymbol{D}\boldsymbol{D}^{\mathrm{T}}\boldsymbol{Q}^{\mathrm{T}}=(\boldsymbol{Q}\boldsymbol{D})(\boldsymbol{Q}\boldsymbol{D})^{\mathrm{T}}.$$

令 $\boldsymbol{P}=\boldsymbol{Q}\boldsymbol{D}$,$|\boldsymbol{P}|=|\boldsymbol{Q}||\boldsymbol{D}|\neq0$,因此存在可逆矩阵 $\boldsymbol{P}$,使得 $\boldsymbol{A}=\boldsymbol{P}\boldsymbol{P}^{\mathrm{T}}$.

7. 设 $\boldsymbol{A}$ 为 n 阶正定矩阵,$\boldsymbol{P}$ 为 $n\times m$ 矩阵,并且 $\boldsymbol{r}(\boldsymbol{P})=m<n$,则 $\boldsymbol{P}^{\mathrm{T}}\boldsymbol{A}\boldsymbol{P}$ 为正定矩阵.(**证明略**)

可以类似地讨论负定矩阵有关性质.

有时还遇到形如 $\boldsymbol{A}^{\mathrm{T}}\boldsymbol{A}$ 或 $\boldsymbol{A}\boldsymbol{A}^{\mathrm{T}}$ 的矩阵. 它们有下列性质：

1. 若 $\boldsymbol{A}$ 为 n 阶可逆矩阵，则 $\boldsymbol{A}^{\mathrm{T}}\boldsymbol{A}$，$\boldsymbol{A}\boldsymbol{A}^{\mathrm{T}}$ 为正定矩阵.

2. 若 $\boldsymbol{A}$ 为 $n\times m$ 矩阵，且 $\boldsymbol{r}(\boldsymbol{A})=m<n$，则 $\boldsymbol{A}^{\mathrm{T}}\boldsymbol{A}$ 为 m 阶正定矩阵，$\boldsymbol{A}\boldsymbol{A}^{\mathrm{T}}$ 为 n 阶半正定矩阵.

3. 若 $\boldsymbol{A}$ 为 $n\times m$ 矩阵，且 $\boldsymbol{r}(\boldsymbol{A})=r<\min(n,m)$，则 $\boldsymbol{A}^{\mathrm{T}}\boldsymbol{A}$ 和 $\boldsymbol{A}\boldsymbol{A}^{\mathrm{T}}$ 分别为 m 阶和 n 阶半正定矩阵.

四、正定二次型

关于正定矩阵的充分必要条件也可从 n 元实二次型角度来讨论. 不再加以证明.

定理 6.13 n 元实二次型

$$f(x_1,x_2,\cdots,x_n)=d_1x_1^2+d_2x_2^2+\cdots+d_nx_n^2$$

是正定的充分必要条件是 $d_i>0,i=1,2,\cdots,n$.

定理 6.14 n 元实二次型 $f(x_1,x_2,\cdots,x_n)$ 正定的充分必要条件是 f 的正惯性指数等于 n.

定理 6.15 n 元实二次型 $f(x_1,x_2,\cdots,x_n)$ 正定的充分必要条件是 f 的规范形为 $z_1^2+z_2^2+\cdots+z_n^2$.

习 题 六

1. 写出下列二次型的矩阵

(1) $f(x_1,x_2,x_3)=2x_1^2-x_2^2+4x_1x_3-2x_2x_3$；

(2) $f(x_1,x_2,x_3,x_4)=2x_1x_2+2x_1x_4+2x_3x_4$.

2. 给定下列矩阵，写出相应的二次型

(1) $\boldsymbol{A}=\begin{pmatrix}1&1&0\\1&2&1\\0&1&3\end{pmatrix}$；

(2) $A=\begin{pmatrix} 0 & \frac{1}{2} & \frac{1}{2} & \frac{1}{2} \\ \frac{1}{2} & 0 & \frac{1}{2} & \frac{1}{2} \\ \frac{1}{2} & \frac{1}{2} & 0 & \frac{1}{2} \\ \frac{1}{2} & \frac{1}{2} & \frac{1}{2} & 0 \end{pmatrix}$.

3. 试证矩阵 A 与 B 为合同矩阵

(1) $A=\begin{pmatrix} a_1 & 0 & 0 \\ 0 & a_2 & 0 \\ 0 & 0 & a_3 \end{pmatrix}$, $B=\begin{pmatrix} a_2 & 0 & 0 \\ 0 & a_3 & 0 \\ 0 & 0 & a_1 \end{pmatrix}$;

(2) $A=\begin{pmatrix} 0 & 1 & 1 \\ 1 & 2 & 1 \\ 1 & 1 & 0 \end{pmatrix}$, $B=\begin{pmatrix} 2 & 1 & 1 \\ 1 & 0 & 1 \\ 1 & 1 & 0 \end{pmatrix}$.

4. 试证:可逆实对称矩阵 A 与 A^{-1} 是合同矩阵.

5. 用可逆线性变换将下列二次型化为标准形.

(1) $f(x_1,x_2,x_3)=x_1^2-3x_2^2-2x_1x_2+2x_1x_3-6x_2x_3$;

(2) $f(x_1,x_2,x_3)=-4x_1x_2+2x_1x_3+2x_2x_3$;

(3) $f(x_1,x_2,x_3)=(-2x_1+x_2+x_3)^2+(x_1-2x_2+x_3)^2$
$+(x_1+x_2-2x_3)^2$;

(4) $f(x_1,x_2,\cdots,x_{2n})=x_1x_{2n}+x_2x_{2n-1}+\cdots+x_nx_{n+1}$.

6. 用正交变换将下列实二次型化为标准形.

(1) $f(x_1,x_2,x_3)=11x_1^2+5x_2^2+2x_3^2+16x_1x_2+4x_1x_3-20x_2x_3$;

(2) $f(x_1,x_2,x_3)=17x_1^2+14x_2^2+14x_3^2-4x_1x_2-4x_1x_3-8x_2x_3$.

7. 若用正交变换已将二次型 $f(x_1,x_2,x_3)=5x_1^1+5x_2^2+2x_3^2+8x_1x_2+4x_1x_3+2ax_2x_3$ 化为标准形 $f=y_1^2+y_2^2+10y_3^2$.

求 a(a 为整数)及所用的正交变换.

8. 对第5题中的所有二次型,按实数域和复数域两种情形化为规范形.指出其秩 r.对实二次型指出正惯性指数 p,负惯性指数 $r-p$ 以及符号差 $2p-r$.

9. 试证:一个实二次型可以分解成两个实系数一次齐次多项式乘积的充分必要条件是它的秩等于2,而且符号差为零;或者秩等于1.

10. 试证：当且仅当 $b^2-4ac\neq 0$ 时，

$$f(x_1,x_2)=ax_1^2+bx_1x_2+cx_2^2 \qquad (a\neq 0)$$

的秩等于2.

11. 判断下列矩阵是否为正定矩阵.

(1) $\boldsymbol{A}=\begin{pmatrix}1&-1\\-1&3\end{pmatrix}$； (2) $\boldsymbol{A}=\begin{pmatrix}1&2&3\\2&-1&4\\3&4&-1\end{pmatrix}$；

(3) $\boldsymbol{A}=\begin{pmatrix}1&0&2\\0&0&1\\2&1&3\end{pmatrix}$； (4) $\boldsymbol{A}=\begin{pmatrix}2&1&2\\1&1&1\\2&1&5\end{pmatrix}$.

12. 判断下列二次型是否为正定二次型.

(1) $f(x_1,x_2,x_3)=99x_1^2-12x_1x_2+48x_1x_3+130x_2^2-60x_2x_3+71x_3^2$；

(2) $f(x_1,x_2,x_3)=4x_1^2+9x_2^2+2x_3^2+8x_2x_3+6x_1x_3+6x_1x_2$.

13. t 满足什么条件，二次型

$f(x_1,x_2,x_3)=x_1^2+x_2^2+5x_3^2+2tx_1x_2-2x_1x_3+4x_2x_3$ 是正定的.

14. $\boldsymbol{A}$ 为 n 阶正定矩阵，$\boldsymbol{B}$ 为 n 阶半正定矩阵，试证 $\boldsymbol{A}+\boldsymbol{B}$ 为正定矩阵.

15. 实对称矩阵 $\boldsymbol{A}$ 为负定矩阵的充分必要条件是 $\boldsymbol{A}$ 的顺序主子式符号负正相间.

16. 试证：

(1) 实二次型半正定的充分必要条件是它的正惯性指数等于它的秩，即 $p=r$.

(2) 实对称矩阵 $\boldsymbol{A}$ 是半正定矩阵的充分必要条件是 $\boldsymbol{A}$ 的特征值都大于或等于零.

(3) 半正定矩阵的行列式大于等于零.

17. 设 $\boldsymbol{A}$ 为 n 阶实对称矩阵，且满足 $\boldsymbol{A}^3-2\boldsymbol{A}^2+4\boldsymbol{A}-3\boldsymbol{E}=0$. 证明 $\boldsymbol{A}$ 为正定矩阵.

18. 设 $\boldsymbol{A}$ 为 $n\times m$ 实矩阵，且 $n<m$，证明 $\boldsymbol{A}\boldsymbol{A}^{\mathrm{T}}$ 为正定矩阵的充分必要条件是 $\boldsymbol{r}(\boldsymbol{A})=n$.

19. 设 $\boldsymbol{A}$ 为 n 阶正定矩阵，$\boldsymbol{E}$ 为 n 阶单位阵，证明：$\boldsymbol{A}+\boldsymbol{E}$ 的行列式大于1.

20. 设 $\boldsymbol{A}$ 为 m 阶实对称矩阵且正定，$\boldsymbol{B}$ 为 $m\times n$ 实矩阵，试证：$\boldsymbol{B}^{\mathrm{T}}\boldsymbol{A}\boldsymbol{B}$ 为正定矩阵的充分必要条件是 $\boldsymbol{r}(\boldsymbol{B})=n$.

习题参考答案

习 题 一

1. (1) -7 (2) 1 (3) 0 (4) 1 (5) 12 (6) 178
   (7) 0 (8) $a^2+b^2+c^2+1$
2. (1) $x=3$ 或 $x=-1$ (2) $x=-2$ 或 $x=1$
3. (1) $x_1=\frac{1}{2},\ x_2=-\frac{1}{3}$. (2) $x_1=-ab,\ x_2=a+b$.
   (3) $x_1=2,\ x_2=-1,\ x_3=0$. (4) $x_1=\frac{13}{28},\ x_2=\frac{47}{28},\ x_3=\frac{3}{4}$.
4. (1)4, 偶排列 (2)9, 奇排列 (3)10, 偶排列.
   (4) $\frac{n(n-1)}{2}$; 当 $n=4k,4k+1$ 时为偶排列;
   当 $n=4k+2,4k+3$ 时为奇排列.
5. (1) $i=8,\ j=3$. (2) $i=8,\ j=6$.
6. (1) 是, 正. (2) 不是 (3) 是, 负.
7. (1) $(-1)^{n-1}n!$ (2) $(-1)^{\frac{n(n-1)}{2}}a_{1n}a_{2n-1}\cdots a_{n1}$
   (3) $(-1)^{\frac{(n-1)(n-2)}{2}}n!$ (4)0
8. (1)4013100 (2) $-2(x^3+y^3)$ (3) $2(a+b+c)^3$ (4) x^2y^2
9. 略
10. (1)160 (2)9 (3)12 (4) -27
11. (1) $[x+(n-1)a](x-a)^{n-1}$ (2) $n!$
    (3) 当 $n=2$ 时, a_1-a_2; 当 $n>2$ 时, 0.
    (4) $(-1)^{n-1}b^{n-1}\left(\sum_{i=1}^{n}a_i-b\right)$
12. (1)1 (2) $a_1a_2\cdots a_n\left(a_0-\sum_{i=1}^{n}\frac{1}{a_i}\right)$

(3) $(-1)^n(n+1)a_1a_2\cdots a_n$

13. (1) $x=1,2,\cdots,n-1$.

(2) $x=a_1,a_2,\cdots,a_n$.

14. $D=36$

15. (1) 27　　(2) 24

16. (1) $x=\pm 3$ 或 $x=\pm 1$　　(2) $x=y=z=0$

17. (1) $x^n+(-1)^{n+1}y^n$　　(2) a^n-a^{n-2}

(3) $a_0x^{n-1}+a_1x^{n-2}+\cdots+a_{n-1}$　　(4) $(-1)^{\frac{n(n-1)}{2}}\cdot\dfrac{n^{n-1}(n+1)}{2}$

18. 提示:用数学归纳法.

19. 提示:用数学归纳法.

20. $(n+1)a^n$. 提示:用数学归纳法或用递推法.

21. (1) $x_1=1,\ x_2=2,\ x_3=3,\ x_4=-1$.

(2) $x_1=1,\ x_2=2,\ x_3=1,\ x_4=-1$.

(3) $x_1=-8,\ x_2=3,\ x_3=6,\ x_4=0$.

22. (1) $x=-a,\ y=b,\ z=c$.

(2) $x_1=\dfrac{1}{2a+b},\ x_2=\dfrac{1}{2a+b},\ x_3=\dfrac{1}{2a+b}$.

23. (1) $k\neq\dfrac{63}{5}$　　(2) $k\neq -1$ 和 4

24. $b=\dfrac{(a+1)^2}{4}$

习 题 二

1. (1) $x_1=\dfrac{10}{7},\ x_2=-\dfrac{1}{7},\ x_3=-\dfrac{2}{7}$. (2) 无解.

(3) $x_1=-2+c,\ x_2=3-2c,\ x_3=c$ (c 为任意常数).

(4) $x_1=\dfrac{1}{3}+\dfrac{1}{3}c_2,\ x_2=-\dfrac{2}{3}-\dfrac{1}{2}c_1+\dfrac{5}{6}c_2,\ x_3=0,$

$x_4=c_1,\quad x_5=c_2$ (c_1,c_2 为任意常数).

(5) $x_1=-1,\ x_2=-1,\ x_3=0,\ x_4=1$.

(6) $x_1=2c_1+\frac{2}{7}c_2$, $x_2=c_1$, $x_3=-\frac{5}{7}c_2$, $x_4=c_2$ （c_1, c_2 为任意常数）.

(7) $x_1=2-3c$, $x_2=c$, $x_3=-3$, $x_4=5$ （c 为任意常数）.

(8) $x_1=\frac{4}{3}+c_1+\frac{1}{3}c_2+c_3$, $x_2=c_1$, $x_3=\frac{1}{3}+\frac{4}{3}c_2-c_3$,

$x_4=c_2$, $x_5=c_3$.

2. $k=-3$; $x_1=-c$, $x_2=c$, $x_3=c$ （c 为任意常数）.

3. $k=4$ 时无解; $k\neq4$ 时有解; $x_1=\frac{k-6}{k-4}-(k+4)c$,

$x_2=\frac{1}{k-4}+2c$, $x_3=c$ （c 为任意常数）.

4. $a=-3$ 时,无解;$a=2$ 时,有无穷多解:$x_1=5c$, $x_2=1-4c$, $x_3=c$ （c 为任意常数）; 当 $a\neq2$,且 $a\neq-3$ 时,有唯一解:$x_1=1$, $x_2=\frac{1}{a+3}$,

$x_3=\frac{1}{a+3}$.

5. (1) $(5,-6,-2,-1)$　(2) $\left(-\frac{1}{2},\frac{11}{2},3,5\right)$

6. $\boldsymbol{\alpha}=\left(0,-3,-2,\frac{1}{3}\right)$, $\boldsymbol{\beta}=\left(1,2,2,\frac{4}{3}\right)$.

7. $\left(\frac{5}{6},-\frac{1}{3},-\frac{2}{3},-\frac{1}{2}\right)$

8. (1) $\boldsymbol{\beta}=2\boldsymbol{\alpha}_1+3\boldsymbol{\alpha}_2+4\boldsymbol{\alpha}_3$.

(2) $\boldsymbol{\beta}$ 不能由 $\boldsymbol{\alpha}_1,\boldsymbol{\alpha}_2,\boldsymbol{\alpha}_3$ 线性表示.

(3) 有无穷多种表示法. 其中一种为:

$\boldsymbol{\beta}=\frac{1}{2}\boldsymbol{\alpha}_1+\frac{1}{2}\boldsymbol{\alpha}_2+0\cdot\boldsymbol{\alpha}_3$.

9. 略

10. (1) 线性无关　(2) 线性相关　(3) 线性无关

11. 当 $a=3$ 或 $a=-2$ 时,线性相关;否则,线性无关.

12. ~ 14. 略

15. 当 $m\neq0$, $m\neq\pm2$ 时,线性无关;当 $m=0$ 或 $m=2$,或 $m=-2$ 时,线性相关.

16. $\boldsymbol{\alpha}_1=\frac{1}{2}\boldsymbol{\beta}_1+\frac{1}{2}\boldsymbol{\beta}_2$, $\boldsymbol{\alpha}_2=\frac{1}{2}\boldsymbol{\beta}_2+\frac{1}{2}\boldsymbol{\beta}_3$, $\boldsymbol{\alpha}_3=\frac{1}{2}\boldsymbol{\beta}_1+\frac{1}{2}\boldsymbol{\beta}_3$. 两个向量组等价.

17. ~ 22. 略

23. (1) 错　(2) 错　(3) 错　(4) 正确　(5) 错
(6) 错　(7) 正确　(8) 正确[理由略]

24. (1) $\begin{pmatrix}1&0\\0&0\end{pmatrix}$; $r=1$.　(2) $\begin{pmatrix}1&0&0\\0&1&0\\0&0&1\end{pmatrix}$; $r=3$.

(3) $\begin{pmatrix}1&0\\0&1\\0&0\end{pmatrix}$; $r=2$.　(4) $\begin{pmatrix}1&0&0&0&0\\0&1&0&0&0\\0&0&1&0&0\\0&0&0&0&0\end{pmatrix}$; $r=3$.

25. (1) 均等于零　(2) $\boldsymbol{r}(A)=2$

26. (1) $r=2$　(2) $r=3$

27. (1) 极大无关组为 $\boldsymbol{\alpha}_1,\boldsymbol{\alpha}_2$ 时, $\boldsymbol{\alpha}_3=-3\boldsymbol{\alpha}_1+2\boldsymbol{\alpha}_2$.
(2) 极大无关组 $\boldsymbol{\alpha}_1,\boldsymbol{\alpha}_2,\boldsymbol{\alpha}_3$ 时, $\boldsymbol{\alpha}_4=2\boldsymbol{\alpha}_1+\boldsymbol{\alpha}_2-\boldsymbol{\alpha}_3$.(向量组的极大无关组不一定唯一,上面为答案之一.)

28.

(1) $\boldsymbol{\eta}_1=\begin{pmatrix}-\frac{1}{2}\\\frac{3}{2}\\1\\0\end{pmatrix}$,　$\boldsymbol{\eta}_2=\begin{pmatrix}0\\-1\\0\\1\end{pmatrix}$;

全部解为 $\boldsymbol{\gamma}=c_1\boldsymbol{\eta}_1+c_2\boldsymbol{\eta}_2$　(c_1,c_2 为任意常数).

(2) $\boldsymbol{\eta}_1=\begin{pmatrix}2\\1\\0\\0\end{pmatrix}$,　$\boldsymbol{\eta}_2=\begin{pmatrix}\frac{2}{7}\\0\\-\frac{5}{7}\\1\end{pmatrix}$;

全部解为 $\boldsymbol{\gamma} = c_1\boldsymbol{\eta}_2 + c_2\boldsymbol{\eta}_2$ （c_1, c_2 为任意常数）.

$$(3)\ \boldsymbol{\eta}_1 = \begin{pmatrix} 0 \\ 1 \\ 1 \\ 0 \\ 0 \end{pmatrix},\quad \boldsymbol{\eta}_2 = \begin{pmatrix} 0 \\ 1 \\ 0 \\ 1 \\ 0 \end{pmatrix},\quad \boldsymbol{\eta}_3 = \begin{pmatrix} \frac{1}{3} \\ -\frac{5}{3} \\ 0 \\ 0 \\ 1 \end{pmatrix};$$

全部解为 $\boldsymbol{\gamma} = c_1\boldsymbol{\eta}_1 + c_2\boldsymbol{\eta}_2 + c_3\boldsymbol{\eta}_3$ （c_1, c_2, c_3 为任意常数）.

$$(4)\ \boldsymbol{\eta}_1 = \begin{pmatrix} -2 \\ 1 \\ 0 \\ \vdots \\ 0 \end{pmatrix},\quad \boldsymbol{\eta}_2 = \begin{pmatrix} -3 \\ 0 \\ 1 \\ \vdots \\ 0 \end{pmatrix},\ \cdots,\ \boldsymbol{\eta}_{n-1} = \begin{pmatrix} -n \\ 0 \\ 0 \\ \vdots \\ 1 \end{pmatrix};$$

全部解为 $\boldsymbol{\gamma} = c_1\boldsymbol{\eta}_1 + c_2\boldsymbol{\eta}_2 + \cdots + c_{n-1}\boldsymbol{\eta}_{n-1}$ （$c_1, c_2, \cdots, c_{n-1}$ 为任意常数）.

29. (1) $\boldsymbol{r}(\boldsymbol{A}) \neq \boldsymbol{r}(\boldsymbol{AB})$，无解.

(2) 全部解为

$$\begin{pmatrix} x_1 \\ x_2 \\ x_3 \\ x_4 \end{pmatrix} = \begin{pmatrix} 3 \\ -8 \\ 0 \\ 6 \end{pmatrix} + c\begin{pmatrix} -1 \\ 2 \\ 1 \\ 0 \end{pmatrix} \quad (c \text{ 为任意常数}).$$

(3) 全部解为

$$\begin{pmatrix} x_1 \\ x_2 \\ x_3 \\ x_4 \\ x_5 \end{pmatrix} = \begin{pmatrix} -3 \\ 2 \\ 0 \\ 0 \\ 0 \end{pmatrix} + c_1\begin{pmatrix} 1 \\ -2 \\ 1 \\ 0 \\ 0 \end{pmatrix} + c_2\begin{pmatrix} 1 \\ -2 \\ 0 \\ 1 \\ 0 \end{pmatrix} + c_3\begin{pmatrix} 5 \\ -6 \\ 0 \\ 0 \\ 1 \end{pmatrix};$$

（c_1, c_2, c_3 为任意常数）.

(4) 唯一解；$x_1 = -3$，$x_2 = 3$，$x_3 = 5$，$x_4 = 0$.

30. 当 $k_1 \neq 2$ 时，$\boldsymbol{r}(\boldsymbol{A}) = \boldsymbol{r}(\boldsymbol{AB})$，方程组有唯一解；当 $k_1 = 2, k_2 \neq 1$ 时，方程

组无解；当 $k_1=2, k_2=1$ 时，方程组有无穷多解，其全部解为

$$\begin{pmatrix} x_1 \\ x_2 \\ x_3 \\ x_4 \end{pmatrix} = \begin{pmatrix} -8 \\ 3 \\ 0 \\ 2 \end{pmatrix} + c\begin{pmatrix} 0 \\ -2 \\ 1 \\ 0 \end{pmatrix} \quad (c\text{ 为任意常数}).$$

31. (1) $\lambda \neq 0,\quad \lambda \neq -3.$ (2) $\lambda = 0.$ (3) $\lambda = -3.$

32. $t=3$ 时，向量组（Ⅰ）与（Ⅱ）等价.

33. ~ 35. 略

36. (1) 略 (2) 全部解为

$$\begin{pmatrix} x_1 \\ x_2 \\ x_3 \end{pmatrix} = \begin{pmatrix} -1 \\ 1 \\ 1 \end{pmatrix} + c\begin{pmatrix} 2 \\ 0 \\ -2 \end{pmatrix} \quad (c\text{ 为任意常数}).$$

37. (1) 方程组的全部解为 $\begin{pmatrix} x_1 \\ x_2 \\ x_3 \\ x_4 \end{pmatrix} = \begin{pmatrix} -2 \\ -4 \\ -5 \\ 0 \end{pmatrix} + c\begin{pmatrix} 1 \\ 1 \\ 2 \\ 1 \end{pmatrix}$ （c 为任意常数）.

(2) $m=2,\quad n=4,\quad t=6.$

38. (1) $\boldsymbol{\eta}_1 = \begin{pmatrix} -1 \\ 1 \\ 0 \\ 1 \end{pmatrix},\qquad \boldsymbol{\eta}_2 = \begin{pmatrix} 0 \\ 0 \\ 1 \\ 0 \end{pmatrix}.$

(2) 公共解 $\boldsymbol{\gamma} = c_1\boldsymbol{\eta}_1 + 2c_1\boldsymbol{\eta}_2$

$= c_1(-1,1,2,1)^{\mathrm{T}}.$

习 题 三

1. (1) $\begin{pmatrix} 3 & 1 & 0 \\ 4 & 3 & 1 \end{pmatrix}$ (2) $\begin{pmatrix} 5 & -3 & -7 \\ 9 & -2 & -17 \end{pmatrix}$

2. $\boldsymbol{X} = \begin{pmatrix} 2 & -2 \\ -2 & 2 \end{pmatrix}$

3. (1) $\begin{pmatrix} 4 & 6 \\ 7 & -1 \end{pmatrix}$ (2) $\begin{pmatrix} 1 & 2 & 3 \\ 2 & 4 & 6 \\ 3 & 6 & 9 \end{pmatrix}$ (3) 10

(4) $\begin{pmatrix} 42 & 0 & 0 \\ 0 & 42 & 0 \\ 0 & 0 & 42 \end{pmatrix}$ (5) 15

4.

$$\boldsymbol{AB} = \begin{pmatrix} 6 & 1 & -2 \\ 6 & -1 & 0 \\ 8 & -4 & 2 \end{pmatrix}, \quad \boldsymbol{BA} = \begin{pmatrix} 4 & 0 & 0 \\ 4 & 1 & 0 \\ 2 & 2 & 2 \end{pmatrix},$$

$$\boldsymbol{AB} - \boldsymbol{BA} = \begin{pmatrix} 2 & 1 & -2 \\ 2 & -2 & 0 \\ 6 & -6 & 0 \end{pmatrix}.$$

5. (1) $\begin{pmatrix} a & 0 \\ b & a \end{pmatrix}$ (2) $\begin{pmatrix} a & b & c \\ 0 & a & b \\ 0 & 0 & a \end{pmatrix}$

6. (1) $\begin{pmatrix} x_1 \\ x_2 \\ x_3 \end{pmatrix} = \begin{pmatrix} 3 & 0 & -1 \\ 2 & 3 & 1 \\ 0 & 1 & -2 \end{pmatrix}\begin{pmatrix} y_1 \\ y_2 \\ y_3 \end{pmatrix}$,

$$\begin{pmatrix} y_1 \\ y_2 \\ y_3 \end{pmatrix} = \begin{pmatrix} 1 & 1 \\ 1 & -1 \\ 0 & 1 \end{pmatrix}\begin{pmatrix} z_1 \\ z_2 \end{pmatrix}.$$

(2) $\begin{pmatrix} x_1 \\ x_2 \\ x_3 \end{pmatrix} = \begin{pmatrix} 3 & 2 \\ 5 & 0 \\ 1 & -3 \end{pmatrix}\begin{pmatrix} z_1 \\ z_2 \end{pmatrix}$.

7. ~ 8. 略

9. (1) $\begin{pmatrix} 0 & 0 \\ 0 & 0 \end{pmatrix}$ (2) $\begin{pmatrix} 1 & 3n \\ 0 & 1 \end{pmatrix}$ (3) $\begin{pmatrix} 5 & 0 & 7 \\ 5 & 2 & 7 \\ -6 & -2 & -2 \end{pmatrix}$

(4) $\begin{pmatrix} a^n & & \\ & b^n & \\ & & c^n \end{pmatrix}$　(5) $\begin{pmatrix} 1 & 3 & 6 & 10 \\ 0 & 1 & 3 & 6 \\ 0 & 0 & 1 & 3 \\ 0 & 0 & 0 & 1 \end{pmatrix}$

(6) 设原矩阵为 $\boldsymbol{A}$,则

$$\boldsymbol{A}^n = \begin{cases} 2^n\boldsymbol{E} & (n\text{ 为偶数}) \\ 2^{n-1}\boldsymbol{A} & (n\text{ 为奇数}). \end{cases}$$

10.

(1) $\begin{pmatrix} 7 & 1 & 3 \\ 8 & 2 & 3 \\ -2 & 1 & 0 \end{pmatrix}$　(2) $\begin{pmatrix} 0 & 0 \\ 0 & 0 \end{pmatrix}$

11. ~ 14. 略

15. $\begin{pmatrix} -\frac{5}{7} & -\frac{8}{7} \\ \frac{8}{7} & \frac{3}{7} \end{pmatrix}$

16. (1) 略　(2) $\begin{pmatrix} -1 & 2 & -4 \\ 2 & -1 & 4 \\ -4 & 4 & -7 \end{pmatrix}$

17. (1) 略　(2) $|\boldsymbol{M}| = \pm(a^2+b^2+c^2+d^2)^2$

18. 略

19. 不一定. 例略.

20. (1) 正确　(2) 错　(3) 错　(4) 错　(5) 正确
(6) 正确　(7) 错　(8) 正确[证明或反例略去]

21. ~ 25. 略

26.

(1) $\left(\begin{array}{cc|c} 3 & -2 & 5 \\ -2 & 1 & 3 \\ \hline 7 & -3 & 9 \\ -5 & 4 & -1 \end{array}\right)$　(2) $\begin{pmatrix} 9 & 0 & 0 \\ 0 & 9 & 0 \\ 0 & 0 & 9 \end{pmatrix}$

27. (1)4　(2)6

28.

(1) $\begin{pmatrix} \boldsymbol{\alpha}_1\boldsymbol{\alpha}_1^{\mathrm{T}} & \boldsymbol{\alpha}_1\boldsymbol{\alpha}_2^{\mathrm{T}} & \cdots & \boldsymbol{\alpha}_1\boldsymbol{\alpha}_n^{\mathrm{T}} \\ \boldsymbol{\alpha}_2\boldsymbol{\alpha}_1^{\mathrm{T}} & \boldsymbol{\alpha}_2\boldsymbol{\alpha}_2^{\mathrm{T}} & \cdots & \boldsymbol{\alpha}_2\boldsymbol{\alpha}_n^{\mathrm{T}} \\ \cdots & \cdots & \cdots & \cdots \\ \boldsymbol{\alpha}_n\boldsymbol{\alpha}_1^{\mathrm{T}} & \boldsymbol{\alpha}_n\boldsymbol{\alpha}_2^{\mathrm{T}} & \cdots & \boldsymbol{\alpha}_n\boldsymbol{\alpha}_n^{\mathrm{T}} \end{pmatrix}$

(2) $\begin{pmatrix} \boldsymbol{\beta}_1^{\mathrm{T}}\boldsymbol{\beta}_1 & \boldsymbol{\beta}_1^{\mathrm{T}}\boldsymbol{\beta}_2 & \cdots & \boldsymbol{\beta}_1^{\mathrm{T}}\boldsymbol{\beta}_n \\ \boldsymbol{\beta}_2^{\mathrm{T}}\boldsymbol{\beta}_1 & \boldsymbol{\beta}_2^{\mathrm{T}}\boldsymbol{\beta}_2 & \cdots & \boldsymbol{\beta}_2^{\mathrm{T}}\boldsymbol{\beta}_n \\ \cdots & \cdots & \cdots & \cdots \\ \boldsymbol{\beta}_n^{\mathrm{T}}\boldsymbol{\beta}_1 & \boldsymbol{\beta}_n^{\mathrm{T}}\boldsymbol{\beta}_2 & \cdots & \boldsymbol{\beta}_n^{\mathrm{T}}\boldsymbol{\beta}_n \end{pmatrix}$

29. 略(提示:把 $\boldsymbol{E}$ 按行分块,计算 $\boldsymbol{EA}$.)

30. ~ 33. 略

34. (1) 可逆; $\begin{pmatrix} -1 & 2 \\ \frac{3}{2} & -\frac{5}{2} \end{pmatrix}$.

(2) 可逆; $\begin{pmatrix} -\frac{1}{4} & -\frac{5}{4} & \frac{3}{4} \\ \frac{1}{4} & -\frac{3}{4} & \frac{1}{4} \\ \frac{1}{2} & \frac{3}{2} & -\frac{1}{2} \end{pmatrix}$.

(3) 可逆; $\begin{pmatrix} 1 & 0 & 0 \\ -\frac{1}{2} & \frac{1}{2} & 0 \\ 0 & -\frac{1}{3} & \frac{1}{3} \end{pmatrix}$.

(4) 可逆; $\begin{pmatrix} \frac{1}{a_1} & & & \\ & \frac{1}{a_2} & & \\ & & \ddots & \\ & & & \frac{1}{a_n} \end{pmatrix}$.

35. ~ 39. 略

40.

(1) $\left(\begin{array}{cc|cc} 1 & -1 & 0 & 0 \\ -1 & 2 & 0 & 0 \\ \hline 0 & 0 & 3 & -5 \\ 0 & 0 & -1 & 2 \end{array}\right)$

(2) $\left(\begin{array}{ccc|c} 3 & 9 & 4 & -5 \\ -2 & -5 & -2 & \frac{5}{2} \\ -2 & -7 & -3 & 4 \\ \hline 0 & 0 & 0 & \frac{1}{2} \end{array}\right)$

(提示:利用 §3.4 例 4 的结论.)

41. $\begin{pmatrix} \boldsymbol{A} & \boldsymbol{O} \\ \boldsymbol{O} & -\boldsymbol{C}\boldsymbol{A}^{-1}\boldsymbol{B}+\boldsymbol{D} \end{pmatrix}$

42. (1) $\begin{pmatrix} \boldsymbol{A} & \boldsymbol{\alpha} \\ \boldsymbol{O} & |\boldsymbol{A}|(b-\boldsymbol{\alpha}^{\mathrm{T}}\boldsymbol{A}^{-1}\boldsymbol{\alpha}) \end{pmatrix}$　　(2) 略

43. 必定成立的有(1)、(5)[理由略].

44. 一定成立的有(1)、(3)、(5)、(7)[理由略].

45. (1) $\begin{pmatrix} 1 & -4 & -3 \\ 1 & -5 & -3 \\ -1 & 6 & 4 \end{pmatrix}$　　(2) $\begin{pmatrix} 1 & 0 & 0 \\ -\frac{3}{2} & \frac{1}{2} & 0 \\ \frac{1}{3} & -\frac{2}{3} & \frac{1}{3} \end{pmatrix}$

(3) $\begin{pmatrix} \frac{1}{4} & \frac{1}{4} & \frac{1}{4} & \frac{1}{4} \\ \frac{1}{4} & \frac{1}{4} & -\frac{1}{4} & -\frac{1}{4} \\ \frac{1}{4} & -\frac{1}{4} & \frac{1}{4} & -\frac{1}{4} \\ \frac{1}{4} & -\frac{1}{4} & -\frac{1}{4} & \frac{1}{4} \end{pmatrix}$　　(4) $\begin{pmatrix} 0 & 0 & 0 & \cdots & 0 & a_n^{-1} \\ a_1^{-1} & 0 & 0 & \cdots & 0 & 0 \\ 0 & a_2^{-1} & 0 & \cdots & 0 & 0 \\ \cdots & \cdots & \cdots & \cdots & \cdots & \cdots \\ 0 & 0 & 0 & \cdots & a_{n-1}^{-1} & 0 \end{pmatrix}$

46. (1) $\begin{pmatrix} -7 & -2 & 9 \\ 5 & 1 & -5 \end{pmatrix}$　　(2) $\begin{pmatrix} 1 & 2 \\ 3 & 4 \end{pmatrix}$

(3) $\begin{pmatrix} 0 & 1 & 0 \\ -1 & 2 & -1 \end{pmatrix}$　　(4) $\begin{pmatrix} 3 & -1 \\ 2 & 0 \\ 1 & -1 \end{pmatrix}$

47. $\boldsymbol{A}^{-1} = \frac{1}{2}(\boldsymbol{A} - 3\boldsymbol{E})$

48. (1) 略　　(2) $\begin{pmatrix} 1 & \frac{1}{2} & 0 \\ -\frac{1}{3} & 1 & 0 \\ 0 & 0 & 2 \end{pmatrix}$

49. 略

50. (提示:$\boldsymbol{P}$、$\boldsymbol{Q}$ 均可表成若干初等矩阵的乘积.)

51. $-\frac{16}{27}$

52. ~ 55. 略

习 题 四

1. (1) 是(是、是、是、不是)　(2) 是　(3) 是　(4) 是　(5) 不是

2. 略

3. (1) (1,2,3)　(2) (1,1,1)　(3) (0,2, -1)

4. (1) (a_3, a_1, a_2)　(2) $\left(a_1, a_2, \frac{1}{k}a_3\right)$　(3) $(a_1, a_2 - ka_1, a_3)$

5. 维数：2；　　基：$(1,-24,-9,0)^{T}(2,-21,0,9)^{T}$（不唯一）.

6. 秩：2；　　基：$\boldsymbol{\alpha}_1,\boldsymbol{\alpha}_2$（不唯一）.

7.

(1) $$\boldsymbol{A}=\frac{1}{4}\begin{pmatrix}3&7&2&-1\\1&-1&2&3\\-1&3&0&-1\\1&-1&0&-1\end{pmatrix}$$

$$\boldsymbol{\alpha}=-2\boldsymbol{\eta}_1-\frac{1}{2}\boldsymbol{\eta}_2+4\boldsymbol{\eta}_3-\frac{3}{2}\boldsymbol{\eta}_4.$$

(2) $$\boldsymbol{A}=\begin{pmatrix}1&0&0&1\\1&1&0&1\\0&1&1&1\\0&0&1&0\end{pmatrix}$$

$$\boldsymbol{\alpha}=\frac{3}{13}\boldsymbol{\xi}_1+\frac{5}{13}\boldsymbol{\xi}_2-\frac{2}{13}\boldsymbol{\xi}_3-\frac{3}{13}\boldsymbol{\xi}_4.$$

8.

$$\boldsymbol{A}=\begin{pmatrix}0&0&0&\cdots&0&1\\1&0&0&\cdots&0&0\\0&1&0&\cdots&0&0\\\vdots&\vdots&\vdots&\vdots&&\vdots\\0&0&0&\cdots&1&0\end{pmatrix}$$

9. $\boldsymbol{\alpha}=(a,a,a,-a)^{T}$　　$a\neq 0$.

10. (1) 维数：2；　　基：$\boldsymbol{\alpha}_1,\boldsymbol{\alpha}_2$（不唯一）.

(2) 维数：3；　　基：$\boldsymbol{\alpha}_1,\boldsymbol{\alpha}_2,\boldsymbol{\alpha}_3$（不唯一）.

11. 略

12. (1) -9　　(2) 0

13. (1) $\left(\frac{3}{\sqrt{26}},0,-\frac{1}{\sqrt{26}},\frac{4}{\sqrt{26}}\right)^{T}$

(2) $\left(\frac{5}{\sqrt{30}},\frac{1}{\sqrt{30}},-\frac{2}{\sqrt{30}},0\right)^{T}$

18. (1) 是　　(2) 是

19. ~ 24. 略

25. (1) $\boldsymbol{\eta}_1 = \left(\frac{1}{3}, -\frac{2}{3}, \frac{2}{3}\right)^T$

$\boldsymbol{\eta}_2 = \left(-\frac{2}{3}, -\frac{2}{3}, -\frac{1}{3}\right)^T$

$\boldsymbol{\eta}_3 = \left(\frac{2}{3}, -\frac{1}{3}, -\frac{2}{3}\right)^T.$

(2) $\boldsymbol{\eta}_1 = \left(\frac{1}{2}, \frac{1}{2}, \frac{1}{2}, \frac{1}{2}\right)^T$

$\boldsymbol{\eta}_2 = \left(\frac{1}{2}, \frac{1}{2}, -\frac{1}{2}, -\frac{1}{2}\right)^T$

$\boldsymbol{\eta}_3 = \left(-\frac{1}{2}, \frac{1}{2}, -\frac{1}{2}, \frac{1}{2}\right)^T.$

26. 略

27. $\boldsymbol{\eta}_1 = \frac{1}{\sqrt{2}}(0,1,1,0,0)^T$

$\boldsymbol{\eta}_2 = \frac{1}{\sqrt{10}}(-2,1,-1,2,0)^T$

$\boldsymbol{\eta}_3 = \frac{1}{\sqrt{315}}(7,-6,6,13,5)^T$(不唯一).

28. $\boldsymbol{\eta}_1 = \frac{1}{\sqrt{2}}(\boldsymbol{\varepsilon}_1 + \boldsymbol{\varepsilon}_5)$

$\boldsymbol{\eta}_2 = \frac{1}{\sqrt{10}}(\boldsymbol{\varepsilon}_1 - 2\boldsymbol{\varepsilon}_2 + 2\boldsymbol{\varepsilon}_4 - \boldsymbol{\varepsilon}_5)$

$\boldsymbol{\eta}_3 = \frac{1}{2}(\boldsymbol{\varepsilon}_1 + \boldsymbol{\varepsilon}_2 + \boldsymbol{\varepsilon}_3 - \boldsymbol{\varepsilon}_5).$

习 题 五

1. (1)0(n 重)　　(2)1(n 重)　　(3) 主对角线元素

2. 略

3. (1)λ　　(2)$a\lambda$　　(3)λ^k　　(4) $\frac{1}{\lambda}$

4. ~ 5. 略

6. (1) $\lambda_1 = 1$　　$\boldsymbol{\alpha}_1 = (-1,1)^T$

$\lambda_2 = 3$　　$\boldsymbol{\alpha}_2 = (1,1)^T$;

(2) $\lambda_1=-1$ $\quad\boldsymbol{\alpha}_1=(-1,0,1)^{\mathrm T}$

$\lambda_2=1$(二重) $\quad\boldsymbol{\alpha}_2=(0,1,0)^{\mathrm T}\quad\boldsymbol{\alpha}_3=(1,0,1)^{\mathrm T}$;

(3) $\lambda_1=-2$ $\quad\boldsymbol{\alpha}_1=(1,2,2)^{\mathrm T}$

$\lambda_2=1$ $\quad\boldsymbol{\alpha}_2=(-2,-1,2)^{\mathrm T}$

$\lambda_3=4$ $\quad\boldsymbol{\alpha}_3=(2,-2,1)^{\mathrm T}$;

(4) $\lambda_1=-2$ $\quad\boldsymbol{\alpha}_1=(0,0,1)^{\mathrm T}$

$\lambda_2=1$(二重) $\quad\boldsymbol{\alpha}_2=(3,-6,20)^{\mathrm T}$;

(5) $\lambda=-1$(三重) $\quad\boldsymbol{\alpha}=(-1,-1,1)^{\mathrm T}$;

(6) $\lambda=1$(三重) $\quad\boldsymbol{\alpha}_1=(1,1,0)^{\mathrm T}$

$\boldsymbol{\alpha}_2=(-1,0,3)^{\mathrm T}$.

7. 无

$\lambda_1=1+i\sqrt{3}$ $\quad\boldsymbol{\alpha}_1=(i,1)^{\mathrm T}$

$\lambda_2=1-i\sqrt{3}$ $\quad\boldsymbol{\alpha}_2=(-i,1)^{\mathrm T}$.

8. (1) 4, 9, 16 $\qquad$ (2) $3,\frac{3}{4},\frac{1}{3}$

(3) $2,\frac{3}{2},\frac{4}{3}$ $\qquad$ (4) 6, 3, 2

(5) 6, 12, 18

9. $a=2,\quad b=-2,\quad c=0$.

10. $k=1$ 或 -2

11. $\frac{1}{2}\begin{pmatrix}1&-1&-3\\0&2&0\\-3&-3&1\end{pmatrix}$

12. ~ 15. 略

16. (1) 可, $\boldsymbol{U}=\begin{pmatrix}-1&1\\1&1\end{pmatrix}$, $\qquad\boldsymbol{U}^{-1}\boldsymbol{A}\boldsymbol{U}=\begin{pmatrix}1&0\\0&3\end{pmatrix}$;

(2) 可, $\boldsymbol{U}=\begin{pmatrix}-1&0&1\\0&1&0\\1&0&1\end{pmatrix}$, $\quad\boldsymbol{U}^{-1}\boldsymbol{A}\boldsymbol{U}=\begin{pmatrix}-1&0&0\\0&1&0\\0&0&1\end{pmatrix}$;

(3) 可, $U=\begin{pmatrix}1 & -2 & 2\\ 2 & -1 & -2\\ 2 & 2 & 1\end{pmatrix}$, $U^{-1}AU=\begin{pmatrix}-2 & 0 & 0\\ 0 & 1 & 0\\ 0 & 0 & 4\end{pmatrix}$;

(4)(5)(6) 不可.

17. (1) $Q=\begin{pmatrix}\frac{1}{\sqrt{2}} & 0 & \frac{1}{\sqrt{2}}\\ 0 & 1 & 0\\ -\frac{1}{\sqrt{2}} & 0 & \frac{1}{\sqrt{2}}\end{pmatrix}$, $Q^{-1}AQ=\begin{pmatrix}0 & 0 & 0\\ 0 & 2 & 0\\ 0 & 0 & 2\end{pmatrix}$.

(2) $A^{10}=\begin{pmatrix}2^9 & 0 & 2^9\\ 0 & 2^{10} & 0\\ 2^9 & 0 & 2^9\end{pmatrix}$.

18. $A=\begin{pmatrix}1 & 0 & 0\\ 0 & 0 & -1\\ 0 & -1 & 0\end{pmatrix}$

19. 略

20. 提示:用反证法证明.

21.

(1) 略　　(2) $\begin{pmatrix}\frac{9}{8} & \frac{1}{8}\\ \frac{1}{8} & \frac{9}{8}\end{pmatrix}$　　(3) $\begin{pmatrix}1.124 & 0.124\\ 0.124 & 1.124\end{pmatrix}$

22.

(1) $A=\begin{pmatrix}\frac{1}{10} & \frac{1}{4} & \frac{1}{6}\\ \frac{1}{30} & \frac{1}{20} & \frac{7}{60}\\ \frac{1}{30} & \frac{1}{10} & \frac{1}{42}\end{pmatrix}$

(2) $E-A=\begin{pmatrix}\frac{9}{10} & -\frac{1}{4} & -\frac{1}{6}\\ -\frac{1}{30} & \frac{19}{20} & -\frac{7}{60}\\ -\frac{1}{30} & -\frac{1}{10} & \frac{41}{42}\end{pmatrix}$

(3) $(\boldsymbol{E}-\boldsymbol{A})^{-1}=\begin{pmatrix}1.13 & 0.33 & 0.24\\0.03 & 1.08 & 0.15\\0.03 & 0.12 & 1.05\end{pmatrix}$

(4) $\boldsymbol{B}=\begin{pmatrix}0.13 & 0.33 & 0.24\\0.03 & 0.08 & 0.15\\0.03 & 0.12 & 0.05\end{pmatrix}$

(5) 略

(6) 部门 1 总产出需增 11 单位，
部门 2 总产出需增 35 单位，
部门 3 总产出需增 4 单位.

习 题 六

1. (1) $\boldsymbol{A}=\begin{pmatrix}2 & 0 & 2\\0 & -1 & -1\\2 & -1 & 0\end{pmatrix}$

(2) $\boldsymbol{A}=\begin{pmatrix}0 & 1 & 0 & 1\\1 & 0 & 0 & 0\\0 & 0 & 0 & 1\\1 & 0 & 1 & 0\end{pmatrix}$

2. (1) $x_1^2+2x_2^2+3x_3^2+2x_1x_2+2x_2x_3$

(2) $x_1x_2+x_1x_3+x_1x_4+x_2x_3+x_2x_4+x_3x_4$

3. ~ 4. 略

5. (1) $f=y_1^2-y_2^2$　　(2) $f=-4y_1^2+4y_2^2+y_3^2$

(3) $f=2y_1^2+\frac{3}{2}y_2^2$　　(4) $f=y_1^2+\cdots+y_n^2-y_{n+1}^2-\cdots-y_{2n}^2$

6. (1) $f=9y_1^2+18y_2^2-9y_3^2$

(2) $f=9y_1^2+18y_2^2+18y_3^2$

7. $a=2$,

$$Q = \begin{pmatrix} \frac{\sqrt{2}}{2} & \frac{\sqrt{2}}{6} & \frac{2}{3} \\ -\frac{\sqrt{2}}{2} & \frac{\sqrt{2}}{6} & \frac{2}{3} \\ 0 & -\frac{2\sqrt{2}}{3} & \frac{1}{3} \end{pmatrix}.$$

8. (1) 实数域 $f = z_1^2 - z_2^2$，$r = 2$，$p = 1$，$r - p = 1$，$2p - r = 0$，

复数域 $f = z_1^2 + z_2^2$.

(2) 实数域 $f = -z_1^2 + z_2^2 + z_3^2$，$r = 3$，$p = 2$，$r - p = 1$，$2p - r = 1$，

复数域 $f = z_1^2 + z_2^2 + z_3^2$.

(3) 实数域 $f = z_1^2 + z_2^2$，$r = 2$，$p = 2$，$r - p = 0$，$2p - r = 2$，

复数域 $f = z_1^2 + z_2^2$.

(4) 实数域 $f = z_1^2 + z_2^2 + \cdots + z_n^2 - z_{n+1}^2 - \cdots - z_{2n}^2$

$r = 2n$，$p = n$，$r - p = n$，$2p - r = 0$，

复数域 $f = z_1^2 + z_2^2 + \cdots + z_n^2 + z_{n+1}^2 + \cdots + z_{2n}^2$.

9. ~ 10. 略

11. (1) 是　(2) 不是　(3) 不是　(4) 是

12. (1) 是　(2) 不是

13. $-\frac{4}{5} < t < 0$

14. ~ 20. 略